개정판

환경문제와 윤리

김일방 지음

보고사
BOGOSA

개정판 출간에 부쳐

코로나19 사태로 인해 세계는 새로운 사회적 패러다임을 맞게 될 전망이다. 특히 제2차 세계대전 이후 급속히 진행되어온 세계화와 자유무역 확산이라는 메가트렌드가 방향을 크게 바꿀 것이라는 예측이 많다. 여행과 이주는 어려워지고 생산 공장을 포함한 글로벌 공급망은 본국으로 회귀하는 방식으로 '세계화 시대'는 퇴조하고 '지역화 시대'가 시작된다는 얘기이다. 물론 헨리 키신저가 우려했듯 계몽주의 이전 전제적 통치자가 지배하던 성곽시대로 돌아가진 않겠지만 지역의 가치를 우위에 두는 경향은 틀림없이 강화될 것으로 간주된다.

더불어 코로나19 사태는 환경적 측면에도 큰 영향을 끼칠 것으로 여겨진다. 신종 바이러스가 발생하게 된 주요 원인이 환경파괴에 있는 것으로 밝혀지고 있기 때문이다. 인류는 그동안 경제적 부와 안락한 삶을 위해 말없는 자연에 무차별적 만행을 저질러왔고 그것이 이제 신종 바이러스라는 이름의 부메랑이 되어 우리에게 돌아오고 있다는 것이다. 자연파괴·환경위기에 대한 경고가 없었던 것은 물론 아니다. 하지만 이를 무시한 채 정치적 결정을 계속 뒤로 미루고 경제를 위해 자연환경을 희생시켜온 결과가 코로나 팬데믹인 만큼 앞으로 환경에 대한 규제나 제한은 틀림없이 강화될 것으로 예측된다.

'소 잃고 외양간 고치는 격'이지만 이 또한 다행이 아닐 수 없다. 그동안 계속 제기돼왔던 환경위기에 대한 경고가 예전처럼 소리 없는 아우성에 그치지 않고 이번에야말로 새로운 길로 나아가는 계기가 된다면 말이다. 그리하여 환경과 지속가능성이라는 두 개의 키워드를 어떤 식으로 결합하여 세상을 바꿔낼 수 있다면 더 이상 바랄 게 없을 것이다.

이 책은 '환경문제와 윤리'라는 교양강좌의 주교재로 쓰고자 2019년에 처음 출간하였고 직접 강의 교재로 유용하게 활용할 수도 있었다. 출간한 지 1년 정도밖에 되지 않았음에도 개정판을 내는 데는 두 가지 사연이 있다.

하나는 초판본의 매진으로 증쇄가 필요했다는 점이다. 하지만 아쉽게도 기존 출판사의 여건이 여의치 않아 증쇄하기가 어렵게 되었고 따라서 새로운 출판사를 물색하지 않을 수 없는 상황에 놓이게 되었다.

다른 하나는 수정과 보완이 필요했다는 점이다. 물론 초판 출간 당시 여러 차례의 교정을 통해 완벽을 기한다고 했으나 예기치 않게 수정이 필요한 부분들을 발견할 수 있었다. 이들에 대해 손을 가함과 동시에 '환경문제와 쓰레기'라는 새로운 장을 추가하여 강의 교재로서의 내실도 좀 더 다지고자 하였다.

이러한 사정들로 인해 개정판을 내지 않을 수 없었던 점 독자들의 너른 양해를 구하고 싶다.

다행히도 '환경문제와 윤리'라는 강좌는 한 대학의 교양강좌를 넘어 한국형 온라인 공개강좌(K-MOOC) 및 거점 국립대학 원격수업 학점교류 정규교과목으로도 설강되어 보다 많은 수강생들을 맞게 되었다. 시공간의 구애 없이 언제든 자유롭게 수강할 수 있다는 장점도 있는 반면 상호교류가 제한점이라는 단점 또한 있는 게 원격수업이다. 온라인 수업 수강 도중에 급히 묻고 싶거나 수강 후에도 이해가 잘 안 가는 부분이 있을 줄 안다. 바로 그러한 궁금증을 해소하거나 좀 더 깊은 성찰을 원할 때 본 교재가 마중물로 쓰일 수 있기를 기대해본다.

 더불어 '보고사'라는 명망 높은 출판사에서 새로운 디자인으로 개정판을 내게 된 것을 무척 기쁘게 생각한다. 개정판 출간을 선뜻 수락해 주신 보고사 박현정 부장님, 탁월한 편집능력으로 책의 가치를 더욱 빛나게 해준 이순민 님께 깊은 감사를 드린다.

2020년 8월 끝자락
아라동 연구실에서
김일방

지은이의 말

환경오염·파괴의 역사는 고대문명에까지 거슬러 오를 수 있을 만큼 그 내력이 깊다. 인류가 농경생활을 시작한 이래 자연파괴는 계속 진행돼왔기 때문이다. 하지만 이처럼 오래된 환경오염·파괴의 역사도 20세기 중반을 기점으로 그 이전과 이후가 큰 차이를 보인다. 환경문제 종류의 다양성 측면이나 그 범위 측면에서 20세기 중반 이전과 이후의 양상이 크게 달라지기 때문이다.

가령 1950~60년대에 세상에 널리 알려진 대표적 환경문제로는 런던의 스모그사건, 일본의 미나마타병, DDT와 그 밖의 화학물질에 의한 오염, 로스엔젤레스의 스모그 사건 등을 들 수 있다. 이들 문제의 특징은 특정 지역의 사건, 혹은 적어도 한 국가 안에서의 사건이었다는 점이다.

하지만 그 이후의 환경오염은 국경을 초월하는 경우가 많다. 예를 들어 1970년대 초 북유럽 여러 나라의 삼림과 호수가 입은 산성비 피해는 그 원인이 주로 주변 국가들로부터 대기를 통해 운반돼온 유황산화물이나 질소산화물에 의한 것임이 밝혀졌다. 환경오염의 월경은 해양오염의 형태로도 나타났다. 1970년대의 지중해 오염, 80년대의 북해 오염(바다표범의 죽음)은 연안 국가들의 하천에서 흘러든 오염물질을 함유한 배수나 선박으로부터의 폐기물에 의한 것이었다. 스위스의 한 화학공장 폭발로 인해 국제하천인 라인강으로 30톤의 유독화학물질이 유입되는 사건도 80년대에 있었다.

같은 연대에 환경오염이 국경을 초월한 대표적인 사건으로는 1986년 소련의 체르노빌 원전 사고를 빼놓을 수 없다. 이 사고로 소련에서는 사망자와 방사능 피폭자가 다수 발생하였고, 더 큰 문제는 방사능을 머금은 대기가 바람을 타 인근의 동유럽 제국, 서독, 북유럽 제국 등 20여개 나라로 확산되었고, 이에 따라 이들 국가 역시 방사능 오염 피해를 입었다는 사실이다. 대기나 물은 끊임없이 이동하고 흐르는 만큼 오염물질은 쉽사리 국경을 초월하는 것이다.

게다가 80년대는 지구 규모의 환경문제도 출현하였다. 오존층 파괴와 지구온난화가 그렇다. 전자는 인간의 건강과 동식물의 성장에 유해한 영향을 끼치며, 후자는 해수면 상승과 육지면적의 수몰, 이상기후 등을 야기한다. 이들 현상은 인간의 경제적·기술적 활동의 증대에 따라 프레온가스와 이산화탄소를 다량 배출한 결과 발생한 것으로 알려졌다.

최근의 지구적 규모의 환경 악화 현상으로는 황사와 미세먼지를 들 수 있다. 우리나라에선 한동안 황사는 '봄의 불청객'정도로 여겨졌었다. 하지만 지금은 그 피해가 점점 심각해지면서 '재난'으로 바라보게 되었다. 봄의 불청객 정도가 아니라 우리의 폐 속 깊숙이 침투해 건강을 교란하는 공포의 물질로 인식하게 된 것이다.

그런데 놀라운 것은 우리나라의 황사 100%가 외국산이라는 사실이다. 중국에서 진행돼온 사막화의 영향이 가장 큰 것으로 밝혀지고 있다. 서역의 타클라마칸 사막, 간쑤성의 황토고원, 네이멍구의 고비사막 주변에서 날아온 황토먼지가 베이징을 침범한 후 편서풍을 타고 계속해서 한반도로 날아든다. 뿐만 아니라 황사는 일본열도, 태평양 또는 태평양을 넘어 아메리카 대륙까지도 전달된다.

황사 이상으로 더 큰 피해를 주는 것은 미세먼지다. 이는 주로 에너지의 연소나 자동차 배기 등에 의해 방출되어 인체에 매우 유해한 화학적 조성을 가진 물질로 알려져 있다. 미세먼지에 노출되면 면역력이 저하되어 감기, 천식, 기관지염, 폐암 등의 호흡기질환과 심혈관질환 등 각종 질병에 취약해질 수 있다 한다. 그 피해가 얼마나 심각했으면 세계보건기구(WHO)에서 2013년 미세먼지를 1급 발암물질로 규정하였겠는가.

미세먼지는 대부분 바람을 타 기원지에서 멀리 떨어진 곳으로 운반되고 결국은 육상이나 해양퇴적물로 침적되는 특징이 있다. 예를 들어 중국 대륙에서 발생한 미세먼지는 수일 동안에 한반도로 이동하여 한반도에서 발원한 미세먼지와 결합하여 높은 농도를 보이기도 하고 한반도를 지나 일본에까지 운반되고 있다.

20세기 중엽 이후에 제기되고 있는 지구환경문제에선 중요한 특징이 발견된다. 그것은 그 명칭에서도 알 수 있다시피 이 문제가 어느 한 국가에 국한되지 않고 여러 나라에 걸쳐 지구적 규모로 발생하고 있다는 사실이다. 그리고 또 한 가지 중요한 특징은 환경 악화로 인한 피해가 그 악화의 원인을 제공한 것에 비례하지 않는다는 점이다. 오존층 파괴 물질, 온실가스, 황사 등의 물질을 대량으로 생산·방출하는 국가도 있다면 소량밖에 방출하지 않는 국가도 있다. 하지만 이들 물질에 의한 피해는 그 방출량에 비례하지 않는다. 방출량에 상관없이 그 피해는 민주적이라는 얘기다. 피해가 달리 나타나는 경우는 단지 지구상의 위치(적도 근처라든지 극지 근처 등)나 지형, 육지의 고저 등에 따라 다를 뿐이다.

예를 들면 투발루, 키리바시, 마셜제도, 몰디브 등의 도서국은 이산화탄소를 매우 소량만 배출함에도 불구하고 온난화에 따른 해수면 상승으로 국토 소멸의 위기에 처해 있다. 지구환경 악화의 원인 제공 국가들이 세계 안에 편재하고 있음에도 그 결과로 인한 피해는 원인과 관계없는 다른 국가들에까지 불공정하게 미치고 있는 것이다. 지구환경문제의 출현은 이외의 방식으로 세계 국가들을 서로 꼼짝없이 결부시키고 있는 게 현 상황이다.

이처럼 지구환경문제는 그 속성상 원인 제공자와 피해자의 관계를 구분 짓는 것이 무의미해져버렸다. 이러한 상황에서 특정한 원인 제공자에게만 책임을 묻는 것으로는 문제를 해결할 수가 없다. 문제 해결을 위해선 보다 근원적인 접근이 요청된다고 본다. 그것은 특정 국가의 사람들만이 아니라 전 인류로 하여금 환경에 대한 사고나 태도, 가치관의 근본적 변혁을 이끌어내는 것을 의미한다. 이른바 지구환경문제는 윤리학적 접근을 취할 때 그 해결을 기대할 수 있다는 것이다.

그러나 이 때 주의할 사항이 하나 있다. 그것은 우리가 지구환경문제에 윤리적으로 접근하고자 할 때 종래의 윤리관이나 가치관으로는 어림도 없다는 사실이다. 종래의 윤리·도덕은 응보주의 원리에 의거하고 있다. 응보주의란 사람은 그가 행한 행위의 선악에 따라 상벌을 받는다는 것으로, 일반적으로는 '눈에는 눈, 이에는 이', '선인선과 악인악과' 등으로 표현된다. 인과응보의 원리는 윤리학의 성립 기반으로 무릇 이 원리를 부정하면 윤리나 도덕은 성립할 수 없게 된다. 이 원리는 언제나 어디에서나 윤리·도덕의 규범적 원리이고 당위적 원리이다. 종래의 윤리학은 모두 이러한 응보주의의 기초 위에서 구축돼왔다.

하지만 작금의 지구환경문제를 고려할 때 응보주의 원리는 그 한계가 분명해진다. 지구환경문제는 그 원인 제공자와 피해자를 구분하는 것이 무의미해져버렸기 때문이다. 이러한 상황에서는 인과응보의 관념을 적용할 수가 없다. 물론 인과응보의 원리 그 자체가 유효하지 않은 것은 아니다. 지구온난화든 산성비든 황사든 이들은 뭔가 원인이 있었기에 발생한 것인 만큼 인과응보라 하지 않을 수 없다. 그러나 이미 이 문제들은 종래와 같은 개인적·지역적 차원에서의 인과응보가 아니다. 오히려 그들 차원을 훨씬 초월한 인류적 차원 내지는 지구적 규모에서의 인과응보다. 오늘날의 지구환경문제들은 그 어느 것이나 원인을 특정하기가 어려울 뿐만 아니라 그것에 의해 피해를 입는 범위도 지구적 규모라는 점이 특징이다. 이러한 상황에서는 선인선과·신상필벌의 원리가 전혀 통용될 수 없다.

종래의 인과응보 관념은 개인이나 특정 지역 사람들이 그 행위의 선악에 따라 받는 상벌이라는 관념이었다. 그러나 전술했듯이 이러한 관념은 작금의 지구환경문제에 있어서는 더 이상 유효하지 않게 돼버렸다. 한 개인이나 특정 지역 사람들의 행위가 단지 그 개인이나 그 지역 사람들만이 아니라 지구촌의 모든 사람들에게까지 영향을 끼치고 있기 때문이다. 한 개인의 행위는 세계 전체적으로 영향을 미치고, 세계의 환경 악화는 또 모든 개개인에게까지 악영향을 초래하고 있는 상황이다. 개인과 전체, 특정 국가와 지구촌을 더 이상 분리하여 생각할 수 없게 되었다.

개인은 개인임과 동시에 전체이기도 하고 전체는 전체임과 동시에 개인이기도 하다. 우리 개개인이 이러한 자각을 하지 않으면 지구환경문제는 결코 해결될 수 없다. 환경윤리가 '지구전체주의(holism)'를 부르짖는 것도 바로 이러한 이유에서다. 그런 측면에서 환경윤리는 종래의 윤리와는 달리 아주 도발적이라 할 수 있다. 환경윤리의 주장은 결코 단순치가 않은 것이다. 이미 현 시대는 과거와 같이 하나의 사회, 하나의 국가에 있어서 윤리·도덕을 이야기하던 시대가 아니다. 인류가 일찍이 경험해본 적이 없는 새로운 상황에 처해 있는 만큼 더 이상 종래의 가치관·윤리관으로는 대응해나갈 수 없다. 우리가 이 점을 명확히 자각할 때 진정한 환경윤리를 구축해나갈 수 있으리라 본다.

이제 이 책의 성격에 대해 기술하고자 한다.

몇 해 전부터 필자는 '환경문제와 윤리'라는 강좌를 운영해오고 있다. 강의 진행 방식은 3:3의 디베이트(Debate) 토론식이다. 디베이트 방식의 토론을 진행하는 데는 세 가지 조건이 필요하다. 첫째는 엄격한 토론 규칙이고, 둘째는 찬·반으로 분명하게 엇갈리는 주제 설정이며, 마지막으로는 토론 주제에 대한 충분한 사전 학습이다. 첫째와 둘째가 교수자의 몫이라면 셋째는 학습자들의 몫이다.

그동안 강의를 진행해오면서 느꼈던 점은 디베이트 수업의 성패는 바로 이 세 번째 조건에 달려있다는 점이다. 토론에 임하는 주인공들의 불꽃 튀는 논전을 유도하려면 철저한 사전 학습을 꼭 염두에 두어야 한다. 이를 위해 꽤 오랜 기간 준비해온 결과물이 바로 이 책이라 할 수 있다. 그동안 필자의 글이 담겨 있는 두툼한 인쇄물을 읽고 토론을 준비하는 데 애써 준 많은 수강생들 덕분에 이 책은 빛을 보게 되었다. 많은 호응을 해준 수강생들에게 이 지면을 빌어 깊은 감사의 말을 전하고 싶다. 더욱더 알차고도 흥미로운 강의로 수강생들의 호의에 보답하고자 한다.

이처럼 이 책은 일차적으로 강의를 염두에 두고 쓰인 만큼 환경문제 관련 강의를 진행하는 데 활용하면 좋을 것이다. 하지만 이 책이 다루는 주제들이 다양하므로 꼭 강의용이 아니라 교양을 함양하는 데도 좋으리라 본다. 가령 지구온난화 논쟁, 동물권 논쟁, 채식주의 논쟁, 자본주의 논쟁, 소유권 문제, 소비 논쟁 등 이슈화되었었거나 현재 이슈화되고 있는 주제를 포함하고 있는 만큼 언제든 순서에 관계없이 관심이 가는 주제를 찾아 읽어도 무방할 것이다.

외람되지만 이 책을 접하는 독자들에게 한 가지 바라고 싶은 게 있다. 환경윤리는 이론적 지식도 중요하나 무엇보다 실천을 강력히 요구한다. 그러기에 이 책을 읽은 후 환경문제·환경윤리에 대한 인식의 전

환과 더불어 조금이라도 실천적 의지를 다질 수 있었으면 하는 마음이
다. 실천적 결과를 수반하지 않는 인식의 전환은 공허한 관념으로만
남을 수 있기 때문이다. 이 때 나의 소비 절약하기, 탄소 감축하기, 일
회용품 안 쓰기, 쓰레기 줄이기 등의 행위가 나 개인적 차원에만 머무
는 게 아니라 지구촌의 누군가에게까지 영향을 끼친다는 의식 하에 이
루어진다면 더 이상 바랄 게 없겠다.

　한 권의 책을 완성하는 데는 여러 사람들의 도움이 절대적이다. 이
책을 내는 과정에선 누구보다 보고사 편집부의 노고를 잊을 수 없을
것 같다. 복잡다단한 교정 과정이 여러 차례 반복되었음에도 매번 꼼
꼼하고 정밀한 솜씨로 가독성을 극대화해준 편집능력과 성의에 깊은
감사를 드린다. 이 책이 세상의 빛을 볼 수 있도록 적극 독려해준 제주
대학교 홍보출판문화원장 현승환 교수님, 그리고 책을 내는 데 자양분
이 되어준 '환경문제와 윤리'를 수강했던 많은 학생들에게도 더불어 고
마운 마음을 전하고자 한다.

2019년 1월
아라동 연구실에서

차례

◆ 제1장 ◆

'환경문제와 윤리' 개관

1. 환경문제의 대두와 그 성격

1) 환경문제의 대두

인류의 직계 조상은 약 200만 년 전 아프리카에서 출현하였다. 당시 그들은 주로 열매와 씨앗의 채취로 연명하며 가끔 다른 맹수들이 죽인 동물을 먹거나 작은 동물을 사냥하며 살아가는 소규모 집단에 불과했다. 이들 집단이 식물을 채취하기 위해선 계절마다 어디서 무엇이 나는 지에 대해 상세히 알고 있어야 했고 생계유지를 위한 이동도 이에 따라 이루어졌다. 이처럼 당시 사람들의 생존 방식은 계절적인 변화와 관련되어 있었기에 그들의 삶은 자연환경과 밀접한 조화를 이루었고 따라서 생태계에 미치는 영향도 매우 적었다. 식량을 얻는 방법이나 이동 생활 방식, 적은 소지품, 적은 인구 등이 그것을 가능케 했던 것이다.

하지만 인구가 서서히 증가함에 따라 환경에 가해지는 부담은 늘어났고 사람들은 이를 농경기술을 통해 극복해냈다. 농경기술의 탄생으로 훨씬 더 많은 양의 식량을 생산할 수 있었기에 처음으로 정착사회

가 생겨났고 나아가 사회가 안정되고 복잡한 계급사회로 진화가 가능
해졌다. 그러나 농업의 출현은 곧 광범위하고 급속한 환경 파괴가 시
작됨을 의미하는 것이기도 했다. 농업은 곡식을 재배하고 동물 사육을
위한 초지를 마련하기 위해 자연 생태계를 변화시키는 것을 기본으로
하는 생활양식이었기 때문이다. 표토의 침식으로 인한 토양의 황폐화,
관개농업 시 염분 증가로 인한 토양의 척박화, 정착사회의 유지에 필
요한 목재 수요 증가로 인한 숲의 파괴 등이 농업에 의해 이미 고대사
회에 발생했었던 환경 파괴의 예들이다.

특히 이 가운데 숲의 파괴는 중세사회를 거쳐 산업혁명 이전까지 지
속적으로 전개되어왔다. 그 주된 원인은 인구의 급격한 증가로 인한
농지 개간이었다. 증가하는 인구를 먹여 살리기 위해 계속해서 숲은
개간될 수밖에 없었던 것이다. 이와 같은 숲의 파괴로 인한 피해는 여러
지역에서 매우 큰 규모로 일어났고 그 결과 한 문명이나 시대가 마감되
는 일도 있었다.[1] 하지만 산업혁명 이전까지의 자연 파괴 정도는 지구적
차원에서 보면 일부 지역에 국한된 따라서 지구 전체를 병들게 하지는
못했던 소규모의 변형에 불과했다.

---

1 숲의 파괴로 인한 문명 파괴 사례는 '이스터 섬'에서 찾을 수 있다. 18세기에 유럽인
들이 이 섬에 갔을 때는 섬 전체에 나무라곤 없었다. 그러나 최근의 연구에 의하면
이 섬에 처음으로 사람이 살기 시작하던 무렵에는 삼림이 우거졌던 것으로 드러났
다. 그런데 인구가 늘면서 농경지를 만들고, 가재도구, 집, 카누 등을 만들 목적으로
나무를 베어내기 시작했다. 이 중에서도 가장 수요가 많은 것은 섬 주변의 제단까지
아주 무거운 석상(묘지, 조상 숭배, 죽은 족장을 추도하기 위한 기념물)들을 운반하
기 위한 통나무 받침이었다. 이를 위해 막대한 양의 목재가 필요했으며 씨족 간에
석상 세우기 경쟁이 벌어짐에 따라 그 수요량은 점점 늘어갔다. 그 결과 1600년경에
는 섬의 모든 나무가 사라지게 되었고 이스터 섬 사회는 원시적인 상태로 쇠퇴해갔
다. 나중에는 노예제도가 상습화되었고 식인 풍습까지 생겨날 정도였다. 숲의 파괴
로 인해 사회는 빠른 속도로 붕괴되어 거의 야만 상태에 이르렀던 것이다. Clive
Ponting, 『녹색세계사 I 』, 이진아 옮김(서울: 심지, 1995), 21~31쪽 참조.

18세기 말 영국에서 시작된 산업혁명은 인간이 자연을 대규모로 변화시키는 신호탄이었다. 농경기술에 이어 인간 역사에서 두 번째 거대한 변화를 야기한 이 사건으로 인류는 역사상 최초로 공업을 가능케 해주는 에너지(화석연료)를 자유롭게 이용할 수 있게 되었고 지구 자원의 소비 속도도 전에 없이 증가해갔다. 이러한 산업화 과정에서 과학적 지식은 자연에 대한 기술적 위력을 의미한다는 베이컨주의적 믿음이 새로운 패러다임으로 수용된 것은 물론이다.

실제로 과학과 기술의 결합은 이제까지 상상조차 할 수 없었던 결과물들을 인류에게 선사해왔다. 인간은 달을 밟았고 우주선은 화성과 금성을 탐사하고 있다. 생명과학의 진보에 힘입어 인간의 수명은 배가되었다. 그런가 하면 이른바 녹색혁명은 식량 생산을 늘림으로써 증가일로의 인구를 먹여 살려왔다. 제2차 세계대전 이후 원자력은 산업화된 국가로부터 먼저 야기된 에너지 부족 문제를 해결할 수 있는 첨단기술의 총아로써 그 중요성이 인식되기에 이르렀다. 1980년대에 와서는 DNA재조합 기술이 기초적 연구 단계로부터 실제 산업화 응용 단계로 접어들었다. 그리고 오늘날의 선진사회는 유전자 과학, 유전공학, 정보공학, 나노기술, 인공지능 등에 의해 전대미문의 변화를 겪고 있는 중이다.

그러나 이와 같은 과학기술의 발달로 인해 우리의 삶은 많이 편리해졌으나, 그 이면에는 생태계 파괴라는 무서운 독소를 안고 있었다. 온실가스의 증가, 오존층 파괴, 삼림 벌채, 토지 기능 퇴화, 종의 절멸, 그리고 대기, 강, 해양 오염 등은 현재 사람들뿐만 아니라 미래 사람들의 생존까지도 위협하고 있는 상황이다.

이에 많은 사상가들은 지구라는 천체가 지닌 물리적 제약에 관한 현재의 지식에 기초하여 성장의 국면이 금후 100년 이상 계속될 수 없음을 경고하고 있다.[2] 현재 수준으로 인구 증가가 지속되고 인류의 행동 방식 또한 바뀌지 않는다면 과학기술이 아무리 발전한다 해도 더 이상 희망적인 미래가 보장될 수 없음을 말하고 있는 것이다.

따라서 지금 우리에게는 발전과 성장보다 세계적 환경 상황에 대한 성찰과 자연에 대한 근원적인 태도 변혁이 요청되고 있다. 지구상의 모든 국가들이 처한 경제, 정치, 역사, 전통 등의 조건은 제각기 다르 겠지만 지구상의 생명 그 자체를 보존하고 진정한 삶의 질을 향상시키 기 위해선 지구의 자연환경을 보호해야 한다는 당위적 요청을 받아들 여야 한다. 우리는 우리 자신의 생존과 활동의 기반인 환경 혹은 생태 계를 무시하고는 결코 존재할 수 없기에 환경을 구하는 것은 곧 나 자 신을 구한다는 자세로 지구 환경을 위기에서 구하도록 해야 한다.

이를 위해 필자는 무엇보다 자연환경에 대한 연구가 대단히 세밀한 부분에서부터 지구 생태계 안의 거시적인 상호작용의 메커니즘에 이 르기까지 철저하게 이루어져야 한다고 생각한다. 이것은 특히 지금의 시점에서 매우 시급한 과제라 할 수 있다. 왜냐하면 지금과 같은 자연 파괴의 양상이 계속된다면 미처 자연에 대한 보다 철저한 연구를 통하 여 적합한 자연보호책을 도출 시행하기도 전에 자연은 인간들의 활동 결과로 종말을 고하게 될지도 모르기 때문이다.

---

2 대표적인 사례로 메도우즈(D. H. Meadows) 등의 주장을 들 수 있다. 이들은 "세계인 구, 공업화, 오염, 식량생산, 재생 불가능한 천연자원의 소비 등 다섯 가지 요소의 기하급수적 성장이 현재와 같이 지속된다면 돌아오는 100년 이내에 지구상의 성장 은 한계점에 이르게 될 것이다.", "우리는 지구라는 천체가 지닌 물리적 제약에 의거 할 때 성장의 국면이 금후 100년 동안 계속될 수 없을 것으로 생각한다."라고 말하고 있다. D. H. 메도우즈 외, 『인류의 위기』, 김승한 역(서울: 삼성미술문화재단, 1989), 23쪽, 217쪽; Patrick Curry, *Ecological Ethics: An Introduction*(Malden: Polity Press, 2012), pp.231~232 참조.

가토 히사다케는 환경윤리학의 입장에서 볼 때 에너지 문제란 실로 그다지 심각하지 않으며 에너지 위기는 일어나지 않는다고 단언하고 있다. 왜냐하면 에너지 위기가 발생하기도 전에 지구상의 생태계에 큰 변동이 일어나 공업문명을 일군 인간이라는 '생물'이 먼저 사멸해버릴 수도 있기 때문이라는 것이다. 오히려 마지막 남은 한 방울의 석유를 둘러싸고 미사일로 서로 공격할 정도까지 인류의 힘이 잔존해 있다면 그것은 다행스런 일이라고 그는 말한다.[3] 이것은 그만큼 환경 문제에 대한 해결책이 시급을 요하고 있다는 의미다.

2) 환경문제의 성격

'나비효과'라는 용어가 있다. 나비의 날갯짓과 같은 작은 변화가 폭풍우와 같은 커다란 변화를 유발할 수 있다는 의미다. 이와 관련하여 자주 거론되는 것이 '브라질에서의 나비의 날갯짓이 텍사스에서의 토네이도를 일으킨다'는 표현이다. 브라질에 있는 나비가 날개를 퍼덕인 것이 대기에 영향을 주고 또 이 영향은 시간이 지날수록 증폭되어 나중에는 미국을 강타하는 토네이도와 같은 엄청난 결과를 초래한다는 뜻이다. '초기의 작은 사건 하나가 후에는 큰 결과를 가져온다'는 것으로 지구 한 켠의 자연현상이 언뜻 보면 아무 관련이 없는 먼 곳의 자연과 인간에까지 큰 영향을 끼친다는 이론이다.

더불어 다음과 같은 표현도 생각해보자.[4]

①집에 벼룩이 늘면 남극 펭귄의 수가 준다.

②전기산업이 돈을 벌면 낚시 도구점이 파산한다.

---

3 加藤尙武, 『倫理學で歷史を讀む』(東京: 淸流出版, 1996), 160쪽 참조.

4 谷本光男, 『環境倫理のラディカリズム』(京都: 世界思想社, 2003), 4~7쪽 참조.

③에어컨을 풀로 가동시킨 실내에서의 축구 경기 시청이 미래세대의 삶에까지 영향을 미친다.

먼저 ①의 의미를 파악해보자. 우리 집의 벼룩과 남극의 펭귄 사이에는 아무 관계가 없는 것처럼 보이지만 사실 이에 관해선 1966년에 이미 보고된 바 있다. 양자 사이에는 긴밀한 관계가 있다는 것이다.

일찍이 우리나라에서도 DDT[5]가 여러 가지 용도로 사용된 적이 있었다. 한국전쟁 당시 이, 빈대, 벼룩 등의 해충을 구제하기 위해 미군에 의해 살포되었고, 농림축산업 전반에 걸쳐서도 살충제로 광범위하게 뿌려졌었다. 심지어 일상생활에서마저 이용되었다. 가령 1950~60년대 까지만 해도 이발소에서 머릿니를 잡기 위해 DDT를 뿌리는 것은 흔한 모습 중의 하나였다. 이렇게 다양한 용도로 살포된 DDT는 쉽게 분해되지 않기에 물, 공기, 생물체 등을 매개로 세계 전역으로 퍼질 수 있다. DDT는 대기나 하천을 경유하여 바다로 흘러들고 해류를 따라 떠내려가 플랑크톤 체내에 흡수되며, 이 플랑크톤을 물고기가 먹고 또 그 물고기를 다른 물고기가 먹는 등의 형태로 다음에서 다음으로 생체 내에 농축

---

5 DDT는 1874년에 처음으로 합성되었으나 1939년에 와서야 스위스 화학자인 뮐러(Paul Hermann Müller)에 의해 살충제로 개발이 이뤄졌다. 이후 DDT는 제2차 세계대전 중에 말라리아, 발진티푸스를 일으키는 모기의 구제에 사용되었고, 전쟁 후에는 농업 분야에서 살충제로 쓰이면서 생산과 사용이 급격한 상승세를 보였다. 마침내 DDT는 농작물의 피해를 최소화하고 발진티푸스와 말라리아의 발병률을 크게 저하시킨 일 등공신으로 부상한 것이다. 하지만 DDT가 무분별하게 살포되면서 해충이 DDT에 내성을 가지고 익충과 야생동물이 사라지는 문제점이 유발되었다. 카슨은 1962년에 '침묵의 봄'을 통해 이러한 DDT의 폐해를 널리 알렸고, 이에 미국 정부는 1972년에 그 사용을 전면 중단했다. DDT는 반감기가 2~15년에 이르는 분해가 잘 안 되는 오염 물질로 대부분은 흙속에 있다. DDT는 여러 생물에 독성을 끼친다. 한 예로 매의 경우, DDT와 대사물질은 매의 태아에 영향을 미치며, 칼슘 흡수를 방해해 알껍질을 얇게 만드는 것으로 드러났다. DDT는 또한 새우, 갑각동물, 바다새우와 여러 물고기 종에도 독성을 미치는 것으로 알려졌다. https://ko.wikipedia.org/wiki/DDT 참조.

되면서 바다를 여행하여 남극에까지 이르게 된다. 그리고 마침내 이 DDT가 뿌려질 리 없는 남극에 사는 펭귄으로부터도 검출되었다는 것이다. DDT는 칼슘 대사에 영향을 끼침으로써 알껍질을 얇게 만들어 그 부화율을 떨어뜨리기 때문에 펭귄의 수가 줄어들게 마련이다.

다음은 ②에 대해서 파악해보자. 전기산업이 돈을 번다는 것은 전력 소비량, 또 화력발전의 증가로 인해 화석연료 소비량이 늘어나는 것을 의미한다. 그 결과 배출되는 황산화물·질소산화물은 바람을 타 먼 지역으로 퍼지고 비에 녹아떨어지게 된다. 이른바 산성비다. 서유럽제국으로부터 배출된 산화물이 북유럽제국에서는 산성비가 되고, 북유럽의 호수나 늪이 산성화되어 물고기가 살 수 없게 됐다고 보고된 것은 1970년대 말의 일이다. 그렇게 되면 낚시 도구점은 파산하지 않을 수 없다. 지금은 북유럽뿐만 아니라 유럽이나 북미, 중국, 우리나라에서도 산성비의 피해는 확대되고 있는 중이다.

다음은 ③에 대해서다. 에어컨을 풀로 가동시킨 거실에서 월드컵 축구경기를 보고 있다고 가정하고 이것이 끼치는 영향을 한번 추적해보자. 월드컵 축구 경기 시청 → 화석연료 소비량 증가 → CO_2 배출량 증가 → CO_2 농도 증가 → 대류권 온도 상승 → 해수량 증가로 인한 해수면 상승 → 저지대 침수 피해 → 농작물 수확량 감소 → 화전 경작지 확대 → 삼림 감소 → 식물의 CO_2 흡수력 감소 → CO_2 농도 증가 → 대류권 온도 상승 → 수증기, 구름의 증가 → 지표에 도달하는 자외선 양의 증가 → 인간의 건강 악화. 이 화살표를 더 추적해 들어가면 미래 사람들의 삶에까지 찾아 올라갈 수 있다는 의미다.

이상과 같은 사례들이 시사하는 바는 무엇일까? 아마도 그것은 '지구에는 이음매가 없다'는 교훈이 아닌가 생각된다. 지구상의 어느 한 지점에서 일어난 사건이 시·공간적으로 우리가 알지 못하는 미래의 누군가에까지 영향을 끼칠 수 있을 만큼 지구는 이음매 없이 매끈하게 연결된 통일체라는 의미다. 이처럼 지구환경문제는 시·공간적으로 파급 효과가 매우 크다는 성질을 띠고 있다. 지구상의 어느 한 지역에서 발생한 환경문제가 그 지역의 문제만으로 국한되지 않고 공간적으로 아주 멀리 떨어진 곳에, 또 시간적으로도 아주 먼 미래에까지 영향을 미칠 수 있다는 것이다.

지구환경문제는 또 비가시적이라는 특징을 갖는다. 지구환경문제는 다양하며 인류의 존망을 좌우할 만큼 그 정도 또한 심각하다고 아무리 외치더라도 그 '심각한 상황'이라는 것이 우리 눈에는 잘 띄지 않는다. 만일 지구환경문제가 지구인과 외계인 간의 전쟁을 그린 '인디펜던스 데이'라는 영화에서 외계인들이 우주선을 이용하여 지구를 멸망시키기 위해 전 세계의 주요 도시와 군사시설을 날려버리는 것과 같은 문제라면 외계인들에 의한 지구환경 파괴는 우리의 눈에도 선명하게 보일 것이다.

하지만 지구환경문제는 전혀 그러한 성격의 문제가 아니다. 오히려 우리의 일상생활이 누적되어, 곧 물건을 대량 생산하고 대량 소비하는 우리의 생활이 쌓이고 쌓여서 야기된 문제다. 그러기에 우리는 지금의 일상생활과 환경문제는 아무 관계가 없는 것처럼 여기게 되고, 또 그렇게 행동하게 되는 것이다. 지구환경문제는 우리 눈앞에 당장 나타나진 않는 비가시적 성격을 띠지만 언젠가는 우리가 알지 못하는 어떤 곳에서, 그리고 어떤 미래세대에게 악영향을 끼치게 된다는 점에서, 마치 암세포를 몸에 지니고 있으면서도 그것이 언제 가시화될지 모르고 지내는 것과 같은 형국이 아닌가 여겨진다.

지구환경문제는 또 매우 복합적인 성격을 가지고 있다.[6]

대량으로 생산하고 소비하는 것이 일상화돼버린 우리의 생활방식이 환경문제의 한 원인이라면 그것을 떠받치고 있는 생산과 소비의 메커니즘을 반성하지 않으면 안 될 것이다. 이처럼 환경문제의 제1차적 원인을 경제활동, 곧 생산활동과 소비활동에서 찾는 것이 경제학이다. 이점에서 지구환경문제는 경제문제로 인식된다.

지구환경문제는 정치문제로도 볼 수 있다. 환경문제는 국내문제이기도 하고 국제문제이기도 하다. 한 국가에 집중적으로 관련되는 환경문제가 있는 반면 그 속성상 국경을 초월한 환경문제도 많기 때문이다. 국내적이건 국제적이건 환경 위기를 타개하기 위한 환경정책을 수행하는 것은 결코 쉽지 않다. 민주주의란 자기이익과 상충하는 이해관계의 조정 내지는 타협에 근거하고 있는데 그 조정·타협이 어렵기 때문이다. 환경문제에 관한 민주적 조정과 타협을 이끌어내려면 정치적 개입은 필수적일 것이다.

지구환경문제는 과학기술의 문제로도 인식할 수 있다. 상식적인 얘기지만 지구온난화의 원인으로는 크게 이산화탄소가 주목된다. 산업혁명이 시작될 무렵(1760년대) 이산화탄소의 농도는 280ppm이었다고 한다. 1960년에는 315ppm으로 200년 사이에 35ppm이 늘었다. 그런데 그 이후 최근 30년 동안에 역시 35ppm가량 증가한 것으로 나타났다. 이 증가는 너무 놀라울 정도의 수치다. 이러한 사실에서 우리는 화석연료로 대표되는 자원을 다 소비해버리는 재생 불가능한 테크놀로지는 이제 한계에 이르고 있다고 비판하지 않을 수 없다.

따라서 지구환경 위기란 바로 근대성의 위기라고 말해도 좋다. 근대 자연과학은 자연 지배를 통하여 우리에게 쾌적한 삶을 가져다주려 했

---

6 Rob de Vrind et al., *Environmental Ethics*(Sheffield: Greenleaf Publishing, 2012), pp.2~15; 山內廣隆, 『環境の倫理學』(東京: 丸善, 2003), 13~18쪽 참조.

었으나 그것이 이제는 역으로 죽음을 초래하려 하고 있다. 삶이 죽음으로, 합리가 비합리로, 지배가 피지배로 역전하고 있는 것이다. 이러한 사태는 근대 자연과학이 플러스 요인으로서 가지고 있었던 '자연을 지배하는 힘'이 이제는 마이너스 요인이 되어 위기를 창출하고 있는 것이라 말할 수 있다.

지구환경문제는 윤리문제로도 볼 수 있다. 최근의 IPCC(기후변화에 관한 정부 간 패널)는 2100년까지의 평균 기온이 1.4℃에서 5.8℃로 상승할 것으로 내다봤다. 상승 폭이 너무 높다는 생각이 든다. 아마 우리가 현재와 같은 에너지 과다 소비 생활을 아무 반성 없이 지속한다면 그 이상으로 상승할지도 모른다. 하지만 현재의 성인들이 생존하는 동안은 괜찮은 것으로 여겨진다. 그렇다면 우리는 현재와 마찬가지로 에너지 과다 소비 생활을 계속 유지해도 좋은 것일까? 여기서 '현세대는 미래세대에 대해 미래세대가 현세대처럼 살아갈 수 있을 정도의 자원이나 자연환경을 남겨두어야 할 의무나 책임이 있는 것일까'를 묻는 '세대 간 윤리' 문제가 제기된다. 이 '세대 간 윤리'는 환경윤리학의 중요한 테마 중 하나다.

이처럼 지구환경문제는 경제, 정치, 자연과학, 윤리 등의 여러 방면에서 접근할 수 있는 복합적 성격을 지니고 있다. 지구환경문제란 단순한 문제군이 아니라 문제군의 복합체이기 때문이다. 바로 이점을 강조하기 위해 한 생태학자는 '지구환경문제'라고 부르는 대신에 '지구환경문제 복합체'라고 부를 것을 권유하고 있다.[7]

---

7 佐倉 統, 『現代思想としての環境問題』(東京: 中央公論社, 1992), 2~7쪽 참조.

2. 윤리와 환경윤리

1) 윤리의 의미

윤리학·윤리를 의미하는 명사 ethics는 형용사 ethical, ethic에서 유래하였고, 형용사 ethical, ethic은 고대 그리스어 에토스(ethos)에서 비롯되었다. 에토스란 습관, 풍습, 관습을 의미한다. 고대 그리스인들 사이에선 폴리스에서 통용되는 풍습, 곧 전래되어온 행위규칙과 가치 척도에 따라 살아가는 한 윤리적 삶으로 간주했던 것으로 추론된다.

하지만 관습이 곧 윤리를 의미하지는 않는다. 관습이란 시대성과 사회성의 제약을 받는다. 관습은 일정한 시대와 장소에서만 적용되는 것으로 그것이 정당성을 잃고 비합리적인 것으로 입증되면 점차 변모의 과정을 밟기 시작한다. 반면에 윤리는 관습과 달리 시대성과 사회성을 초월한다. 언제나, 어디에서나, 누구에게나 보편타당하게 적용되는 행위 규범이라는 의미다. 그러기에 윤리는 수정의 여지가 거의 없는 보편적 합리성을 전제로 한다. 요컨대 관습이 오랜 시일에 걸쳐 자기 수정의 과정을 거치면서 합리적이며 세련된 모습을 갖추게 되었을 때 그것이 윤리의 위치를 차지하게 되는 것이다.

윤리란 '사람이 타인들과 더불어 사는 가운데 마땅히 따라야 할 도리(도덕)'라 할 수 있다. 사람이 타인들과 더불어 사는 공간을 보통 '사회'라 부르니, 바꿔 말하면 윤리란 사람이 사회생활을 하는 가운데 마땅히 행해야 할 도리라고도 할 수 있다. 그렇다면 사람이 사람으로서 지켜야 할 도리를 도리이게끔 만들어주는 근거는 무엇인가? 그것은 다름 아닌 '선'이라 할 수 있다. 선은 윤리·도덕의 본질을 이루는 가치인 것이다. 바꿔 말하면 윤리·도덕을 윤리·도덕이 되도록 해주는 근거가 바로 선이라는 의미다.

윤리는 실천적 행위를 전제로 한다. 인간의 행위는 그것이 어떤 형태를 취하건 간에 어떤 대상(객체)과 관계할 수밖에 없고, 또 어떤 방식으로든 그것에 영향을 미치게 마련이다. 행위란 현재하는 것을 극복하거나 아직 현재하지 않는 것을 현존하도록 의지적으로 노력하는 작용이기 때문이다. 이러한 인간의 실천적 행위는 크게 두 가지로 구분해 볼 수 있다. 노동행위와 도덕행위가 그것이다.[8]

이 두 가지는 인간의 실천적 행위로서 무엇인가의 실현을 의지적으로 지향한다는 점에서는 동일하다. 하지만 전자가 사물과 관계하면서 그 사물의 가치(價値, 品格)를 끌어올리려는 시도라면, 후자는 사람과 관계하면서 그 사람의 가치(人格)를 고양하려는 시도라 할 수 있다. 물론 사람과 사람 사이에서 발생하는 실천적 행위 전부가 도덕행위인 것은 아니다. 가령 교육행위, 훈련행위, 비즈니스행위, 정치행위 등과 같이 도덕행위 이외에도 인간 간의 실천행위는 많기 때문이다. 이 여러 가지 행위 중에서도 도덕행위는 선이라는 가치를 실현하려고 의도한다는 점에서 그 특징을 찾을 수 있다.

윤리·도덕이란 사람들이 인간관계에서, 곧 사회생활을 하는 가운데서 지키지 않으면 안 될 도리라 한다면, 그 도리를 도리이게끔 해주는 근거가 선이다. 선은 그 도리를 실행에 옮기는 도덕행위 속에서 드러나는 것이다. 곧 도덕적·윤리적 행위란 사람들 사이에서 이뤄지는 사람다운 행위로 선을 담지하고 있음을 의미한다.

2) 환경윤리의 의미와 그 형성 배경

환경윤리가 대두하게 된 계기는 자연환경에 대한 관심과 전통윤리에

---

8 백종현, 『윤리 개념의 형성』(서울: 철학과현실사, 2003), 28~29쪽 참조.

대한 반성에 있다. 인간의 생존마저 위협을 받을 만큼 자연환경의 파괴
는 그 정도가 심각하다. 하지만 이러한 현상에 대해 전통윤리로는 더
이상 대응할 수 없다는 한계를 자각하게 되었다. 전통윤리는 주로 지금
살아 있는 사람들의, 요컨대 동세대 사람들의 인간관계를 고찰하고 실
천하는 것이 주 과제였다. 전통윤리에선 인간과 자연과의 관계, 또는
인간과 생물과의 관계에 대한 고찰 및 실천은 고려되지 않았던 것이다.

 이러한 자각을 토대로 환경윤리는 그 적용 범위를 시·공간적으로
확장한다. 시간적으로는 현재세대뿐만 아니라 미래세대의 관심과 요
구까지도 포함하며, 공간적으로는 인간과 자연, 인간과 생물, 인간과
생태계 등의 관계에까지 그 관심의 범위를 넓힌다. 환경윤리는 어떻게
하면 미래세대 사람들에게 좋은 환경을 제공할 수 있는지 또 어떻게
하면 생물종을 보존할 수 있는지에 대해 고찰하며, 나아가 그 실천적
대안까지도 모색한다.[9]

 오늘날 우리가 겪고 있는 지구환경의 위기는 대체 어디서 유래하는
것일까. 이에 관해선 '인간중심주의적인 근대 사상'이 많이 지목된다.
인간이 자연을 제멋대로 지배할 수 있다는 관념이나 사상이 환경위기
의 근원이라는 것이다. 예를 들면 근대 초기 데카르트의 이원론, 베이
컨의 귀납법, 로크의 소유권론 등에서 이러한 자연지배 관념을 명료하
게 확인할 수 있다. 17세기 근대철학이 형성될 무렵, 철학은 인간(정신)
과 자연(물체)을 이원적으로 구분하고 인간이 자연을 지배할 수 있다는
사상을 확산시켰다. 이러한 자연지배 관념은 당시의 자연과학기술뿐
만 아니라 법이나 경제에도 관철됨으로써 서구사회가 근대화를 이뤄

9 도덕적 고려의 영역에 관해선 David R. Keller, ed., *Environmental Ethics: the Big Questions*(Malden: Blackwell Publishing, 2010), pp.10~12 참조 바람.

나가는 데 과도한 지배이념으로 작용하였다.

대표적인 근대윤리학 중의 하나인 칸트 윤리학은 자유의지를 근거로 보편적 윤리를 주장하였다. 이를 칸트는 『실천이성비판』(1788)에서 다음과 같은 정언명법으로 표현하였다. "네 의지의 준칙이 언제나 동시에 보편적 입법의 원리로서 타당할 수 있도록 행위하라."[10] 이 명법의 취지는 의지의 주관적 원칙인 준칙이 객관적 법칙이 될 수 있도록 행위하라는 의미다. 환언하면 개인이 어떤 행위를 결심할 때, 그것이 만인이 따라야 할 법칙으로서 성립할 수 있도록 행위하라는 것이다. 이 명법의 특징은 행위의 보편타당성을 도덕의 내용에서가 아니라 오히려 도덕의 형식에서 찾으려는 데 있다. 또한 이 보편타당성은 동일 세대로 구성되는 공동체에서의 제 개인에 의거하고 있다.

한편 벤담(J. Bentham, 1748~1832)은 그의 주저 『도덕과 입법의 원리 서설』(1789)의 첫머리에 다음과 같이 기술하고 있다. "자연은 인류를 고통과 쾌락이라는 두 군주의 지배 아래 두었다. 우리가 무엇을 해야 할지를 지시하고, 무엇을 할지를 결정하는 것은 오로지 이 두 군주에 달려 있다."[11] 모든 인간은 고통을 피하고 쾌락을 얻기 위해 행위 하게끔 마련되어 있다는 주장이다. 그런데 여기서 올바른 행위의 기준으로 삼고 있는 쾌락(행복)이란 행위자 자신의 쾌락이 아니라 관계되는 사람 전체의 쾌락을 의미한다. 벤담은 자기 자신의 최대행복(쾌락)을 추구하는 게 아니라 '최대다수의 최대행복(쾌락)'을 도덕과 입법의 원리로 삼으라고 주장하고 있는 것이다. 물론 이 최대다수에 산입되는 개인은 칸트와 마찬가지로 세대를 같이 하는 공동체에서의 제 개인이다.

---

10 I. 칸트, 『실천이성비판』, 최재희 옮김(서울: 박영사, 1997), 33쪽.
11 제러미 벤담, 『도덕과 입법의 원리 서설』, 고정식 옮김(파주: 나남, 2011), 27쪽.

칸트 윤리와 공리주의 윤리는 자유로운 개인(시민)을 위한 입법의 원리로서의 윤리였다. 양자는 근대국가에서의 시민사회윤리를 확립했다는 점에서 그 의의를 인정받을 수 있다. 하지만 오늘날의 환경문제를 염두에 두고 양 윤리를 검토해보면 거기에는 인간을 환경과의 관계에서, 또 인간을 생물체와의 관계에서 파악하는 관점이 없다. 또 통시적인 미래세대에 대한 고려도 없다. 통제 불가능할 정도로 전개되는 과학기술의 문제라든지 약육강식의 방식으로 전개되는 자본주의경제에 관한 문제도 그들의 관심 범위에 들어 있지 않다. 이러한 여러 가지 사항들은 물론 그들이 살았던 시대의 요청이 아니었다.

칸트 윤리와 공리주의 윤리는 개인과 개인, 또는 개인과 사회와의 관계에서의 윤리이며, 근대 시민사회의 입법의 원리로서의 윤리였다. 말하자면 그 당시 사회에서 살아가는 동일세대 사람들을 범위로 하는 공시적 윤리였다.

반면에 환경윤리는 근대윤리학, 예를 들면 칸트 윤리나 공리주의 윤리로는 더 이상 대응할 수 없게 된, 인류 역사상의 새로운 사태, 곧 환경 파괴와 생명의 위기를 그 성립의 계기로 하고 있다. 환경윤리란 인간과 환경과의 좋은 또는 올바른 관계방식을 고찰함과 동시에 그를 위한 실천을 모색하는 새로운 접근방식이라 할 수 있다.

3. 환경윤리의 전개

환경윤리는 현재 어떻게 전개되고 있는지, 세계의 환경윤리에 큰 영향을 끼치고 있는 미국과 독일의 환경윤리를 중심으로 살펴본다. 양 국가의 선구적인 사상가들의 이론을 토대로 간략히 고찰하고자 한다.

1) 미국의 환경윤리

식민지시대 이래 19세기 후반에 이르기까지 미국의 사상계는 독일 관념론이 지배적이었다. 그러나 남북전쟁(1861~1865) 이후 미국의 자본주의 발달은 유럽으로부터 탈피하여 미국의 독자적 문화를 형성케 하였다. 바로 이 무렵, 그러니까 19세기 말엽 미국 고유의 철학이 탄생하는 바, 그것은 바로 프래그머티즘(Pragmatism)이었다.[12] 프래그머티즘의 특징은 먼저 다윈의 진화론을 수용함으로써 인간은 환경을 떠나서는 살 수 없으며, 환경에 적응해야 하는 생물체로서 파악한다는 점이다. 또 한 가지 특징은 근대철학, 특히 데카르트 이후의 이원론(물질과 마음, 육체와 정신, 자연과 인간)을 비판하고 자연과 인간의 상호작용을 강조한다는 점이다.

이 프래그머티즘을 한층 더 거슬러 올라가면 에머슨이나 소로 등의 초월주의[13]에 이른다. '콩코드의 철인'이라 불리는 에머슨(R. W. Emerson,

---

12 J. Baird Callicott and Robert Frodman, eds., *Encyclopedia of Environmental Ethics and Philosophy 2*(Detroit: Macmillan Reference USA, 2009), pp.174~175 참조.

13 1820년대 후반에서 1830년대에 걸쳐 미국의 동부에서 전개된 철학 운동이다. 초월주의자들은 인간과 자연에는 본질적 선이 내재한다고 믿는다. 그들은 사회와 그 제도, 특히 종교와 정당이 개인의 순수성을 훼손해온 반면 사람들은 진정으로 '자립적'이고 독립적일 때 비로소 최상의 상태가 된다는 신념을 갖는다. 그들은 또 참다운 공동체가 형성될 수 있는 것도 오직 그와 같은 진정한 개인들이 존재할 때라고 본다. 객관적 경험주의보다 주관주의적 직관을 더 강조하는 것도 초월주의의 특징이다. 초월주의자들은 우리 개개인이 예전의 대가들에 대한 관심과 존경심을 거의 갖지 않고도 완전히 독창적인 통찰력을 창안해낼 수 있다고 믿는다. 그리고 그들은 심미적 목적뿐만 아니라 자연계의 구조화된 내적 작용을 관찰하고 이해하는 도구로서 자연에 대한 깊은 감사를 강조한다. 따라서 방해받지 않는 자연세계의 보존이야말로 초월주의자들에게는 매우 중요하다. 초월주의의 핵심 신념인 이상주의는 자본주의, 서부로의 확장, 산업화에 대한 본질적 회의론을 초래하였다. https://en.wikipedia.org/wiki/Transcendentalism 참조.

1803~1882)은 인간의 영혼과 같이 자연에도 신성이 있음을 인정하였다. 그에 따르면 자연은 신과 인간의 통로이고 살아 있는 신적 자연이다. 자연은 재난과 치욕의 상처를 치유하여 인간을 그 본래적 상태로 되돌려주는 갱생력의 원천이요, 인간을 어린애로 만드는 '영원한 젊음'의 터전이다.[14]

에머슨의 연구를 뒤이은 소로(H. D. Thoreau, 1817~1862)는 로크의 백지설에 반대 의견을 피력하고, 자연의 아름다움은 곧 인간 정신의 아름다움이라고 주장하였다. 그에게 있어서 자연은 단지 조망되는 것만이 아니라 생명을 지닐 수 있는 것이었다. 그는 노예제에 대해서도 엄격히 반대하였고 도시를 떠나 월든 호숫가의 자연과 공생하면서 단순하면서도 현명하게 살 것을 신조로 생활하였다. 월든 숲에서의 삶을 기록해놓은 것이 『월든』(1854)으로 이는 미국 정신의 한 원점을 보여주는 고전의 반열에 올라 있기도 하다.

미국의 환경윤리는 자본주의 경제의 과도한 또 너무나 급속한 발전에 따른 환경 파괴, 거기에 대한 위기감과 프래그머티즘의 전통, 더 소급하면 초월주의 속에서 양성돼 왔다고 할 수 있다. 이러한 배경 속에서 미국 환경윤리의 선구자가 등장하는 바, 그 이름은 바로 레오폴드(A. Leopold, 1887~1948)였다. 그의 유작인 『모래군의 열두 달』은 '대지윤리(land ethic)'를 최초로 표명한 책으로서 오늘날 심층생태학이라든지 '자연의 권리' 주장의 출발점으로 여겨진다. 이에 머천트는 레오폴드를 생태중심주의 윤리를 '최초로 명확한 형태로 정리한' 인물이라 평했으며,[15] 캘리코트는 '환경윤리학의 아버지요, 천재적 창시자'라고 불렀다.[16]

14 에머슨, 『자연』, 신문수 옮김(서울: 문학과지성사, 1998), 20~21쪽 참조.
15 Carolyn Merchant, *Radical Ecology: The Search for a Livable World*(New York: Routledge,

소로의 『월든』(1854)으로부터 레오폴드의 『모래군의 열두 달』(1949)까지
는 약 100년이 경과하고 있는데, 그 100년은 자연을 어떻게 하면 효과적
으로 이용할 수 있을까 하는 사고방식이 지배적인 시기였다. 반면에
레오폴드는 이른바 환경윤리의 원조격에 해당하는 '대지윤리'를 제창함
으로써 종전의 사고방식과는 크게 다른 주장을 펼쳤다.

그는 단순한 경제적 관점이 아니라 생태학의 관점에서 적정한 대지
이용 방식을 강조하였다. 이러한 그의 사고는 "어떤 것이 생명공동체
의 온전성, 안정성, 아름다움을 보전하는 경향에 있다면 옳고, 그 반대
경향에 있다면 그르다"[17]라는 표현에 집약되어 있다. 레오폴드는 로크
의 소유권론에 의하여 근거가 부여된 전통적인 토지(자연) 관념, 요컨
대 노동과 재산의 대상이 되는 토지 관념에 수정을 가했다고 말할 수
있을 것이다. 그의 자연관을 계승한 '야생자연(wilderness)' 보호 운동은
'야생자연법(1964)'을 성립케 하였다. 이를 계기로 1970년 4월에는 공해
방지와 자연보호를 호소하기 위해 미국 역사상 가장 대규모로 조직된
시위를 벌여 '지구의 날'이 선포되었고 환경윤리라는 말의 사용 빈도도
점차 높아져갔다.

레오폴드가 주장하는 '대지윤리'의 대지란 오늘날의 말로 하면 '생태
계'에 해당한다. 그는 대지를 생태학의 관점에서 보고 이렇게 말한다.
"대지는 단순한 흙이 아니다. 그것은 흙, 식물, 동물의 회로를 통해 흐르
는 에너지의 원천이다. 먹이사슬은 에너지를 방출하는 살아 있는 통로

1992), p.75 참조.

16 Roderick Nash, *The Rights of Nature: A History of Environmental Ethics*(Madison:
The University of Wisconsin Press, 1989), p.63 참조.

17 Aldo Leopold, "The Land Ethic," in A. Light and H. Rolston Ⅲ, ed., *Environmental
Ethics: An Anthology*(Malden: Blackwell Publishing, 2003), p.46.

이고, 죽거나 부패한 것은 다시 흙으로 돌아간다."[18] 이와 같은 레오폴드의 생태학적 대지 관념은 '생명윤리'의 창시자, 포터(Van R. Potter, 1911~2001)에게도 영향을 주었다. 포터의 생명관은 생태계 속에서 생명을 파악하고 현재와 미래를 잇는 가교로서, 또 인문분야와 자연분야를 가교하는 과학으로서 생명윤리를 구축하였다.[19]

미국인들의 환경에 대한 관심과 환경운동을 일으키는 데 큰 계기를 제공한 카슨(R. S. Carson, 1907~1964)의 영향도 무시할 수 없다. 그 영향의 무기는 다름 아닌 『침묵의 봄』이었다. 이 책을 통하여 그는 먹이사슬에서 농축된 대량의 DDT, BHC 등과 같은 유기염소계 화학물질에 의한 환경오염, 생태계 파괴에 대하여 최초로 경고하였다. 그는 오랫동안 자연을 연구하면서 동식물들도 사람들과 마찬가지로 공동체를 이루어 살아가고 있고, 인간이 자연에 어떠한 영향을 끼치면 이것이 연쇄적인 반응을 일으킨다는 사실을 알리고 싶어 했다. 그의 책은 많은 미국시민들에게 환경의 소중함을 일깨워주었고, 그러한 시민의 목소리를 경청한 케네디 대통령은 과학자문위원회를 구성하여 농업에 의한 환경오염의 실태를 조사케 하였으며, 이윽고 EPA(환경보호청)가 설립되게 되었다.

지구환경의 관점에서 미국의 환경문제를 비판하고 고발한 이도 있었

---

18 Ibid., p.43.

19 생명윤리(학)란 용어는 1970년 포터가 전 세계 인류의 건강을 도모하기 위해 과학과 인간성을 잇는 가교로서 만들었다. 이 개념은 생명의료연구가 새롭게 진보하면서 제기된 윤리적 문제의 좁은 영역에 국한되지 않는다는 의미다. 포터는 자신의 저서인 『생명윤리학: 미래로의 다리』(*Bioethics: Bridge to the Future*)에서 그보다 더 넓은 견해를 표명했다. 그는 인간의 모든 선택이 생태계와 모든 생명체계 그리고 사회에 단기적 결과뿐만 아니라 미래에 대한 장기적 결과까지 초래할 수 있다고 보았다. 포터는 생물학, 생태학, 의학 그리고 인간의 가치를 통합하는 새로운 철학을 묘사하기 위해 생명윤리(학)라는 용어를 고안하였다. https://cancerres.aacrjournals.org/content/63/7/1724 참조.

다. 우리나라에선 잘 알려져 있지 않은 파슨즈(H. L. Parsons, 1930~2000)
가 그렇다. 그는 맑스 관련 연구에 조예가 깊었으며, 지난날의 소비에트
와 미국의 동서냉전 해소를 위해 노력했던 인물이다. 그는 우주에 떠
있는 지구(planet)라는 환경 개념을 기반으로 인류의 존속과 행복을 위해
'무계급사회에 의한 전 지구적 생태계의 창출'의 실현을 주장하였다.

그가 이 생태학적 사회주의를 호소했던 것은 1973년 불가리아에서
열렸던 제15차 세계철학대회에서였다. 그의 주장은 이렇다. 지구생태
계의 창출은 착취하는 자(부자)와 착취당하는 자(빈자)가 소멸한 사회,
요컨대 민주주의를 근간으로 한 사회주의 사회에서 비로소 가능해진
다. 자본주의 정책은 자연으로부터 자원의 대량 채취·찬탈, 대량 생산
등을 근간으로 하고 있는데 이는 인간에 대한 인간의 지배·착취이고,
나아가 자연에 대한 인간의 지배·정복이기도 하다.

파슨즈는 맑스와 엥겔스의 저술을 통해 통제가 없는 무제한의 발전은
필연적으로 환경 파괴를 초래하며, 이를 그대로 방치하면 인간은 장차
자연으로부터의 복수에 노출될 수 있다는 논지를 간파하였다. "생태학
적 제 문제는 모든 국민이 사회주의화되었을 때에만 해결된다"[20]는 것이
그의 기본 입장이라 할 수 있다. 그에 따르면 지구의 아름다운 자연은
국경을 초월하여 협력하는 시민들의 국제적 연대에 의해 회복될 수 있
다. 대기라든지 해양이 전 세계적으로 순환하고 있듯이 하나의 국가에
만 한정되는 환경문제는 없다고 보기 때문이다.[21]

근래의 특징으로는 라이트(A. Light)나 케이츠(E. Katz)가 추진하고 있

---

20 笠松幸一, K. A. シュプレンガルト 編, 『現代環境思想の展開』(東京: 新泉社, 2004),
55~56쪽에서 재인용.

21 위의 책, 56쪽 참조; Howard L. Parsons, ed., *Marx and Engels on Ecology*(Westport,
CT: Greenwood Press, 1977) 참조.

는 '환경 프래그머티즘(Environmental Pragmatism)'을 들 수 있다. 환경
프래그머티즘은 오늘날의 환경윤리는 환경에 관한 학설의 해석이나
개념 정의에 사로잡혀 실천적 행동을 잊고 있다고 비판한다. 환경윤리
는 문제 해결을 향해 한 걸음 한 걸음 나아가는 프로세스 중에 있고,
따라서 실천으로 이어지는 논의를 하지 않으면 안 된다는 게 그들의
입장이다.[22]

최대 자본주의 국가인 미국은 화석연료 소비나 이산화탄소 배출량에
있어서도 세계 최대 수준이다. 그러면서도 교토의정서로부터의 이탈이
라든지 트럼프 대통령의 파리협정 탈퇴 선언(2017)은 환경문제에 대한
대처에 가장 소극적이면서 염치없는 국가라는 인상을 세계 속에 심어주
었다. 그러나 미국에는 환경 선진 지역으로 불리는 많은 주들이 있다.
예를 들면 캘리포니아 주, 코네티컷 주 등이 그렇다.[23] 트럼프의 결정과
상관없이 파리협정의 목표를 지키겠다고 밝힌 미국의 여러 도시와 주
정부들도 있다. 이들 지역에는 환경보호를 위해 정부보다도 엄격한 목
표를 내걸고 행동하는 많은 시민들이 있는 것으로 알려지고 있다.

2) 독일의 환경윤리

독일은 환경보존의 선진국으로 불린다. 선진적인 환경정책들을 다
른 여러 나라들보다 앞장서 도입해왔기 때문이다. 더불어 독일에는 환

---

22 J. Baird Callicott and Robert Frodman, eds., op. cit., pp.175~176 참조.

23 코네티컷, 델라웨어, 메인, 메릴랜드, 매사추세츠, 뉴햄프셔, 뉴저지, 뉴욕, 로드아일
랜드 그리고 버몬드 주는 주정부 차원에서 지역온실가스정책에 참여하고 있다. 특히
캘리포니아 주는 자체적으로 배출권거래제도를 입법하여 2020년까지 이산화탄소
배출을 1990년 수준으로 줄이고, 2050년까지는 80% 줄이도록 하고 있다. 채종오·
박선경, 「한국의 탄소배출권거래제 시행 1년 후 현황과 개선방안」, 『한국기후변화
학회지』 제7권 제1호(2016), 43쪽 참조.

경에 관한 윤리적 사색의 전통 또한 깊다. 특히 독일의 환경윤리는 칸트 철학이 제시한 문제의 극복 차원에서 전개되어 왔다. 첫 번째 문제는 이론이성과 실천이성과의 관계에 대한 것이고, 두 번째 문제는 실천이성의 형식적 윤리였다.

첫 번째 문제에 답하려는 시도가 독일 낭만주의의 발전이다.[24]

칸트는 『실천이성비판』의 맺는말에서 이렇게 쓰고 있다. "그것을 생각하면 할수록 또 그 기간이 길면 길수록 더욱 새로워지며, 더욱 높아지는 감탄과 경외로 마음을 가득 채워주는 것이 두 가지 있다. 하나는 내 머리 위의 별이 총총한 하늘이요, 다른 하나는 내 마음속의 도덕률이다."[25] 여기서 말하는 별이 총총한 하늘이란 뉴턴 역학이 보여주는 바의 필연적·인과결정론적 세계, 곧 이론이성이 자연법칙으로서 파악하는 세계다. 도덕률이란 자유의 법칙이고 그것은 개인의 자유의지에서 발하는 정언명법에 따라 실천하는 세계다.[26] 이 자연과 자유, 이론과 실천은

---

24 18세기는 계몽주의 시대였다. 영국의 명예혁명(1688)에서부터 프랑스혁명(1789)까지의 시기가 거기에 해당한다. 18세기 후반 낭만주의가 서서히 대두하면서 계몽주의가 비판을 받기 시작하였다. 낭만주의는 특수하고 개인적인 사실에 역점을 두며, 따라서 개인의 감성, 열정, 이상 등을 중시한다. 낭만주의는 고정된 사회이념이나 규범화된 도덕률에 저항하며 자연과 인간에 내재돼 있는 아름다움을 찬양하는 이상주의를 특징으로 한다. 낭만주의가 계몽주의의 이성에 대한 신뢰를 무너뜨리려 할 즈음 출간된 것이 칸트의 『순수이성비판』(1781)이었다. 칸트의 후계자들은 스승의 철학을 계승·발전시켜 나가는 과정에서 낭만주의적 경향을 가미하였다. 한국철학사상연구회, 『다시 쓰는 서양근대철학사』(파주: 오월의봄, 2012), 303~304쪽 참조.
25 I. 칸트, 앞의 책, 177쪽.
26 칸트에 따르면 자연세계에서 확인할 수 있는 대상들은 감성을 통해 우리 앞에 드러난다. 가령 눈앞에 놓인 사과가 시각을 통해 우리에게 둥그렇고 불그스름한 형체로 드러나듯이 말이다. 반면에 자유세계의 대상은 그렇지 않다. 그 대상들은 물자체로 초감성적 영역에 속하기 때문이다. 가령 의지의 자유라는 것은 감각으로는 알 수 없는 초감성적 영역으로 그 자체가 우리에게 주어진다. 이와 같은 자연세계의 감성적 영역과 자유세계의 초감성적 영역 사이에는 거대한 심연이 가로놓여 있기에 두

과연 어떻게 매개될 수 있는가 하는 것, 이점이 칸트의 과제였다.

칸트의 숭배자 중 한명이었던 피히테(J. G. Fichte, 1762~1814)는 이론이성과 실천이성의 매개를 자아에서 찾고자 했다. 피히테에 따르면 철학은 순수한 객관(곧 물자체)으로부터 출발할 수도 있고, 자유로운 주관(곧 자아)으로부터 출발할 수도 있다. 전자를 따를 경우엔 감각론이나 유물론과 같은 독단론이 생겨나며, 후자를 따를 경우엔 관념론이 형성된다. 피히테는 어떤 물자체의 개념도 부정하였으며 칸트의 문제에 대한 칸트 자신의 해결책 또한 거부하였다. 그는 의식 전체를 사유하는 주체의 자유로운 경험으로부터 도출하고자 했으며, 이를 통해 자신을 독일 관념론의 확고한 창시자로 만들었다.[27]

관념론만이 완벽한 사상체계라고 간주했던 피히테는 이론이성과 실천이성을 이분법적으로 구분하는 칸트의 처사가 못마땅할 수밖에 없었다. 물론 칸트가 『판단력비판』을 통해 이론이성에 대한 실천이성의 우위를 밝히긴 했으나 피히테는 여기에 만족할 수 없었다.[28] 원래 이성에 대한 구분 자체부터 수용할 수 없었기 때문이다. 피히테에 따르면 모든 것의 출발점은 사유하는 주체, 곧 자아다. 이 자아의 정립이야말로 피히테 학문의 출발점이며 으뜸가는 원리에 해당한다.

한편 칸트의 이론이성에 의한 자연관, 곧 뉴턴 역학의 기계론적·인과결정론적 자연관에 맞서며 살아 있는 자연철학을 제창하여 칸트철학의 극복을 지향한 것은 셸링(F. W. J. v. Schelling, 1775~1854)이었다. 그의 사상체계는 일반적으로 동일철학이라 불린다.

세계는 분리될 수밖에 없다.

27 앤서니 케니, 『근대철학』, 김성호 옮김(파주: 서광사, 2014), 176~177쪽 참조.
28 H. J. 슈퇴릭히, 『세계철학사, 하권』, 임석진 역(경북: 분도출판사, 1982), 210~211쪽 참조.

칸트가 말하는 물자체의 존재를 전적으로 부정하는 피히테에 따르면 '자연'이란 독립 자존하는 게 아니라 자아의 산물, 즉 자아가 스스로에게 가해지는 장애를 딛고 올라섬으로써 자기 자신을 실현하는 과정의 결과물이었다. 그러나 셸링은 이 관계를 반전시킨다. 그에 따르면 자연은 정신의 산물이 아니라 오히려 정신이 자연의 산물이다. 따라서 셸링의 철학적 과제는 자연으로부터 혹은 자연 속에서 자아나 정신의 존재가 어떻게 가능한지를 밝히는 데 있었다.

셸링은 자연 자체도 근원적으로는 정신이며, 특히 우리의 정신을 낳게 한 정신 그 자체라고 말한다. 다시 말하면 자연과 정신, 곧 실재하는 것과 관념적인 것은 근본적으로 '동일'하다는 주장이다. 이처럼 정신뿐만 아니라 그 밖의 모든 생명력까지도 오직 자연을 근거로 해서만 이해할 수 있다면, 우리는 자연을 어떤 기계적인 것, 즉 한낱 원자의 집합체와 같은 것으로 간주해선 안 된다. 대신에 어떤 생동하는 원초적 힘에 의해 가장 내면적인 본질이 주어져 있는 하나의 통일적 전체로 간주해야 한다. 자연이란 곧 무한의 활동을 의미하는 것이다.[29] 자연과 자연과학에 대해 피히테는 별로 높이 평가하지 않았던 반면, 셸링은 아주 깊은 관심을 보이고 있음을 알 수 있다.

두 번째 문제에 답하려는 시도는 현상학이나 실존주의사상이었다.

훗설의 영향을 크게 받았던 셸러(M. Scheler, 1874~1928)는 '실질적 가치 윤리학'을 수립하고자 하였다. 칸트 윤리는 '정언명법'이 보여주듯이 이성적 의지와 행위 형식에 입각하고 있다. 칸트에게서의 선은 도덕법칙을 지키는 것이다. 도덕법칙은 누구나 지켜야 할 의무이며 예외가 인정되지 않는 절대적 명령이요 정언명령이다. 이러한 명령을 다른 어떤

---

29 위의 책, 218~219쪽 참조.

것도 고려하지 않고 오로지 그 명령에 대한 경외심, 존경심만으로 수행
했을 때 진정한 선행을 이루게 된다. 이처럼 칸트는 행위의 목적이나
결과와 같은 실질적 내용을 도외시하고 오직 그 행위를 어떤 태도로
수행했는가만을 따지기에 그의 윤리학은 형식주의라 불린다.

셸러는 칸트의 의무주의 윤리에 반대한다. 그는 의무란 선에 대해
무지한 사람들을 위해 설정된 것이고 따라서 의무주의는 인간이 성숙하
지 못함을 전제로 인간을 불신한다고 비판한다. 의무가 미리 주어지는
것은 선이 무엇인지에 대한 통찰을 방해할 수 있다는 이유에서다. 셸러
에 따르면 의무란 '무엇을 ~하지 말라'는 금지이고 부정적·제한적인
것이며, 개인적으로 달성하고자 하는 다른 것들을 억압할 수 있다.

인간은 태어나서 죽을 때까지 수많은 선택권을 행사하면서 살아간
다. 인간의 삶은 선택의 연속이라는 의미다. 그 많은 선택의 갈림길에
서 어떤 선택을 하는가에 따라 실현되는 가치는 달라진다. 셸러에 따
르면 어떤 상황에서 선택할 수 있는 가치들 가운데 보다 높은 가치를
택하는 것이 선이고 보다 낮은 가치를 택하는 것이 악이다. 따라서 선
행을 위해선 어떤 것이 어떤 가치를 가지며 그 가치의 수준은 어느 정
도인지를 알아야 한다. 바로 여기서 셸러는 가치 느낌이라는 본래적
직관을 끌어들인다. 어떤 행동이 어떤 가치가 있고 그 가치의 수준 정
도는 어떤지를 발견하는 것은 가치 느낌에 달려 있다는 것이다. 가치
느낌은 본래적 직관인 반면 도덕법칙은 본래적 직관에 개념의 옷을 입
혀 부차적으로 만들어진 것이다. 셸러의 윤리학에선 칸트와는 반대로
이성이 아니라 감정이 도덕적 인식과 실천을 주도하고 있다.[30]

야스퍼스(K. Jaspers, 1883~1963)는 실존문제에 다가서기 위해 먼저 자

---

30 조정옥, 『알기 쉬운 철학의 세계』(서울: 철학과현실사, 2001), 52~57쪽 참조.

연과학의 한계를 지적한다. 자연과학은 모든 존재를 객관적 존재, 곧 대상으로 보기에 밖으로부터 탐색해 들어간다. 그러나 인간은 그 이상의 존재다. 예를 들어 절대적 사랑, 진리를 위한 희생, 초월적 존재를 찾는 동경 등은 과학으로 해명할 수 없다. 자연과학의 방법으로는 인간이 나 자신의 존재를 파악할 수 없다는 것이다.

인간은 항상 어떤 상황에 처해 있다. 인간은 자신에게 주어진 상황을 개선하든가 이용하며 때로는 벗어나려고 노력한다. 하지만 갖은 노력과 방법을 다 동원한다 해도 벗어날 수 없는 상황이 있다. 야스퍼스는 이를 한계상황이라 부르며, 경쟁, 고통, 죄, 죽음 등을 이에 포함시킨다. 인간에게 중요한 것은 이러한 한계상황을 의식하면서 사느냐 의식하지 못한 채 맹목적으로 사느냐 하는 문제다. 야스퍼스에 따르면 우리가 한계상황을 올바로 의식할 때 비로소 참다운 인간적인 삶을 살수 있다. 한계상황으로부터 도피하는 게 아니라 오히려 이를 진지하게 받아들일 때 참다운 삶이 시작된다는 것이다.

하지만 아무리 진지하게 받아들인다 해도 한계상황에서 오는 좌절은 피할 수 없다. 이 좌절은 우리로 하여금 초월자(포괄자)의 세계로 인도한다. 곧 한계상황을 의식하면서 현재의 삶이 전부가 아니라 그것을 넘어서는 어떤 절대적 진리가 존재한다는 것을 깨달아야 한다는 것이다. 이것이 야스퍼스가 말하는 실존적 삶이다.

야스퍼스의 실존 사상은 인간 존재를 '현존재(Dasein)'로 파악하는 하이데거(Martin Heidegger, 1889~1976)와는 취지를 달리한다. 하이데거에 따르면 인간은 세계와 더불어 살고 있고 그 안에 거주하고 있기에 그 둘을 분리할 수 없다. 그런 의미에서 하이데거는 인간을 '세계 – 내 – 존재'라 부른다. 인간은 지금 이 세계 속에서 살아가며 그 삶을 유지하는 존재라는 것이다.

인간은 나무, 꽃, 돼지 등이 존재하는 것과는 근본적으로 다른 방식으로 존재한다. 전자는 그냥 주어진 대로 있을 뿐이나 인간은 시간 속에서 스스로 결단하여 자신의 존재를 실현해가며 살아간다. 이를 하이데거는 '스스로 자기 자신의 존재를 떠맡는다'라고 표현한다. 하지만 안타깝게도 모든 이가 그렇게 살아가진 않는다. 많은 사람들은 일상의 흐름 속에서 자신의 가능성을 의식하지 못한 채 타인들을 따라 살아간다. 본래의 '나'를 상실한 삶, 곧 '비본래적 삶'을 사는 것이다.

이러한 삶을 청산하려면 죽음을 직시해야 한다. 누구나 죽을 수밖에 없다는 사실을 직시할 때 현존재의 퇴락에서 벗어나 본래적 삶을 살 수 있다. 시간의 흐름 속에서 언젠가는 죽음에 이르게 된다는 것을 자각하고 자신의 죽음을 직시할 때 비로소 본래적 실존을 찾을 수 있다. 삶의 매순간 자신의 죽음을 생각할 때, 곧 죽음을 미리 경험할 때 지금 이 순간의 내 삶을 반성케 되고 새 삶을 기획할 수 있게 된다. 아직 오지 않은 나의 미래가 내 삶을 바꿔놓는 것이다. 오직 인간에게만이 이처럼 있지도 않은 미래가 현실을 규정한다.

한편 에콜로지(Ökologie)라는 낱말은 1866년 생물학자 헤켈(Ernst Haeckel, 1834~1919)에 의해 처음으로 제시되었다. 그리스어에 기원을 두고 있는 이 말은 그리스어 오이코스(Oikos: 집, 가정)와 로지(logy: ~학, 론)가 결합된 것으로, 어원 그대로 말하면 '집의 연구' 또는 '집의 학문(house-study)'을 뜻한다. 인간을 포함한 동물, 식물, 미생물 등이 살고 있는 거주 공간(집)을 연구한다는 것이다. 언뜻 보면 이 말은 자연계와 관계없는 듯하다. 하지만 헤켈은 이 말을 '유기체와 그를 둘러싸고 있는 환경 간의 관계에 관한 과학'으로 정의함으로써 그런 우려를 불식시킨다. 즉 생태학은 유기체들을 고립된 단위로 다루는 게 아니라 유기체들의 거주 공간과 그 주변 환경과의 관계를 연구한다는 의미다.[31]

칸트철학의 비판자 중 한 명인 헤르더(J. G. Herder, 1744~1803)는 주로 '역사와 언어'라는 두 영역에 관한 철학적 고찰을 하였다. 더불어 그는 풍토에 의거하지 않는 환경론은 실질이 없는 추상론이 되고 만다고 주장하며 풍토를 역사에 관계 지어 설명할 때, 그것을 자연적 인식의 대상으로서가 아니라 인간의 감수성, 사유력으로서의 풍토 정신을 파악하는 것, 전체적인 풍토학을 구축하는 것의 중요성을 역설하였다.[32]

요나스(Hans Jonas, 1903~1993)는 하이데거의 '현존재'에 의거하여 또한 칸트의 실천이성에서의 권리와 의무의 연구에 기초하여 세대 간 윤리를 제시하였다. 그에 따르면 미래 윤리는 아직 존재하고 있지 않은 것과 연관돼 있으며, 이 윤리가 제시하는 책임의 윤리는 권리와 호혜성의 모든 이념과 상관이 없어야 한다.

그는 미래 윤리의 원형으로 부모와 자식 간의 관계를 들어 설명한다. 부모의 자식에 대한 보호책임에는 상호성이 성립하지 않지만 그 의무는 무조건적 정언명법으로 제시된다. 미래 인류의 존재를 보장하는 의무 역시 미래세대의 권리에서 파생하는 게 아니라 존재와 의무와의 근원적인 상호관계에서 발생한다. 부모는 자식들의 건강한 성장을 원한다. 부모란 자식을 보호할 의무를 지는 존재이기에 그러한 소망은 자연이다. 물론 부모는 그 보호에 대한 보상으로 자식에게 권리로서 아무것도 요구하지 않는다. 이 부모와 자식 간의 권리 – 의무의 비대칭적 관계는 현재 살아 있는 사람들과 미래에 태어나게 될 사람들과의 관계에도 적용될 수 있다. 현재세대는 미래세대를 위해 자신이 살고 있는 환경을 잘 관리할 의무가 있다. 물론 그에 대한 보상을 미래세대

---

31 Lincoln Allison, *Ecology and Utility*(Leicester: Leicester Univ. Press, 1991), p.26 참조.
32 笠松幸一, K. A. シュプレンガルト 編, 앞의 책, 59쪽 참조.

에게 요구할 권리는 없다.[33]

이러한 관점에서 요나스는 다음과 같은 새로운 정언명법을 제시한다. "지상에서 인류의 무한한 존속을 가능케 하는 제조건을 위협하지 말라.", "미래세대에 대한 불가침성을 네 의욕의 동반 대상으로서 현재의 선택에 포함하라."[34] 우리는 현세대의 존재를 위해 미래세대의 비존재를 선택하거나 또는 감히 위태롭게 할 권리를 갖고 있지 않기에 이들 명법은 공리로서 받아들여야 한다고 요나스는 주장하고 있다.[35]

생태 여성주의의 기수 미즈(M. Mies, 1931~)는 인도에서의 현지조사를 통해 독창적인 환경론을 제기하였다.[36] 그녀의 주장은 이렇다. 현재의 세계 시스템을 움직이고 있는 자본주의가 무한한 자본의 확대와 축적을 계속할 수 있는 것은 바로 여성, 자연, 제3세계 이 3자를 일체적으로 식민지화하여 착취해왔기 때문이다.

그는 이 일체적인 식민지화, 착취를 자본주의적 가부장제라고 부른다. 이러한 논지에서 다음 사항이 귀결된다. 착취 - 피착취, 지배 - 피지배의 관계를 시정하고 우리는 우리 자신의 육체와 삶의 자립성 및 건강을 회복하지 않으면 안 된다. 무한한 경제발전에는 한계가 있기 마련이다. 우리의 육체도 지구도 유한하다. 따라서 모든 노동 내지 활동의 목적을 부와 상품의 무한한 확대가 아니라 인간의 행복이나 생명 그 자체의 생산(태어나서 건강하게 성장하는 것)에 두어야 한다고 주장한다. 미즈는 페미니즘, 에콜로지, 맑스주의를 종합적으로 파악하는데서

---

33 H. 요나스, 『책임의 원칙: 기술시대의 생태학적 윤리』, 이진우 옮김(서울: 서광사, 1994), 84~87쪽 참조.

34 위의 책, 41쪽.

35 위의 책, 41쪽 참조.

36 笠松幸一, K. A. シュプレンガルト 編, 앞의 책, 60쪽 참조.

근대 비판을 시도하고 있다.

3) 한국의 환경윤리

환경윤리학은 1970년대에 미국에서 제창되었다. 그 계기가 됐던 것은 스톤(C. D. Stone)의 '자연물의 법적 권리론'(1972), 노르웨이의 철학자 아르네 네스의 심층생태학(1973), 싱어의 '동물해방론'(1975) 등의 발표다. 이러한 주장들에 힘입어 미국에서의 비인간중심주의 환경윤리학의 흐름이 대두하게 되었다.

비인간 중심주의 환경윤리학은 생명 중심주의, 자연중심주의, 생태계 중심주의 등을 포괄한다. 이는 인간을 위해 자연을 수단화하는 인간중심주의[37]가 자연파괴를 야기해온 것으로 간주하고 생명이나 자연

---

[37] 인간중심주의라는 용어는 이중의 의미를 갖는 것으로 봐야 한다. 첫째는 비판 대상으로서의 인간중심주의다. 비인간 중심주의 입장에서는 환경문제의 주요 원인으로 인간중심주의를 지목하여 비판한다. 이때의 인간중심주의는 자연에 대한 인간의 다양한 관계 형성 방식 중에서 오로지 자연을 자원으로써만 이용하고 수단화하는 태도를 가리킨다. 다른 하나는 환경문제에 대한 접근 방식으로서의 인간중심주의다. 이때의 인간중심주의는 지극히 상식적 차원에서 출발한다. 모든 생물은 그들 자신의 입장에서밖에 자연에 관여할 수 없듯이 인간 역시 마찬가지다. 이는 자명한 전제이기에 결코 부정할 수 없다. 인간이 생물종으로서 생존하기 위해선 다른 생물과 마찬가지로 여타의 생물이나 자연을 수단으로 이용할 수밖에 없다. 인간의 삶은 필요·생산·소비·폐기의 과정으로 영위되는데 생산과정에서 자연은 자원으로써 이용될 수밖에 없고, 이 측면을 부정해선 인간은 생존할 수 없다. 만일 비인간중심주의가 이를 인간중심주의라 명명하고 비판한다면 비인간중심주의는 인간의 생존 자체를 부정하는 주장을 펴는 셈이 되고 만다. 따라서 환경문제에 대한 접근방식으로서의 인간중심주의는 인간의 생존을 위해 다른 생물이나 자연을 수단화하는 것을 부정하는 것은 아니나 오로지 이 관계에서만 대하는 게 아니다. 자연의 수단화를 자연에 대한 인간의 다면적이고 다양한 관계 형성 방식 중의 하나로 파악하고 자연 생태계의 보호나 다른 생명을 존중하는 자세 또한 강조한다. 자연생태계가 파괴되면 '자연의 아들'로서의 인간도 생존할 수 없게 되고, 다른 생명을 존중하는 것은 인간의 생명을 존중하는 것으로 이어지기 때문이다.

물, 생태계 등에도 내재적 가치 혹은 고유한 가치가 있으므로 인간에게는 그 가치를 유린할 권리가 없다고 주장한다.

한국에서의 환경윤리·철학 연구는 미국보다 한참 뒤인 1990년대에 접어들면서 움트기 시작하였다. 그런 의미에서 1990년대를 환경윤리·철학의 태동기라고 부를 수 있지 않을까 한다. 철학 관련 학술지를 중심으로 한 해에 두, 세편 정도의 논문이 발표됨과 더불어 적은 수이긴 하지만 학위논문도 발표되었기 때문이다.[38] 특히 환경윤리·철학 연구에 큰 동력으로 작용했던 것은 1995년 '환경철학회'의 탄생이라 할 수 있다. 개별적·산발적으로 연구되던 상황에서 학회의 등장은 이 분야의 연구자들을 결집하고 환경윤리·철학을 철학의 한 분과로 부각시키는 데 크게 기여했던 것이다.

이러한 태동기를 거쳐 2000년대에 들어오면서는 보다 많은 논문들이 발표되었다. 이는 환경윤리·철학을 연구하는 학자들의 수가 증가했음을 의미한다. 모름지기 하나의 학문이 성립되려면 ①연구 대상, ②연구방법론, ③연구자들의 무리 등의 조건이 충족돼야 한다고 말한다. ①, ②의 조건이 갖추어졌다 해도 연구자의 무리가 형성되지 않으면 어떤 학문이건 안정적 발전을 결코 기대할 수 없을 것이다.

하지만 현재의 상황을 보건대 이 분야 연구자들의 수가 철학의 타 분과에 비해 그리 많은 것은 아니다. 무엇보다 환경윤리·철학의 역사가 짧은 것이 큰 이유가 될 것이다. 그리고 또 하나는 이 분야에 대한 인식의 문제도 한 원인으로 작용하고 있다고 본다. 환경윤리·철학이 완전한 독립적 분야가 아니라 응용윤리학 중의 한 분과로 인식되고 있다는 것이다. 이 분야가 확고하고도 독립적인 분야로서 자리잡아나가

---

[38] 안건훈, 「한국에서의 환경철학(1)」, 『환경철학』 제3집(2004), 1~27쪽 참조.

려면 이 분야의 신진 연구자들을 꾸준히 끌어들이는 노력이 절실하다고 판단된다.

그러려면 먼저 '환경철학회'를 더욱 활성화시켜나가야 할 것이다. 우리 사회에서 이슈로 부각되는 환경 관련 주제, 그 해결의 시급성을 요하는 환경문제 등이 제기될 경우 이를 학술회의 주제로 적극 끌어들여 사회적 여론을 주도해나갈 수 있는 시대적 예민함이 필요하다는 생각이다. 더불어 그동안의 환경윤리·철학 연구에 대한 총체적 리뷰를 통해 중요하지만 놓쳐버렸거나 소홀했던 주제들을 발굴할 필요도 있어 보인다.

가령 우리나라에서의 환경윤리·철학 연구 동향을 리뷰해보면 인간중심주의와 비인간중심주의 양 입장 가운데 후자 방면으로 크게 경도돼 왔음을 알 수 있다. 그러는 가운데 전자는 주로 비판 또는 극복의 대상으로 간주되면서 체계적 연구의 기회를 놓쳐버리지 않았나 생각된다.[39] 인간중심주의 또한 오랜 역사를 지닌 환경윤리학의 한 접근 방안임을 고려한다면 이 방면의 연구 역시 소홀히 해선 안 되리라 본다. 이 분야의 대표적인 학자들을 소개하면 패스모어를 비롯한 파인버그, 하그로브, 맥클로스키, 노턴 등을 꼽을 수 있다. 이 가운데 하그로브와 맥클로스키

---

39 김명식 교수에 따르면 환경윤리는 두 단계를 거치면서 전개돼왔다. 제1단계가 1960년 대 중반~1980년대 초반까지라면, 제2단계는 1980년대 중반 이후를 가리킨다. 제1단계에선 인간중심주의를 배격하는 소극적 논변을 보여주었다면, 제2단계에선 새로운 환경윤리를 정립하려는 적극적 논변을 보여주었다는 점이 그 특징이다. 여기서 유의 사항 한 가지를 들고자 한다. 인간중심주의에 대한 비판이 1970년대 중반에서 1980년 대 초반까지 그 절정을 이룰 만큼 활발히 전개되긴 했지만 이에 대한 반론, 곧 서양 전통의 윤리를 옹호하면서 그 틀 내에서도 얼마든지 환경문제 해결의 원리를 찾을 수 있다고 보는 학자들의 움직임도 만만치 않았다는 사실이다. 그런데 우리나라에선 상황이 다르다. 우리나라에서도 인간중심주의를 옹호하는 학자들이 없는 것은 아니나 그 연구의 양과 질적 측면 모두에서 크게 열세라는 점은 인정하지 않을 수 없다고 본다. 김명식, 『환경, 생명, 심의민주주의』(서울: 범양사, 2002), 32~44쪽 참조.

의 저술은 각 한 권씩 우리말로 옮겨져[40] 그나마 다행이지만 그 밖의
학자들에 관한 연구는 전무하거나 매우 미흡한 상황이라 할 수 있다.
이제 환경철학·윤리 연구 분야에 대한 종합적 리뷰를 토대로 균형추를
바로잡아나가야 한다. 그동안 소홀히 다뤄온 인간중심주의 학자들을
찾아내어 그들에 관한 연구를 체계적으로 정비해나갈 필요가 있다.

---

40 유진 하그로브, 『환경윤리학』, 김형철 옮김(서울: 철학과현실사, 1994); H. J. 맥클
로스키, 『환경윤리와 환경정책』, 황경식·김상득 옮김(서울: 법영사, 1995) 참조.

제2장

환경문제에 대한 윤리적 접근

1. 머리말

모든 세기는 저마다 고유한 얼굴을 갖는다. 18세기를 철학과 사상의 시대라 한다면 19세기는 소설과 낭만의 시대요, 20세기는 경제의 정신이 관통한 시대였다. 그렇다면 우리가 현존하고 있는 21세기는 어떤 얼굴을 갖는가? 일찍이 21세기는 환경의 세기로 나아갈 것이라는 바이츠체커의 예측은 아주 적확했다고 여겨진다.[1] 환경과 자연자원의 희소성이 우리 삶의 중심적인 동기로 작용하고 있기 때문이다.

2011년 7월 27일, 하이테크 문명이 지배하는 수도 서울에서 그것도 한국에서 가장 부유한 지역으로 알려진 강남지역에서 산사태로 인해 18명의 목숨을 잃었고 엄청난 재산 피해까지 입었다는 사실을 우리는 어떻게 인식해야 하는가?[2] 환경 재난으로 인한 피해는 장소와 시간을

---

1 에른스트 울리히 폰 바이츠체커, 『환경의 세기』, 권정임·박진희 옮김(서울: 생각의 나무, 1999), 16쪽 참조.

2 2011년 7월 26일부터 28일까지 서울의 누적강수량은 587.5mm로 관측이래(1907년) 3일

불문하고 오히려 전쟁보다 더 심각한 피해를 야기할 수 있다는 사실을 교훈으로 보여준 것은 아닌가 여겨진다. 만일 우면산 산사태의 원인이 전적으로 천재인 집중호우에만 있었다면 그 피해의 책임을 물을 수 없었을 것이다. 우리가 책임을 물을 수 있었던 것은 그 피해의 원인이 단순한 천재만이 아니라 인재에도 있다고 보았기 때문이다. 이를 계기로 우리는 환경에 대한 부적절한 대응이 얼마나 큰 피해를 불러올 수 있는지를 깊이 반성해야 할 줄 안다.

우리가 환경문제에 관하여 반성한다는 것은 다음과 같은 물음들을 고민하는 것이라 본다. 즉 ①현재 자연환경은 어떠한 상태에 있으며, 자연환경 안에선 어떠한 일이 일어나고 있는가, 또 장래에 어떠한 일이 일어날 수 있는가?(환경문제의 현 상황에 대한 인식), ②우리가 겪고 있는 환경문제는 왜 일어났는가?(환경문제의 원인 규명), ③환경문제에 대해 어떠한 해결책을 제시할 수 있는가?(환경문제에 대한 대책 모색).

이처럼 환경문제를 해결해나가는 데는 현황 진단, 원인 분석, 해결책 모색 등의 과정이 수반돼야 하며, 관련 분야 전문가들의 협력 또한 마땅히 전제되어야 한다. 일차적으로 지구물리학, 기상학, 생태학, 화학 등의 자연과학을 비롯하여 환경공학은 물론 정치학, 경제학 등 많은 영역 간의 협력이 필수적이다. 예를 들어 지구온난화 문제 하나만을 보더라도 이를 진단하고 대안을 마련하는 데는 기상학이나 화학, 생태학의 지식이 필요할 뿐만 아니라 국제정치에 관한 지식이나 글로벌 경제 시스템에 대한 지식도 필요하다. 환경문제에 대한 어떠한 해결책을 모색하려면 학제 간 연구가 반드시 요구된다는 의미다.

연속 강수량이 가장 많았다. 이와 같이 100년 만의 폭우가 쏟아지면서 많은 지역에서 집중호우 기록을 경신하였고, 27일에는 강남 물난리와 우면산 산사태가 발생하였다. 이 산사태로 인해 16명이 사망하였고 2명이 실종됐으며 400여 명이 대피하였다.

사실 환경문제를 학제 간 연구로 풀어가야 한다는 주장은 너무나 많이 들어온 얘기로 이제는 식상할 정도다. 하지만 그러한 식상함과 달리 연구 성과는 너무나 미미하다. 어떤 심각한 환경재앙이 발생할 경우 이의 대응을 위해선 학제 간 연구가 필요하다고 떠들어대지만 그 순간일 뿐 임시방편적인 대증요법적 치유에 머무는 것이 다반사였다.

대증요법적 치유란 문제가 발생하면 심층적 원인보다 현상적 치유에 그치는 것을 말한다. 그러한 치유에 우선적으로 동원되는 전략이 기술이요, 경제요, 정치 등이다. 어떤 자들은 문명을 거부하고 자연으로 돌아갈 것을 권고했던 루소와도 같이 자연과의 공생을 주장하기도 한다.

이와 같은 현실적 접근들의 공통점은 겉으로 드러나는 문제는 치유할 수 있을지 모르나 본질적 해결에는 이르지 못한다는 점이다. 우리에게 더욱 요구되는 것은 사후 처리보다 사전 예방이 가능하도록 사회 시스템을 구축하는 일이며, 이를 위해선 자연을 대하는 우리의 가치관과 태도를 획기적으로 전환해 나가야 한다. 가치관과 태도의 전환을 위해선 무엇보다 윤리학의 도움이 절실하다고 판단된다.

이에 본 장에서는 환경문제에 대한 현실적 접근들과 그 한계를 살펴보고 그 한계를 넘어설 수 있는 대안을 환경윤리학에서 모색해보고자 한다.

2. 현실적 접근과 그 한계

1) 정치적 접근과 그 한계

환경정치의 운명은 정권의 성격에 달려 있다. 일당 지배 정권, 권위주의 정권, 군부정권, 특히 급속한 경제 개발에 주력하는 정권 하에서는 환경정치가 존재할 수 있는 여지가 거의 없다. 반면에 자유민주주의 대의제 정권 하에서는 환경문제에 관심을 가진 자들이 정치 과정에 영향력을 행사할 수 있는 여지가 상당히 폭넓게 주어진다. 국민들은 자신들의 목적을 달성하기 위해 자유롭게 단체를 조직하고 정당에 참여하거나 새롭게 정당을 창립하는 등 정치에 참여할 수 있기 때문이다.[3]

그렇다고 해서 환경운동가들의 성공이 보장된다는 것은 물론 아니다. 환경운동가들과 마찬가지로 조직화할 수 있는 능력이 있는 주요 사회·경제세력은 환경운동에 대항하면서 환경문제를 공공의 정책의제에서 제외시키려고 노력할 것이다. 그럼에도 불구하고 정권의 구조상 민주주의 체제 하에서는 환경정치가 전개될 수 있는 영역이 제공되는 것이 사실이다.[4]

특히 맥클로스키는 생태학적 정치 개혁을 이루는 데 현실적으로 가능한 유일한 대안은 민주사회의 정치적 제도를 통한 방법뿐이라고 주장한다. 그에 따르면 민주사회에서는 생태학적 개혁이 필요할 경우 이를 위한 효율적이고도 신속한 행동을 실천에 옮길 수 있다. 열린사회인 민주사회에서는 생태계에 관한 제반 사실들이 공개되어 널리 알려지는 것이 가능하기 때문이다. 또 민주사회에서는 자유로운 토론과 정보 교환이 가능하고 개혁을 위해 설득할 수도 있고 개혁이 신속하게 진행되

---

3 민주화는 환경문제 해결을 위한 핵심 요건으로 지목된다. 억압적 국가 기구에 의한 민간 부문의 통제, 정당성이 결여된 정치권력의 성장 위주의 정치를 통해서는 기본권 가운데 하나인 환경권조차 보장할 수 없다. 이러한 체제 하에서 환경권은 '민주적 기본 질서', '국가의 안녕과 공공복리' 등 정치 권력에 의해 자의적으로 해석·적용되는 법률 집행에 압도당하게 된다. 나정원, 「환경위기시대의 새로운 정치 논리」, 『환경과 생명』 제19호(1999), 30쪽 참조.

4 티모시 도일·더그 맥케이컨, 『환경정치학』, 이유진 옮김(서울: 한울, 2002), 30~35쪽 참조.

지 않을 경우엔 저항할 수도 있기 때문이다.[5]

그러나 맥클로스키의 주장과는 달리 민주사회에서 환경 위기를 타개하기 위한 환경정책을 수행하는 것이 그렇게 쉽지만은 않다. 왜냐하면 민주주의란 자기이익과 상충하는 이해관계의 조정 내지는 타협에 근거하고 있는데 거기에는 이기적 관점을 넘어서 먼 미래를 내다보는 장기적 관점이 결여되어 있기 때문이다. 이와 같이 민주사회에서 환경문제에 대한 정치적 개입이 한계를 보이는 데는 그 나름의 이유가 있다.

그 이유 가운데 첫 번째는 환경문제에 대한 정치적 개입의 공간적 한계다. 환경문제에 효과적으로 대응해 나가려면 국제적 차원의 협력이 절대적으로 요구된다. 그 이유는, 환경문제는 지구 전역에서 다수 국가들이 공유하고 있고, 어떤 환경문제는 한 국가에 집중적으로 관련되지만 전 지구적 파급 효과를 가지고 있으며, 어떤 환경문제는 그 속성상 국경을 초월하기 때문이다.[6] 이처럼 환경문제는 국경을 초월하여 다수 국가들에 영향을 미치는 경우가 많은 만큼 전 지구적 차원에서의 해결책이 요구되는 것은 너무도 당연하다.

이와 같은 해결책을 마련하고자 그동안 세계적 차원에서 지금까지 많은 논의가 있었고 무수한 문서가 발표되었으며, 언론의 주목을 받는 많은 이벤트 또한 개최되었다. 그 과정에서 전 세계인의 환경의식은 고취되었다고 볼 수 있으나 실질적 성과는 제대로 거두지 못했다. 환경문제에 대한 접근 방법이 실질적으로 성과를 거두려면 개별적인 독립국가들로 하여금 환경문제에 책임을 지도록 요구하고, 또 그러한 요

---

5 H. J. 맥클로스키, 『환경윤리와 환경정책』, 황경식·김상득 옮김(서울: 법영사, 1996), 293~300쪽 참조.
6 도일·맥케이컨, 앞의 책, 202쪽 참조.

구가 이행될 수 있도록 규제할 수 있는 현실적 힘을 지닌 범세계적인 정치기구 또는 국제법을 마련할 수 있어야 한다. 이러한 성과가 부재한 상태에서 개별적인 독립국가 단위에서의 환경정치는 성공하기 어렵다. 환경문제는 전 지구적인 문제인데 반해 환경정치의 범위는 개별적인 독립국가 단위에 머물고 있는 한 환경정치는 공간적으로 큰 제약을 받을 수밖에 없기 때문이다.

환경문제에 대한 정치적 개입은 공간적 제약뿐만 아니라 시간적 제약도 받는다. 정치는 한편으로 선거와 개각에 따른 정책 방향의 단기적 교체에 대해 준비하고 있어야 한다.[7] 입법가들이 선거에서 재선출되려면 대중적 인기를 끌지 못하는 법, 즉 유권자에게 이익이 되지 않는 법을 제정할리는 만무할 것이다. 환경보전, 자원고갈 방지, 공해 방지 등에 필수적인 법률은 민주사회 유권자들의 대중적 인기를 끌지 못하는 경우가 허다하다는 것을 입법가들은 잘 알고 있다. 이러한 법률이 제정되면 생활양식은 더 불편해지고, 국민들에 대한 규제와 통제는 더 많아지며, 국민들의 세금과 부담은 늘어날 것이기 때문이다.

그래서 입법가들은 장기적인 시각에서 전체사회에 유리한 정책을 수립하기보다 단기적인 시각에서 유권자들의 인기를 끌 수 있는 정책수립에 집중한다. 즉 입법가들은 자신들의 임기 내에 실현할 수 있는 단기적인 실적을 쌓는 데 집착한다는 것이다. 하지만 환경문제가 해결돼 나가기위해선 이기적 관심을 넘어서 먼 미래를 내다보는 장기적인 안목의 비전과 관심이 필수적이다.

---

7 노진철, 『환경과 사회』(서울: 한울, 2001), 87쪽 참조.

2) 경제적 접근과 그 한계

경제학에서는 환경문제의 제1차적 원인을 경제활동, 즉 생산활동과 소비활동에서 찾는다. 기업의 생산활동과 소비자의 소비활동으로부터 배출되는 과다한 각종 오염물질이 환경오염의 큰 원인이라는 것이다. 이와 더불어 경제학에서는 공공부문의 경제활동, 즉 공공기관이나 공기업의 각종 무모한 개발사업도 환경문제의 중요한 원인으로 지적한다.

경제학자들은 환경오염 및 환경 파괴는 경제법칙의 지배를 받는 경제 현상이고, 따라서 환경문제 역시 기본적으로 경제문제라고 인식한다. 다시 말하면 자원 고갈 정도와 양태 그리고 환경오염의 정도와 양태는 경제활동의 규모와 양태에 의해서 결정되는데 경제활동의 규모와 양태는 수요·공급의 법칙을 중심으로 한 시장원리의 지배를 받는다는 것이다.

경제학에서는 시장을 돈으로 상과 벌을 주는 상벌체계의 일종으로 간주한다. 시장이 잘 작동한다는 것은 각 경제활동별로 응분의 상과 벌이 적절히 주어지고 있음을 뜻한다. 상과 벌이 적절하게 주어질 때 사회가 당면하는 경제문제가 제대로 해결될 수 있다고 보는 것이다.

그러나 여기에는 특이사항이 있다. 그것은 시장이 환경에 관해서 만큼은 상과 벌을 거꾸로 주는 경향이 있다는 점이다. 다시 말하면 자본주의 시장은 환경을 오염시키는 경제활동에 대해선 상을 주고, 반대로 환경을 개선하는 행위에 대해선 벌을 준다는 것이다. 자본주의 사회에서의 환경문제는 이와 같이 전도된 상벌체계 때문에 생긴다고 보는 것이 경제학의 시각이다. 이러한 현상을 경제학에서는 '시장의 실패'라고 부르며 환경문제를 해결하기 위해선 환경에 관한 상벌체계를 바로잡을 것을 강조한다.[8]

그렇다면 시장이 환경에 관해서는 상과 벌을 거꾸로 주는 이유는 어디에 있는가? 그 이유 가운데 첫 번째는 환경의 비배제적 성격에서 찾을 수 있다.[9] 환경에서 얻을 수 있는 여러 가지 혜택은 특정인을 배제하여 제공할 수 있는 것이 아니다. 이처럼 비배제성을 가진 것들은 이윤 추구의 대상으로 삼기가 매우 어렵다. 어떤 것이 이윤 추구의 대상이 되기 위해선 우선 돈을 안내는 사람을 배제하고 돈을 내는 사람에게만 그것을 공급할 수 있어야 한다. 보통 시장에서 많이 거래되는 상품들은 대부분 이러한 배제성을 갖는 것들이다.

역으로 환경을 개선하는 행위가 이윤 추구의 대상이 될 수 없는 이유는 돈을 안내는 사람에게만 환경 개선의 혜택을 베풀기가 무척 어렵기 때문이다. 환경을 개선하는 사업이 잘 발달하지 않는 이유가 바로 여기에 있다.

시장이 환경에 대해서 상과 벌을 거꾸로 주는 이유 중 두 번째는 환경의 비경합적 성격에서 찾을 수 있다.[10] 일반적으로 시장에서 거래되는 상품은 경합관계에 놓여 있고, 따라서 이를 취득할 때는 반드시 응분의 대가를 지불해야 한다. 그러나 일반 재화와 달리 환경 개선의 이익과 같이 비경합성을 가지고 있는 것들은 대가의 지불 여부에 관계없이 누구나 그 혜택을 누리도록 하는 것이 경제원칙에 부합한다.

대기의 정화를 비롯하여 환경을 정화함으로써 얻게 되는 편익은 비배제성과 비경합성을 가지기 때문에 공공재의 일종이라고도 할 수 있다.[11] 공공재는 사회적으로는 꼭 필요한 것들이지만 이윤 추구의 대상

8 이정전, 『환경경제학 이해』, 개정판(서울: 박영사, 2011), 18~19쪽 참조.
9 위의 책, 70~71쪽 참조.
10 위의 책, 71~72쪽 참조.
11 Dale Jamieson, *Ethics and the Environment: An Introduction*(New York: Cambridge

으로선 적절하지 않기 때문에 잘 생산되지도 공급되지도 않는다. 그래서 정부가 적극적으로 나서지 않으면 깨끗한 공기, 깨끗한 물, 아름다운 경관 등과 같은 공공재가 지나치게 적게 공급되어 사회적 문제가 발생하게 된다.

그렇다면 경제적 접근에서는 이러한 문제를 어떻게 해결하고자 하는가?

시장경제체제의 대원칙 가운데는 이런 게 있다. 어떤 활동이 사회적 비용을 발생시킬 경우는 그 활동의 주체로 하여금 반드시 이 비용에 대한 대가를 치르도록 한다는 것이다. 이 원칙이 지켜지지 않을 때는 시장의 실패가 발생하게 된다. 그러니까 경제학에서는 환경오염물질을 과도하게 배출하면 사회적 손실이 발생함에도 불구하고 이에 대하여 아무도 대가를 지불하지 않기 때문에 문제가 발생한다고 본다. 따라서 환경문제에 대하여 경제학이 제시하는 대책은 원론적 차원에서는 간단하다. 즉 환경오염의 원인자로 하여금 환경의 이용에 대하여 응분의 대가를 정확하게 치르도록 하는 것이다.

그런데 보통 환경오염 피해에 대해서는 원인자가 응분의 대가를 지불하지 않는다. 환경오염에 대한 특별한 대책이 없는 경우 환경을 오염시키는 행위는 피해 보상의 책임을 수반하지 않기 때문에 자제되지 않고 성행하게 된다. 이른바 환경문제는 외부효과의 문제이기 때문에 그 해결이 더욱 어려운 것이다.[12]

이상에서 보다시피 환경문제에 대한 경제적 접근 또한 나름대로 한계

Univ. Press, 2008), pp.14~16 참조.

12 제임스 구스타브 스페스, 『아침의 붉은 하늘』, 김보영 옮김(서울: 에코리브르, 2005), 194쪽 참조.

를 지니고 있음을 알 수 있다. 그 한계 가운데 첫 번째는 경제의 자기 재생산과 적응은 오로지 지불·비지불의 시장기제에 의하여 이루어지는데 환경문제만큼은 그렇지 않다는 점이다. 환경문제가 경제적으로 고려되려면 가격을 가져야 한다. 가격으로 표시되지 않는 것들은 경제활동에 장애가 될 뿐 전혀 고려되지 않기 때문이다. 그런데 시장에서 지불의 연속성을 보장해주는 벌목된 목재는 경제적 가치로 환산되지만 자연상태의 수목은 그러지 못한다. 자연환경의 가치는 시장의 가격 구조를 통해서 지불·비지불의 순환틀에 연결되지 못한다는 것이다.[13]

경제적 접근의 한계, 두 번째는 이윤 추구라는 경제의 본질로 인해 자연환경이 도외시될 수밖에 없다는 점이다. 경제가 이윤 추구를 원리로 삼는 한 이윤이 끊임없이 증대되어야 하며, 그렇지 않으면 경제활동은 파탄 나고 만다. 그러나 경제활동이 의존하고 있는 자연환경은 무한히 지속되지 않는다. 해결방법, 즉 자연환경을 현상 그대로 보호하면서 경제활동을 계속 유지하는 방법이 없는 것은 아니다. 그것은 다름 아닌 유한한 자연환경을 무한히 이용하는 것, 요컨대 재활용(recycling)이다.

재활용이란 재생 이용이 가능한 물질을 포함하고 있는 쓰레기를 회수하여 다시 자원으로 생산 과정에 투입하는 것을 말하며, 폐지, 유리, 플라스틱, 타이어, 고철, 알루미늄 등이 그 대상에 포함된다. 그러나 이들 폐기물이 그 회수비용이나 자원으로서의 가격 면에서 경제 회로 속에 산입되어 있지 않은 것이 현 상황이다. 예를 들어 폐지가 재활용되려면 그 가격이 새로운 펄프 가격보다 낮아야 하지만 값이 너무 싸면 회수작업이 수지가 안 맞아 재활용은 중단돼버린다.[14]

---

13 노진철, 앞의 책, 63~64쪽 참조.

14 菊地惠善, 「環境倫理學の基本問題」, 加藤尚武·飯田亘之 編, 『應用倫理學研究』(東

현행의 재활용 과정조차 경제 회로에 좀처럼 잘 들어맞지 않는데 재활용이 지구의 자연환경 전체에까지 확대될 경우 경제 원리와 양립할 수 있을지 의문이다. 이 경우의 재활용은 자원이나 에너지를 재생하여 이용하는 것이 아니라 자원이나 에너지를 자연의 재생 능력을 이용하여 소비한 양과 같든지 혹은 그 이상의 양을 회복하도록 순환시키는 것이다. 그 전형은 농업이나 임업, 어업이다. 이른바 양식어업이란 어업에 대한 농업원리의 적용에 다름 아니다. 농업에서는 자연 생명력이 낮은 것을 수탈하는 것이 자연 생명력을 육성하고 재배하는 일 없이는 불가능하다. 수탈만 할 뿐 재배를 소홀히 하면 수확량 그 자체가 점점 줄어 곧 제로가 되고 만다.

이처럼 농업에서는 자연 전체의 재활용을 무시하는 일이 허용되지 않는다. 그러나 광공업이나 제조업, 운송업이나 서비스업, 게다가 농림어업에서조차 경제 원리의 우선 하에 자연 전체의 재활용 능력은 끝없이 무시되고 있다. 예를 들어 열대우림의 황폐화는 종이 소비량이 수목의 성장률을 초월하는 데서, 그리고 또 소비량에 걸맞은 만큼의 방법, 즉 식수가 이뤄지지 않기 때문에 발생하는 것이다. 경제 활동은 자연환경의 보호를 부담하면서까지는 유지될 수 없는 것이다.

3) 기술적 접근과 그 한계

기술은 인간의 실존적 조건이다. 과거에는 인간 해방의 도구, 즉 인간을 자연의 지배로부터 그리고 주술적 세계관으로부터 벗어나게 하는 데 거의 절대적인 기여를 했고, 오늘날에는 그 영향이 더욱 깊어져 사회의 모든 시스템이 기술 없이는 한 발짝도 옴짝달싹 못 할 정도가

京: 千葉大學敎養部倫理學敎室, 1993), 178쪽 참조.

되었다. 기술은 이처럼 우리 삶에 절대 필요한 것이지만 현대에 들어
와서는 과학과 결합하여 대규모로 보편적으로 적용되면서 인류의 생
존까지도 위협하는 환경문제를 초래하였다.

과학기술주의자들은 우리가 직면한 전 지구적 환경문제도 과학기술
로 해결할 수 있다고 본다. 이들은 현재 진행 중인 디지털 혁명, 유전
자 혁명 그리고 앞으로 혁명적 변화를 가져올 것으로 기대되는 나노기
술과 신경공학이 인간의 약점을 모두 치유해서 새로운 존재로 만들 것
이고, 그 결과 현재의 환경문제는 과학기술이 덜 발달했을 때 불가피
하게 발생하는 일과성 에피소드로 지나가고 말 것이라고 여긴다.[15] 그
들은 자연을 단순히 인간의 이익을 위해 이용해야 할 대상으로 여기
고, 자연을 이용하는 과정에서 발생하는 환경문제는 기술적 진보를 통
해 얼마든지 해결해 나갈 수 있다는 지극히 낙관적 입장을 취한다.

하지만 "테크놀로지는 중독성이 있으므로 기술적 진보는 오직 그보
다 나은 진보에 의해서만 해결 가능한 문제들을 발생시킨다"[16]라는 지
적처럼 기술적 해결에는 그 나름대로 문제점을 수반한다.

첫 번째는 경제 원리의 문제이다. 환경문제에 대한 기술적 접근이
지향해야 할 최종 목표는 해악을 최소한 억제하면서 최대한의 효과를
얻도록 지구자원을 이용하는 것, 요컨대 자원의 효율적 이용이다. 그
런데 이러한 자원 이용의 효율성을 제고하는 데는 전제조건이 있다.
환경 친화적인 기술에 의해 생산된 제품이 상품으로서 경제 회로에 편
입돼 있어야 한다는 것이다. 하지만 이는 현실적으로 쉽지 않다. 환경

15 이필렬, 「과학기술과 환경문제」, 최병두 외, 『녹색전망』(서울: 도요새, 2002), 434~
435쪽 참조.
16 로널드 라이트, 『진보의 함정』, 김해식 옮김(서울: 이론과실천, 2006), 22쪽.

오염 물질을 많이 배출하면서 생산하는 공정은 저렴하나 환경 친화적인 공정은 비싸고 따라서 환경 파괴적인 상품은 잘 팔리는 반면 환경 친화적인 상품은 그 반대이기 때문이다. 기술 개발은 결국 경제 원리에 구속받지 않을 수 없는 것이다. 경제 원리에 따르면서도 달성 가능한 환경 친화적 기술 개발이 결코 쉽지 않은 것이다.[17]

두 번째는 추상화이다. 기술이란 늘 무엇인가의 목적을 달성하기 위한 도구이다. 벼농사 기술은 쌀을 생산하기 위한 도구이고, 교육의 기술은 사람에게 지식을 전달하기 위한 도구이다. 기술이 특정 목적을 위해 사용되는 수단적 도구라는 것은 기술이 물질이나 생물 또는 인간을 특정 목적을 위해 조망한다는 것이다. 그 목적에 맞는 방식으로 물질이나 생물 또는 인간을 관찰하고 가공하고 관리하는 것이다. 요컨대 물건을 그 목적의 관점에서만 조망하지, 그 자체 전체를 대상으로 삼는 것이 아니다. 한 그루의 삼나무는 기술의 목적에 따라 연료로, 재목으로, 감상 대상으로, 바람막이로, 차양 등으로 취급될 수 있는 것이다.[18]

기술이 물건을 추상적으로 다룬다는 것은 그 물건의 특정한 목적 이외의 부분에 관해서는 도외시한 채 다룬다는 것이다. 강물이 수력 발전을 위한 자원으로 간주됐을 때 그 강에서 생식하는 동식물은 도외시될 수밖에 없다. 학교에서 학생의 학력을 공정하게 평가하는 시험은 학력 이외의 학생의 능력은 당연히 무시하게 된다. 이와 같이 기술이 물건의 추상화를 본질로 삼고 있는 한 어떤 기술에서 도외시되었던 부분을 구해내는 기술 또한 다른 새로운 부분을 다시 숨겨놓지 않을 수 없다. 어떤 기술이 낳는 해악을 막는 기술 또한 다른 새로운 해악을

17 菊地惠善, 앞의 논문, 179~180쪽 참조.
18 위의 논문, 180쪽 참조.

낳을 위험은 늘 남겨지게 된다.

세 번째는 자기 목적화이다. 환경 파괴는 인간의 의도적 산물이 아니라 기술 행위의 비의도적 산물이다. 여기서 문제는 이 '비의도적'이라는 말에 있다. 이 말은 기술 행위가 인간의 의도와는 상관없는 나름의 논리를 가지고 있다는 뜻이다. 여기서 우리가 우려하는 바는 기술공학이 이미 인간의 통제권을 벗어나 자신의 논리에 따라 발전해가고 있다는 사실이다. 우리는 현대 기술이 이미 단순한 삶의 도구가 아니며, 인간이 통제할 수 있는 단계를 넘어섰다는 사실을 직시해야 한다.[19]

기술은 자기 논리 하에 보다 정확하게, 보다 효율적으로 세련도를 끊임없이 제고해 가고 있다. 문화의 진보 발전이란 바로 이러한 기술의 고도화에 다름 아니다. 기술의 고도화는 확실히 인간 노동의 절감과 효율성이라는 많은 혜택을 가져다주었다. 그러나 인간 정신에 의해 자각되고 있었던 목적이나 의미는 기술이 전문화되고 복잡해짐에 따라 점점 간접적으로밖에 의식되지 않게 되고 결국에는 어떤 기술이 왜 필요한지 고려조차 되지 않은 채 그대로 인간에게 제공된다. 도구나 기계가 만들어내는 거대한 그물망은 인간의 눈을 가리고 출구를 막아 버린다. 인간은 기술에 추월당하고 기술에 의해 독촉당하게 된다.

만약 미래세대에게 미지의 어떤 결과를 초래할 수 있는 기술이 실제로 인간의 통제를 벗어나 자율적으로 움직이고 있다면 생태계의 파국은 명약관화한 일일 것이다. 그러므로 생태계의 파괴로 말미암은 기술문명에 대한 공포는 이제 인류의 존재와 미래에 대한 우려와 성찰로 전환되어야 한다.

19 이진우, 『녹색사유와 에코토피아』(서울: 문예출판사, 1998), 125쪽 참조.

4) 문화(자연주의)적 접근과 그 한계

환경문제는 현실 문제이기에 현실적인 대응이 최선이라는 의견의 근거로서 끝으로 '자연주의'의 이상이 있다. 자연주의란 현재의 기계문명, 소비문화, 도시생활 등을 멀리하고 가능한 한 물건을 소비하거나 폐기하지 않는 삶, 자연과의 조화로운 삶으로 돌아가자는 사고이다. 급진적인 환경보호운동가나 진보적인 문화인 등이 이러한 입장을 취하는데, 이들은 '자연과의 공생'이야말로 정론이라는 논조로 소리 높여 주창한다.[20] 사람들은 '자연과의 공생'이라는 말을 듣게 되면 잠시나마 자신의 삶을 반성하기도 하고, '자연과 더불어 사는 삶'을 동경하기도 한다.

그러나 냉철하게 따져보면 낱말의 아름다움과는 정반대로 그러한 주장에서 우리는 모종의 미심쩍은 느낌을 감지할 수 있다. 이유는 그러한 주장이 애초부터 원리적으로 불가능한 것을 주장하고 있는 것처럼 보이기 때문이다. 그렇다면 자연으로 돌아간다는 것이 불가능한 이유는 무엇일까?

그것은 첫째, 현재의 생활양식을 바꾸고 현재의 생활수준을 낮추어 한 세대나 두 세대 이전의 생활로 되돌아가는 것이 현실성이 없기 때문이다.[21] 물론 '자연으로 돌아가는 시도'가 개인이나 소규모 사회에서는 가능할지 모른다. 하지만 사회 전체가 테크놀로지를 거부할 경우 문명국가가 공업문명으로부터 이탈하여 후진 국가로 전락하게 될 텐데 그러한 우를 대체 어느 나라가 범하겠는가. 예를 들어 현재 우리의 주거생활은 수도나 가스, 전기의 사용을 전제로 한다. 자연으로 돌아

---

20 가토 히사다케, 『환경윤리란 무엇인가』, 김일방 옮김(대구: 중문, 2001), 211~212쪽 참조.

21 菊地惠善, 앞의 논문, 182쪽 참조.

간다는 이유로 수도를 우물물로, 가스를 장작으로, 전기를 기름이나 등잔불로 바꾸는 것은 이제 와서 불가능한 논의이다.

현대인들에게 '자연과의 공생'이란 취미삼아 가끔 야영생활을 해보는 경우를 제외하고는 누구도 바라지 않을 것이고, 실제로 바란다 하더라도 불가능한 일이다. 평소에는 현대적인 쾌적한 삶을 즐기면서 자연 안에서 자연과의 조화로운 삶을 이상으로서 원하는 것은 단지 회고 취미밖에 안 된다. "인생을 의도적으로 살아보기 위해서"[22] 월든 숲으로 들어간다며 야심찬 계획을 발표했던 소로의 모험도 한시적인 것이었고, 그 모험담인『월든』이 현대인들에게 필독서로 권장되는 이유 또한 물질 중심의 삶을 반성해보도록 하자는 의도에서이지 실지로 숲으로 돌아가라는 의미는 아니다.

자연으로 돌아간다는 것이 불가능한 두 번째 이유는 그러한 삶이 자연 친화적일지 모르나 환경적으로는 효율성이 떨어지는 삶이라는 데 있다. 아무리 자연과 조화로운 삶일지라도 그 자체가 자연일 수는 없으며, 아무리 이전의 생활양식을 따른다 하더라도 그것이 결코 환경 파괴가 제로가 된다는 것을 의미하지는 않는다. 예를 들어 자동차 대신에 우마차를 사용한다 해도 우마차가 확실히 가솔린은 먹지 않지만 사료는 필요로 한다. 자동차 수에 필적할 만큼의 소나 말을 사육한다고 할 경우 과연 어느 정도의 목초지와 곡물 밭이 요구될지 상상하기 어려울 것이다. 또 가스나 전기의 경우도 그렇다. 가스나 전기 대신에 나뭇가지나 장작을 사용한다면 방대한 면적의 잡목림이 요구될 것이다. 그럴 경우 연료용 삼림을 확보해야 하며, 오늘날과 같은 도시로의 인구 집중 또한 당연히 억제해야 할 것이다.[23]

---

22 헨리 데이빗 소로, 『월든』, 강승영 옮김(서울: 이레, 1994), 107쪽.

이러한 이유로 구식 수단으로 되돌아가기만 한다면 환경 파괴가 그친다는 사고는 너무나 단순한 발상이다. 어떤 수단에 의지하든 자연환경은 어느 정도까지는 파괴되지 않을 수 없다. 그러므로 중요한 것은 효율성이다. 이 효율성의 관점에서 보면 때때로 이상으로 여겨지는 자연적인 생활보다도 현대의 도시생활 쪽이 훨씬 더 바람직하다 할 수 있다. 기술의 자연화·소박화 = 인간적인 삶·에너지 절약, 기술의 고도화 = 비인간적인 삶·에너지 고갈과 같이 생각하는 것은 일종의 풋내기 같은 사고이며, 효율화는 오직 기술의 고도화를 통해서만 달성될 수 있음을 알아야 한다는 것이다.[24]

자연으로의 복귀가 어려운 마지막 이유는 자연으로의 복귀 주장에는 자기기만적 요소가 담겨 있다는 데 있다. 자연과 공생하려면 우리 인간도 많은 희생을 치러야 한다. 예를 들어 농약을 치지 않는 유기농법으로 재배된 농산물을 먹으려 한다면 병해충으로 인한 품질 저하나 수확량 감소를 각오해야 한다. 또 온풍기를 이용한 하우스 재배를 그만두려 한다면 겨울에 오이나 토마토가 들어간 샐러드를 먹는 것을 체념해야 한다. 논이 우리나라의 토지 보전에 도움 된다고 판단된다면 쌀값이 국제 가격의 몇 배가 될지언정 높은 값을 내고서도 한국산 쌀을 사먹어야 한다.[25]

자연과의 공생을 주장하는 자연주의가 미심쩍게 느껴지는 것은 이러한 희생은 도외시한 채 유익한 측면만을 선전하는 경향이 있기 때문이다. 유기농법으로 생산된 토마토가 안전하고 맛도 좋다는 것은 말해

23 菊地惠善, 앞의 논문, 183쪽 참조.
24 가토 히사다케, 앞의 책, 212~213쪽 참조.
25 菊地惠善, 앞의 논문, 183쪽 참조.

도 그것을 생산하는 데 어느 정도의 품이나 시간이 드는지는 말하지 않는다. 때깔 좋고 알이 여문 토마토를 사계절 내내 대량으로 공급해야 한다면 유기농법으로는 도저히 어렵다는 것도 부정할 수 없는 현실이다. 그러므로 자연주의는 부분적으로밖에, 요컨대 예상되는 자연 파괴를 방지하기 위한 이론적 근거로서밖에 주장할 수 없다는 자기모순을 안고 있다. 그것은 바로 도시생활자가 농촌생활은 자연이 풍요롭고 아주 멋있다고 찬미하며 감격하는 것과 같은 논리이다.

3. 현실적 접근의 한계에 대한 대안: 환경윤리학

1) 대안의 근거

환경문제를 과연 현실적인 대응책으로 해결할 수 있을지 정치, 경제, 기술, 문화(자연주의)라는 네 가지 측면에 걸쳐서 검토해봤지만 그 어느 대응책도 근본적인 한계를 지니고 있음을 알 수 있었다. 물론 한계를 지니고 있다고 해서 네 가지 대응 방안들이 전부 다 불필요하다는 뜻은 아니다. 네 가지 대응책들도 부분적으로는 나름대로 큰 효력을 발휘할 수 있고, 따라서 환경문제의 사안에 따라 적절히 활용할 수 있어야 한다.

그렇다면 현실적인 대응책들이 제각기 한계를 지니고 있는 이유는 무엇일까? 그 이유 가운데 핵심은 그 대응책들이 바로 '현실적'이라는 데 있다고 본다. 현실적인 대응책이란 지금 제기되고 있는 사태와 상황을 인정한 위에서 그 사태나 상황의 문제를 해소하려고 노력하는 것, 즉 항상 현실을 뒤쫓아 가는 방식이다. 그렇다고 한다면 어떻게 해소하려 하든 해당 현실 그 자체는 늘 계속해서 재생산되기 마련이다. 그러므로 문제 그 자체를 해결하려 한다면 현실을 추종하는 해결책이 아니라 현실 그 자체를 바꾸는 해결책을 찾아내야 한다. 요컨대 현실의 본질에까지 소급해서 원리적인 해결책을 찾도록 해야 한다. 누수를 양동이로 받아내는 데는 한이 없다. 누수 그 자체를 그치게 하려면 마개를 잠그고 수로를 보수해야만 한다.

환경문제를 윤리학적 차원에서 접근하지 않으면 안 되는 것은 바로 이 때문이다. 현실적 접근들은 눈앞에 직면하고 있는 실제적 환경문제들을 응용적인 방법으로 해결하고자 시도한다. 하지만 윤리학에서는 환경문제에 보다 원리적으로 접근하므로 현실적 접근이 범하게 되는 과오로부터 벗어날 수 있는 강점이 있다. 물론 그러한 강점이 현실적 접근의 효력을 전부 다 무력화시킬 정도는 아니지만, 현실적 접근의 한계를 보완하여 그 접근 방향을 새로이 제시할 수 있다는 점에서 큰 의의가 있다고 하겠다.

정치란 사회질서를 유지하고 사회구성원 모두의 행복을 가능한 한 증대시키려는 기술이다. 그런데 그 사회구성원이란 현재 생존하고 있는 인간, 즉 현재세대를 의미한다. 정치적 접근은 늘 현재세대의 이해관심만을 고려할 뿐 미래세대의 이해관심까지는 고려하지 않는다는 것이다.

경제란 생산활동과 소비활동을 핵심으로 하며 그 기본 목적은 이윤의 확보다. 다양한 욕구 충족에 필요한 각종 재화를 생산하기 위해선 수많은 종류의 자연 자원에 의존할 수밖에 없으며, 이번에는 그 자원으로 생산된 재화를 소비하는 과정에서 다양한 폐기물을 배출하게 된다. 경제활동은 이와 같이 환경에 이중의 영향을 미치고 있는 것이다. 경제적 접근은 생태계를 구성하는 한 축인 무생물을 어디까지나 이윤 확보를 위한 자원으로만 본다.

기술적 접근 역시 자연을 단순히 인간의 이익을 위해 이용해야 할 대상으로 여기며, 자연을 이용하는 과정에서 발생하는 환경문제는 기술적 진보를 통해서 얼마든지 해결해 나갈 수 있다는 입장을 취한다.

자연주의적 접근은 오늘날 우리가 겪고 있는 환경문제의 원인은 인간중심적 사고에 있다고 보고 반문명적인 삶, 자연과 더불어 사는 삶을 강조한다. 그러나 이는 과거 사회를 지나치게 이상화함으로써 실현 가능성이 매우 희박하다는 치명적인 결함을 노정하고 있었다.

이상의 현실적 접근들이 지니고 있는 결함들을 간추린다면 ①전형적인 폐쇄적 인간중심주의 입장, ②현재세대 및 동시대 중심적 입장, ③기술 중심적 낙관주의, ④실행 불가능한 낭만주의 등으로 요약할 수 있다.

이러한 결함들은 우리로 하여금 환경문제가 제기하는 본질적 물음들에 대해 숙고하기를 요구하고 있다. 우주에서의 인간의 지위란 어떻게 자리매김해야 하며, 인간 이외의 존재 또한 우리의 도덕적 고려 대상에 포함시켜야 하는가? 만약 포함시킨다면 그 범위는 어디까지인가? 나의 삶과 내 후손들의 삶은 어떤 관계에 있으며, 후손들의 삶의 문제까지 고려해야 하는가? 나를 둘러싼 자연환경은 어떤 관점에서 바라봐야 하는가? 환경문제는 이처럼 우리로 하여금 어떻게 사는 것이 바람직한가 하는 본질적 물음들을 제기하고 있는 것이다. 이러한 물음들에 대한 고민이 없는, 바꿔 말하면 윤리학적 고민과 비전이 없는 현실적 접근은 기껏해야 위험한 성공일 뿐이다.

2) 대안으로서의 환경윤리학

환경문제가 윤리학의 주제가 되는 것은 이 문제가 우리 인간의 가치론적 평가 대상이 되고, 또 이 문제를 낳은 원인이 바로 우리 인간의

행위에 있기 때문이다. 환경문제가 가령 지진이나 태풍, 쓰나미와 같
이 자연 그 자체의 원인에서 유래하는 것이라면 그것은 결코 윤리학의
주제가 되지 못할 것이다. 환경문제는 확실히 우리 인간의 행위에 의
해서 발생한 문제라는 점에서 윤리학이 고찰해야 할 주제가 된다. 그
러나 환경문제가 인간의 행위에 관한 문제라고는 해도 그 행위가 종래
의 윤리학이 전제하고 있었던 행위 개념과는 성격을 크게 달리한다는
점에서 환경윤리학은 종전의 윤리학과도 차별된다. 그렇다면 환경윤
리학이 전통윤리학과는 어떻게 다르며, 현실적 접근의 한계에 대한 대
안은 어떻게 마련할 수 있는지, 이에 관해 고찰해보기로 한다.

(1) 인간 이외의 존재

윤리학은 전통적으로 인간은 무엇을 위해, 그리고 어떻게 사는 것이
바람직한가 하는 물음에 몰두해왔다. 인간에게 보편타당한 삶의 목적
과 행위의 법칙을 찾아 제시하고자 부단히 노력해왔던 것이다. 이와
같이 전통윤리학은 인간의 삶의 목적과 행위 방식을 주로 다루기 때문
에 인간 이외의 존재들에 대해선 고려할 여지가 없었다. 따라서 전통
윤리학은 자연히 인간 중심의 윤리가 될 수밖에 없으며, 인간 중심적
이기에 거기서 고려됐던 것은 오직 인간의 행복과 불행뿐이었다.

그러나 1960년대 후반, 응용윤리학의 일부로 출발한 환경윤리학은
인간 이외의 존재도 도덕적 고려 대상의 범위에 포함시킬 것을 주장한
다.[26] 물론 전통윤리학의 틀 내에서도 환경문제에 대한 적절한 대응책
을 마련할 수 있다고 보는 견해도 있으나, 인간 중심의 도덕 공동체의

---

26 Roderick Frazier Nash, *The Rights of Nature*(Wisconsin: Univ. of Wisconsin Press,
1989), pp.13~32 참조.

틀을 허물고 그 범위를 확대할 것을 주장하는 쪽이 대세다. 전통윤리
학이 인간 대 인간, 인간 대 사회의 관계를 다뤄왔다고 한다면, 환경윤
리학은 기존의 관계를 넘어서 인간 대 인간 이외의 존재와의 관계까지
다루지 않으면 안 된다는 주장을 편다.

그리고 전통윤리학이 인간 대 인간의 관계를 다뤄왔다고 해도 그 인
간은 어디까지나 우리와 같은 시기에 생존하고 있는 인간만을 가리킨
다면, 환경윤리학이 다루고 있는 인간에는 우리와 동시대에 존재하고
있지 않은 인간, 즉 미래세대도 포함한다. 그런데 윤리란 통상적으로
서로 대등한 상호적 관계에서 논의되는 것이 일반적임에도 환경윤리
학의 연구 대상은 그렇지 않다는 데 문제가 있다. 인간과 인간 이외의
존재, 양자 간의 관계는 서로 대등하지도 않고 또 비상호적이다. 하지
만 이것이 환경윤리학의 특징으로 이 학문은 서로 대등할 수 없는 존
재자 간의 비상호적 관계에서 있을 수 있는 최선의 관계를 모색하는
것이다.[27]

이러한 주장을 펴는 대표적인 학자로 리건(T. Regan)을 들 수 있다.
먼저 그는 환경윤리학이 성립하기 위한 두 가지 조건을 제시한다. 첫
째는 도덕적 지위를 갖는 인간 이외의 존재자가 있다고 간주하는 것이
고, 둘째는 도덕적 지위를 갖는 존재자가 의식을 갖는 존재자를 포함
하거나 혹은 후자보다 그 범위가 더 넓다고 간주하는 것이다.[28] 바꿔
말하면 환경윤리는 모든 의식적 존재자와 의식이 없는 일부 존재자까
지 도덕적 지위를 갖는 것으로 간주해야 한다는 주장이다.

---

27 김일방, 『환경윤리의 쟁점』(파주: 서광사, 2005), 89~90쪽 참조.

28 Tom Regan, "The Nature and Possibility of an Environmental Ethic," in Tom Regan,
All That Dwell Therein(Berkeley and Los Angeles, CA: University of California Press,
1982), pp.185~205 참조.

이 두 조건은 어떤 이론이 '환경윤리' 이론으로 인정받기 위해선 그 이론의 진위 판단에 앞서서 우선 충족해야만 하는 조건이라고 리건은 강조한다. 첫째 조건만을 충족하고 둘째 조건을 충족시키지 못하면 그 이론은 진정한 환경윤리가 될 수 없다는 것이다.

리건에 따르면 첫째 조건은 '환경의 윤리(an ethic of the environment)' 와 '환경 이용을 위한 윤리(an ethic for the use of the environment)'로 구분된다. 인간의 4이익관심(interests)만이 도덕적으로 고려된다면 환경 이용을 위한 인간 중심적 윤리가 성립하게 되는데, 리건은 이 경우를 '관리(경영)의 윤리(a management ethic)'라고 부른다. 반면에 '환경의 윤리'는 인간 이외의 존재에게도 도덕적 지위를 인정할 것을 요구한다.

두 번째 조건은 ⓐ인간 이외의 동물의 생명, 이익관심도 고려에 포함될 수 있다는 입장과 ⓑ식물이나 생명이 없는 자연물도 도덕적 지위를 갖는다는 입장으로 구분된다. 리건은 ⓐ를 '근친의 윤리(a kinship ethic)'라고 부르는데, 그 이유는 의식(지각력)이 있다는 점에서 인간과 유사하고, 그 점에서 근친한 존재에게 도덕적 지위를 인정하기 때문이다. 리건은 ⓑ가 자신의 입장으로 단지 이것만이 유일하고 진정한 환경윤리라고 주장한다.

위와 같은 주장은 현실적 접근에 많은 시사점을 준다. 환경문제가 인간에게 피해를 줄 만큼 사회적 문제로 부각될 경우 사회가 관심을 갖고 해결해야 하므로 사회과학적 접근과 더불어 문제 진단과 해결을 위해 과학기술적 접근이 우선적으로 요청된다. 그런데 이러한 현실적 접근은 문제의 현상적 치유에 그칠 가능성이 높다. 또한 그러한 접근은 사후 문제 처리에 집중하므로 본질적 해결에 이르지 못한다.

환경문제의 사후 처리도 중요하지만 우리에게 더욱 요구되는 것은 사전에 예방이 가능하도록 사회 시스템을 새로이 구축하는 일이다. 이

것이 가능하려면 자연을 대하는 인간의 관점과 태도가 획기적으로 바
뀌어야 한다. 이를 위해 현실적 접근은 환경윤리적 시각을 수용할 필
요가 있다. 인간 이외의 존재를 인간이 마음대로 착취해도 무방한 수
단으로 대상화할 것이 아니라 인간과 더불어 공진화하는 전체로서 파
악해야 한다. 그럴 경우 문제가 되는 것은 인간 이외의 존재를 어느
범위까지 도덕 공동체의 범위 안에 수용할 것인가 하는 점이다.[29]

　필자가 제안하고 싶은 입장은 개방적 인간중심주의이다. 이 입장은
인간 존재가 인간 이외의 존재들보다 본질적으로 더 가치가 있다고 주
장하지만, 또 이 입장은 적어도 비인간적 존재들이 단순히 도구적으로
다뤄져서도 안 된다고 본다.[30] 인간 이외의 존재들에게도 도덕적 지위
는 부여되어야 하며, 그리고 때로는 어떤 종이 멸종 위기에 처해 있다
면 법적 권리를 부여해서라도 보호해야 한다는 입장을 취한다. 개방적
인간중심주의는 현실적 접근이 취하고 있는 폐쇄적 인간중심주의와
리건이 취하고 있는 자연중심주의 사이의 변증법적 일치를 도모하는
입장이라 할 수 있다.

　폐쇄적 인간중심주의란 인간 = 목적, 자연 = 수단으로 등식화함으로써
자연은 어디까지나 인간의 목적을 위한 도구로만 간주한다면, 자연중심
주의란 자연과 인간을 대립적 관계로 보지 않고 양자는 한 덩어리로
서로 긴밀하게 얽혀 있는 전체로 간주한다. 폐쇄적 인간중심주의가 환
경 파괴의 원인으로 작용했음을 깨닫게 되면서 일부 학자들은 자연중심

---

29 도덕적 고려 대상의 범위를 어떤 존재에게까지 확대하느냐에 따라 전통적 인간중심
　　주의, 계층적 생명 중심주의, 의식 중심주의, 평등주의적 생명 중심주의, 생태 중심주
　　의, 인공적 환경까지 포함하는 보편윤리로 구분하기도 한다. David R. Keller, ed.,
　　Environmental Ethics: The Big Questions(Chichester, West Sussex: Blackwell Publishing,
　　2010), pp.1~20 참조.
30 김일방, 앞의 책, 141~153쪽 참조.

주의를 택할 것을 권고한다. 그러나 자연중심주의는 실천적 한계가 있다. 이는 자본주의 사회에 대한 구체적 분석 없이 환경윤리의 계몽으로 환경 파괴가 중단될 것이라는 낭만적 인식을 갖고 있기 때문이다.

폐쇄적 인간중심주의를 넘어서되 그렇다고 해서 자연중심주의를 택할 수는 없다. 인간의 행위가 환경문제의 주원인이지만 이를 극복할 수 있는 책임도 인간에게 있기에 인간을 완전히 추상해버리는 자연중심주의로는 곤란하다. 인간과 자연 간의 존재론적 연결성뿐만 아니라 인간의 특수한 위상 또한 확보할 수 있는 입장을 취할 때 환경문제 해결의 돌파구를 마련할 수 있을 것이다.

(2) 책임

환경윤리학이 전통윤리학과 구별되는 두 번째 특징은 책임에 대한 이해 방식이다.[31] 전통윤리학은 인간의 행위가 어떤 원리에 의해 수행되는지를 동기론이나 목적론에 기초하여 이해하려 해왔다. 반면에 환경윤리학이 대상으로 삼는 행위는 행위하는 인간 자신이 이해하고 있는 의미와는 다른 의미에서 이해되는 행위, 즉 비의도적·파생적 의미에서의 행위이다.

예를 들어 자동차를 운전하는 것은 내가 의도적으로 수행하는 행위이지만 대기를 오염시키는 것은 비의도적 행위이다. 이러한 비의도적 행위는 그것이 초래하는 결과에 대해서 책임을 물을 수 없는 것이 보통이며,[32] 책임을 물을 수 있다 해도 도의적 책임에 불과하다. 하지만

---

31 위의 책, 91~92쪽 참조.

32 일반적으로 어떤 사람이 범한 행위에 대하여 도덕적 책임을 추궁할 수 없는 경우는 몇 가지 조건, 즉 ①면책 가능한 무지, ②외적·내적 강제, ③행위자의 통제력을 넘어서는 상황, ④능력이나 기회의 결여 등이 있다. 어떤 행위자가 자신이 한 행위의

환경윤리학에서는 비의도적 행위였어도 그것이 중대한 환경 악화를 초래하는 이상 책임을 면할 수 없다고 본다. 전통윤리학의 대전제인 개인적 행위 개념과 그것에 기초한 책임 개념은 이제 환경윤리학을 지탱하는 전제로는 작용할 수 없는 것이다. 환경에 대한 '책임'이라는 관점에서 볼 때 본래의 행위 개념은 확장되지 않으면 안 된다.

이러한 특징 역시 현실적 접근에 시사하는 바가 있다. 가령 우리는 가끔 어떤 공해업체를 악덕기업으로 몰아붙이면서 마치 그 공해업체가 고의로 혹은 악의로 환경오염물질을 배출하는 양 지적하는 경우를 본다. 하지만 이 세상에 순전히 의도적으로 환경오염물질을 배출하는 기업은 없을 것이다. 공해업체가 오염물질을 배출하는 이유는 그렇게 하는 것이 돈벌이가 되기 때문이다. 이처럼 거의 모든 기업은 상품을 생산하기 위해 노동과 자본뿐만 아니라 어떤 형태로든 환경을 이용한다.

그런데 문제는 기업이 시장에서 노동과 자본의 이용에 대해선 임금과 이자라는 형태로 그 대가를 지불하지만 환경에 대해선 그러지 않는다는 점이다. 비의도적 행위라 하지만 정부가 나서서 책임을 묻지 않으면 어떤 기업도 환경의 이용에 대해서 응분의 대가를 지불할 생각조차 하지 않는 것이다. 그래서 모든 기업들을 시장에서 자유롭게 활동하도록 방임해두면 환경은 100% 착취당할 수밖에 없게 된다.[33] 비의도적인 행위라 하지만 그것이 환경에 악영향을 준다면 책임을 반드시 물을 수 있고, 또 그렇게 하는 것이 당연지사로 여겨지도록 우리의 의식과 더불어 제도를 바꿔나가야 한다.

성격이나 그 결과를 사전에 몰랐다는 것이 변명가능하다면 책임을 물을 수 없게 된다. 폴 테일러, 『윤리학의 기본원리』, 김영진 옮김(파주: 서광사, 2008), 216~221쪽 참조.

33 이정전, 앞의 책, 17~18쪽 참조.

앞서 살펴봤듯이 기술은 이제 인간의 의도와는 무관하게 자신의 논리에 따라 발전해가고 있고, 이러한 기술 행위의 비의도적 결과가 환경 파괴를 초래하고 있다. 기술이 인간의 의도와는 상관없이 자율적으로 움직이고 있다고 하여 수수방관할 수는 없다. 비의도적 행위라 할지라도 그것이 환경의 악화를 초래하는 이상 책임의 대상으로 끌어들여야 한다.

(3) 선

환경윤리학이 전통윤리학과 구별되는 마지막 특징은 '선'의 개념에 대한 이해방식이다.[34] 윤리학은 본래 행위의 목표인 '선'을 탐구한다. 행위의 선이 종래에는 행위를 수행하는 행위자의 자유의사에서 구해지거나 행위에 의해서 실현되는 가치에서 구해져왔다. 그런데 환경문제에 관해선 이미 논했던 것처럼 행위자의 의도와는 상관없이 초래되는 해악이 문제가 되기 때문에 우리 모두가 일정한 룰에 따라 자유롭고 평등하게 행위를 한다고 해서 문제가 해결되는 것은 아니다. 왜냐하면 개인 행위의 선이 반드시 우리 모두의 그리고 환경 전체의 선으로 연결된다고는 할 수 없기 때문이다.

예를 들어 기아로 허덕이고 있는 한 마리의 노루를 구하는 것이 동물 보호 정신에서 볼 때는 선한 행위로 평가되지만, 그 결과 노루가 너무 증식하여 농작물에 많은 피해를 준다면 노루의 목숨은 인간의 삶 속에서 그 가치가 계산될 수밖에 없다. 또한 연료로 쓰기 위해 벌채하는 것이 지구의 사막화를 초래한다는 사실을 알고 있어도 나무 외에는 연료로 쓸 만한 것이 없는 사람들에게 벌채를 그만두도록 명령할 수는

---

34 김일방, 앞의 책, 92~93쪽 참조.

없다. 개별적 행위는 선하더라도 그것을 일반화할 경우 선이 안 될 수도 있고, 바람직한 결과를 얻으려 하면 개인의 권리가 평등하게 보장받지 못하는 수가 있다.

인간 대 인간의 관계에서 생각할 수 있는 행위의 '선'이 인간 대 인간 이외의 존재의 관계에선 그대로 통용되지 않는 것이다. 그러니까 환경윤리학은, 개별적 행위의 선은 지구 생태계의 존속에 미치는 영향에 근거하여 평가해야 한다는 입장이다. 일명 생태계 전체주의라고도 부를 수 있는 이 입장은 그러나 모든 경우에 획일적으로 적용할 수는 없다. 전체적으로 바람직한 결과를 얻기 위해 개개인의 생존권마저 박탈하는 것은 생태계 독재를 낳을 수 있기 때문이다. 환경문제를 개선하기 위한 시도가 오히려 인권을 침해하는 결과를 초래하지 않으려면 항상 분배정의를 염두에 두어야 한다.

분배정의를 늘 염두에 두는 생태계 전체주의는 현실적 입장에 어떠한 방향을 제시해줄 수 있을까? 지구는 무한히 열린 우주가 아니라 닫힌 세계이며, 이 세계에서는 이용 가능한 물질과 에너지의 총량이 유한하다. 인류의 존속을 바란다면 우리는 유한한 자원을 보존하고 지구 생명을 중시해야 한다. 이를 위해 우리는 지구라는 생태계와 그 안의 자원이 유한하다는 것을 현실적 접근 안에 반영해야 할 것이다. 예를 들어 소유주가 없는 지하자원을 이용하는 데에도 비용을 부과하고, 누구의 것도 아닌 대기권에 폐기물을 버리는 것도 유료화한다는 원칙을 채택해야 한다. 어떤 기술적 행위에 대한 선악 판단이나 환경문제에 대한 정치적 결정 또한 그것이 지구 생태계에 어떤 영향을 미치는가에 따라 이뤄져야 한다.

4. 맺음말

2011년 7월 27일, 많은 인명 피해와 재산 손실을 가져온 우면산 산사태의 원인을 조사하기 위해 합동 조사단이 꾸려졌었다. 조사단은 자원연구소, 도로공사, 건설기술연구원, 산림과학원, 사방협회, 지반공학회 소속 과학기술전문가들을 주축으로 구성된 것으로 보도됐다.[35]

한편 정계에서도 이 사태를 둘러싸고 논쟁이 뜨거웠었다. 이명박 정부와 서울시, 한나라당은 이번 산사태는 기습폭우에 의한 천재라고 주장했던 반면, 민주당은 개발·전시행정이 초래한 인재라고 주장하며 맞섰다. 이렇게 주장이 상반됐던 것은 사실 서울시가 추진하는 무상급식 반대 주민투표를 둘러싼 정치적 이해관계 때문이었다.

한 환경경제학자는 우면산 기습폭우 피해의 원인으로 지구온난화를 지목하면서 지구온난화를 줄이기 위해선 전력의 과소비를 막아야 하며, 그러기 위해선 전기요금을 인상해야 한다고 주장하였다.[36] 혹자는 이번 사태의 원인이 자연의 경고를 무시하는 인간의 오만과 불감증에 있으며, 기술적 대책 마련에 앞서 개발주의 문명에 대한 성찰을 강조하기도 하였다.[37]

우리 사회에 어떤 심각한 환경재앙이 발생했을 시 그 대응방안을 보면 위와 같은 방식을 걷는 것이 일반적이다. 눈앞에 직면한 문제이니만큼 즉각적 해결이 요구되게 마련이고, 따라서 현실적 접근 방안이 동원되는 것이 마땅하다 할 것이다. 그러나 이러한 현실적 접근은 늘 어떤 문제가 발생했을 시 사후처리 방식으로 대응한다. 사후처리 방식

---

35 『경향신문』, 2011.7.30, 4면 참조.

36 이정전, 「원가에도 못 미치는 전기요금, 올리는 게 옳다」, 『프레시안』, 2011.8.1 참조.

37 안병옥, 「기상재해보다 무서운 오만」, 『경향신문』, 2011.7.29, 31면 참조.

은 겉으로 드러난 문제 해결에 치중함으로써 근원적 처방을 제시하지 못한다는 치명적 결함이 있다.

앞에서 살펴봤던 것처럼 환경문제에 대한 현실적 접근들이 지니고 있는 한계를 정리해보면 이렇다. 정치적 접근의 경우는 ①개별국가의 환경 파괴 행위를 제어할 수 있는 범세계적 정치기구의 부재, ②환경 보호보다 재당선에 비중을 두는 입법가들의 단기적인 실적주의 정책 수립. 경제적 접근의 경우는 ①지불·비지불의 시장 기제에 의해 작동하지 않는 자연환경의 가치, ②이윤추구라는 경제적 본질로 인한 자연환경의 수단화, ③자연환경의 보호를 부담하면서까지 유지될 수 없는 경제시스템. 기술적 접근의 경우는 ①경제 원리에 부합하는 환경친화적 기술 개발의 어려움, ②기술의 대상이 되는 모든 사물의 추상화, ③인간의 통제력을 벗어나 자기목적화한 기술. 문화적 접근의 경우는 ①현실성이 없는 과거 생활방식으로의 회귀, ②효율성이 떨어지는 자연으로의 복귀, ③자기기만적 요소가 담겨 있는 자연으로의 복귀.

이와 같은 약점들이 있음에도 불구하고 왜 우리는 어떤 환경재앙이 발생했을 시 윤리적 접근보다도 현실적 접근을 더 소중히 하는 걸까? 아마도 거기에는 다음과 같은 배경이 깔려 있기 때문일 것이다. 즉 윤리적으로 해결하려 해도 그 이면에는 너무나 다양한 윤리관·가치관이 존재하기 때문에 모두의 합의를 도출할 수 없는 반면, 현실적 접근의 경우는 사실판단에 기초하고 있는 만큼 객관적 해결이 가능할 수 있다는 믿음이다.

그러나 곰곰이 따져보면 기술적 접근을 비롯한 현실적 접근도 가치관과 무관하지 않다. 현실적 접근은 ①자연은 인간의 목적을 위해 착취해도 좋다는 인간중심주의 가치관, ②동일 비용 투자 시 최대 효과를 추구해야 한다는 효율화 중시 가치관, ③기술적 성공을 진리의 근거로 삼는 진리관, ④반문명주의 가치관 등의 지배를 받고 있다고 봐야 한다. 그러니까 현실적 접근의 배경에도 일정한 가치관이 존재하는 셈이 된다. 앞서 지적했듯이 현실을 추종하는 방식의 접근은 그것이 해결하는 만큼의 문제를 다시 제기한다는 약점을 지니고 있었다. 그러한 약점은 바로 이러한 가치관에서 유래한다고 봐야 한다. 그렇다면 현실적 접근이 지니고 있는 약점을 극복하기 위해 어떻게 대응해야 할지, 필자는 그 대안을 환경윤리학에서 찾아봤다.

첫째는 폐쇄적 인간중심주의와 자연중심주의 간의 변증법적 일치를 도모하는 입장인 개방적 인간중심주의의 수용을 권고하였다. 자연 착취적인 폐쇄적 인간중심주의를 폐기하는 것은 마땅하나 그렇다고 하여 인간을 추상해버리는 자연중심주의를 택하는 것도 바람직하지 않다. 환경문제를 야기한 것도 인간이지만 그 문제를 극복할 책임 또한 인간에게 있기 때문이다. 우리에겐 자연도 중요하지만 문명도 포기할 수 없고, 인간성도 중요하지만 기술 또한 포기할 수 없다. 자연과 문명, 인간성과 기술의 공존 가능성을 추구해야 한다. 인간과 자연의 존재론적 연결성과 더불어 자연에서의 인간의 특별한 위상도 동시에 확보할 수 있어야 한다.

둘째는 비의도적 행위로 인한 결과에 대한 책임을 물어야 한다는 점을 강조하였다. 환경 파괴는 의도적 행위보다도 비의도적 행위로 인한 경우가 훨씬 더 많기 때문이다. 그러나 비의도적이라는 이유로 환경에 부담을 주는 행위에 대해서 그 책임을 묻지 않아 왔다. 기술적 성공, 부의 공평한 재분배, 효율화 등의 목적 달성만 중요했지 그 과정에서 비의도적 행위에 대해서는 관심을 둘 여지가 없었다. 이제 우리는 비의도적 행위의 결과에 대한 책임을 기술·정치·경제·문화 시스템에 반영해 나가야 한다.

셋째는 개별적 행위가 선하다고 하여 환경 전체적으로도 선으로 연결되는 것은 아니기에 선·악에 대한 평가는 생태계 전체적 입장에서 내려져야 함을 강조하였다. "사슴이 늑대에게서 느끼는 죽음의 공포만큼이나 산은 사슴을 두려워한다."[38]는 레오폴드의 지적처럼 포식자인 늑대를 없애는 것이 사슴에겐 평화를 가져다주지만, 사슴의 평화가 이번에는 사슴의 서식지인 산을 황폐화시키고 만다.

그래서 레오폴드는 "지나친 평화와 안정은 결국 장기적으로는 위험을 부를 뿐이다."[39]라고 지적한다. 우리가 자연환경을 대할 때 어느 특정한 개체 입장에 설 것이 아니라 생태계 전체적 입장에 설 때 올바르게 대응할 수 있다는 주장이다. 선악시비의 판단 근거를 생태계의 안정성, 통합성에 끼치는 영향에서 구해야 한다는 것이다.

물론 현실적 접근에 대해 이러한 대안을 권고할 수 있다고 하여 환경윤리학이 현실적 접근보다 우위에 있다거나 현실적 접근 없는 윤리학적 접근을 주장하는 것은 아니다. "윤리학 없는 과학은 맹목이고, 과학 없는 윤리학은 공허하다."[40]라는 지적처럼 윤리학이 환경 연구에 중요한 공헌을 할 수 있으려면 사실에 대한 확실한 이해 없이는 불가능하다. '지구온난화의 원인을 제공하는 행동은 나쁘다'라는 규범 판단을 내리려면 지구온난화 상태에 대한 확고한 이해가 전제돼야 하며, 만일 그렇지 않다면 이 판단은 매우 무책임한 것이 되고 만다. 부적절하고 무책임한 규범 판단을 제공하지 않으려면 환경윤리학은 과학기술적 사실들에 근거해야 한다.

---

38 Aldo Leopold, "The Land Ethic: Conservation as a Moral Issue; Thinking Like a Mountain," in James P. Sterba, ed., *Earth Ethics*, 2nd ed.(New Jersey: Prentice Hall, 2000), p.148.
39 Ibid.
40 조제프 R. 데자르댕, 『환경윤리』, 김명식·김완구 옮김(고양: 연암서가, 2017), 49쪽.

제3장

인간중심주의 대 비인간중심주의 논쟁

1. 머리말

환경윤리학의 기본적 입장 중의 하나는 인간중심주의를 비판한다는 점이다. 인간중심주의란 인간이 세계의 중심이고, 인간 이외의 자연과는 차원이 다르므로 자연은 인간에 의해 지배되어야 한다는 사상이다. 이 '인간에 의한 자연 지배' 사고가 오늘날의 환경 파괴를 초래했다고 환경윤리학은 주장하며, 그 대안으로 '비인간중심주의 윤리학'을 제창한다. 자연 지배라는 인간의 원죄에 대해 반성을 구하고 지금까지와는 다른 윤리학을 모색해야 한다는 주장이다. 인간중심주의야말로 환경 파괴의 근원이므로 이를 근본적으로 수정하지 않는 한 환경문제를 해결할 수 없다고 보는 것이다.

린 화이트(Lynn White, Jr., 1907~1987)에 따르면 인간중심주의 사고는 유대·그리스도교에서 비롯되었다. 서양의 그리스도교는 세계에서 그 유례를 찾아볼 수 없을 만큼 인간중심주의 종교이며, 오늘날의 많은 환경문제의 근원은 이 그리스도교에 있다는 게 그의 주장이다. 물론 인간중심주의적 사고로 전환하게 된 계기로 다른 견해들이 제시되기도 한다. 예를 들면 16세기 이후의 서양 근대화, 18세기 이후의 산업혁명, 20세기의 대량생산·대량소비 경제 등 다양하다. 그러나 어느 지점이 인간중심주의로 전환을 이룬 계기가 됐든, 인간에 의한 자연 지배를 비판하고 지금까지와는 다른 비인간중심주의 윤리를 정립해야 한다는 게 환경윤리학의 입장이다.

본래 윤리학의 주 연구대상은 '인생' 내지 '인격'이었다. 우리가 목적으로 삼아야 할 인생이나 그 인생의 주체적 단위로서의 인격, 또는 그 인생 내지 인격의 기본적 구성요소로서의 행위에 관한 실천적 제 문제를 다루는 당위의 학이 윤리학이다.[1] 우리가 지향해야 할 이상적인 인생이나 인격, 사회, 인간관계 등이 무엇인지를 찾아 제시코자 하는 것이 윤리학의 주 과제라 할 수 있다. 그러니까 본래 윤리학의 영역에선 인간 이외의 존재 문제가 직접적인 고려 대상에 포함될 가능성조차 없었던 것이다. 가령 동물이나 식물, 자연환경에 대한 의무가 고려된다 하더라도 그것은 어디까지나 인격과의 관계 하에서만 간접적으로 언급될 뿐이었다.

그러나 1960년대 후반 응용윤리학의 일부로 출발한 환경윤리학은 인간 이외의 존재도 도덕적 고려 대상 범위에 포함할 것을 주장한다. 윤리학이 이제까지 인간 대 인간, 인간 대 사회의 관계를 다루어왔다고 한다면, 환경윤리학은 기존의 틀을 깨고 인간 대 인간 이외의 존재와의 관계까지 다루어야 한다는 것이다. 이른바 인간중심주의를 청산하고 비인간중심주의 윤리학을 정립해야 한다는 입장이다.

여기서 우리가 고민해야 할 사항은 인간중심주의와 비인간중심주의

---

[1] 김태길, 『윤리학』(서울: 박영사, 1981), 24쪽 참조.

를 결정적으로 가르는 기준이 대체 무엇인가 하는 점이다. 그 기준은 다름 아닌 '내재적 가치' 또는 '권리'를 어떤 존재에게까지 부여하느냐 하는 것이라 본다. 인간중심주의 입장에선 고유한 가치나 권리를 오로지 인간에게만 적용 가능한 것으로 간주하는 반면, 비인간중심주의 입장에선 인간은 물론 동물, 식물, 생태계 등에까지 확대 적용할 수 있어야 한다고 주장한다. 그렇다면 고유한 가치나 권리라는 것이 어디까지나 인간만의 사안인지, 아니면 인간 이외의 존재에게까지 확대 적용하여 논의할 수 있는 사안인지 하는 물음이 제기된다.

　바로 이러한 문제의식 하에 여기서는 먼저 비인간중심주의 환경윤리의 내재적 가치·권리론을 살펴보고, 이어서 이에 대해 비판적인 인간중심주의 학자들의 주장을 검토할 것이다. 그리고 이 비판적 입장의 타당성을 따져본 후 이상적인 대안을 모색하는 순으로 이 장을 전개하고자 한다.

2. 비인간중심주의 환경윤리의 내재적 가치·권리론

　1973년은 환경윤리학사에서 기념비적 해라 할 수 있다. 환경윤리학의 공식 데뷔를 알리는 세 편의 논문이 발간된 해였기 때문이다.

　먼저 첫 번째 논문은 뉴질랜드 출신의 선구적인 철학자 루틀리(R. Routley, 1935~1996, 후에 Sylvan으로 개명)가 소피아에서 개최된 제15차 세계철학대회에서 발표한 「새로운 윤리, 환경윤리는 필요한가?」이다. 이 글에서 루틀리는 유럽사회의 지배적인 전통윤리가 인간 이외의 존재에 대해 내재적 가치를 인정하지 않고 단순히 도구적 가치만을 인정한 것은 오류라고 단정하며, 이를 '마지막 인간(last man)'이라는 가상적 상황을 설정하여 입증한다.

> 지구상에서 살아남은 마지막 인간은 자신이 죽을 때 다른 모든 생물을 절멸시킬 수 있는 경우를 생각해본다. 만약 인간만이 지상에서 유일하게 도덕적으로 가치 있는 존재라면, 마지막 인간이 아마 다른 모든 생명을 절멸시키더라도 도덕적 의미에서의 악행을 범하지 않는 것이 된다. 하지만 그러한 최종적 행위는 아무리 봐도 도덕적으로 잘못이라는, 많은 사람들이 공유하는 강한 직관이 있다. 이 직관을 인정한다면 인간 이외의 생물에도 고유한 가치가 내재해 있음을 전제하지 않을 수 없다.[2]

인간중심주의 입장에서 볼 때 모든 생물을 멸종시키는 '마지막 인간'의 행위는 자신은 물론 어느 누구에게도 해를 끼치지 않는다. 따라서 마지막 인간이 자연을 상대로 어떠한 행위를 하건 비난 대상이 될 수 없다. 하지만 비인간중심주의 입장에 서게 되면 마지막 인간의 행위는 수긍할 수 없게 된다. 설령 아무 인간에게도 피해를 끼치지 않는다 하더라도 생물을 멸종시키는 행위는 생물이 지닌 내재적 가치를 침해하기 때문이다. 비인간중심주의 입장에선 설령 인간이 지구상에서 사라진다 해도 내재적 가치를 지닌 인간 이외의 생물들이 온전하게 살아 있는 한 그것이 더 이상적이고 바람직하다고 보는 것이다. 지구상의 마지막 인간이 죽음을 앞두고 모든 생물을 멸종시키는 행위를 허락할 것이냐 말 것이냐 하는 루틀리의 사고실험은 인간중심주의와 비인간중심주의를 구분하는 일종의 리트머스 시험지라 할 수 있을 것이다.

두 번째 논문은 노르웨이의 철학자 네스(Arne Naess, 1912~2009)가 쓴

---

2 Richard Sylvan(Routley), "Is There a Need for a New, an Environmental, Ethic?," in Michael E. Zimmerman, eds., *Environmental Philosophy*(Englewood Cliffs: Prentice Hall, 1993), p.16.

「피상적 생태운동과 심층적·장기적 생태 운동: 요약」이다. 피상적 생태운동이란 이미 발전을 이룩한 선진국가의 사람들이 자신들의 건강과 물질적 풍요의 향상·유지를 위해 '환경오염과 자원고갈'에만 관심을 두는 환경보호운동을 가리킨다.[3] 네스는 이와 확연히 구별되는 자신만의 독자적 사상을 제창하는 바 이것이 바로 심층생태학이다. 심층생태학의 사고방식은 ①환경에 대한 관계론적이고 전체론(holism)적인 파악, ②생명권 평등주의, ③다양성과 공생의 원리 중시, ④반계급적 입장, ⑤환경오염이나 자원고갈에 대한 투쟁의 지지, ⑥난잡성이 아니라 복잡성(생태계의 복잡성, 노동의 복잡성)의 존중, ⑦지역자치와 분권화의 지지 등 7항목으로 정리되고 있다.[4]

심층생태학은 네스의 지지자인 드볼과 세션즈에 의해 미국에도 소개되어 비인간중심주의 환경윤리학 관련 논의에 큰 영향을 주었다.[5] 특히 세션즈는 네스와 더불어 1984년 봄에 공동으로 8항목으로 된 '심층생태학운동 강령'을 만들어내기도 했다.[6] 이 강령을 지탱하고 있는 사고는 모든 생물은 제각기 '고유한 가치'를 가지며, 서로 결부된 다양성과 공생 속에서 번영을 이룬다는 이른바 '생명권 평등주의'이다.

세 번째 논문은 『동물과 인간 그리고 도덕』의 서평으로 발간된 싱어

---

3 Arne Naess, "The Shallow and the Deep, Long-Range Ecology Movement: A Summary," in Alan Drengson & Yuichi Inoue, eds., *The Deep Ecology Movement*(Berkeley, CA: North Atlantic Books, 1995), p.3 참조.

4 Ibid., pp.3~7 참조.

5 네스의 사상을 북미지역에서 제일 먼저 이해했던 학자들 중 대표적인 이들이 이 두 사람이었다. 이들은 『심층생태학』이라는 공저를 펴내 심층생태학운동을 북미지역에 소개하는 데도 큰 역할을 하였다. Bill Devall & George Sessions, *Deep Ecology* (Layton, Utah: Gibbs Smith Publisher, 2007) 참조.

6 Arne Naess and George Sessions, "Platform Principles of the Deep Ecology Movement," in Arne Naess, *op cit.*, pp.49~53 참조.

(Peter Singer, 1946~)의 「동물해방」이다.[7] 싱어는 이 글에서 '인간의 생명만이 신성불가침이라는 신념은 종차별적 태도(speciesism)'라고 지적하면서 모든 동물은 평등하다고 주장하였다. 고통을 피하는 것은 선이요, 고통을 가하는 것은 악이라고 여기는 싱어는 구체적으로 공장축산이나 동물실험에서 자행되는 동물 학대 문제를 다루며, 인간에게 그러한 행위를 할 권리가 있는지를 묻고 인간의 학대로부터의 '동물해방'을 피력하였던 것이다. 싱어는 동물에 대해 직접적으로 '권리'를 말하고 있진 않지만 동물에게도 인간과 동등한 대우를 해줄 것을 요구하고 있다. 싱어의 주장이 자연보호라는 환경윤리의 관점에서 이루어진 것은 아니었지만, 앞의 두 논문과 더불어 비인간중심주의 환경윤리학의 형성에 일정한 영향을 끼친 것은 분명하다 볼 수 있다.

도덕 공동체의 범위에 인간과 동물 이외에 식물까지 포함한 '생물공동체' 중심의 환경윤리를 주장하는 학자들도 나타났다. 식물, 조류(藻類: 주로 수중에서 생활하며 광합성 색소를 가지고 독립 영양 생활을 하는 원생생물의 총칭), 단세포생물 등을 생물의 범주에 포함하여 논의해야 한다는 생물중심 또는 생명중심의 윤리다. 그 대표적인 학자로는 테일러(Paul W. Taylor, 1923~2015)를 들 수 있다. 테일러는 모든 생물은 바로 그 생명 때문에 평등하며, 인간 역시 생명이 있는 다른 존재들보다 우선적 존재로 간주돼선 안 된다는 '생물평등주의'를 주장하였다. 그에 따르면 '자연의 존경'이란 '전체로서의 생물공동체'를 존중하는 것이고, 이는 생물공동체를 구성하고 있는 개별적 동식물의 '고유가치'를 인정하는 것이다.

---

7 Peter Singer, "Animal Liberation," in *The New York Review of Books*, Section 20(1973 April), pp.17~21.

자연에 존경하는 마음을 품는다는 것은 지구의 자연생태계에 속하는
야생 동식물이 내재적 가치를 가지고 있다고 간주하는 것이다. 생물이
내재적 가치를 가지고 있다는 사고는 존경하는 자세의 근본적인 전제조
건으로 생각될지도 모른다.[8]

이와 같은 주장은 테일러가 동물은 물론 식물에까지 내재적 가치를
인정해야 한다는 생물 중심주의 내지는 생명 중심주의 입장에 서 있음
을 잘 말해주고 있다.

미국의 대표적인 환경윤리학자인 캘리코트(J. Baird Callicott, 1941~)
는 레오폴드를 환경윤리학의 아버지로 부르며, 생태계 전체에 대한 보
호를 강조하는 '대지윤리'와 같은 전체론적 환경윤리를 주장하였다. 앞
서 다루었던 동물 중심의 윤리에서는 종이 아니라 동물 개체를 도덕적
으로 고려하라고 요구한다. 종에 일어나는 일은 그것이 개체들에 영향
을 미치는 한에서만 간접적으로 고려될 뿐이다. 생명 중심주의 윤리에
서도 마찬가지로 내재적 가치가 인정되는 것은 어디까지나 개별 유기
체에 한한다.

반면에 캘리코트가 취하고 있는 '전체론적 환경윤리'는 개체가 아니
라 전체로서의 생물권 또는 생물권을 구성하는 거대한 생태계를 도덕
적 고려 대상으로 삼는다. 이 거대한 생태계를 구성하는 인간, 동물,
식물, 바위 등의 개체들은 도덕적 고려 대상에 들지 않는 것이다.

환경윤리학에서 궁극적 가치는 생물공동체적인 것이고, 그것을 구성
하는 개체의 도덕적 가치는 생물공동체의 이익을 기준으로 상대적으로

---

8 Paul W. Taylor, *Respect for Nature*(Princeton, NJ: Princeton University Press, 1986),
p.71.

결정된다. 아마 이 점이 대지윤리와 동물해방윤리의 가장 근본적인 차이다. 여기서 파생하는 차이점은 많다. 가장 눈에 띄는 차이는 환경윤리학은 동물뿐만 아니라 식물도 그 윤리체계에 포함하고 있는 점이다. 그뿐아니라 환경윤리학에서는 바다, 호수, 산, 숲, 습지대와 같은 생태계라는 생명을 갖지 못한 존재가 개개의 동물보다 더 중한 가치를 갖는다.[9]

캘리코트의 이러한 주장은 생태계에 내재적 가치를 인정하며, 생태계 전체의 보호를 '대지윤리'로서 주장하는 생태계 중심주의의 입장에 서 있음을 말해주고 있다.

비인간중심주의 중에서도 가장 포괄적인 입장을 취하고 있는 환경윤리학자로는 독일의 마이어 아비히(K. M. Meyer-Abich, 1936~)를 꼽을 수 있다. 그는 자신의 사상을 명료하게 자리매김하기 위해 윤리학에서 중요한 '고려 사항' 8가지를 열거하였다.[10]

①각자는 자기 자신만을 고려한다.

②각자는 자기 자신 이외에 자신의 가족, 친구, 지인 및 그들의 직접적인 선조를 고려한다.

③각자는 자기 자신, 자신의 주변 사람과 그 공동시민 내지는 자신이 속하는 민족을, 과거의 직접적인 계승자를 포함하여 고려한다.

④각자는 자기 자신, 자신의 주변 사람, 자신의 민족 및 전 인류의 오늘날 살아 있는 세대를 고려한다.

⑤각자는 자기 자신, 자신의 주변 사람, 자신의 민족, 모든 선조와

9 J. Baird Callicott, "Animal Liberation: A Triangular Affair," in Robert Elliot, ed., *Environ mental Ethics*(New York: Oxford University Press, 1995), p.58.

10 K. M. Meyer-Abich, 「미래에 성립될 자연과 인간의 새로운 관계」, 『철학사상』 제1권(서울대철학사상연구소, 1991.10), 212~218쪽 참조; 高橋広次, 『環境倫理学入門: 生命と環境のあいだ』(東京: 勁草書房, 2011), 91~95쪽 참조.

후세 사람, 따라서 일반적으로 인류를 고려한다.

⑥각자는 일반적으로 인류를, 그리고 모든 의식적으로 감각하는 생물(개체와 종)을 고려한다.

⑦각자는 모든 생물을 고려한다.

⑧각자는 모든 존재를 고려한다.

이들 중 ①에서 ⑤까지는 인간중심주의에, ⑥은 동물중심주의에, ⑦은 생물중심주의 또는 생태중심주의에 해당할 것으로 보인다. 마이어아비히 자신은 마지막의 ⑧의 입장을 택하고 있다. 그것은 모든 생물뿐만 아니라 무생물까지도 고려에 포함하는 것으로, 특히 그는 자신의 입장을 자연중심주의에 기초한 환경윤리라고 자각적으로 규정하고 있다. 그 출발점은 우리는 우리 자신을 자연으로 여김과 동시에 자연을 우리 자신으로서 경험하는 태도에서 구해진다. 그래서 그는 이러한 사태를 표현하는 데는 '주변 세계'를 의미하는 '환경'은 부적절하며, '共세계(Mitwelt)'[11]로 대체되어야 한다고 주장한다.

왜냐하면 우리가 한 가운데에 서고 다른 모든 존재가 우리 주위에 둘러선다는 것은 아주 잘못된 자기평가이고, 오만스런 태도가 되기 때문이다. 아비히에 따르면 우리 자신은 만물의 척도가 아니다. 인류는 동식물과 함께 땅·물·불·바람과 더불어 전체 생명의 나무로 이어지는 수백만 종 중의 하나로 자연사에 등장했음에 불과하다.

이상의 논의를 간추려보면 이렇다. 첫째, 비인간중심주의 환경윤리는 도덕 공동체의 범위에 인간뿐만 아니라 인간 이외의 존재들도 포함시켜 논의해야 함을 주장하고 있다. 동물중심주의는 동물을, 생명 중심

---

11 인간 이외의 존재들이 인간의 주변에서 인간의 이익을 위해 존재하는 게 아니라 인간과 함께 존재하는 세계를 말한다.

주의는 모든 생물을, 생태계 중심주의는 생물권 또는 생태계를, 자연중심주의는 무생물까지 포함하여 논의해야 한다는 것이다. 둘째, 비인간중심주의 환경윤리는 도덕 공동체의 범위 확장을 위해선 그 확대되는 대상에 내재적 가치 또는 권리를 부여하는 것이 기본 전제가 돼야 함을 강조하고 있다. 인간 이외의 존재에게 내재적 가치나 권리가 부여될 때 그들 존재 또한 인간과 동등한 대우를 받을 수 있다는 것이다.

이처럼 환경윤리학계에선 도덕 공동체의 범위 확장을 주장하는 것이 대세적 흐름으로 여겨지기도 하지만, 이에 맞서 인간중심주의 입장에서의 저항도 만만치 않음을 이해할 필요가 있다. '내재적 가치'라든가 '권리'라는 표현은 어디까지나 인간에게 적용될 뿐 그 이외의 존재에는 적용 불가하다는 입장이다. 더불어 그들은 전통적인 유럽의 합리주의 정신에 기초해서도 환경윤리를 구축할 수 있다는 입장을 고수한다. 이에 다음 절에선 비인간중심주의 환경윤리의 내재적 가치·권리론에 관한 비판적 입장을 살펴보기로 한다.

3. 비인간중심주의 환경윤리의 내재적 가치·권리론에 대한 비판

1) 파인버그(Joel Feinberg, 1926~2004)의 입장

여기서는 미국의 정치·사회철학자인 파인버그의 논문 「동물과 미래세대의 제 권리」(1974)에 의거하여 논의를 전개하고자 한다. 이 논문의 목적은 당시의 비인간중심주의의 흐름에 대해 '권리'라는 낱말이 어디까지 확장될 수 있는지 그 기준을 설정하려는 데 있다. 따라서 이

글은 인간중심주의와 비인간중심주의를 가르는 기준 역할을 하고 있는 내재적 가치 또는 권리 개념을 검토하는 데 소중한 단초를 마련해 줄 것으로 판단된다.

먼저 파인버그는 '권리' 개념을 제대로 파악하기 위한 방법으로 흥미로운 제안을 하고 있다. 그것은 '성인'과 같이 권리 부여가 너무나 당연한 경우, 바위와 같이 권리 부여 자체가 무의미한 경우, 그리고 위 두 명백한 경우 사이에 덜 명확한 경우로 나누어 고찰하는 것이다. 파인버그는 앞의 두 가지 경우는 제외하고 경계 사례에 해당하는 것으로 ① 개별적 동물, ②식물, ③모든 종, ④죽은 인간, ⑤식물인간, ⑥태아, ⑦미래세대 등을 들고 이들에 대한 권리를 말하는 것이 의미가 있는지 그 여부를 면밀히 검토하고 있다.[12]

파인버그는 "어떤 존재가 권리의 적절한 주체가 되려면 그는 이익관심(interests)을 가져야 한다. 이익관심이 없다면 그는 자기 자신의 '선'을 갖지 못한다"[13]라는 표현에서처럼 권리 부여 기준을 이익관심의 소유 여부에 두고 있다. 다양한 이익관심을 갖고 있는 혹은 가질 수 있는 존재만이 다양한 권리를 가질 수 있다는 것이다. 그 이유로 파인버그는 다음 두 가지를 들고 있다.

① 권리 소유자라면 누군가가 그를 대신하여 대리자로 나설 수 있어야 한다. 다양한 이익관심을 전혀 갖지 못하는 존재의 대리자가 되는 것은 불가능하다. ② 권리 소유자라면 그는 자기 자신이 수익자가 될 수 있어

---

12 Joel Feinberg, "The Rights of Animals and Unborn Generations," in William T. Blackstone, ed., *Philosophy & Environmental Crisis*(Athens, GA: University of Georgia Press, 1974), pp.43~68 참조.

13 Ibid., p.50.

야 한다. 다양한 이익관심을 갖지 않는 존재들은 타자로부터 위해를 받는 일도, 이익을 얻는 일도 없다.[14]

파인버그에 따르면 권리란 누군가 대신해서 주장할 수 있는 것이다. 그리고 누군가의 권리를 대리로 주장하는 것이 의미를 지니려면 그 대리를 통해 권리 위임자에게는 무엇인가 좋거나 나쁜 결과가 있어야 한다. 반대로 권리 대리 주장이 권리 위임자에게 좋거나 나쁜 일이 전혀 없다면 그 대리 행위는 무의미하다는 것이다. 그리고 파인버그는 어떤 존재가 이익관심을 가지려면 의욕적 삶, 곧 의식적 소망, 욕구, 충동, 목적 등의 특성이 필요하다고 주장하고 있다.[15]

파인버그는 이러한 기준을 일곱 가지 사례에 그대로 적용하면서 논의를 전개해간다. 먼저 동물의 경우는 고등동물과 그 이외의 동물로 나뉜다. 전자는 권리를 갖는 반면 후자는 그러지 못한다. 그 이유는 전자는 식욕, 의욕적 충동, 기본적 목적 등을 가지고 있으나 후자는 그러지 못하기 때문이다.

식물은 권리 주체와 한참 거리가 멀다. 이익관심의 요소 중 어떤 것도 식물은 갖고 있지 못하기 때문이다. 그런 면에서 종 역시 마찬가지다. 이익관심의 소유 여부 면에서 볼 때 "종 역시 그것이 식물이건 동물이건 개별적인 식물을 다루는 경우와 거의 마찬가지"[16]이기 때문이라는 것이다.

다음은 죽은 인간의 사례다. 파인버그는 '죽은 인간'에 대해선 한시적 권리 소유 주체로 평가한다. "나는 어떤 생물이건 간에 자신이 지니

14 Ibid., p.51.
15 Ibid., p.49 참조.
16 Ibid., p.55.

고 있는 관심이 사후에도 보호받기를 기대하고 있다고 생각한다. 적어도 그와 동시대에 살았던 사람들이 살아 있는 동안은 죽은 인간의 관심이 보호돼야 하는 것이 너무나 온당하다."[17] 죽은 인간의 이익관심이 침해받는 일은 없을 것이다. 하지만 파인버그는 죽은 인간의 이익관심을 그가 죽었기 때문에 전적으로 무시하는 것은 옳지 못하며, 따라서 죽은 이의 이익관심을 잘 인지하고 있는 동시대인들이 살아 있는 동안은 그 관심을 보호해주어야 한다는 입장이다.

다음은 식물인간이다. 파인버그는 이익관심의 소유 측면에서 볼 때 식물인간은 하등동물과 다를 바 없다고 본다. 다만 예외적인 경우가 있는데 그것은 식물인간이 회복 가능한 경우다. 식물인간이 치료를 통해 정상을 회복할 수 있다면 인격으로서의 대우를 받을 수 있다는 의미다.

다음 사례는 태아다. 파인버그는 태아를 권리 주체의 범위에 포함한다. 태어나기 이전의 제 조건은 태어난 지 수 시간 후의 신생아의 그것과 다름없이 "애초부터 고통감지능력이 있으므로 이 사실만으로도 이익관심과 권리를 인정할 수 있는 충분한 근거가 된다"[18]라는 것이다.

마지막 사례는 미래세대다. 이 역시 파인버그는 권리 주체로 인정한다. "미래세대는 현 시점에서 살기 좋은 세계를 만들어달라는 요구를 하며 자신들의 권리를 주장할 수 없다. 그러나 현재 그들의 입장을 대변할 수 있는 대리인은 많다."[19] 대리인을 통해서 미래세대의 권리를 충분히 주장할 수 있다는 것이다. 그리고 파인버그는 아무리 멀리 떨어져 있는 미래 사람들이라 하더라도 인간으로서의 기본적 이익관심

---

17 Ibid., p.57.

18 Ibid., p.62.

19 Ibid., p.65.

에는 차이가 없다고 본다.[20]

요컨대 파인버그는 이익관심의 소유 여부를 권리 주체가 될 수 있는 기준으로 설정해놓고 이에 따라 하등동물, 식물, 죽은 인간, 종 등은 권리 주체 범주에서 제외했고, 죽은 인간(한시적), 식물인간(회복 가능한 경우), 태아, 미래세대 등은 그 범주에 포함시켰다. 이를 보면 파인버그의 논의는 인간중심적 틀 안에 머물고 있음을 알 수 있다. 태아를 비롯한 미래세대, 식물인간, 한시적이긴 하나 죽은 인간까지 권리 주체의 범주에 포함하고 있는 것이다. 다만 고등동물을 권리 주체의 범위에 넣은 것은 70년대 초반이라는 시대적 상황을 고려한다면 진보적이라 볼 수 있겠지만, 그 포함 기준이 어디까지나 인간적 특성을 공유한 고등동물에 한정하고 있다는 점에서 여전히 인간중심적이라 할 수 있다.

2) 패스모어(John Passmore, 1914~2004)의 입장

패스모어는 서양의 전통적 도덕이나 과학으로는 환경 파괴 행위를 단죄할 수 없고, 따라서 비인간중심주의로 대체되어야 한다는 입장을 거부한다. 그는 서양의 도덕이나 자유주의적 정치이론에 특징적인 인간중심주의 입장에서도 파괴적 개발은 유해하다고 비판할 수 있는 힘을 지니고 있다고 본다. 인간중심주의 관점에서도 어떠한 환경적 작용이든 그 결과가 바람직한 사회생활을 거스른다면 그것은 분명히 문제라고 지적할 수 있다는 것이다.

패스모어는 자연의 권리·내재적 가치문제에 대해 '보전(conversation)'과 '보존(preservation)'이라는 용어를 토대로 논의를 전개해간다. 그에

---

20 Ibid., p.65.

따르면 보전이란 '화석연료나 금속을 미래의 사용을 위해 절약하는 것'
인데 반해, 보존이란 '어떤 종을 멸종 위기에서, 원생림을 토지개발업자
의 손에서 구하는 것'을 의미한다.[21] 보전론자와 보존론자 양측 모두는
'자연을 보호한다'는 목적은 동일하지만 그 동기가 다르기에 종종 대립
하는 경우도 있다.

예를 들면 원생림의 보호 방식에 관해 전자는 벌채를 허용하되 미래
세대 역시 목재가 필요한 만큼 그들을 염두에 두고 벌채를 삼가자는
입장인데 반해, 후자는 원생림을 구성하는 나무의 내재적 가치·권리
를 존중하여 벌채를 아예 그만두고 미개상태 그대로 유지하자는 입장
이다. 패스모어에 따르면 보전론과 보존론의 차이는 자연을 인간의 이
익이나 행복을 실현하기 위한 수단·도구로 여기고 보호할 것인가, 아
니면 자연 전체의 내재적 가치를 존중하고, 인간과 마찬가지로 생존권
을 지닌 존재로서 자연을 다룰 것인가의 차이에 있다.

패스모어는 이 양 입장 중 후자를 비판하는 반면 전자를 수용한다.
우선 보존론과 관련하여 패스모어는 자연세계의 권리·내재적 가치를
인정하지 않는다. 인간이 자연을 사랑하고 자연을 아름답다고 느끼기
에, 이른바 효용가치가 있기 때문에 자연은 가치가 있다는 것이다. 우
리가 자연을 보호할 책임을 갖고 있긴 하지만 그러한 책임의 근저에는
우리의 이익관심이 놓여 있다. 반면에 그는 자연에 손을 가하지 않고
그대로 두자는 강한 자연보호(보존)에 대해선 단호히 반대한다.[22]

그에 따르면 보존론은 생태계의 다양성을 찬미하지만 생물종을 절

---

21 John Passmore, *Man's Responsibility for Nature*, 2nd ed.(London: Duckworth, 1980), p.73 참조.
22 Ibid., pp.116~117 참조.

멸시키는 것은 인간에 한정되지 않는다. '섭리'라든지 '대자연'에 의해서도 얼마든지 종의 절멸이 일어날 수 있다는 의미다. 자연의 섭리에 맡긴다고 하여 반드시 종의 보존이 보장되는 것은 아니라는 뜻이다. 더불어 패스모어는 생태계의 다양성이 풍부한 것이 좋은지 적은 것이 좋은지도 모르며, 어떤 경관도 외래동식물의 도입에 의해 그 원형이 변용돼선 안 된다고 할 수 없다고 말한다.[23]

패스모어에 따르면 보존론은 또 문명의 발달을 가로막는다. 인간 이외의 생물을 침해 불가한 인격으로, 이른바 생존권의 소유자로 간주한다면 세계문명은 형성될 수 없다는 것이다. 보존론은 결국 자연에 대한 복종을 선으로 여기는 자연숭배사상으로 이어진다는 게 그의 시각이다. 이러한 관점에서 패스모어는 자연숭배사상이야말로 전체주의국가와 같이 인간의 존엄성과 개인의 자유를 부정하고, 모든 것은 전체로서의 자연의 일부에 지나지 않는다고 여기는 신비주의, 원시신봉주의를 수용하며, 결국은 과학과 기술, 민주주의와 자유경제 요컨대 서양 문명에 반하는 것으로 무지와 야만으로의 복귀를 설파하는 것에 불과하다고 단죄한다.[24]

패스모어에 따르면 자연신비주의를 택할 필요 없이 유럽의 전통적 도덕으로도 환경 파괴 행위를 동기지우는 탐욕, 둔감, 근시안을 충분히 비판할 수 있다. 더불어 그는 서양의 인간중심주의적 태도에 대한 반성을 요구한다. 이제는 자연과 인간과의 관계에 대해 주류파를 이루어왔던 형이상학적 관념이 자연에 대한 스튜어드십(주인 대신 집안일을 도맡아 관리하는 집사·청지기처럼 자연을 책임지고 각별히 관리하는 마음가

---

23 Ibid., p.118, p.125 참조.
24 Ibid., p.126 참조.

짐) 혹은 파트너십(공존을 위해 서로 협력하는 마음가짐)으로 대체되어야 한다는 것이다.[25]

그러니까 패스모어는 서양 전통의 형이상학적 관념, 곧 인간은 오만하게 자연을 지배하는 '전제군주'로서 자연은 자신이 의도하는 대로 변형될 수 있는 단순한 밀랍에 불과하다는 사고를 개선하고, 자연을 친구처럼 여기는 파트너십으로서의 역할을 강조하고 있다. 인간은 신의 재산 관리자로서 단순한 신의 명령의 집행자가 아니라 적극적인 배려의 의무를 지닌 스튜어드여야 함을 강조하고 있는 것이다.

3) 노턴(Bryan G. Norton, 1944~)의 입장

노턴 역시 패스모어와 마찬가지로 자연의 내재적 가치를 승인하길 거부한다. 바로 그 점에선 패스모어와 유사하지만 자연에 부여하는 가치의 성격은 다르다. 즉 패스모어의 경우는 자연을 어디까지나 도구적 가치 그 자체로 여기는 반면, 노턴의 경우는 자연이 도구적 가치뿐만 아니라 인간의 정신을 고양시켜주는 다원적 가치를 갖추고 있다고 본다. 자연을 소비의 대상으로밖에 보지 않는 패스모어의 강한 인간중심적 견해와는 선을 긋고 있는 것이다.

노턴은 경제적 평가에 치우치는 강한 인간중심주의와 자연의 고유가치를 중시하는 비인간중심주의, 양자 사이의 온건한 선택지로서 약한 인간중심주의를 자리매김한다. 그리고 그는 약한 인간중심주의의 핵심을 이루는 규범적 개념으로 '변환가치'를 들고 나온다. 그에 따르면 다양한 자연과의 교류를 통해 우리는 개발적·소비 중심적 선호로

25 Ibid., pp.185~186 참조.

부터 생태학적 세계관과 양립할 수 있는 환경 쪽으로 마음을 전환할
수 있게 된다. 그럼으로써 인생을 보다 깊게 살아가는 유연성이 확장
된다는 것이 그의 견해다. 요컨대 노턴의 주 과제는 비인간중심주의에
따르지 않더라도 인간중심주의 입장에서 윤리의 확장을 충분히 정당
화할 수 있는 이유를 보여주는 데 있었다. 이를 위한 그 주장의 핵심은
이렇다(〈표 1〉 참조).[26]

〈표 1〉 노턴의 변환가치

	인간의 내재적 가치 (오로지 인간의 이익만이 고려됨)	인간 아닌 존재자의 내재적 가치 (인간의 이익뿐만 아니라 인간 아닌 존재자의 이익도 고려됨)
요구가치 (demand values)	① 강한 인간중심주의	③ 협의의 비인간중심주의
변환가치 (transformative values)	② 약한 인간중심주의	④ 생명 중심주의

노턴은 가로축에는 인간과 인간 이외의 존재에 각각 내재적 가치를
인정하는 입장을, 세로축에는 수단적 가치로서 요구가치와 변환가치
를 배열하고, 이를 조합하여 네 종류의 종 보존 이유를 들었다.
　인간중심주의란 인간에게만 내재적 가치를 인정하는 입장인 반면,
비인간중심주의란 인간 이외의 존재에도 내재적 가치를 인정하는 입
장을 말한다. 그런데 노턴에 따르면 어떤 대상에 내재적 가치를 인정
한다고 하여 그것이 다른 존재에게 유용한 가치를 갖는 것을 자동적으

---

26 Bryan G. Norton, *Why Preserve Natural Variety?*(Princeton, NJ: Princeton University
　　Press, 1987), pp.11~13 참조.

로 부정하는 것은 아니다. 이 유용한 가치로 노턴은 필요가치와 변환 가치를 구분한다. 전자는 단순히 어떤 필요성을 충족시키는 것에 불과 한 것이고, 후자는 필요가치의 차원을 넘어서 그 이상의 다른 가치로 변환될 수 있는 가치를 말한다.

노턴은 인간중심주의 중에서도 필요가치에 위치하는 입장을 ①강한 인간중심주의(인간 이외의 존재는 인간의 필요가치를 충족시켜 주는 한에 있어서만 가치를 갖는다는 주장), 변환가치에 위치하는 입장을 ②약한 인간중심주의(인간 이외의 존재는 인간을 위한 필요가치에 더하여 변환가치 또한 갖는다는 주장), 비인간중심주의 중에서도 필요가치에 위치하는 입장을 ③협의의 비인간중심주의, 변환가치에 위치하는 입장을 ④생명 중심주의 또는 존재중심주의로 분류하였다.

④의 입장은 자연적 객체가 의식을 갖는다는 견해인데 이는 너무나 도 사변적·형이상학적이어서 정책 형성에 영향을 미칠 수 없다고 여겨져 검토 대상에서 제외된다. 노턴은 나머지 세 입장의 종 보존 정당화 접근을 상세히 검토하고 있는데, 특히 ②와 ③에 주력하고 있고 그 중 자신의 입장인 ②를 부각시키는 데 논의를 집중하고 있다. ②를 이해하려면 변환가치의 의미를 숙지해야 한다.

어떤 대상이 선호를 단순히 만족시키기보다 그것을 검토하거나 바꾸는 기회를 제공할 때 변환가치를 갖게 된다. 이런 경우를 생각해보자.

록뮤직의 마니아인 한 십대는 자신이 제일 좋아하는 록 스타 콘서트에 가기 위해 30달러를 기꺼이 지불할 의사가 있다. 이때 콘서트 티켓은 그에게 있어 30달러의 요구·필요가치를 갖는다. 그 십대의 조부모께서 그에게 생일카드와 티켓이 든 봉투를 건네주자 처음엔 너무 기뻤으나, 그 티켓이 유명한 심포니 오케스트라의 연주 입장권임을 알게 된 후 그는 상심이 컸다. 그가 티켓을 버리려 했으나(티켓이 그에게 더 이상의 요구가치가 없다는 것을 말해줌), 그의 부모가 조부모께서 불쾌하지 않도록 하려면 심포니에 가야만 한다고 그를 설득했다. 마지못해 공연에 겨우 가긴 했으나 거기서 그는 클래식 음악이 신나고 즐겁다는 사실을 깨닫게 된다. 록 스타를 여전히 좋아하는 한편으로 그는 클래식 CD 또한 사기 시작하고, 가능할 때마다 심포니 콘서트에도 가며, 그리고 마침내 평생의 즐거움과 성취감을 얻는다. 처음에는 아무런 필요가치도 없던 티켓이 이제는 소중한 변환가치를 갖게 된 것이다.[27]

약한 인간중심주의에서는 인간 이외의 존재들이 인간의 필요가치를 충족시켜줄 뿐 아니라 변환가치 또한 갖고 있는 것으로 본다. 노턴에 따르면 이 변환가치를 아주 실감나게 발견할 수 있는 것이 자연체험이다.

자연체험의 가치를 누구보다 중시했던 이들이 미국의 초월주의자들(에머슨, 소로 등)이었기에 노턴은 그들의 자연관을 끌어들인다. 인간의 자연과의 교류는 인간으로 하여금 생태학적 관점에 서서 자신을 반성하고 타자와의 관계를 묻도록 촉구하는 효과가 있다. 그리고 이 효과로 인해 환경과 인간의 조화를 긍정하는 이상적 규범을 만들어낼 수 있는데, 바로 그 전형을 보여주었던 이들이 초월주의자들이었다는 것이다.

"초월주의자에게 있어 자연적 객체의 경험은 시공을 초월한 큰 체계 안에서 자신의 위치에 관한 사유를 수정하는 기회임과 동시에 '보다 숭고한 사유'를 위한 기회가 된다."[28] 그들에게 있어서 "자연 체험은 인간적 가치체계를 변환시키고, 물질주의의 기초를 허물며, 우리의 생계를 꾸리고 부를 획득하려는 매일매일의 걱정에서 벗어나 우리의 가치

---

27 Ibid., pp.10~11 참조.

28 Ibid., p.192.

를 높여준다."[29] 즉 인간적 가치를 고양시키는 이상을 추구하는 데 있어서 원생자연의 체험이야말로 환경적 가치의 현대적 관념을 전개하기 위한 지침을 제공해준다는 것이다.

노턴에 따르면 자연은 인간에게 공리적·경제적 자원의 의의를 갖는데 머물지 않고, 우리에게 생태학적 상호관계를 가르쳐주며 우리의 자기 인식을 위한 은유를 제공해주고 우리의 가치를 형성함과 동시에 비판하는 기회를 준다. 이러한 의미에서 자연이 갖는 변환가치는 수단적 가치 그대로이면서 '약한 인간중심주의'를 훌륭하게 기초 지우는 역할을 하고 있다.

4. 비판적 입장에 관한 고찰

파인버그는 권리를 갖는다는 말의 의미가 너무나 명백한 사례(정상적인 성인), 그 표현 자체가 난센스인 사례(바위), 그리고 그 말의 의미가 애매한 경계사례에 해당하는 경우, 이렇게 세 가지로 먼저 구분 짓고 나서 위 경계사례에 해당하는 일곱 가지를 들고 이들을 일일이 검토하는 방식으로 논의를 진행하였다.

그 결과 일곱 가지 사례 중 고등동물, 죽은 인간(그와 동시대인이 살아 있는 한시적 기간 동안), 식물인간(회복 가능한 경우), 태아, 미래세대 등은 권리 주체 범주에 포함한 반면, 하등동물, 식물, 죽은 인간, 모든 종 등은 그 범주에서 배제하였다. 그 기준은 이익관심이었다. "어떤 존재가 권리주체가 되려면 그는 반드시 이익관심을 지녀야 하며, 권리에

---

29 Ibid., p.195.

의해 보호돼야 할 자기 나름의 선과 목적을 가져야 한다."[30]

결국 파인버그가 권리를 인정하고 있는 범위는 과거, 현재 및 미래의 인간 그리고 고등동물에 한한다. 그가 설령 고등동물에 권리를 승인하고는 있지만 그것은 인간과 유사한 능력을 지닌 고등동물에 한하고 있기에, 그의 주장은 어디까지나 인간중심적 틀 안에 머물고 있다. 하지만 파인버그의 주장은 동식물을 비롯한 가장자리 인간의 도덕적 지위에 관한 최초의 현대적 논의 중 하나라는 점, 그리고 환경윤리 측면에서 의미 깊은 기초를 다지고 있다는 점 등의 큰 장점을 지닌다. 환경윤리의 기본적 과제 중의 하나인 도덕 공동체의 범위 확대 문제에 대해 나름대로 의미 있는 대안을 제시하였기 때문이다.

하지만 우리가 잊지 말아야 할 것은 파인버그가 제안하고 있는 권리부여의 기준인 '이익관심'이 절대적 기준이 아니라는 점이다. 어떤 존재에까지 권리를 부여할 수 있는가 하는 물음에 이제까지 많은 학자들이 다양한 기준을 제시해왔다. 예를 들면 이익관심, 쾌고감수능력, 이성과 선택의 능력, 인격체적 특성 등이 그러하다. 그러니까 '어떤 존재가 권리를 가질 수 있는가' 하는 물음에 대해 일치된 어떤 답변을 찾기가 현재로선 거의 불가능에 가깝다.[31]

따라서 파인버그가 제시한 이익관심이라는 기준은 권리 소유 여부를 결정하는 여러 대안 중 하나일 뿐이다. 인간 이외의 존재의 권리문제를 논할 시 파인버그의 치밀한 분석적 연구방법은 타산지석 삼을 만한 가치가 충분해보이나, 이 연구 결과가 권리문제에 관한 최종적 해

---

30 Feinberg, op. cit., p.49.
31 브렌다 아몬드, 「권리」, 피터 싱어 편, 『규범윤리의 전통』, 김성한 외 역(서울: 철학과현실사, 2005), 257쪽 참조.

답은 아니라는 점을 강조하고 싶다.

패스모어의 입장 역시 인간중심적, 그것도 강한 인간중심주의에 속한다고 볼 수 있다. 이를 잘 보여주는 대목이 보전에는 찬성하지만 보존에는 반대한다는 점이었다. 보전이 개발과 이용을 전제로 한 보호(자연의 현명한 이용)라면 보존이란 현상유지(자연에 손을 가하지 않고 그대로 둠)를 의미한다. 패스모어에 따르면, 보존론자들이 현상유지를 주장하는 까닭은 자연세계에 내재적 가치가 있는 것으로 보기 때문이며, 따라서 자연에의 복종이 곧 선이라는 자연숭배사상과 보존은 밀접하게 결부돼 있다. 패스모어는 이와 같이 자연에의 복종을 주장하고 자연세계에 인격과 마찬가지의 권리를 인정하는 것은 전체주의를 수용하는 것과 같다고 말한다. 곧 인간의 존엄성, 개인의 자유를 부정하고 자연계의 개별 존재는 자연의 일부에 지나지 않는다고 보는 신비주의, 원시신봉주의를 취하는 것이나 다름없다는 것이다. 결국 보존의 길을 택하는 것은 서양문명에 반하는 것이고 무지와 야만에의 복귀를 의미한다는 주장이다.

필자가 보기에 패스모어는 보존의 의미를 지나치게 경직되게 이해하고 있다고 판단된다. 환경문제를 적절히 해결해나가려면 보존과 보전이 동시에 필요하다는 게 필자의 생각이다. 환경 파괴가 심각하여 원상회복이 절실히 필요한 경우라면 보존이 필요할 테고, 현세대에게 꼭 필요한 자원이긴 하지만 미래세대의 사용도 염두에 두어야 할 경우라면 보전 또한 필요할 것이다. 패스모어와 같이 보존은 원천 배제하고 보전만을 유일한 대안으로 삼는 것은 환경문제에 대한 현명한 접근 방안이 아니라고 본다.

패스모어는 내재적 가치·권리 개념 또한 너무나 완고하게 적용하고 있다. 자연세계의 어떤 존재를 보존한다고 하여 그 존재에 내재적 가치·

권리를 필연적·항구적으로 주어지는 것으로 간주할 필요는 없다고 생각된다. 가령 한라산의 노루가 멸종 위기에 직면해 있다고 가정했을 때, 그 멸종을 막기 위해선 노루에게 내재적 가치 또는 권리를 부여해야 할 것이다. 그러나 노루보호정책이 성공적으로 시행되어 다수의 노루를 확보하게 되었고 점차 노루가 과다증식한 나머지 이제는 개체수 조절이 필요하다면 일부의 노루에 수단적 가치를 부여하는 방안이 고려돼야 할 것이다.

이처럼 인간 이외의 존재에게 내재적 가치·권리를 부여한다고 했을 때 그것은 인간의 입장에서 전체 생태계를 고려한 바탕 위에서 유연하게 결정돼야 한다고 본다. 패스모어의 주장처럼 어떤 존재가 내재적 가치·권리를 갖는다고 하여 그 권리가 절대 권리로써 영구불변히 주어지는 것으로 볼 필요는 없다는 의미다. 권리는 절대적일 수가 없기 때문이다. 설령 어떤 권리가 절대적이라 해도 그런 권리는 극소수에 지나지 않는다. 인간의 생명과 자유의 권리 정도가 그런 극소수 부류에 들 것이다.[32] 이외의 다른 모든 권리들은 조건적인 것들이며 따라서 상황에 따라 제한될 수도 있다는 뜻이다.

노턴 역시 패스모어처럼 자연의 내재적 가치·권리를 승인하지 않는 입장이다. 그러나 패스모어가 자연을 단순한 재산·물질적 가치의 대상으로만 여기는데 반해, 노턴은 자연이 내재적 가치는 갖지 않는다 해도 단순한 도구적 가치가 아니라 그 이상의 다른 가치로 변환될 수 있는 대상으로 여긴다. 그러기에 패스모어를 강한 인간중심주의자라 한다면 노턴은 약한 인간중심주의자로 자리매김할 수 있다.

약한 인간중심주의가 인간중심주의 유형인 것은 인간 이외의 종에

---

32 위의 책, 261~262쪽 참조.

어떠한 내재적 가치도 부여하지 않기 때문이다. 하지만 묵인되는 인간적 가치의 범위가 강한 인간중심주의에서보다 훨씬 넓은데, 이는 인간이외의 존재들이 인간적 이상을 형성하는 데 가치 있는 것으로 고려되기 때문이다. 그러니까 노턴은 인간중심적 세계 안에서 자연환경이 내포한 다원적 가치의 의의를 강조하고 있는 것이다. 이를 위해 노턴이 들고 나온 개념이 변환가치다. 강한 인간중심주의에서는 인간 이외의 존재들의 가치가 인간의 필요가치에 얼마나 기여하는가에 따라 결정된다고 보는데 반해, 약한 인간중심주의에서는 그 존재들이 필요가치의 한계를 벗어나 변환가치를 지닐 수 있는 것으로 본다. 즉 인간 이외의 존재들은 인간의 필요를 충족시켜줄 뿐만 아니라 그 필요를 개선·비판·계몽해줄 수도 있다는 것이다.[33]

비인간중심주의자들은 한결같이 인간 이외의 존재에게 내재적 가치를 인정하자는 주장을 편다. 반면에 강한 인간중심주의자들은 인간 이외의 존재는 오로지 인간을 위한 수단적 가치만을 갖는다고 보기에 어떠한 내재적 가치도 승인하지 않는다. 전자는 비합리적 인식이라는 단점이 있고, 후자는 에코시스템을 파괴할 우려가 있다. 바로 이러한 딜레마를 훌륭하게 해결할 수 있는 방안으로 노턴이 제안하고 있는 것이 변환가치다.

변환가치의 의미를 강조하고자 노턴은 미국의 초월주의자들에게 주목한다. 일찍이 자연은 단순한 수단적 가치만이 아니라 변환적 가치 또한 지니고 있음을 절실히 파악했던 이들이 바로 초월주의자들이었기 때문이다. 미국의 대표적인 초월주의자의 한 사람인 에머슨의 말을 직접 살펴보면 이렇다.

---

33 Norton, op. cit., p.13, p.135 참조.

자연은 희극이나 비극 모두에 잘 어울리는 배경이다. 건강할 때 공기는 믿기 어려울 정도의 강력한 효력을 지닌 강장제와 같다. 해질 무렵 흐린 하늘 아래 눈으로 질퍽거리는 황량한 광장을 빠져나가고 있으면 … 나는 더할 수 없는 희열에 감싸인다. 그것은 거의 공포를 불러일으킬 만한 기쁨이다. 숲속에서 인간은 마치 뱀이 허물을 벗듯 자신의 나이를 완전히 벗어던지고, 인생의 어느 시기에 있든지 간에 언제나 어린애 그대로가 된다. 숲에는 영원한 젊음이 있다.[34]

숲속에서 우리는 이성과 신앙으로 되돌아간다. 여기에서 나는 내게 어떤 일이 일어나든 어떤 치욕이나 재난도 자연이 치유하지 못 하는 것이 없다고 느낀다.[35]

자연은 우리의 영혼을 정화시켜주는 원천이라는 의미다. 자연은 재난과 치욕의 상처를 치유하여 인간을 그 본래적인 상태로 되돌려주는 갱생력의 원천이요, 인간을 어린애로 만드는 '영원한 젊음의 터전'이라는 것이다. 이와 같은 자연의 변환가치야말로 자연이 고유가치를 갖든 갖지 않든 관계없이 자연을 보존하는 데 충분한 이유를 제공해준다고 볼 수 있다.

비인간중심주의자들은 자연을 내재적 가치·권리의 소재지로 승인하자고 주장한다. 그러나 그들은 권리의 기준을 너무 폭넓게 설정하다 보니 권리 주장의 고유한 힘을 잃고 있다. 그들의 논리에 따르면 자연의 가치를 소중히 여기고 존중할 수는 있지만 자연에 어떠한 인위적 작용도 불가능해진다. 반면에 강한 인간중심주의자들은 자연을 단순한 상품생산을 위한 원재료적 가치 이상으로 보지 않기에 얼마든지 인

---

34 에머슨, 『자연』, 신문수 옮김(서울: 문학과지성사, 1998), 20~21쪽.
35 위의 책, 21쪽.

위적 작용은 가할 수 있지만 초월주의자들이 높이 평가했던 자연의 가
치는 발견하지 못한다. 노턴의 약한 인간중심주의는 바로 이러한 딜레
마를 해소해나갈 수 있는 한 방안으로 활용될 수 있다는 점에서 큰 의
의가 있다고 판단된다.

5. 맺음말

비인간중심주의 환경윤리학자들의 공통적 특징 중의 하나는 도덕적
고려 대상의 범위를 확대할 것을 주장한다는 점이다. 동물, 생물, 생태
계, 그리고 무생물에까지 내재적 가치·권리를 부여함으로써 인격체와
다름없는 평등한 대우를 하자는 것이다. 반면에 이에 대한 비판적 입
장인 인간중심주의 환경윤리학자들은 내재적 가치·권리란 어디까지
나 인격체에만 적용 가능한 것으로 인간 이외의 존재에게 부여할 수
없다고 반박한다.

양 입장 간의 이러한 상충을 해소하려면 두 가지 문제 해결이 요청
된다. 하나는 인간중심주의와 비인간중심주의 가운데 어느 입장을 택
하는 것이 타당한가 하는 것이고, 다른 하나는 위 입장 선택이 결정됐
다면 그 입장의 내재적 가치·권리론을 토대로 가장 실천 가능성이 높
은 대안을 도출할 수 있는가 하는 것이다.

전자에 대한 필자의 입장은 인간중심주의, 그 중에서도 약한 인간중
심주의 입장을 취하고자 한다. 이는 곧 비인간중심주의와 강한 인간중
심주의 양쪽을 다 거부한다는 의미인데 그 이유를 해명하면 이렇다.

먼저 비인간중심주의를 거부하는 까닭은 이 입장을 따를 경우 실천
가능한 방안 제시가 어렵다는 데 있다. 비인간중심주의가 강조되는 그

배경을 이해하지 못하는 바 아니지만 필자는 이러한 물음을 제기하고
싶다. 그동안 환경윤리학계에서 줄기차게 주장해온 비인간중심주의
윤리는 환경윤리로서 그 기능을 제대로 수행할 수 있는가 하는 것이
다. 환경윤리란 우리가 자연환경을 대할 때 우리를 이끌어주는 규범체
계라 할 수 있다. 그 규범체계는 우리가 야생자연을 다룰 때 따라야
할 도덕적 지침을 제공함과 더불어 환경보호론자들의 도덕적 요구를
견고하게 뒷받침해줄 수 있어야 한다. 실천과 연결되지 않고 실천적
결과를 동반하지 않는 환경윤리는 공허한 관념으로만 남게 된다. 환경
문제는 구체적 현실 문제다. 그러기에 감상적·즉흥적으로 반응할 문
제가 아니다. 이성적·체계적으로 대처해야 할 사안인 것이다. 그러려
면 자연에 대해 냉정하면서도 객관적이고 정확한 지식에 근거해야 하
며 실천 또한 염두에 두어야 한다. 이러한 관점에서 볼 때 비인간중심
주의 환경윤리는 결정적 한계를 지니고 있다고 생각된다.

한편 강한 인간중심주의에서는 인간 = 목적 = 전제군주, 자연 = 수단
= 신민이라는 엄격한 이분법적 사고 하에 인간 이외의 모든 존재는 오
로지 인간의 물질적 복리를 위한 도구적 가치만을 갖는 것으로 파악한
다. 그런 관점에 설 경우 인간에게 주어지는 중대한 책임이란 자연을 지
배·관리하는 데 있게 된다. 물론 그 지배·관리의 근원적 동기는 인간
의 편익 증진일 것이다. 이럴 경우 아무리 현명하게 자연을 관리한다
해도 환경보호의식은 과거 수준과 별반 차이가 없을 것이고, 결국 자
연 파괴는 멈출 수 없게 된다.

그러기에 자연의 가치는 물론 자연계에서 인간의 지위를 새롭게 인
식할 것을 장려하는 약한 인간중심주의를 택하는 것이다. 약한 인간중
심주의에서는 강한 인간중심주의와는 달리 인간 이외의 존재에게 수
단적 가치만을 부여하지 않는다. 도구적 가치 외에도 다양한 차원의

가치를 발견하고자 한다. 가령 자연은 어느 하나의 가치만을 갖는 게 아니라 다양한 방식으로 인간에게 봉사함을 인정한다. 자연은 우리의 감각을 충족시키고 즐겁게 해주는 많은 편익, 효용성의 발원지이다. 뿐만 아니라 자연은 아름다운 형상과 다양한 색채를 통하여 인간의 심미적 욕구를 충족시켜준다. 자연은 지적 호기심의 대상이 되기도 하며, 영혼의 안식처로서 우리 삶을 더욱 풍요롭게도 해준다.

이와 같이 자연에는 물질적 이득을 위한 단순한 도구적 가치만이 아니라 물질적 가치로 환산할 수 없는 다차원의 가치가 있음을 알아야 한다. 이러한 다원적 가치를 노턴은 '변환가치'라는 말로 표현하고 있는데 이는 매우 적절해 보인다. 인간의 생명과 자유의 권리를 제외하고서 절대적 가치·권리는 거의 찾아볼 수 없는 게 우리의 현실이다. 그렇다면 인간 이외의 존재를 어느 한 특정가치만의 담지자로 파악하는 것은 합리적이지 않다. 인간 이외의 존재를 변환적 가치의 담지자로 파악하여 좀 더 유연한 가치론을 펴는 것이 합리적이라 판단된다.

약한 인간중심주의는 자연계에서 차지하는 인간의 지위에 대해서도 반성을 요청한다. 인간 = 전제군주처럼 파악하는 입장에 서고선 합리적인 환경이론을 도출하기가 어렵기 때문이다.

레이첼즈에 따르면 바람직한 도덕이론이란 무엇보다도 사물들의 체계 안에서 인류가 차지하는 지위에 대해 겸손해야 한다.[36] 46억 년 전에 등장한 지구 역사의 계보학적 시간에서 볼 때 인류는 단지 '어제' 태어났을 뿐이다. 그러나 인류의 조상은 태어나자마자 자신들이 모든 피조물 중에서 으뜸인 존재로 생각했다. 이들은 자신들의 이익 보호가

---

36 제임스 레이첼즈, 『도덕철학의 기초』, 노혜련 외 역(서울: 나눔의집, 2006), 340~341쪽 참조.

궁극적 가치를 지니며, 인간 이외의 피조물은 자신들을 위해 창조되었다고 추론했다.

　그러나 그동안의 과학적 발견에 의해 우리 인간은 다른 모든 종들과 마찬가지로 진화적 우연에 의해 등장한 한 종에 불과함을 우리는 알고 있다. 인간의 오만함은 정당화될 수 없다는 것이다. 그러나 인간의 오만이 충분히 정당화되진 않지만 그렇다고 전혀 정당화될 수 없는 것도 아니다. 다른 피조물과 비교할 때 인간에게는 탁월한 지적 능력(이성)이 있기 때문이다. 그러기에 필자는 인간중심주의에 서면서도 겸손한 인간의 지위를, 그리고 변환가치를 강조하는 약한 인간중심주의가 이상적인 환경윤리의 접근 방안이 될 수 있다고 보는 바이다.

제4장

지구온난화 논쟁과 그 대안

1. 머리말

46억 년 전 지구가 탄생한 이래 지구 기후는 끊임없이 변화해왔다. 빙기와 간빙기의 교차적 등장이 그 주요 원인이었다. 마지막 빙기는 11만 년 전에 시작되어 1만 2천 년 전에 끝났기에 약 10만 년 정도 지속되었다. 당시의 지구 기온은 지금보다 5~6℃에서 12℃ 정도까지 낮았고 해수면은 140m까지 낮았다. 한반도의 주변 환경 역시 지금과 사뭇 달랐음을 쉽게 짐작할 수 있다. 동북아는 타이완, 일본이 중국과 이어져 있었고, 우리의 황해는 없었으며 그 자리엔 한강, 압록강, 황하 등이 합쳐져 흐르고 있었다. 하지만 마지막 빙기에서 벗어나기 시작하면서 인류는 온난한 시기를 맞이하였고 이러한 안정적 기후는 인류 문명의 발전에 기여해왔다.

지난 1,000년 동안의 기온은 오늘날의 평균보다 약간 낮았으나 11~13세기에 걸쳐 주로 북반구를 중심으로 온화한 온난기가 찾아왔다. 이는 유럽의 역사에 남는 '중세 온난기'와 일치한다. 11세기 초반 북유럽의 바이킹족이 이전에는 추워서 쓸모없는 땅이었던 아이슬란드와 그린란드에까지 진출하여 식민지를 건설하는 등 북방으로 영토를 확장했던 것도 온난한 기후 덕분이었다. 그러나 14세기에 접어들면서 지구는 다시 한랭한 시대를 맞이하였다. 이때 조선은 농사가 되지 않아 아사자들이 늘고 질병 또한 많이 발생하여 인구가 줄었으며 민란이 발생하는 등 사회 경제적으로 혼란스러웠다. 이 시기를 '근세 소빙기'라 부르며 이러한 한랭기는 19세기 말까지 이어졌다. 최근 100여 년 동안의 기온도 끊임없이 변화해왔다. 19세기 말에서 20세기 초반까지 한랭기가 찾아왔고, 1940년대는 비교적 온난하였다. 1960년대는 한랭한 시기였으며 1980년대 이후는 기온이 꾸준히 상승해왔다.[1]

이상에서 보다시피 현재와 같은 온난한 시대는 과거에도 여러 번 찾아왔음을 알 수 있다. 그럼에도 현재 일어나고 있는 지구온난화가 특별히 문제시 되는 이유는 무엇일까? 온난화 주장 측에 따르면 가장 큰 이유는 온난화 속도 탓이다. 빙기에서 간빙기로 전환할 때 온난화 속도는 대개 100년 당 0.1℃ 정도였다. 그러나 온난화 주장 측의 대표격인 IPCC의 제4차 보고서에 따르면 현재의 온난화 속도는 100년에 0.74℃ 정도다. 현행 온난화 속도는 과거와는 비교할 수 없을 만큼 빠른 속도로 진행되고 있다는 것이다.[2] 더불어 IPCC는 이처럼 온난화 속도가 상승하고 있는 것은 대부분 인위적 기원의 온실가스 농도가 증가한 탓이라 지적하고 있다.

기후변화가 이슈화된 것은 지금으로부터 100여 년 전인 1896년 스웨

---

1 공우석, 『키워드로 보는 기후변화와 생태계』(서울: 지오북, 2012), 20~21쪽 참조.
2 뉴턴사이언스, 『인류가 직면한 최대의 과제 지구온난화』(서울: 뉴턴사이언스, 2015), 61쪽 참조.

덴의 화학자 스반테 아레니우스(Svante Arrhenius, 1859~1927)에 의해서였
다. 그는 인위적으로 발생하는 이산화탄소로 인해 지구 온도가 상승할
것이라고 처음으로 주장했다. 하지만 이 주장은 그 이후 오랫동안 관심
을 끌지 못했다. 당시 기술로는 이를 입증할 만한 명확한 증거를 찾기가
어려웠고, 또 인간의 활동이 지구 전체에 영향을 미칠 만큼 그리 크지
않을 것이라는 판단 때문이었다. 하지만 이러한 상황은 20세기 중반에
들어와 크게 반전된다. 미국의 과학자 찰스 킬링(Charles D. Keeling,
1928~2005)이 대기 중 이산화탄소를 측정하여 실제로 이 농도가 증가하
고 있음을 보여주는 '킬링 커브'를 제시했기 때문이다.

이러한 과정을 거치면서 지구온난화 논의가 본격적으로 전개된 것은
1970년대에 들어와서였다. 기후변화 대책을 위한 국제적 노력의 시발점
이라 할 수 있는 스톡홀름회의가 1972년에 열렸고, 1979년에는 최초의
세계기후회의가 열렸으며, 1988년에는 IPCC가 결성되었다. 1992년에는
리우데자네이루에서 유엔환경개발회의가 개최되었고 바로 여기서 유
엔기후변화협약(UNFCCC)이 채택되었다.

기후변화협약은 최고의결기구로써 당사국총회(COP)[3]를 두고 있는
데, 이후의 의사결정은 모두 이 당사국총회를 통해 이루어지고 있다.
당사국총회 가운데 기후변화협약 역사상 가장 중요한 회의는 1997년
교토 제3차 총회(COP3)라 할 수 있다.[4] 선진국의 온실가스 감축 목표를

---

3 당사국총회는 1995년 베를린에서 개최된 제1차 총회를 시작으로 2017년 23차 총회까
지 열렸고, 올해(2018) 제24차 총회는 폴란드 카토비체에서 열릴 예정이다. 당사국
총회에서 이루어진 중요한 결정과 쟁점에 대해선 양춘승, 「리우회의에서 파리총회
까지 결정 내용과 쟁점들」, 환경재단 엮음, 『2030 에코리포트』(서울: 환경재단 도요
새, 2016), 118~125쪽 참조.

4 이 표현의 의미는 교토의정서를 대체하는 신 기후체제인 파리협정이 채택되기 이전
임을 전제한다. 교토의정서와 파리협정 간의 차이에 대해선 각주 49번 참조 바람.

비롯해 구체적 방안을 확정한 교토의정서를 채택했다는 이유에서다.[5] 교토의정서는 '온실가스 감축'문제를 최초로 다루고 있다는 점에서 중요하며, 바로 이를 계기로 지구온난화 문제는 21세기의 최대 화두로 부상했다고 할 수 있다.

이 시대의 최대 화두인 만큼 지구온난화 문제는 그리 단순하지가 않다. 지구온난화 이론은 그동안 많은 논란과 논쟁 가운데 여러 반론에 부딪혀왔고 지금도 반론은 계속되는 중이다. 지구온난화 이론에 반대하는 이들은 온난화 주장 측을 가리켜 '과장된 호들갑', '역사상 가장 엄청난 날조극', '지구온난화 위협론', '사상 최악의 과학 스캔들' 등의 표현을 써가며 공격을 가한다. 반면에 온난화 주장 측에선 반대 측을 향해 '의심은 그들의 상품', '과학에 대한 터무니없는 왜곡', '지구의 기후에 가해지는 재앙과도 같은 혼란', '그릇된 정보를 퍼뜨리는 세력', '모호함과 부정론의 전파자들'이라 하며 역시 공격을 가하고 있는 상황이다.

이러한 공박을 지켜보노라면 과연 어느 쪽의 주장이 맞는지 심히 헷갈릴 수밖에 없다. 어느 쪽의 주장에 따라 우리의 행동방향을 설정해야 할지 실로 난감한 상황이라 할 수 있다. 이 장은 바로 이 지점에서 출발한다. 지구온난화를 둘러싼 찬성 측과 반대 측 간의 구체적 논쟁 사항들을 들춰내 살펴보고 이를 통해 보다 합리적인 의견은 무엇인지를 모색해보려는 것이 이 장의 목적인 셈이다.

본격적으로 논의를 전개하기에 앞서 먼저 밝혀둘 사항이 있다. 지구온난화 문제를 둘러싼 찬성 측과 반대 측 간의 세를 비교해보면 사실은 전자의 세가 상당히 강한 편이다. 우리는 일반적으로 지구온난화 하면

---

5 교토의정서에 대해선 유엔환경계획(UNEP) 한국위원회, 『교토의정서』(서울: UNEP Press, 2002) 참조.

제일 먼저 이산화탄소를 떠올리고 이는 화석연료 연소에서 배출되는 만큼 이의 사용을 줄여야 한다는 생각을 한다. 온난화 이론 찬성 측의 주장에 너무나 많이 노출돼왔기 때문이다. 이와 같이 온난화 이론 찬성 측의 견해가 하나의 상식처럼 널리 파급된 만큼 필자는 이를 주류적 견해, 이러한 견해를 피력하는 자들을 주류파로 규정하고자 한다.

반면에 주류적 견해에 대해 의심을 제기하며 반론을 펴는 학자들은 주류파에 비하면 소수라 할 수 있다. 그래서 지구온난화 이론에 회의론을 제기하고 오류를 지적하며 자기들 나름의 주장을 펴는 학자들을 소수파로 규정하고자 한다.

주류파의 대표격으로는 IPCC를 들 수 있고, 소수파의 대표격으로는 비외른 롬보르, 로이 W. 스펜서, 이토 키미노리 등을 들 수 있다. 이 장에선 이들의 견해를 중심으로 양측 간의 논쟁을 살펴보고 이 논쟁을 넘어설 수 있는 대안은 무엇인지를 모색해보고자 한다.

2. 주류파의 주장

1) 기후변화의 현실

IPCC는 유엔환경계획(UNEP)과 세계기상기구(WMO)가 공동으로 1988년에 설립한 정부 간 협의체 조직이다. IPCC의 설립 목적은 기후변화의 과학적 근거, 그 영향, 완화 방안 등에 관한 과학적 식견을 정책결정자 및 시민들에게 널리 제공하는 데 있다. 이를 위해 IPCC는 5~7년 간격으로 평가보고서를 발행해왔는데 현재까지 총 5차 보고서가 발행되었다. 발행연도는 1990년(제1차), 1995년(제2차), 2001년(제3차), 2007년(제4차), 그리고 2014년(제5차)이다. 국제사회나 국내정치의 장에서 온난화 대책을 논의할 때 언제나 등장하는 과학적 근거는 이 IPCC의 보고서라 할 만큼 이 보고서는 온난화 관련 과학적 견해로서 그 권위를 인정받고 있다.

이러한 IPCC의 보고서를 토대로 지구온난화 주장은 하나의 주류적 견해로 자리 잡았다. 주류적 견해에 따르면 현재의 지구 온도는 상승하고 있다. 그 원인은 인간의 경제활동이며 화석연료에 의존하는 현행 경제 시스템이 바뀌지 않는 한 지구 온도는 계속 상승할 것이 분명하다는 결론이다. 이를 뒷받침하는 제5차 보고서에 따르면 대기와 해양의 온도 상승, 만년설과 빙하의 감소, 해수면 상승, 온실가스 농도 상승 등 기후변화의 뚜렷한 징후들이 관측되었다.

지구의 평균 기온은 지난 133년 동안(1880~2012년) 0.85℃(범위는 0.65~1.06℃) 상승을 보였다. 이는 제4차 보고서에서 지난 100년 간(1906~2005년)의 지구 평균 기온이 0.74℃ 상승했다는 보고와 비교할 때 최근의 지구온도가 더 상승했음을 말해주고 있다.[6] 전 지구적으로 빙하는 지속적으로 감소하였고 북극해 해빙과 북반구의 봄철 적설 면적 또한 지속적으로 줄어들었다. 최근 34년 간(1979~2012년) 북극해의 해빙은 연평균 면적이 10년에 3.5~4.1%의 비율로 감소할 가능성이 매우 높았다. 적어도 지난 1,450년을 기준으로 볼 때 지난 30년 간 북극 여름 해빙 면적의 감소는 전례가 없을 정도였다. 반면 지난 34년 간(1979~2012년) 남극의 연평균 해빙 면적은 10년에 1.2~18%의 비율로 증가했을 가능성이 매우 높았다. 지구의 평균 기온이 계속 상승하고 있는 가운데서도 남극의 해빙 면적이 증가 경향을 보이는 것은 이외의 결과라 할 수 있다.[7]

---

6 박일수 외, 「IPCC 제5차 과학평가보고서 고찰」, 『한국대기환경학회지』 제30권 제2호(2014), 190쪽 참조; 김지영, 「IPCC 제5차 보고서를 통한 기후변화 현황과 전망」, 한국과학기술단체총연합회, 『과학과 기술』 Vol. 535(2013), 77쪽 참조.

지난 20년 간 그린란드와 남극 빙상의 질량이 감소하였고, 전 지구적
으로 빙하는 지속적으로 줄어들었다.[8] 1971년부터 2009년까지 연간
2,260억 톤의 빙하가 감소한 것으로 관측되었다.[9] 빙하의 감소와 함께
해양의 열팽창으로 인해 해수면 상승 폭 또한 커졌다. 빙하가 감소하여
바다로 녹아들면 해수면에 영향을 미치게 마련이다.[10] 해수면에 영향을
주는 또 다른 요인은 열팽창이다. 물의 부피는 차가울 때보다 따뜻할
때가 커지므로 상승한 해수 온도는 해수의 부피를 증가시켜 해수면을
끌어올린다. 지난 약 110년 간(1901~2010년)의 지구 평균 해수면은 약
19cm(범위는 17~21cm) 상승하였다. 대기 중 이산화탄소(CO_2), 메탄(CH_4),
아산화질소(N_2O) 등 온실가스 농도는 산업혁명의 기점인 1750년 이후
모두 증가하였다. 이들 온실가스의 농도는 2011년에 각각 391ppm,

---

7 박일수 외, 위의 글, 192쪽; 김지영, 위의 글, 78쪽 참조.

8 박일수 외, 위의 글, 192쪽 참조.

9 김영환, 「IPCC 제5차 기후변화 평가보고서 주요내용 및 시사점」, 국립산림과학
원, 『KFRI 국제산림정책토픽』 제9호(2014.8), 6쪽 참조.

10 빙하 관련 용어의 이해를 돕고자 한다. 지구 표면의 일부는 4계절 내내 눈과 얼음으
로 덮여 있다. 남극과 북극, 북아메리카 북쪽, 유럽 북쪽, 그린란드 등이 이에 해당
하는데 이를 빙권(氷圈)이라 한다. 빙권에는 빙하(glacier), 빙산(iceberg), 빙상(ice
sheet), 빙관(ice cap)이라 부르는 얼음덩어리들이 있다. 먼저 빙하란 육지에서 눈
위에 또 눈이 반복적으로 쌓임으로써 압축되어 얼은 것이다. 이 빙하가 주변 영토를
50,000㎢ 이상 덮었을 때 이를 빙상이라 하며, 50,000㎢ 이하의 빙하 덩어리는 빙관
이라 한다. 빙관은 대체로 산의 정상 부분을 뒤덮고 있기에 빙모라고도 한다. 빙산
은 빙하나 빙붕(ice shelf, 빙하나 빙상의 일부가 해안선으로 흘러내려 바다 위에
두껍게 떠 있는 것) 조각이 떨어져 나와 바다 위에 떠 있는 것이고, 해빙(sea ice)은
바닷물이 얼어서 형성된 얼음덩어리를 가리킨다. 빙산이나 해빙이 녹으면 해수면이
상승하는 것으로 여기는 경우가 있는데 이는 오해다. 빙산이나 해빙은 이미 바다
위에 떠 있는 얼음으로 이미 그 부피만큼 해수면 상승에 기여하고 있기에 이들이
녹는다고 하여 해수면 상승에 영향을 주지는 않는다. 반면 해수면 상승에 영향을
주는 것은 빙하다. 빙하가 바다로 녹아들면 새로운 물이 공급되는 것이므로 해수면
상승에 영향을 줄 수 있는 것이다. 한종훈 외, 앞의 책, 80~81쪽 참조.

1803ppb, 324ppb로 산업화 이전보다 약 40%, 150%, 20% 높았다.[11]

이와 같은 온실가스의 감축 없이 현 추세대로 배출될 경우, 21세기 말(2081~2100년까지의 평균) 지구의 평균 기온은 현재(1986~2005년까지의 평균)보다 약 3.7℃ 오르고, 해수면 높이는 63㎝ 정도 상승할 것으로 전망되었다.[12] 반면에 온실가스 감축이 상당히 진척될 경우, 지구의 평균 기온은 현재보다 1.8℃ 오르고, 해수면 높이는 47㎝ 정도로 높아져 기온과 해수면 상승의 정도를 완화할 수 있을 것으로 내다보고 있다.[13]

2) 기후변화의 원인

이상에서 살펴본 다양한 기후변화의 징후들은 대체 어떤 원인에서 비롯하는 것일까? 지구의 온도를 좌우하는 제1의 요인은 태양이다. 태양은 주로 빛(주로 가시광선)을 내보내는데, 이 태양빛이 지구에 내리쏟아져 지구를 덥혀준다. 이것이 이른바 '태양복사 에너지'다. 그런데 이 태양복사 에너지를 지구가 전부 흡수하지는 못한다. 태양복사 에너지는 반사에 의해 어느 정도 우주로 빠져나가기 때문이다. 고온의 태양이 빛을 방출하는 것과 마찬가지로, 덥혀진 지구 역시 우주에 대해 '빛'을 방출하는 것이다. 지구가 내보내는 빛은 우리 눈에는 보이지 않는 것으로 '적외선'이라 불리며 이것이 곧 '지구복사 에너지'다.

에너지 수입(태양복사)과 지출(지구복사) 사이에 균형이 잡혔을 때 지표 온도는 안정을 유지한다. 대기의 작용을 고려하지 않고 수입과 지출을 단순 계산하면 지구 온도는 -18℃가 된다. 그런데 지구 온도의

11 박일수 외, 앞의 글, 193쪽 참조.
12 김지영, 앞의 글, 78쪽 참조.
13 위의 글, 78쪽 참조.

평균은 계산과 달리 영하가 아닌 영상을 보인다. 거기에는 대기의 작용이라는 비밀이 숨어 있다. 우주로 방출되어야 할 지구복사를 대기가 흡수하는 것이다. 지구를 감싸고 있는 대기 중에는 온실가스가 포함돼 있고 이들은 태양으로부터의 가시광선은 흡수하지 않지만 지구로부터의 적외선은 흡수한다. 이처럼 온실가스는 적외선을 흡수한 후 이를 다시 복사함으로써 지구 표면 온도를 끌어올리게 된다. 이것이 이른바 '온실효과'이며, 그 결과 지구 온도는 약 14℃로 유지되는 것이다.

이러한 메커니즘을 근거로 따져보면 지구온난화의 원인으로 의심되는 것은 세 가지다. ①태양복사가 강했을 경우, ②반사율(지구복사)이 낮아졌을 경우, ③온실 효과가 강해졌을 경우 등이다.[14] 이 세 가지 요인 가운데 주류파는 ③번에 주목한다. ③번에 주목한다는 것은 기후변화의 가장 큰 원인으로 인간의 영향력을 꼽는다는 의미다. 인간에 의한 과다한 온실가스의 배출이 기후변화 문제를 야기하고 있다는 것이다.

이를 뒷받침하고자 주류파가 꺼내들고 있는 개념이 복사강제력(Radiative forcing)[15]이다. 주류파에 따르면 자연적 요인에 의한 복사강제력은 매우 낮은 반면 인위적 복사강제력은 매우 높은 것으로 추정된다. 산업혁명의 시작 기점인 1750년을 기준으로 산출한 2011년의 인위적인 총 복사강제력은 2.29(범위: 1.13~3.33)Watt/㎡로 추정되었다. 인위적인 복

---

14 뉴턴사이언스, 앞의 글, 48~51쪽 참조.

15 기후변화는 기후 시스템 안의 내부 변동과 자연적 및 인위적 외부 요인들의 결과로 야기된다. 자연적 요인으로는 태양 출력 변동, 화산 분출 등을, 인위적 요인으로는 온실가스 배출, 에어로졸 형성, 삼림 파괴 및 토지 개발 등을 들 수 있다. 기후에 미치는 이와 같은 외부요인들의 영향을 파악하고자 활용되는 개념이 '복사강제력'이다. 이 값이 양수(+)이면 지구 온도를 올리는 방향으로, 음수(-)이면 지구 온도를 내리는 방향으로 기여한다. 한종훈 외, 『기후변화의 불편한 진실』(서울: 쎄오미디어, 2012), 26쪽; 박헌렬, 『지구온난화, 그 영향과 예방』(서울: 우용, 2003), 82쪽 참조.

사강제력은 1970년 이후 가파르게 증가하여 2011년의 추정치는 제4차 평가보고서에서 산출한 2005년도 추정치보다 43% 더 높게 나왔다.[16] 이는 기후변화에 영향을 끼치는 인위적 요인이 지속적으로 증가하였음을 의미한다.

그리고 복사강제력 매개체들 중에서 관심을 기울여야 할 것은 이산화탄소, 메탄, 아산화질소와 같은 온실가스들이다. 이들은 지구 대기에서 잘 혼합(well mixed green house gases)되어 있으면서 지구복사 수지에 균일하게 교란을 일으키기 때문이다.[17] 이들 온실가스의 농도 증가에 따른 복사강제력(1750년을 기준으로 산출한 2011년의 수치)은 3.0(범위: 2.22~3.78)Watt/㎡이며, 이를 종류별로 나눠보면 이산화탄소의 기여도가 가장 높고, 이어서 메탄, 할로카본, 아산화질소 순으로 나타났다.[18]

정리하자면 최근의 기후변화의 원인은 자연적 요인보다 인위적 요인의 영향이 크며, 그 중에서도 온실가스의 증가, 특히 이산화탄소의 배출량 증가가 가장 큰 영향을 끼쳤다는 것이 주류파의 주장이다. 따라서 당연히 주류파는 기후변화를 방지하려면 이산화탄소의 배출을 큰 폭으로 그리고 지속적으로 줄여나가야 한다는 결론을 내리고 있다.

3) 기후변화의 영향

주류파에 따르면 기후변화에 따른 인류와 자연생태계에 대한 위협은 전 지구적으로 나타나고 있고, 또 점차 증대되고 있다. IPCC의 제5차 평가보고서를 토대로 기후변화가 인간계 및 생태계에 끼칠 영향을 정리

---

16 박일수 외, 앞의 글, 194쪽 참조.
17 박헌렬, 앞의 책, 84쪽 참조.
18 박일수 외, 앞의 글, 194쪽; 김지영, 앞의 글, 79쪽 참조.

하면 이렇다.

먼저 온실가스의 배출량에 관해서이다. 온실가스 배출량은 사회경제적 개발과 기후 정책에 따라 매우 다르게 나타날 수 있다고 한다. 이를 반영하고자 IPCC는 온실가스 배출 시나리오를 활용해왔다. 제4차 평가보고서에서는 온실가스배출량 시나리오(SRES)[19]를 사용했으나, 제5차 평가보고서에선 이보다 진전된 대표농도경로(RCP)라는 새로운 시나리오를 적용했다. RCP는 2.6, 4.5, 6.0, 8.5라는 4단계로 나눠진다. 그 구분기준은 기후변화 대응정책을 얼마나 적극적으로 추진하고 이행하는가 하는 점이다. RCP 2.6의 경우는 온실가스 배출을 당장 적극적으로 감축하는 것으로 2011년 391ppm까지 상승한 온실가스 농도 수준에서 더 이상의 배출량 증가는 이뤄지지 않을 것으로 예상되는 시나리오다. RCP 4.5의 경우는 온실가스 저감정책이 상당히 실현되는 것이고, RCP 6.0은 어느 정도 시행되는 것이며, RCP 8.5는 온실가스 배출량의 저감 없이 현행 추세대로 배출되는 최악의 시나리오다.[20]

19 '온실가스배출량시나리오(SRES, 배출시나리오에 관한 특별보고서)'는 지금까지 나온 네 차례의 보고서에서 활용된 것으로 여기서는 인위적인 기후변화 요인 중 대표적인 기후변화 원인 물질인 온실가스와 에어로졸의 영향만을 고려하며, 또 1990년대까지의 농도 데이터만 사용했기에 최근 추세를 분석하는 데는 한계가 있었다. 반면에 '대표농도경로(RCP)'는 기존 요인에다 도시와 사막 면적의 변화, 해빙의 변화, 인간의 토지 이용도 변화에 따른 영향까지 포함시켰고, 2005년까지의 온실가스 데이터를 새로 적용함으로써 신뢰성을 높였다. IPCC, *The Fifth Assessment Report, Climate Change 2014: Synthesis Report*(Geneva: IPCC, 2014), p.59 참조.

20 Ibid., p.59; 김지영, 앞의 글, 78쪽 참조.

〈표 1〉 지구 평균 온도 변화(℃) 및 해수면 높이 상승(m)[21]

시나리오	2081 ~ 2100			
	지구평균온도 상승 범위(℃)	평균	해수면 상승 범위(m)	평균
RCP 2.6	0.3~1.7	1.0	0.26~0.55	0.40
RCP 4.5	1.1~2.6	1.8	0.32~0.63	0.47
RCP 6.0	1.4~3.1	2.2	0.33~0.63	0.48
RCP 8.5	2.6~4.8	3.7	0.45~0.82	0.63

〈표 1〉에서 보다시피 온실가스를 감축하지 않고 현행대로 배출할 경우(RCP 8.5), 21세기 말 지구의 평균 기온은 현재(1986~2005년까지의 평균)보다 약 3.7℃ 오르고, 해수면 높이는 63㎝ 정도 상승할 수 있다. 반면에 온실가스 저감정책을 즉시 적극적으로 실행할 경우(RCP 2.6), 지구 평균 기온은 1℃, 해수면 높이는 10㎝ 상승할 것으로 전망되고 있다.

IPCC에 따르면 기후변화는 기존의 위험을 증폭시킬 뿐만 아니라 자연과 인간계에 새로운 위험을 가져올 수 있다. 그리고 이 위험은 특정 지역에서만 제한적으로 나타나는 게 있는가 하면, 전 지구적으로 나타나는 것도 있다. 다음은 전 부문과 지역에 걸쳐 나타나게 될 확률이 높은 위험들이다.

첫째, 폭풍 해일, 해수면 상승, 연안지역 범람, 일부 도시지역의 내륙 홍수, 폭염에 의해 야기되는 심각한 질병, 그리고 생계 지장의 위험이 초래될 수 있다.

둘째, 극한 현상에 의해 사회기반시설 네트워크와 핵심 공공서비스가 와해될 수 있다.

셋째, 특히 빈곤계층에서 식량과 수자원이 불안정할 수 있다.

---

21 Ibid., p.62 참조.

넷째, 생태계, 생물다양성, 생태계 재화, 생태계 기능 및 서비스가 손상을 입을 수 있다.[22]

이러한 위험들을 지적함과 동시에 IPCC는 해양 산성화를 비롯해 기후변화 속도 및 정도를 제한한다면 예상되는 위험들을 줄일 수 있음도 첨언하고 있다. 결국 기후변화를 제한하기 위해선 온실가스 배출량을 큰 폭으로 줄이려는 적극적인 기후정책이 필요하다는 IPCC의 주장을 거듭 확인할 수 있다.

3. 소수파의 반론: 주류파와 소수파 간 논쟁

1) 인위적 원인 대 자연적 원인

IPCC 평가보고서는 온난화 과학의 집대성이라 불릴 만큼 온난화에 관한 과학적 견해로서 최고의 권위가 주어지고 있다. 이러한 덕분에 IPCC의 주장은 이 시대의 정설처럼 여겨진다. 그 대표적인 주장이 온난화의 주원인은 이산화탄소를 중심으로 한 온실가스이며, 그 가스는 인간에 의해 배출됐다는 사실이다. '온난화의 원인은 인위적'이라는 것이 IPCC의 기본 주장이며, IPCC는 이를 보고서 발표 때마다 점차적으로 보강해왔다.

'지구 규모의 기후에 인간의 영향이 인정되는 것으로 간주된다'(제1차 보고서) → '기후에 미치는 인위적 효과의 기여에 대해 보다 설득력 있는 증거가 근래에 확보되고 있다'(제2차 보고서) → '근래에 얻어진 보다 확실한 사실에 의하면 최근 50년 간 관측된 온난화의 대부분은 인간 활동

---

22 Ibid., pp.67~69 참조.

에서 기인한 것이다'(제3차 보고서) → '20세기 중반 이후 관측된 세계 평균 기온 상승의 대부분은 인위적 기원의 온실가스 농도의 증가에 의해 초래됐을 가능성이 매우 높다'(제4차 보고서)[23] → '제4차 평가보고서 이후 인간이 기후 시스템에 영향을 미치고 있다는 증거가 계속해서 늘고 있다. 구체적으로 인간의 영향은 … 20세기 중반 이후 관측된 온난화의 가장 주된 이유가 되었을 가능성이 대단히 높다'(제5차 보고서).[24]

이와 같은 IPCC의 점증하는 확신에 찬 보고서의 영향으로 '지구온난화'의 개념은 널리 파급되어 하나의 패러다임, 곧 주류적 견해로 자리 잡게 되었다. '지구온난화란 인위적으로 배출되는 온실가스, 특히 이산화탄소에 의해 지구 전체의 평균 기온이 단기간에 상승하는 현상'이라는 인식이 널리 확산돼왔던 것이다.

하지만 이러한 주류적 견해에 대해 소수파는 반대 의견을 피력한다. 이들은 온난화의 주원인이 인위적 요소에 있지 않다고 주장한다. 이들 역시 대기 중의 이산화탄소 증가와 기온 상승이 상관관계에 있다는 점은 인정을 한다. 그러나 그 상관관계가 곧 인과관계로 단언할 수는 없다고 본다.

지질학적 조사에 의거하면 이산화탄소의 인위적 배출이 전혀 문제가 되지 않았던 태고의 기온과 이산화탄소 농도의 추이를 측정할 수 있다. 거기에 따르면 기온과 이산화탄소 농도의 그래프는 아주 유사한 추이를 보인다. 그런데 이것은 이산화탄소의 증감에 따라서 기온이 오르내린 것이 아니라 오히려 역으로 기온 쪽이 먼저 변화한 후에 이산화탄소 농도가 나중에 변화한 것으로 여겨진다.[25]

---

23 藤倉良, 『エコ論争の真贋』(東京: 新潮社, 2011), 68~70쪽 참조.

24 IPCC, op. cit., p.49 참조.

실지로 로리우스(C. Lorius), 바놀라(J. M. Barnola), 페팃(J. R. Petit) 등의 분석이 이를 입증해준다. 이들은 남극의 보스톡(Vostok) 호수의 빙하코어 기록을 분석하였는데, 이에 따르면 기온과 이산화탄소 농도는 긴밀한 상관관계를 가지고 움직였다. 그런데 중요한 사실은 이산화탄소의 변화에 따라 기온이 변화하는 게 아니라 이산화탄소는 지구 온도 변화보다 약 1,000년(±200년) 정도 뒤늦게 변화한다는 것이다. 그리고 이 분석은 남극의 온도가 10℃ 정도 상승하면 대기 중의 이산화탄소 농도는 80~100ppm 증가한다는 사실 또한 밝혀냈다.[26]

이러한 비인위설에 설득력을 부여하는 것으로는 태양 활동과 기온과의 상관관계도 있다. 이들 두 그래프 역시 태양 활동이 활발한 시기에는 기온이 상승하고, 정체하고 있을 때는 내려가는 것과 같은 곡선을 그린다. 이에 대해 주류파는 온난화 가스의 인위적 배출량이 역치(생물체가 자극에 대한 반응을 일으키는 데 필요한 최소한도의 자극의 강도를 나타내는 수치)를 초월함으로써 예전에 작용하고 있었던 인과 메커니즘은 무력화되었다고 주장한다. 그러나 이 주장에 대해 소수파(회의론자)는 최근까지도 태양 활동과 기온과의 상관관계는 여전히 간파할 수 있다고 반론을 편다.[27]

태양 활동은 수십억 년 단위의 변화뿐만 아니라 수십 년이라는 짧은 시간 단위에서도 변한다. 태양 표면에는 '흑점'이라는 얼룩이 있고, 이 흑점의 수는 약 11년 주기로 증감을 반복한다. 흑점의 수가 많을 때일수록 태양복사가 강해지고 따라서 지구 온도 또한 상승하게 된다. 태

25 田上孝一, 『実践の環境倫理学』(東京: 時潮社, 2006), 83쪽 참조.
26 조경엽, 「지구온난화 논쟁과 시사점」, 한국경제연구원 연구보고서(2011), 75~76쪽 참조.
27 田上孝一, 앞의 책, 83쪽 참조.

양 활동에는 11년 주기 외에도 22년 주기, 80~90년 주기, 200년 주기 등이 알려져 있다. 그러니까 소수파는 이 태양 활동의 주기설을 토대로 현재의 지구 온도 상승은 태양 활동이 활발한데 따른 결과라는 주장을 펴고 있는 것이다.

태양 에너지가 지구의 기후에 큰 영향을 미친다는 것은 일찍이 밀란코비치에 의해서도 주장된 바 있다. 그에 따르면 태양 에너지는 일정한 게 아니라 미세하게 변하고 있으며 이것이 지구에 미치는 영향력은 매우 크다. 그 요인으로 밀란코비치는 세 가지를 들고 있다.

하나는 지구가 태양계에서 유일한 행성이라면 지구의 공전 궤도는 일정한 타원 모양이 되지만, 실제로는 일정치 않은 타원이며 이 타원의 일정치 않은 정도는 약 100만 년 주기로 변한다는 사실이다. 이것은 목성과 토성 등 다른 행성과 지구 사이에 서로 인력이 작용하기 때문이다. 또 하나는 지구의 자전축이 고정돼 있지 않고 원형으로 회전하고 있다는 사실이다. 이를 지구의 세차운동이라 부르며 약 2만 6천 년의 주기를 갖는다. 이 세차운동은 태양과 달의 조력에 의해, 또 지구가 완전한 구형이 아니기에 발생한다. 마지막으로는 지구의 자전축이 약 23.5도 정도 기울어진 것으로 알려져 있는데 이 역시 고정된 값이 아니라 4만 1천 년 주기로 22.1도에서 24.5도까지 바뀐다는 사실이다. 이러한 세 가지 요인에 의해 지구에 도달하는 태양 에너지는 변화 주기를 갖는다는 것이 밀란코비치의 주장이다. 이러한 변화 주기를 이른바 '밀란코비치 사이클'이라 부르며, 그의 주장은 큰 지지를 받았다.[28]

이처럼 주류파에 반대하는 소수파의 의견, 곧 지구온난화의 주원인은 인위적 요인이 아니라 자연적 요인에 있다는 주장은 궤변이 아니라 상

---

28 한종훈 외, 앞의 책, 32~33쪽 참조.

당한 설득력을 가지고 있다는 점에서 주목할 만한 가치가 있어 보인다.

2) 하키스틱(Hockey stick) 그래프 논쟁

IPCC가 지구온난화 주장을 결론 내리는 데 아주 큰 기여를 한 두 명의 학자가 있다. 한 명은 한센(James Hansen)이고 다른 한 명은 만 (Michael Mann)이다. 전자는 1988년 6월 미의회 공청회에서 '오늘날의 이 더위는 이산화탄소 때문임을 99% 확률로 확신한다'라는 증언으로 유명해진 연구자로 지구온난화의 아버지로 불린다.[29] 후자는 나무의 나이테를 토대로 과거 1,000년 동안의 북반구 기온 변화 양상을 그래프로 추정해냈는데, 그 그래프의 모양이 하키스틱을 닮았다 하여 '하키스틱 곡선'이라 불린다.

과거 1000년부터 1900년까지는 큰 변화가 없다가 1900년을 넘어서면서 기온이 급격하게 상승한 모양이 마치 하키스틱을 연상시킨다는 이유에서다. 기온 변화가 그다지 크지 않은 기간이 손잡이 부분이라면, 갑자기 기온이 올라간 기간은 공이 닿는 날 부분에 해당한다([그림 1], [그림 2] 참조). 하키스틱 곡선은 1998년에 논문으로 발표된 뒤 2001년 IPCC 제3차 보고서에 실리면서 지구온난화의 상징적 그래프가 된다. 이처럼 하키스틱 곡선은 온난화가 인위적 요인에 의해 야기되었다는 IPCC의 주장을 뒷받침하는 데 아주 유용한 근거로 쓰이기도 했으나 여러 가지 의문 또한 제기되면서 많은 공격을 받기도 했다.

---

29 한센의 관측이 타당한지 그 여부에 대해선 이토 키미노리·와타나베 타다시, 『지구 온난화 주장의 거짓과 덫』, 나성은·공영태 옮김(서울: 북스힐, 2011), 58~67쪽 참조.

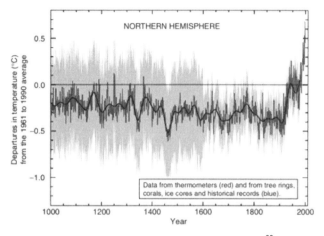

[그림 1] IPCC 3차보고서에 수록된 하키스틱[30]

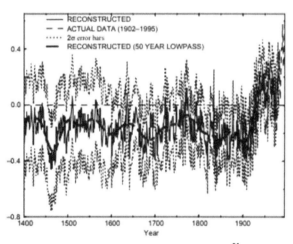

[그림 2] Mann의 논문에 수록된 하키스틱[31]

---

30 IPCC, *The Third Assessment Report, Climate Change 2001: The Scientific Basis* (Cambridge: Cambridge University Press, 2001), p.3.

31 Michael E. Mann, Raymond S. Bradley & Malcolm K. Hughes, "Global-scale temperature patterns and climate forcing over the past six centuries," in *Nature*, No.392(April 1998), p.783.

그러한 공격들 중 두 가지가 대표적이라 할 수 있다. 하나는 20세기에 들어와 기온이 급격하게 상승한 이유가 인위적인 이산화탄소 때문이라는 의견이다. IPCC 제3차 보고서에서도 밝혀졌다시피 인위적 요인에 의한 기온 상승을 설명할 수 있는 것은 1950년 이후에 한한다. 20세기 전반의 기온 상승은 어디까지나 자연적 요인에 의한 변화라고 당시 전문가들은 파악하고 있었다. 따라서 20세기에 들어오면서 갑자기 기온이 상승한 것을 인위적으로 보는 것은 설득력이 크게 떨어진다는 의미다.[32]

다른 하나는 하키스틱 곡선이 1900년까지의 과거 기온 변화를 너무 과소평가하고 있다는 점이다. 특히 1000~1200년 무렵이 유럽에서는 중세 온난기라 불리는 시대였고, 1600년 무렵은 소빙기라 불리는 한랭한 시대였다. 그러나 만의 자료는 이러한 사실들은 무시하고 20세기의 온난화만을 부각시켰다는 지적을 받아왔다.[33] 이러한 관점에서 캐나다의 수학자 맥킨타이어(Stephen McIntyre)와 경제학자 맥키트릭(Ross McKitrick)은 「만 논문의 정정」이라는 논문을 발표하기까지 했다. 이들은 만이 범한 지역적 오차나 계산과정의 실수를 정정하고 만과 동일한 방법을 적용하여 지구의 온도 변화를 추정했더니 [그림 3]과 같다는 주장을 폈다. 이들은 자신들이 발견한 그래프 모양이 스파게티와 비슷하다 하여 이를 스파게티 기후변화라 부르고 있다. 그림에서 보다시피 중세 온난기의 지구 온도가 20세기(1990년대)의 온도보다 더 높은 것을 확인할 수 있다.[34]

---

32 이토 키미노리, 앞의 책, 84~85쪽 참조.

33 위의 책, 87쪽; 로이 W. 스펜서, 『기후 커넥션』, 이순희 옮김(서울: 비아북, 2008), 30쪽 참조.

34 Stephen McIntyre, Ross McKitrick, "Corrections to the Mann et. al.(1998) Proxy Data Base and Northern Hemispheric Average Temperature Series" in *Energy & Environment*

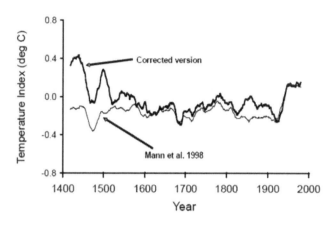

[그림 3] 오류 수정 후의 온도 변화

이와 같은 논쟁이 거듭되자 미의회는 2006년 진상조사를 벌였다. 그 결과 만의 연구에 통계적 실수가 있음은 물론 1990년대가 지구 역사상 가장 뜨거운 시기라는 하키스틱 그래프 역시 그 근거가 불충분하다는 결론을 내렸다. 이러한 논란이 2007년 IPCC 제4차 보고서에도 반영됨으로써 표현이 다소 수정되고 기후변화의 불확실성을 인식하는 경향이 강화되었다. 2001년 제3차 보고서에는 '기존 1,000년 동안 20세기의 온도 상승이 가장 높았으며 1998년이 가장 온도가 높은 해'라고 기록되었으나 제4차 보고서에선 그 표현이 이렇게 바뀌었다. "20세기는 매우 높은 확률로 최근 500년 간 가장 높은 온도 구간대였으며 …, 최근 연구들은 12, 14, 17, 19세기에 존재하는 냉각기에서 큰 변동폭이 존재함을 나타내고 있으며 20세 이전의 온난기는 불확실성이 높은 범위에 속한다."[35]

(Vol.14, No.6, November 2003), p.766; 조경엽, 앞의 글, 73쪽 참조.

35 한종훈 외, 앞의 책, 54~55쪽; 조경엽, 앞의 글, 74쪽 참조.

주류파와 소수파의 주장 가운데 어느 쪽 주장이 맞는지 아직 확실하게 밝혀지진 않았다. 하지만 최근의 기온 상승이 역사적으로 유례가 없는 현상이며, 이는 인위적 요인 탓이라는 주류파의 주장이 일정 부분 신뢰성을 잃는 것은 불가피한 것으로 판단된다.

3) 기상이변과 해수면 상승

(1) 기상이변

기상이변이 나타나면 우리는 힘겨워한다. 현재(2018년 여름) 우리가 겪고 있는 사상 최악이라는 폭염 및 그에 따른 열대야는 물론 지난겨울 폭설과 한파가 닥쳤을 때도 마찬가지였다. 이럴 때면 사람들은 그 원인으로 곧잘 온난화 현상을 의심한다. 기상이변이라는 자연현상이 대두하기만 하면 그 원인을 냉철하게 따져볼 겨를도 없이 무조건 지구온난화 탓으로 돌리는 일이 하나의 습관처럼 여겨지고 있다. 가뭄, 흉작, 홍수, 북극곰 개체수의 감소 등에 이르기까지 모든 것을 설명할 수 있을 만큼 지구온난화 이론은 막강하고 유연성이 풍부해진 것이다. 이제 온난화 이론은 조금도 의심할 수 없는 확증된 물리법칙의 지위에까지 오르게 되었으며, 우리가 자연에서 목격하는 모든 변화를 설명할 수 있는 유일한 도구처럼 다뤄지고 있다. 온난화 이론을 널리 파급시켜온 주류파의 오랜 노력의 결과라 할 수 있을 것이다.

그런데 소수파는 이러한 견해에 대해 동의하지 않는다. 가령 지구온난화에 대한 우려를 뒷받침하는 표준적 증거로 즐겨 활용되는 허리케인을 예로 들어보자. 주류파는 "플로리다의 허리케인이나 영국의 폭풍 등 극단적 기상사태가 기후변화 때문에 더 자주 발생하리라 예상한다", 그리고 "기후변화 때문에 허리케인과 같은 극단적 기상사태가 늘었다."[36] 등의 식으로 주장을 한다. 심지어 2005년 허리케인 카트리나가 루이지애나 주를 휩쓸자 한 환경평론가는 "이 태풍의 진짜 이름은 지구온난화"[37]라고 명료하게 표현하였다.

이러한 반응에 대해 소수파는 한마디로 이들 주장은 과장되었다고 진단하며 수용을 거부한다. 소수파 중 대표적인 비외른 롬보르는 소수파의 주장을 강화하기 위해 세계기상기구의 발표를 끌어온다. 세계기상기구는 IPCC의 상위기구인 만큼 그 기구의 발표를 인용하게 되면 주류파의 주장을 공박하는 데 더욱 효과적일 수 있을 것이라는 판단 때문이다. 롬보르가 참고하고 있는 세계기상기구의 입장을 정리하면 이렇다.

첫째, 현재까지의 허리케인 기록을 볼 때 인위성이 작용했다는 점을 입증하는 증거와 반박하는 증거가 모두 있으나 이 시점에서는 확실한 결론을 내릴 수 없다. 인위적 요인에 의해 허리케인의 강도가 세졌다는 주장은 근거가 불명확하다는 것이다. 둘째, 허리케인의 피해가 최근 증가한 것은 대체로 인구와 기반시설이 해안지역에 집중돼왔기 때문이다. 즉 허리케인으로 인한 피해는 기상이변 탓이 아니라 도시 규모의 확장으로 해안지역에까지 많은 시설과 사람들이 몰려들었기 때문이라는 것이다.[38]

따라서 롬보르는 허리케인의 피해를 이겨나가려면 기후정책이 아니라 사회정책을 수정해야 한다고 주장한다. 가령 건축 관련 규정을 개선하여 신축 건물들이 심한 바람에 잘 견딜 수 있도록 한다거나 재난방제 기반시설을 보수·확충할 수도 있고, 예보의 개선, 경보체계 보

---

36 비외른 롬보르, 『쿨 잇』, 김기웅 옮김(파주: 살림, 2009), 106쪽에서 재인용.
37 위의 책, 107쪽에서 재인용.
38 위의 책, 107~108쪽; 로이 W. 스펜서, 앞의 책, 35쪽 참조.

강, 피난 계획의 개선 등에 투자할 수도 있다는 것이다.[39]

정리하자면 파괴적이고 난폭한 허리케인과 같은 기상이변은 최근의 온실가스 증가와 아무 관련 없이 발생하는 것이며,[40] 기상이변으로 인한 피해 역시 미흡한 사전 대비 부실 등에서 기인하는 것이지 기상이변 그 자체에 있지 않다는 것이다.

(2) 해수면 상승

주류파에 따르면 해수면 상승은 지구온난화의 가장 궤멸적인 영향 가운데 하나이다. 그래서 IPCC는 평가보고서를 발표할 때마다 해수면 상승 수치를 발표하여 경각심을 불러일으켜왔다. 하지만 소수파는 이에 대해 비판을 가한다.

첫째는 IPCC의 해수면 상승 수치의 신뢰성 문제다. IPCC 평가보고서마다 해수면 상승 전망 수치가 다르기 때문이다. 그래서 소수파는 IPCC가 사용하는 컴퓨터 시뮬레이션 모델에 대해 강한 의문을 제기하면서 해수면 변화에 관한 자료를 왜곡하고 있다고 비판한다.[41] 그리고 한 소수파 학자는 인공위성 관측자료를 근거로 2100년까지의 해수면 상승 수치가 ±10㎝나 ±15㎝에 그칠 것으로 전망하였다.[42] 결국 그에 따르면 심각한 해수면 상승은 없을 것이기에 해수면 상승으로 인한 두려운 재해 따위는 발생하지 않을 것으로 예견된다.

둘째는 해수면 상승으로 인한 결과 문제다. 주류파에 속하는 도널드 프로세로에 따르면 다음 세기에만 80~130㎝ 상승이 예측된다. 그리되

---

39 비외른 롬보르, 위의 책, 111~113쪽 참조.
40 로이 W. 스펜서, 앞의 책, 36~37쪽 참조.
41 조경엽, 앞의 글, 80쪽 참조.
42 위의 글, 80쪽 참조.

면 베네치아와 뉴올리언스와 같이 고도가 낮은 도시, 네덜란드와 방글라데시와 같이 저지대에 위치한 나라들은 바닷물에 잠길 것이라고 그는 전망하였다. 그리고 그에 따르면 바누아투(Banuatu)와 몰디브(Maldives) 같은 작은 섬나라들은 이미 바다 밑으로 가라앉고 있어 현재는 간신히 물 밖에 나와 있는 수준이다.[43]

이러한 주장에 대해 소수파는 수긍하지 않는다. 흔히 주류파는 지속적으로 해수면이 올라오는 바다를 단지 수동적으로 받아들이기만 하는 사회상을 제시하는데 이는 현실을 반영하지 않은 견해라는 입장이다. 점점 차오르는 해수면을 바라보며 앉아서 구경만 하는 나라가 어디 있겠느냐 하는 것이다. 주류파의 주장이 설득력을 지니려면 '해수면이 차오르는 상황 속에서도 사람들은 변하지 않는다'는 것을 전제로 했을 때이다.[44]

세 번째는 해수면 상승에 대한 대응책과 연관된 문제다. 주류파에 따르면 해수면 상승은 분명한 사실이고 해수면 상승 속도는 가속화되는 만큼 그 원인인 지구온난화 문제를 해결해나가야 한다.

하지만 소수파는 그 해결 방식에 의문을 제기한다. 소수파 역시 해수면 상승에 대한 해결책을 도모하는 데는 동의를 한다. 그런데 그 해결책을 택하는 데 있어서 핵심은 비용 - 편익을 고려하는 것이다. 이런 차원에서 소수파는 해수면 상승에 대한 해결방식으로 최대한의 해안보호시설을 갖추는 것을 권장한다.

예를 들면 강 하류에 홍수 방지용 수문을 설치(바닷물의 역류를 막아

---

43 Donald Prothero, 「지구온난화에 대한 논쟁과 증거들」, 『Skeptic Korea』 Vol. 10 (2017.6), 99쪽 참조.
44 비외른 롬보르, 앞의 책, 100~101쪽 참조.

런던을 보호하는 템스 강 홍수 방지 수문처럼)한다든가, 둑과 제방을 쌓는다든가, 해안보호시설을 설치한다든가, 드물게는 육지를 포기한다든가 하는 대책 등이다.[45] 이러한 방식을 권장하는 것은 지구온난화에 대한 대응보다 비용 면에서 훨씬 더 저렴하기 때문이다. 따라서 주류파의 대응 방식은 권장할 만한 것이 못 된다. 롬보르에 따르면 세계 대부분의 국가들이 해안보호시설을 갖추는 데 드는 비용은 GDP의 0.1% 이하면 충분하다.[46] 이러한 비용만으로도 충분한데 구태여 그보다 훨씬 많은 비용이 들어가는 온실가스 감축 대책을 택할 이유가 어디 있느냐는 것이다.

4) 기후변화에 대한 대응책의 우선순위 문제

IPCC 제5차 보고서에 따르면 온실가스 감축을 위한 국제적 관심의 증대에도 불구하고 온실가스 배출량은 최근 들어 더욱 증가하는 것으로 나타났다. 1970~2000년까지의 연간 배출 증가율은 1.3%(4억 톤)였으나 2000~2010년까지의 연간 배출 증가율은 2.2%(10억 톤)로 증가했던 것이다. 그래서 IPCC는 현재와 같은 배출 수준으로는 2100년 온도 상승 2℃ 제한은 어렵고, 2℃ 제한을 위해선 2050년까지 배출량을 500억 톤 미만으로 유지돼야 하는데 이를 위해선 2010년 대비 40~70% 수준으로 배출량 감축이 필요함을 밝히고 있다.[47]

이처럼 온실가스 감축이 필요하다는 주장이 오래전부터 강조돼왔음에도 불구하고 의도대로 실현이 안 되는 것은 그만큼 온실가스 감축이

---

45 위의 책, 101쪽 참조.
46 위의 책, 102쪽 참조.
47 IPCC, op. cit.

어렵다는 것을 의미한다. 어렵지만 주류파의 입장에선 온실가스 감축이 가장 중요한 과제이기에 국제사회로 하여금 이 과제를 위해 많은 노력을 기울일 것을 권유해왔고, 그 중 대표적인 성과물이 교토의정서 채택이다.

브라질에서 열린 '유엔환경개발회의(UNCED)'에서는 기후변화협약을 채택함과 더불어 기후변화협약 최고 의결기구로 당사국총회(COP)를 두고 매년 1회 정기적 모임을 규정하였다. 바로 이 당사국총회 제3차(COP3, 1997) 회의에서 채택된 것이 교토의정서다. 서명한 국가와 지역의 '배출량 감축 목표'를 결정한 의정서는 어렵사리 2005년 2월에 발효되었고, 2008~2012년을 제1약속기간으로 하였다. 2012년 만료 예정이던 의정서는 다행히 2011년 더반 총회(COP17)에서 연장되었다. COP17에서는 교토의정서를 2020년까지 연장함과 더불어 2020년 이후부터는 선진국과 개도국 모두가 참여하는 새로운 기후협약체제를 마련하는 것에도 합의한 '더반공약'이 채택된 것이다.

그렇다면 여기서 제기해봐야 할 물음은 교토의정서는 과연 온실가스 감축에 성공하였는가 하는 점이다. 종합적으로 따져보면 그렇다고 답하기 어렵다는 게 중론이다.

그 이유는 첫째, 온실가스 감축 대상국인 부속서Ⅰ(AnnexⅠ) 국가의 온실가스 배출총량이 1990년 대비 약 2% 증가한 것으로 나타났다는데 있다. 두 번째 이유는 교토의정서가 온실가스 감축에 실패한 결정적 사항에 해당한다. 거듭된 얘기지만 교토의정서의 목적은 온실가스 배출량을 감축하는 데 있다. 그러려면 온실가스를 다량 배출하는 국가들의 참여가 절대적이다. 그런데 1990년 당시 온실가스 배출량의 36%를 차지하던 과거 세계 1위 배출국인 미국이 처음부터 비준을 거부하였고, 가파른 성장으로 현재 세계 1위 배출국이 된 중국 역시 참여하지 않아 왔다. 2009년 기준 이산화탄소 배출 상위 10개국 중 의정서에 참여한 국가는 러시아, 일본, 독일, 캐나다, 영국 등 5개 국가뿐이며 이들이 배출하는 이산화탄소는 전 세계 배출량 15%에 불과했다. 결국 2009년 전 세계 이산화탄소 배출량은 1990년 210억 톤에서 약 38% 증가한 290억 톤에 이르렀다.[48]

바로 이러한 이유들로 인해 교토의정서는 비판을 받는다. 교토의정서가 기후변화에 대한 대책을 견인하는 역할을 수행했다는 점에선 높이 평가받을 만하나 성과 면에선 실패한 조약이라는 것이다.[49] 소수파

---

48 한종훈 외, 앞의 책, 191~195쪽 참조.

49 이러한 인식을 계기로 출범한 것이 파리협정인데 이에 대한 이해를 돕고자 한다. 1992년 유엔기후변화협약이 체결된 이래 가장 의미 깊은 당사국총회는 1997년 제3차 회의(COP3)와 2015년 제21차 회의(COP21)라 할 수 있다. 전자에선 '교토의정서'가, 후자에선 '파리협정'이 채택되었기 때문이다. 교토의정서는 발효될 당시부터 한계가 분명해보였다. 미국이 불참하고 중국과 인도 등 배출량이 많은 개도국들 역시 제외되면서 의무감축 대상은 전 세계 배출량의 24%에 불과했기 때문이다. 더불어 선진국과 개도국 간의 책임 분담을 둘러싼 논란이 지속되면서 기후체제의 붕괴까지 거론될 정도로 비관적인 분위기가 팽배하였다. 그러나 다행히도 분위기의 반전이 있었다. 2011년 제17차 더반 회의(COP17)에서 선진국과 개도국이 모두 참여하는 신기후체제를 2020년 이후 출범시키기로 극적 합의를 보았던 것이다. 이러한 더반 총회를 토대로 결실을 본 것이 파리협정이다. 파리협정은 교토의정서를 대체하는 신기후체제로 2020년 이후부터 적용된다. 협정문에는 2100년까지 산업화 이전 대비 지구 평균기온 상승폭을 2도 훨씬 아래로 유지하며, 1.5도까지 제한할 수 있도록 노력한다는 목표가 담겼다. 이는 해수면 상승으로 국가를 포기해야 할 운명에 처한 도서 국가들과 시민단체들이 '윤리적 마지노선'으로 요구해왔던 사항이다. 감축의 투명성과 실효성을 높이는 제도적 장치도 마련했다. 추가적이고 구체적인 국가 감축목표를 2018년도까지 제출하고 그 이행상황을 2023년부터 5년마다 국제사회의 검증을 받도록 했다. 그리고 선진국뿐만 아니라 개도국도 모두 감축에 참여하되 선진국들이 더 많은 책임을 지기로 합의했다. 교토의정서와 파리협정 간 차이점을 간단히 정리하면 이렇다. 전자는 톱다운 방식이고 구속적 체제다. 곧 선진국들에 온실가스 감축 의무를 지운 구속적 수단이다. 또 교토 메커니즘을 통해 시장원리를 적용한 온실가스 감축 국제제도를 도입한 점도 특징이다. 반면에 후자는 보텀업 방식이고 자율적 체제다. 선진국에만 온실가스 감축 의무를 지운 전자와 달리 후자는 모든 당사국들이 온실가스

는 바로 이러한 실효성을 문제 삼아 공박을 가한다. 교토의정서는 특별한 성과도 거두지 못했지만, 설령 모든 나라가 약속대로 이를 지키더라도 그 변화는 미미할 것이라는 입장이다. 2050년 무렵까지 기온은 원래 추정치보다 거의 측정하기도 어려울 수준인 약 0.06℃, 2100년 무렵이면 약 0.17℃ 낮아지는 데 그칠 것으로 전망되기 때문이다. 그러기에 소수파는 교토의정서를 '전적으로 상징적인 협정'이라 부른다.[50]

소수파가 교토의정서를 비판하는 이유는 또 있다. 교토의정서의 비용 – 편익을 계산한 결과 비용에 비해 편익이 훨씬 적기 때문이다. 미국이 참여하는 완전한 교토의정서 체제의 경우 전 세계에 걸쳐 앞으로 한 세기 동안의 총 비용은 5조 달러 이상이 될 것으로 나타났다. 반면에 이로 인한 편익은 2100년 무렵의 기온이 원래의 예상 기온보다 약 0.17℃ 내려간다는 점과 더불어 약 2조 달러가 예상된다고 한다. 이를 계산해보면 교토의정서는 결코 좋은 기후변화대응책이 못 된다. 지출 1달러 당 기대효과가 약 34센트에 불과하기 때문이다.[51] 따라서 소수파는 교토의정서와 같은 나쁜 방안을 실행해봤자 좋아질 가능성은 희박하다고 본다.

그렇다고 아무것도 하지 말고 지구온난화를 그냥 받아들여야 한다는 의미는 아니다. 기후변화에 대처하는 더욱 현명한 방법을 모색해야

감축 의무를 지는데 이는 구속력이 없다. 개별국가의 자발성에 기초하고 있기 때문이다. 곧 당사국들은 온실가스 감축 목표를 스스로 정해 국제사회에 약속하고 이행을 하며, 국제사회는 그 이행 여부를 공동으로 검증하는 방식이다. 안병옥, 「기후변화협상의 다음 전쟁터는 법정?」, 환경재단 엮음, 『2030 에코리포트』(서울: 환경재단 도요새, 2016), 38~45쪽; 유영숙, 「전 지구적 화합 이끌어낸 세계사적 사건」, 위의 책, 32~35쪽 참조.

50 비외른 롬보르, 앞의 책, 44쪽 참조.

51 위의 책, 57~58쪽 참조.

한다는 것이다. 이러한 시각에서 소수파인 롬보르는 "지구온난화를 이야기할 때면 우리는 단 한 가지 변수, 곧 이산화탄소를 조절하는 데만 집착한다"[52]고 말한다. 그에 따르면 이산화탄소 감축이 부분적인 해결책이 될 순 있지만 우리의 주관심사는 인간과 환경의 안녕을 최대한 증진하는 일이어야 하며, 그러려면 다른 많은 요소들도 함께 고려해야 한다. 지구온난화에는 부정적 효과만 있는 게 아니라 긍정적 효과도 있는데, 이산화탄소 감축에만 매달리게 되면 긍정적 효과마저 사라지게 하는 우를 범할 수 있다는 이유에서다.

그리고 롬보르는 우리 사회가 해결해야 할 문제가 지구온난화뿐만이 아니며 이는 제3세계의 경우에 더욱 분명하다는 점을 지적한다. 제3세계에는 지구온난화보다 더 시급한 문제들이 다수 있다는 것이다. 영양실조로 400만 명, 에이즈로 300만 명, 실내외 공기오염으로 250만 명, 미량 영양소(철, 아연, 비타민A) 결핍으로 200만 명, 물 부족으로 200만 명이 목숨을 잃는 게 제3세계의 현실인데 지구온난화 문제를 우선순위에 둘 수 있겠느냐는 의미다. 기후변화가 물론 이들 문제 중 일부를 악화시킬 수도 있겠지만 기후변화로 인한 추가적인 문제는 이들 문제들에 비하면 아주 작은 부분에 불과하다는 것이다.[53]

일찍이 홀랜더는 세계에서 가장 심각한 환경문제로 가난을 꼽았다. 세계 곳곳에 만연해 있는 가난을 줄이는 것이 환경주의자들이 가장 우선적으로 해야 할 일이라는 것이다.[54] 그에 따르면 개도국에서 빈곤 퇴치 없이 환경 개선을 추구하는 것은 거의 효과가 없다. 부유한 국가

52 위의 책, 67쪽.
53 위의 책, 67~68쪽 참조.
54 잭 M. 홀랜더, 『환경위기의 진실』, 박석순 옮김(서울: 에코리브르, 2004), 44쪽 참조.

사람들에게 중시되는 지구온난화와 같은 환경문제가 빈국 사람들에게
는 관심 밖의 일이기 때문이다.[55] 이러한 측면에서 기후변화 문제보다
더 시급한 문제, 곧 생존과 직결된 문제들을 우선순위에 두고 이부터
해결해나가자는 소수파의 주장은 나름대로 설득력이 있어 보인다.

그런데 선진국의 입장은 개도국과 다르다. 최근 조사에 따르면 세계
지도자들은 최우선과제로 빈곤 타파, 인권 문제, 에이즈 등이 아닌 환
경문제를 꼽았다.[56] 롬보르는 이러한 선진국의 입장, 곧 환경 개선을
더 중요한 목표로 설정하는 것에 반대하진 않는다. 하지만 정책의 우
선순위에 대해선 고려할 것을 권고한다. 기후변화에 대해서도 적절히
대응해나가야 하겠지만 실행에 앞서 현명해질 필요가 있다는 주장이
다. 이에 관한 그의 주장은 두 가지로 압축해볼 수 있다.[57] 하나는 기후
변화 문제처럼 절실하면서 같은 노력으로 훨씬 더 많은 성과를 낼 수
있는 다른 분야가 있다면 이를 먼저 수행하는 것이 합리적이라는 주장
이다. 다른 하나는 교토의정서처럼 값비싸고 비효율적인 정책 대신 미
국, 중국, 인도와 같은 나라들도 적극 참여할 수 있는 장기적이면서도
저렴한 정책을 모색해야 한다는 주장이다.

기후변화 대응책의 우선순위에 관한 양측의 입장을 정리하면 이렇
다. 먼저 주류파는 기후변화 대응책이 최우선순위에 와야 한다는 입장
이다. 이 대응책은 5년 뒤, 10년 뒤가 아니라 지금 당장 착수해야 한다
는 것이다. 그만큼 현재 상황이 위중하다는 판단 때문이다. 그들에 따
르면 위험 한계선으로 간주하는 2℃의 온난화를 막기 위해선 후진국에

55 위의 책, 50쪽 참조.
56 비외른 롬보르, 앞의 책, 76쪽 참조.
57 위의 책, 76~80쪽 참조.

서 일반적으로 나타나는 것과 비슷한 수준으로 전 세계 탄소발자국을 낮춰야 한다. 최상급자 코스의 급경사를 타고 엄청난 스피드로 질주하듯 탄소 배출량을 '급격히' 줄여야 한다는 의미다.[58] 반면에 소수파는 기후변화 대응책보다 더 시급한 문제, 그리고 비용 대 편익을 고려하여 후자를 훨씬 더 많이 낼 수 있는 정책을 먼저 실행해나가는 것이 합리적이라 주장하고 있다.

4. 논쟁을 넘어설 수 있는 대안

이상에서 살펴봤다시피 지구온난화·기후변화 문제는 여전히 논쟁거리다. 보다 건전하고 합리적 의견을 도출하는 과정에서 논쟁은 약이 되기에 없는 것보다 훨씬 낫다. 그러나 논쟁만이 끊임없이 지속되는 것은 바람직하지 않다. 더 중요한 것은 기후변화 문제에 관한 합의를 도출하고 이를 토대로 구체적인 행동에 나서는 일이기 때문이다. 그런데 안타깝게도 현실은 그러지 못하고 있다. 이러한 현실을 타개해나가기 위한 몇 가지 방안을 모색해보고자 한다.

첫째는 지구온난화 이론에 대한 소수파의 회의론이 왜 제기되는지 그 이유에 대해 고민해봐야 한다는 점이다. 지구온난화 이론을 하나의 정설로 굳어지게 하는 데는 IPCC의 영향이 절대적이었다 할 수 있다. 그만큼 IPCC는 신뢰와 권위가 인정받는 기관이었다. 하지만 IPCC 평가보고서에 얽힌 '사건'이 드러나면서 회의론을 주장하는 소수파에게 주류파를 공격할 수 있는 안성맞춤의 빌미를 제공해주었다.

---

58 마이클 만·톰 톨스, 『누가 기후변화를 부정하는가』, 정태영 옮김(서울: 미래M&B, 2017), 189~191쪽 참조.

그 중 하나는 마이클 만이 이끄는 연구자 그룹이 발표하여 제3차 보고서에서 채택된 '하키스틱 곡선'과 연관된 것이다. 만은 북반구의 평균 기온을 과거 1,000년간에 걸쳐 재현하고, 20세기 후반에 들어서 기온이 급상승하고 있다는 논문을 1998년과 1999년에 발표하였다. 그런데 만은 나중에 그 논문 작성 시 어떤 데이터를 이용했는지를 밝히면서 오류가 없었다는 정정기사를 학술지에 게재했다. 결론에는 영향을 끼치지 않는 범위의 정정이었다 하지만 IPCC에서 채택되었던 논문이 뒤늦게 정정되었다는 것은 소수파로 하여금 '그러므로 IPCC는 신뢰할 수 없다'라는 공격을 가하게 만들어주었다.[59]

다른 하나는 이른바 '기후 게이트' 사건이다. 2009년 온난화 연구의 거점인 영국의 이스트앵글리아 대학의 기후 연구 유닛의 컴퓨터가 누군가에 의해 해킹 당하게 된다. 이로 인해 1,000통이 넘는 전자 메일이 익명의 서버에 옮겨지면서 내용이 공개되고 말았다. 거기에는 동 연구소가 과거의 기후 데이터에서 형편이 불리한 부분은 숨겨놓고 외부인에게 데이터 제공을 거부했으며, 또 소수파 연구자들을 연구에서 배제했음을 짐작케 하는 메일도 포함돼 있었다. 이 '스캔들'은 전 세계에 널리 퍼져나갔고 닉슨이 미국 대통령직을 사임하는 계기가 되었던 워터게이트 사건에 빗대어 '기후 게이트'라 불리게 되었다.[60]

기후 게이트 사건은 온난화 이론에 회의적이거나 온난화 대응책에 동의하지 않는 사람들로 하여금 자신들의 주장을 펼 때 습관적인 하나의 수식어로 사용하게 해주었다. IPCC의 신뢰성에 손상이 갈 수밖에 없는 사건이었다고 할 수 있을 것이다.

---

59 藤倉良, 앞의 책, 72~73쪽 참조.
60 위의 책, 74~75쪽 참조.

마지막으로는 제4차 보고서의 오류 사항이다. 제4차 보고서에는 온 난화에 의해 히말라야의 빙하가 2035년까지 녹아 없어져버린다는 기 술이 있다. 이 예측은 자연보호단체 WWF(세계자연보호기금)에 의한 것 이지만 그 원천은 유네스코 국제수문학계획(國際水文學計劃)의 1996년 보고서였다. 그런데 그 원래 보고서에는 '2035년'이 아니라 '2350년'까 지 극지 이외의 전 세계 빙하가 1/5로 감소한다고 예측되어 있었다. 원래의 정보를 잘못 인용한 것이다. 이에 IPCC는 2010년 1월에 성명을 발표하여 그 근거가 불출분한 문헌을 인용했음을 인정하였다.[61]

이처럼 IPCC는 지구온난화와 관련하여 최고의 권위를 인정받고 있 다면서도 여러 가지 오류를 범해왔다. 물론 어떤 과학 연구에 대해 이 론(異論)이나 반증이 제시되는 것은 전혀 이상한 일이 아니다. 하지만 지금 예로 든 사항들은 소수파의 반론에 의한 것이 아니라 IPCC 자체 적으로 범하고 있는 오류들이다. 이러한 오류를 반복할수록 온난화 관 련 국제적 합의 도출은 어려울 것이고, 나아가 파리협정과 같은 국제 합의로부터의 탈퇴국가들을 양산시킬 수 있다. 이러한 문제점을 개선 하려면 IPCC는 보고서 발표 시 더욱더 엄격하고 치밀한 과정을 거침은 물론 객관적 입장을 끝까지 고수해나가야 할 것이다.

둘째는 소수파의 주장을 어떻게 받아들여야 할 것인가 하는 점이다. 아무리 소수파의 주장이 열세라 해도 그들의 영향력이 일정 부분 남아 있는 한 국제적 합의 도출은 그만큼 어려울 수 있다. 따지고 보면 소수 파의 주장이 컬트적인 괴설 수준이 아니라 상당한 설득력을 갖추고 있 는 것으로 판단된다. 소수파의 주장에도 경청할 만한 점이 있다는 것 이다. 가령 지구온난화의 원인이 전적으로 온실가스에 있는지, 아니면

---

61 위의 책, 77쪽 참조.

태양활동의 주기적 변화라든가 지구라는 행성의 천체사적 리듬에 있는지, 이도저도 아니면 양쪽의 상호보완적 작용에 있는 것인지 아직 확실하게 판정이 난 것은 아니라 본다. 그럼에도 불구하고 각종 미디어에서는 주류파의 주장이 완전한 패러다임인양 다뤄지고 있는 게 현실이고, 이러한 현실은 과학 이론을 다루는 태도 면에서 현저히 균형을 잃고 있는 것으로 여겨진다.

물론 주류파의 견해가 소수파의 그것에 비해 더 큰 설득력을 갖고 있는 것은 틀림없다. 지구온난화 발견의 주체가 어느 개인이 아니라 여러 과학자 그룹이기 때문이다. 그들의 성과는 자료를 축적하고 계산을 수행한 것에 그치지 않고 이들을 연결해놓은 것이다. 지구온난화 발견은 명백히 사회적 산물인 것이다. 수천 명의 전문가들이 무수한 논의를 거쳐 내놓은 판단들의 합의라 할 수 있다.[62]

그렇다고 하여 그 합의가 절대적 의견으로 간주돼선 안 된다. 기후 과학은 불확실성으로 가득 차 있으며 누구도 기후가 어떻게 움직일지 정확히 안다고 주장하지 않는다. 그러기에 이토 키미노리는 "올바른 과학자는 온난화론에 회의적이며 침묵한다"[63]고 말한다. 지구의 기후는 예측할 수 없이 변할 수 있다. 미래의 기후 변화는 전자, 은하 그리고 우리 감각으로 접근할 수 없는 수많은 사물들과 마찬가지다. 기후 변화는 제한적 의미에서 인간 사회의 산물일 뿐이다. 그러기에 주류파는 소수파의 의견을 '터무니없는 왜곡'으로만 치부할 게 아니라 고려할 만한 부분이 있다면 적극 수용하는 열린 자세가 필요해 보인다. 이와

---

62 스펜스 위어트, 『지구온난화를 둘러싼 대논쟁』, 김준수 옮김(파주: 동녘사이언스, 2012), 256~257쪽 참조.

63 이토 키미노리·와타나베 타다시, 앞의 책, 55쪽.

관련하여 조지 마셜의 경고는 의미심장하게 들린다.

> 신념은 맹신이 아니다. 우리는 계속해서 열린 마음을 유지해야 한다. 지나치게 편협한 태도가 만연해 있고 설문 대상자의 2/3가 기후변화에 대한 생각을 결코 바꾸지 않겠다고 말하는 실정이다. 기후변화는 애매하고 다면적이기 때문에 다양한 해석의 여지가 있다. 따라서 기존의 관점을 확인해주는 정보만 선별하여 받아들이는 당신의 편향과 성향을 경계하라. 전문가들 역시 자신의 전문 분야나 세계관으로 인해 편향에 빠질 수 있음을 기억하라.[64]

마셜의 경고대로 기후변화에 관한 우리의 견해가 편향에 빠지지 않도록 다양한 관점을 고려해야 함은 물론 우리를 비판하는 사람들로부터 배우는 자세도 지녀야 할 것이다. 분명한 것은 주류파건 소수파건 양측 모두 인류의 안녕과 복지를 어떻게 도모할 것인가 하는 목표 측면에선 동일하다는 점이다. 이 공통의 가치를 토대로 상대측의 이의에 대해 관용의 자세를 취해나간다면 완전한 합의는 아닐지라도 제한된 합의 정도는 충분히 도출해낼 수 있을 것으로 기대된다.

셋째는 주류파와 소수파 중 어느 쪽의 의견에 따를 것인가 하는 점이다. 이는 우리의 구체적인 행동방향을 결정하는 데 영향을 미치는 만큼 매우 중대하다. 우리 앞에 놓인 것은 두 가지 방향이다. 하나는 주류적 견해를 받아들여 온실가스 감축에 노력해나간다는 교토의정서 노선이고, 다른 하나는 소수파의 주장을 받아들여 지금처럼 온실가스를 계속 배출하며, 배출량 증가에 신경을 쓰지 않는 것이다.

교토의정서 방향은 산업 생산이나 라이프스타일의 변화를 비롯해

---

64 조지 마셜, 『기후변화의 심리학』, 이은경 옮김(서울: 갈마바람, 2018), 334~335쪽.

사회 각 부문에서의 획기적인 변화를 요구한다. 반면에 소수파의 방향
은 기존의 삶의 방식을 유지하는 가운데 사회정책의 변화라든가 기후
변화보다 더 긴급하게 여겨지는 정책을 수행하도록 할 것이다. 지금
상황에서 어느 쪽을 선택해야 할 것인지는 자명하다고 생각된다. 다름
아닌 주류적 견해다. 이유는 이렇다. 소수파의 견해에 따라 정책을 결
정하고 이의 집행을 한참 지속하고 난 후에 주류적 견해가 대부분의
예상대로 패러다임이 되었다면 이미 돌이킬 수 없게 돼버리기 때문이
다. 따라서 소수파의 주장이 전문가들 사이에서 패러다임으로서 인정
받기까지는, 설령 의문의 여지가 있을지라도 주류적 견해를 수용하고
이에 따른 정책결정과 집행을 이행하는 것이 바람직해 보인다.[65]

그런데 주류적 견해의 이행은 결코 쉽지가 않다. 그 이행이란 현재
의 화석연료 문명 그 자체의 전환을 요구하는 것이기 때문이다. 더불
어 화석연료 문명의 전환이란 성장을 기조로 하는 현행 경제시스템의
획기적 전환을 요구한다. 그리고 그 전환이란 '성장'이 아니라 '지속'을
지향해야 함을 의미한다. 그런데 이 전환은 절망적일 정도로 어렵다.
'성장에서 지속으로'라는 문명의 전환은 글로벌 자본주의의 성장지상
주의를 대체할 새로운 경제 질서를 실현하는 것이기 때문이다.

그렇다고 절망에 빠질 수는 없다. 절망하고 있을 겨를이 있다면 파
국이 초래되지 않도록 지혜를 짜내야 한다. 적절한 정책은 물론 우수
한 과학기술을 고안해내야 한다. 이와 더불어 중요한 것은 가치관의
문제라 본다. 워싱턴 대학의 도덕철학자 스티븐 가디너는 기후변화에
대해 행동에 나설지 혹은 나서지 않을지를 가르는 '모든' 결정은 윤리
적 문제, 특히 세대 간 권리와 관련된 윤리적 문제라고 주장한다.[66] 우

65 田上孝一, 앞의 책, 85~86쪽 참조.

리는 지구를 선조로부터 물려받기도 했지만 후손들에게서 빌린 것이기도 하다. 이 지구는 어느 특정 세대의 소유물이 아니라는 의미다. 따라서 어떤 세대도 미래세대의 생존 기회를 제약할 권한을 갖지 못한다. 미래세대에게 기후변화의 책임을 전가하는 것은 현세대에 의한 미래세대의 생존권 침해나 다름없다.

문제는 미래세대에 대한 현세대의 이기적 행위가 눈에 잘 띄지 않는다는 점이다. 게다가 이기적 행위를 고발한다 해도 자신의 권리를 주장해야 할 원고석에는 아직 아무도 올 수 없다. 근대윤리의 구조적 결함 사항이다. 근대윤리는 '미래세대에 대한 책임의 윤리'를 구조적으로 결여하고 있다는 것이다. 현세대는 바로 이점을 인정하고 그 바탕 위에서 미래세대의 생존을 위한 대가를 치를 수 있어야 한다.

5. 맺음말

지구온난화라는 유령이 온 세계를 배회하고 있다. 이 유령은 흉작에서부터 홍수, 가뭄, 폭염, 북극곰 개체수의 감소에까지 모든 것을 설명할 수 있을 만큼 막강하고 유연성이 풍부해졌다. 이는 마치 우리가 자연에서 목격하는 모든 변화를 설명할 수 있는 단일한 도구처럼 다뤄지고 있는 것이다. 과연 이 유령은 인간에 의해 초래된 것인지 아니면 자연현상의 일부인지, 진정 심각한 문제인지 아니면 과장된 공포인지 하는 것 등은 따져볼 겨를도 없이 우리 삶 속에 자극과 여흥을 제공하고 있다.

그러한 제공의 일등공신은 다름 아닌 언론이라 할 수 있다. 언론은 사람들에게 흥미를 주려고 애쓰며, 따라서 특종 찾기에 혈안이 된다.

---

66 조지 마셜, 앞의 책, 261쪽 참조.

'핵전쟁과 맞먹는 규모로 인류를 위협하는 기후변화', '지구에 대한 예후: 죽음' 등의 식으로 보도돼야 사람들의 관심을 끌 수 있다. 지구온난화의 심각성에 대한 확신을 퍼뜨리기 위해 안간힘을 쓰는 것이다. 그런 차원에서 언론은 또 급박한 환경재난과 관련하여 구미가 당기는 발언을 해줄 전문가를 찾아낸다. 그 발언이 자신들의 생각을 파급하는 데 도움을 주는 일말의 진실이 담겨 있다고 보기 때문이다. 어느 누구의 눈으로 봐도 언론은 이미 온난화가 인류에게 위협이 된다는 쪽으로 기울어져 있다. 이러한 분위기에 힘입어 '인간에 의한 지구온난화 이론'이 주류적 견해로 자리 잡은 지는 이미 오래되었다.

하지만 이러한 이론에 대해 한쪽에선 끊임없이 의심을 제기하는 소수의 회의론자들이 있다. 이들 역시 하나같이 '지구온난화가 사실'이라는 주장에는 동의를 한다. 그들이 이의를 다는 부분은 현재 진행되는 지구온난화 가운데 어느 정도가 인간 활동의 결과이고 자연적 과정의 결과인지, 앞으로 지구온난화는 얼마나 심각해질 것인지, 그리고 우리가 당장 화석연료의 사용을 줄여야 한다는 주장은 타당한 결정인지 하는 것과 연관되어 있다.

지구온난화를 둘러싼 주류파와 소수파 간의 논쟁은 두 얼굴을 갖는다. 한 이론이 정설로 굳어지려면 많은 논쟁과 담론이 필수적이기에 그런 측면에선 현재의 논쟁은 긍정적이다. 반면에 논쟁이 끊임없이 지속되어 일치된 합의를 이루지 못할 정도로 해악이 크다면 이는 문제가 된다. 지구온난화 논쟁의 역기능은 줄이고 순기능을 살려나가야 한다. 그러기 위한 몇 가지 방안을 제시해보았다.

첫째는 주류파 주장의 엄밀성 확보가 요구된다는 점이다. 주류파가 범하고 있는 여러 가지 오류들이 회의론이 제기되는 본질적 이유는 아니지만 부분적 이유로는 충분히 작용하고 있는 만큼 이에 대한 철저한 반성이 필요해 보인다.

둘째는 소수파의 주장을 터무니없는 왜곡으로만 치부할 게 아니라 인정할 부분이 있다면 적극 수용하는 열린 자세가 요구된다는 점이다. 소수파 역시 주류파의 목소리에 귀를 기울이고 기후변화를 위해 오랫동안 노력해온 환경운동가들의 의견을 존중할 수 있어야 할 것이다.

셋째는 주류파와 소수파의 입장 가운데 전자를 따르는 게 현재로서 더 바람직하다는 점이다. 소수파의 주장처럼 현재의 지구온난화의 원인은 정확히 입증된 게 아니라 어디까지나 추정되고 있을 뿐이다. 컴퓨터 시뮬레이션에 의한 예측일 뿐 결코 실험적으로 실증 된 게 아니다. 그러나 불확실성이 존재한다 하여 그것이 행동에 나서지 못할 이유가 되지는 못한다. 불확실성을 이유로 행동에 나서지 않는 것은 '모든 것을 알지 못하므로 아무것도 모른다'고 단정하는 것과 마찬가지다. 불확실성과 맞닥뜨린다 해도 모종의 판단을 내려야 한다. 소수파의 주장이 정설이 될지는 모르지만 그전까지는 주류파의 주장을 따르는 게 현명한 결단이라 본다. 소수파의 주장을 따르고 난 뒤 주류파의 주장이 정설이 되었을 때 그때는 이미 돌이킬 수 없는 결과가 초래될 수 있기 때문이다.

◆ 제5장 ◆

동물의 권리 논쟁
: 리건(T. Regan)과 코헨(C. Cohen)의 견해를 중심으로

1. 머리말

우리는 인간 이외의 동물을 일상적으로 이용하며 살고 있다. 식재료나 의복으로 소비하기 위해 매일 대량의 동물을 죽이고 있고 인간에게 유용한 성질을 갖도록 품종 개량까지 자행하고 있다. 또한 반려동물로 삼기 위해 혹은 동물원에서 전시하기 위해, 화장품이나 세제, 의약품의 안전성 시험을 위한 실험용으로 삼기 위해 동물은 다양한 목적으로 사육되고 있는 실정이다. 이처럼 인간이 이익을 추구하는 수단으로 동물을 이용하는 것은 오랜 기간 동안 당연한 일로 여겨져 왔고 현재 역시 그러하다.

그러나 이러한 관행에 경종을 울리며 동물의 이익도 인간의 그것과 동등하게 고려해야 함을 주장하는 획기적인 저서가 발간된다. 그것은 다름 아닌 피터 싱어의 『동물해방』이며 발간 해는 1975년이었다.[1] 이

---

[1] 싱어의 핵심적 주장은 '이익평등고려 원리'에 집약돼 있다. 쾌락과 고통을 느낄 수 있는 모든 존재들에게는 이익(interests)이 있으며 그들의 이익은 동등한 고려 대상

책이 출간된 후 채 1년도 안 되어 영국에 본부를 둔 '동물해방전선'이
설립되었고, 그 후 10여 년 사이에 여러 동물해방 조직들이 만들어졌
다. 무엇보다『동물해방』이 갖는 가장 큰 의의는 동물 착취를 종식시
키려는 응집력 있는 국제운동을 고취시킨 점이라 할 수 있다.[2]

이처럼 싱어가 동물복지 운동면에서 중요한 역할을 한 것은 사실이
지만 실질적인 동물권 논리를 정초한 사람은 톰 리건이었다.[3] 그의 입

이어야 한다는 것이다. 특히 싱어는 쾌락과 고통이라는 두 느낌 중에서도 고통에
주목한다. 고통과 괴로움은 그 자체가 나쁘다는 이유 때문이다. 그에 따르면 고통과
괴로움은 이를 느끼는 인종이나 성 또는 종과 무관하게 억제되거나 최소화되어야
한다. 하지만 싱어는 이처럼 이익평등고려 원리를 인간과 동물 모두에게 적용한다
고 하여 그것이 양 집단이 동일한 권리를 가져야 한다는 사실을 뜻하는 것은 아니라
고 말한다. 이익평등고려 원리는 평등하게 고려하길 요구할 따름이지 서로 다른
존재들이 평등한 권리를 가져야 함을 의미하는 것은 아니라는 의미다. 한편 싱어는
유인원(고릴라, 침팬지, 오랑우탄)에 대해선 다르게 평가한다. 이들은 사고능력, 자
기인식능력이 있는 존재로서 미래를 계획하고 다른 동료들과 사회적 유대를 형성하
며 풍부한 사회적·정서적 삶을 영위할 수 있다는 이유에서다. 싱어에 따르면 이러
한 능력을 갖춘 존재들은 사물이 아닌 인격으로 간주될 자격을 갖추고 있다. 따라서
유인원에게는 삶·자유·고통으로부터 보호받을 권리를 확보해주어야 하며, 궁극적
으로는 유인원에 관한 법률제정으로 또한 유엔의 유인원권리선언에까지 이어져야
한다는 게 싱어의 주장이다. 피터 싱어,『동물해방』, 김성한 옮김(고양: 인간사랑,
1999), 25~37쪽 참조.

2 캐서린 그랜트,『동물권, 인간의 이기심은 어디까지인가?』, 황성원 옮김(서울: 이
후, 2012), 27~30쪽 참조.

3 두 사람의 동물보호에 접근하는 철학적 태도는 사뭇 다르다. 둘 모두 동물의 착취를
부정의하다고 여기고 이를 폐지하려 한다는 점에선 일치한다. 하지만 싱어는 공리
주의 입장에서, 리건은 의무론적 권리론의 입장에서 동물권을 옹호하는 점이 다르
다. 공리주의에선 고통의 최소화, 즐거움의 최대화가 목표다. 싱어는 동물 또한 고
통과 즐거움을 느낄 수 있는 '감각을 지닌 존재'라는 점에서 인간과 다를 바 없는
도덕적 고려 대상으로 본다. 반면에 리건은 '삶의 주체'라면 어떤 존재나 자신의 '내
재적 가치'를 발현하는 권리를 지닌다고 보고 동물 역시 예외가 아니라고 본다. 리건
에 따르면 동물은 유용성이나 감각의 유무와 상관없이 타고난 권리를 지니며 인간
에게는 이러한 권리를 존중할 의무가 있다. 이러한 리건의 주장은 이론적 측면에선
싱어의 공리주의보다 더 급진적이라 할 수 있다. 즉 공리주의는 고통을 최소화한다

장이 담긴 『동물권 옹호론』(*The Case for Animal Rights*)이 발간된 것이
1983년이었으며, 그는 싱어 류의 '동물복지'나 '도덕적 고려'로부터 한
걸음 더 나아가 '동물의 권리'를 제창한 바, 여기에 큰 의의가 있다고
할 것이다. 리건은, 인간은 어디까지나 목적으로 다뤄져야지 수단으로
다뤄져선 안 된다는 칸트식 사고를 동물에까지 확장하였는데 그의 주
장은 오늘날의 많은 활동가들에게도 수용되고 있다.

그런데 동물권 운동이 당시로선 여전히 '주변적'이었고 주로 미국 본
토에 머물고 있었다. 하지만 점차 세월이 흐르면서 1990년대에 들어와
선 동물권 옹호 운동이 정치적·법률적 논쟁의 중심을 차지하게 된다.
그러던 와중에 큰 화제를 불러일으켰던 것은 동물의 권리를 옹호하는
사람들이 결집하여 1993년, '대형 유인원 권리선언'을 채택한 점이었
다. 이 선언에는 클라크(Stephen Clark)나 레이첼즈(James Rachels)와 같
은 유명인들의 글이 실려 있는데 그 중에서도 특히 인상적인 것은 프
란치오네(Gary L. Francione)의 「인격, 소유물 그리고 법적 능력」이라 할
수 있다. 무엇보다 '유인원들'에게 법적 인격의 지위를 부여할 것을 주
장하고 있기 때문이다.[4]

이러한 움직임에 힘입어 동물권을 둘러싼 논쟁은 점차 국제적인 사
안이 되어갔고, 2002년 마침내 독일 연방의회는 유럽에서 최초로 동물
권을 보장하는 의결을 하게 된다. 동물학 연구가 더욱 진척되면 앞으
로 유인원의 '권리'에서 더 넓게 포유류 일반의 '권리'까지 관심사로 부

면 육식이나 동물실험도 용인할 수 있다는 입장인 반면, 의무론적 권리론은 '삶의
주체'인 동물을 이용하는 행위 일체를 용인할 수 없다는 입장을 취하기 때문이다.
허남결, 「서양윤리의 동물권리 논의와 불교 생명윤리의 입장」, 박상언 편, 『종교와
동물 그리고 윤리적 성찰』(서울: 모시는사람들, 2014) 참조.

4 Paola Cavalieri and Peter Singer, eds., *The Great Ape Project*(New York: St. Martin's
Press, 1993), pp.248~257 참조.

각될 지도 모른다. '도덕적 지위'에서 '권리'로의 일보 진전은 이제 되돌릴 수 없는 비약이 되리라 판단되며, 동물의 권리는 대체 어디까지 확장돼갈 것인지 자못 궁금해진다.

유럽과 북미를 비롯한 많은 나라들에서 동물복지운동에 의해 동물의 사육 조건은 일부 개선되어왔지만 동물의 권리에 관해선 그 논의조차 시기상조인 경우가 많다. 우리가 지금은 당연하게 누리고 있는 권리 중에는 처음엔 그렇지 못한 것들이 여럿 있다. 노예, 여성, 흑인, 노동자 등의 권리가 그 예들이다. 이들의 권리가 처음에는 거론되는 것조차 조롱거리였으나 점차 논의의 과정을 거치면서 마침내 하나의 권리로 승인되었듯 동물의 권리 역시 인정되려면 지금은 시기상조라 할지라도 활발한 논의의 과정이 필요하다고 판단된다.

이러한 문제의식 하에 이 장에서는 동물의 권리를 둘러싼 찬반논쟁을 살펴보고자 한다. 논리 전개의 흐름은 찬성 측 주장의 대변자로는 리건을, 반대 측 주장의 대변자로선 코헨을 내세워 양측의 주장을 일단 진단해보고 난 뒤, 논쟁의 쟁점과 그 쟁점에 대한 조정 방안을 제시해보는 순으로 진행돼나갈 것이다.

2. 동물의 권리 옹호론

칸트에 따르면 모든 인간은 '목적 그 자체로 존재한다'는 의미에서의 내재적 가치를 갖는다. 내재적 가치란 다른 누군가의 평가라든지 계약이나 합의에 의해 주어지는 것이 아니라 본래부터 객관적으로 존재하는 가치이며, 인간이 동등한 권리를 갖는 것도 바로 이 내재적 가치 덕분이라 할 수 있다.

이처럼 칸트는 내재적 가치를 인간에게만 부여하는 반면, 리건은 이를 인간 이외의 동물에까지 확대 부여한다. 칸트의 주장을 고려하지 않는다 하더라도 상식적으로 생각할 때 내재적 가치의 담지자로 누구나 제일 먼저 떠올리는 대상은 인간일 것이다. 인간은 만물의 영장으로 다른 존재들이 지니지 못한 우월한 능력, 곧 자율적·합리적 존재로서 이성적 판단을 내릴 수 있고 그 판단에 따라 삶을 영위할 수 있기 때문이다.

그런데 리건은 우리의 상식과 달리 내재적 가치는 인간 이외의 존재들도 소유한다고 주장한다. 내재적 가치를 부여하는 근거가 우리와 다르기 때문이다. 리건은 자율성과 합리성을 근거로 내재적 가치를 부여하는 방식에 동의하지 않는다. 이러한 전통적인 인간중심적 방식에 따르면 인간 중에서도 그러한 능력을 결여한 존재들(신생아, 정신지체자, 정신질환자 등)이 많이 있음에도 단지 인간이라는 이유로 이들에까지 내재적 가치를 부여하는 오류에 빠질 수 있다는 판단 때문이다.

그래서 리건이 주목하는 근거가 '삶의 주체(subject-of-a-life)'라는 개념이다. 리건이 '삶의 주체'라는 개념을 도입하는 이면에는 전통적인 인간 중심의 권리 개념을 확장하여 인간 이외의 동물의 권리까지 도덕적 고려의 범주에 포함하려는 의도가 깔려있다. 삶의 주체에 관하여 리건은 이렇게 말한다.

> 삶의 주체가 되는 것은 단지 살아 있다거나 의식을 가지고 있다거나 하는 것 이상을 함의한다. …만일 어떤 개체가 믿음과 욕구, 지각력, 기억력 그리고 자신의 미래를 포함한 미래에 대한 의식을 갖는다면, 쾌락과 고통의 느낌을 수반한 감정적 삶을 산다면, 선호와 복지 관련 이익을 갖는다면, 자신의 욕구와 목적을 추구하기 위해 행동할 능력이 있다면, 시간이 지나면서 정신물리학적 정체성을 갖는다면, 자신의 삶이 다른 존재들의 유용성과는 독립적으로 그리고 다른 누군가의 이익의 대상이 되

는 것과는 독립적으로 성공하거나 실패한다는 의미에서의 개별적 복지
를 갖는다면 삶의 주체이다. 삶의 주체 기준을 충족하는 존재들은 독특
한 종류의 가치, 곧 내재적 가치(inherent value)를 가지며, 단순한 용기
(receptacle)로 여겨지거나 다뤄져서는 안 된다.[5]

삶의 주체가 되는 데 필요한 이러한 조건과 더불어 요구되는 것은
이러한 조건들을 어떤 존재에까지 부여할 것인가 하는 경계선의 마련
이다. 리건의 말처럼 모든 생명체가 삶의 주체가 될 수 있는 것은 아니
기에 일정한 경계가 그어져야 한다는 것이다. 바로 그 경계를 리건은
정신적으로 정상적인 1세 이상의 포유동물에서 긋는다.[6] 여기서 제기
되는 의문은 정상적인 1세 이상의 포유동물이라 하더라도 그들 간에는
지적 능력 면에서 많은 차이가 날 텐데 그들을 한데 묶어 삶의 주체로
간주하는 데는 무리가 따르지 않느냐 하는 것이다. 이에 대해 리건은
도덕 행위자와 도덕 무능력자로 나누어 응답한다.

도덕 행위자란 도덕적 결정을 하거나 도덕적 행동을 자유로이 선택
하는 데 공정한 도덕원리를 적용하는 능력을 포함하여 다양한 세련된
능력을 지닌 존재들이다. 반면에 도덕 무능력자란 자신의 행동을 도덕
적으로 책임지는 방식으로 조절하는 능력을 결여한 존재들을 말한다.
그들은 곧 옳고 그른 행동을 할 수가 없는 것이다.[7] 대부분의 동물뿐만
아니라 경계사례에 속하는 인간 역시 후자에 속한다면, 경계사례에 속
하는 존재들을 제외한 정상적인 인간들은 전자에 속한다고 볼 수 있

5 Tom Regan, *The Case for Animal Rights*(California: University of California Press, 2004), p.243.

6 Ibid., p.78 참조.

7 Ibid., p.240 참조.

다. 리건은 도덕 행위자이든 도덕 무능력자이든 '삶의 주체'에 속하는 한 모두 동등한 내재적 가치를 갖는다고 주장한다.[8]

리건에 따르면 우리는 삶의 주체들을 존중해야 한다. 바꿔 말하면 내재적 가치를 지닌 존재들은 그 가치를 존중하는 방식으로 대우해주어야 한다.[9] 리건은 이를 존중의 원리라 부르며 강조하고 있는 바 이에 관하여 부연할 필요가 있어보인다.

존중의 원리는 크게 두 가지 명령으로 나눠진다. 하나는 우리에게 무엇을 하지 말라고 요구하는 부정적 형태로 주어진다. 곧 우리는 내재적 가치를 지닌 존재들을 마치 그들이 그 가치를 결여한 것처럼 다뤄서는 안 된다. 그리고 우리는 그들이 마치 쾌락이나 선호 충족과 같은 소중한 경험을 위한 단순한 도구인 것처럼 다뤄서도 안 된다. 그들의 가치가 다른 존재들의 이익과 관계되는 유용성에 달려 있는 것처럼 대우해선 안 된다는 것이다. 단순히 최선의 결과를 산출하기 위해 그들에게 해를 가하는 것은 그들을 불공정하게 대우하는 것으로, 이는 그들의 내재적 가치를 존중하지 않는 셈이 되기 때문이다. 칸트의 표현을 빌리면 내재적 가치를 지닌 존재들은 결코 최선의 총결과를 확보하는 단순한 수단으로 다뤄져서는 안 된다는 것이다.[10]

다른 하나는 첫 번째 명령보다 우리에게 더 많은 사항을 요구하는 것으로 정의의 원리라고도 부를 수 있다. 이는 우리로 하여금 남에게 해를 끼치지 않음으로써 낙관적 결과가 산출될 수 있도록 행위하는 것뿐만 아니라 타인에 의해 부정의의 희생양이 되는 존재들을 지원하기

8 Ibid., 참조.
9 Ibid., p.248 참조.
10 Ibid., pp.248~249 참조.

위한 조건부 의무(prima facie duty, 도덕적으로 중요한 다른 종류의 의무와 상충하지 않는 한 반드시 이행되어야 하는 의무) 또한 부과한다. 요컨대 두 번째 명령은 우리에게 무해의 의무뿐만 아니라 원조의 의무까지 부과한다는 것이다.[11]

이어서 리건은 존중의 원리를 정당화하기 위해 의무론을 전개해나간다. 그에 따르면 의무는 크게 두 가지, 즉 획득 의무(acquired duty)와 비획득 의무(unacquired duty)로 구분된다. 획득 의무란 우리의 자발적 행동이나 사회제도로 인해 발생하는 의무인 반면, 비획득 의무란 자발적 행위나 사회제도와는 관계없이 발생하는 의무로 롤스는 이를 '자연적 의무'라 부른다. 가령 약속을 지킨다거나 계약을 준수하는 것과 같은 의무가 전자에 속한다면, 다른 존재들을 공정하게 대우하는 의무는 후자에 속한다.[12]

리건에 따르면 비획득 의무 가운데 가장 대표적인 것이 정의의 의무인데, 이는 개체들이 유의미한 차이가 없을 때에는 차별적으로 대우하지 않는 것을 의미한다. 여기서 주목할 만한 사항은 정의의 의무가 비획득 의무이기 때문에 공정한 대우에 관한 권리 역시 비획득 권리로 간주되어야 하며, 리건은 이 권리를 '기본권'이라 명명한다는 점이다.[13] 삶의 주체들은 공정한 대우를 받을 권리, 곧 기본권을 가지고 있기에 우리는 그들을 존중해주어야 한다는 것이 리건의 주장이다.

리건에 따르면 도덕 무능력자 또한 도덕 행위자와 마찬가지로 내재적 가치를 지닌 삶의 주체이므로 우리는 이들에 대해서도 기본권을 인

---

11 Ibid., p.249 참조.

12 Ibid., pp.273~274 참조.

13 Ibid., p.276 참조.

정하고 존중해주어야 한다. 그러나 도덕 무능력자에겐 도덕 행위자들의 기본권을 인정할 의무가 없다. 왜냐하면 의무란 오로지 의무와 권리의 개념을 이해할 수 있는 도덕 행위자들에게만 부과되기 때문이다.[14] 리건은 동물들도 우리와 마찬가지로 정중한 대우를 받을 권리가 있음을 주장하면서도 그들에게는 도덕 행위자들의 기본권을 인정하고 존중할 만한 능력이 없다는 사실을 고려하고 있는 것이다.

리건은 이러한 내용을 토대로 농장동물의 사육과 소비, 야생동물 사냥과 덫을 이용한 포획 방식, 과학에서의 동물 이용 등이야말로 동물의 기본권을 침해하는 행위들임을 낱낱이 밝히면서 채식주의의 선택이 왜 우리의 의무가 되어야 하는지를 논증하고 있다.[15]

3. 동물의 권리 반대론

다음에는 동물의 권리에 반대하며 이를 적극적으로 비판하고 있는 코헨[16]의 논의를 살펴보기로 한다.

코헨은 동물의 권리는 부정하지만 동물에게 쾌고의 의식이 있다는 점은 인정하고 있고, 인간에게는 동물을 학대하지 않을 의무가 있다고 말한다.

---

14 Ibid., pp.284~285 참조.

15 Ibid., pp.330~394 참조.

16 리건과 코헨은 둘 다 도덕철학을 오랫동안 공부해온 친구이자 대학교수이다. 둘 모두는 동물을 사랑하고 동물을 어떻게 다루는 것이 훌륭한지를 알고 있고 개와의 친교를 통해 큰 만족감을 누리고 있다는 점에서는 공통적이다. 하지만 동물의 도덕적 지위에 대해선 의견이 정반대이다. Carl Cohen and Tom Regan, *The Animal Rights Debate*(Lanham: Rowman & Littlefield Publishers, 2001), pp.8~9 참조.

우리 인간들은 인도적으로 행동할 보편적 의무를 갖고 있으며, 이것은 우리가 동물들에게 불필요한 고통을 야기하는 방식으로 다루는 것을 그만둬야 한다는 것을 의미한다. 동물들은 진흙덩이가 아니므로 고통을 전혀 느끼지 못하는 존재인 것처럼 다뤄서는 안 된다.[17]

그러나 코헨은 동물에게는 특별한 보호를 받을 만한 근거가 되는 권리가 존재하지 않기 때문에 인간이 자신들의 이익 추구를 위해 동물을 실험에 활용하는 것을 권리 침해로서 비난할 수 없다고 주장한다. 동물의 권리에 근거하여 동물 이용의 폐지를 주장하는 사람들은 권리의 개념을 혼동하거나 오용하고 있다는 것이다. 이러한 비판과 더불어 동물은 권리를 갖지 못한다는 주장의 주된 이유를 다음과 같이 정리한다.

첫째 코헨은 권리와 의무의 상호성에 대한 반론을 편다. 권리와 의무가 대칭적 상호 관계에 있다는 전제는 옳지 않다는 것이다.

내가 일찍이 주장해왔고 많은 사람들이 이에 동의하듯 인간은 동물에 대한 많은 의무가 있다. 그런데 이 사실로부터 동물들이 권리를 갖는다는 견해가 도출되는가? 많은 이들은 동물은 권리를 갖는다고 가정하며 그 결과로 만일 동물의 권리가 부정된다면 동물에 대한 의무 또한 부정되어야 할 것으로 가정한다. 이는 흔하면서 불행한 오류이다. 동물 권리의 실재성을 부정하는 것이 동물에 대한 우리 의무의 부정을 수반하는 것은 아니다. 내가 당신에게서 빌린 돈을 되갚을 의무가 있는 것은 당신이 나로부터 빚을 지불 받을 권리가 있기 때문이다. 이처럼 내 의무 가운데 일부는 나에 대한 타인들의 권리에서 파생된다. 그러나 모든 의무가 다 그런 것은 결코 아니다. 권리와 의무 간의 진정한 관계에 대한 올바른 이해는 건전한 도덕판단을 하는데 절대적으로 중요하다. 동물이 권리를

---

17 Ibid., p.5.

갖는다는 명제에 찬성하는 태도는 주로 만약 우리가 동물에 대한 의무를 갖는다면 동물은 반드시 우리를 상대로 한 권리를 가져야 한다는 성급한 추정의 결과 탓이다. 그러나 이는 그렇지 않다. 이러한 추론의 근저에는 의무와 권리는 대칭적 상호 관계에 있다는 전제가 깔려 있다. 이는 잘못된 전제이다.[18]

모든 권리는 의무를 수반하기 때문에 모든 의무 역시 권리에 의해 수반된다는 결론은 다름 아닌 착각이라는 주장이다. 코헨에 따르면 이는 마치 모든 개가 포유동물이라는 사실로부터 모든 포유동물은 개라는 결론을 도출하는 것처럼 그야말로 논리적 혼동을 범하고 있는 것이다. 반면에 포유동물 중 일부가 개라는 명제는 타당하듯 의무 중의 일부가 권리로부터 발생한다는 명제는 타당하다고 말한다.[19]

앞서 살펴보았던 리건에 따르면 권리와 의무는 대칭적 상호관계에 있다.[20] 그러나 코헨은 인간에게 의무가 있다고 말하기 위해 그것에 대응하는 권리가 동물에게 있다고 말할 필요는 없다고 주장한다. 의무와 권리 중 어떤 것은 상호적(reciprocal)이지만 어떤 것은 그렇지 않다는 것이다.

예를 들면 몇몇 의무는 자신과 상대방 사이에 존재하는 계약이나 특별한 관계(교사와 제자, 파티 주인과 손님, 부모와 자식)에 의해서 생기지만 상대가 반드시 그것에 대응하는 권리를 갖는다고는 할 수 없다. 마찬가지로 양치기가 목양견을 학대하지 않을 의무가 있고, 개 주인이 개를 매일 산보시키고 수의사의 진찰을 받게 할 의무가 있다고 해도

---

18 Ibid., p.27.

19 Ibid., pp.27~28 참조.

20 Regan, op. cit., p.273 참조.

그 의무는 동물 쪽에 권리가 있기 때문에 발생하는 것이 아니다. 또 동물은 자신이 적절한 환경에서 사육되고 있지 않다 하더라도 자신의 권리 침해를 호소할 수가 없다.[21]

둘째로 코헨은, 권리는 본질적으로 인간에 관한 것이므로 동물은 권리 소유자가 될 수 없다고 주장한다. 권리는 인간 세계에 그 기원을 두고 있고 또 인간 세계 내부에서만 적용 가능하다는 주장이다. 그에 따르면 인간은 쥐를 다루되 잔인하게 다루는 것은 삼가야 한다. 그러나 쥐는 테이블이 야심을 갖고 있다거나 바위가 자책을 한다고 말할 수 없듯이 권리를 갖는다고 말할 수 없다. 돼지나 토끼가 권리를 갖는다고 말하는 것은 인간 세계에서만 의미를 지닐 수 있는 도덕적 범주를 동물 세계에 적용하는 범주 혼동이다.[22] 권리는 도덕적 영역에서는 결정적으로 중요하며 진지하게 수용돼야 한다. 그러나 얼룩말과 사자 그리고 쥐들은 도덕적 영역에서 살고 있지 않다. 그들의 삶은 전적으로 도덕과 무관하며, 그들에게는 도덕이 없다. 동물은 도덕적 잘못을 범하지 않으며, 그들 세계에선 잘못도 없고 권리도 없는 것이다.[23]

예를 들면 내가 아프리카의 어느 국립공원 내에 있고, 수컷 사자 한 마리가 자기 새끼들을 먹이기 위해 새끼 얼룩말을 죽이는 장면을 목격한다고 치자. 새끼 얼룩말에게 살 권리가 있다고 한다면 나는 그 목숨을 구하지 않으면 안 되지만 그와 같은 자연의 포식행동에 대한 개입은 동물을 인간이 지배하는 세계로 끌어들이는 것에 지나지 않는다.

반면에 만약 목숨을 노리고 있는 대상이 인간의 유아라면 설령 새끼

---

21 Cohen, op. cit., p.27 참조.

22 Ibid., p.30 참조.

23 Ibid., p.31 참조.

얼룩말을 구하기보다 더 큰 위험이 따르더라도 나에겐 이 아이의 목숨을 구할 의무가 있다. 왜 구하는 것인가 하고 질문을 받는다면 인간의 유아에게는 죽임을 당하지 않을 권리가 있고 이 권리가 있는 것은 바로 '인간'이기 때문이라고 답변할 것이다. 게다가 만약 얼룩말에게는 살 권리가 있고 사자에게는 먹기 위해 얼룩말을 죽일 권리가 있다고 인정한다면 나는 도덕의 대상 밖(amoral)인 자연의 포식관계에 직면하지 않으면 안 된다.[24]

세 번째로 코헨은 인간만이 도덕 행위자임을 주장하며 동물의 권리에 반대한다. 이러한 주장을 전개하기 위해 코헨은 먼저 동물권 운동가들의 견해를 비판하는데, 특별히 그가 주목하는 자는 PETA의 대표인 잉그리드 뉴커크(Ingrid Newkirk)[25]다. 뉴커크는 그 목적이 무엇이건 그리고 그 이득이 무엇이건 동물을 이용하는 연구야말로 '파시즘', '자기가 속한 종족 지상주의'라고 부른다. 그리고 그와 그의 추종자들은 동물과 인간 사이에는 근본적인 도덕적 차이가 없다고 믿는다. 뉴커크에 따르면 "인간이 특별한 권리를 갖는다고 말하는 데는 합리적 근거

---

24 Ibid., pp.30~31 참조.

25 영국 태생(1949.6.11.~)으로 세계에서 가장 큰 동물권 단체 PETA(People for the Ethical Treatment of Animals, '동물을 윤리적으로 대우하는 사람들'이라는 뜻으로 1980년 설립. 전 세계에서 약 200만 명의 회원이 활동하고 있고, 이들은 동물에게도 인간이 갖고 있는 권리가 있다고 주장함)의 공동창립자이자 현재 대표이다. 잉그리드는 PETA의 채식주의, 동물권을 알리기 위해 이색적인 캠페인을 벌이는 것으로 유명하다. 1970년대, 그녀의 주도 아래 워싱턴 D.C 시의회는 중성화 수술 전문 병원 설립, 입양 프로그램, 수의사 서비스를 위한 공공 기금 조성 등과 같은 법안을 통과시켰고, 그녀는 또 1980년도 '올해의 워싱턴 시민'으로 선정되기도 했다. PETA에서 그녀는 여러 화장품 회사의 동물 실험 금지를 이끌어냈고 대형 슈퍼마켓 체인점들로 하여금 높은 복지 환경에서 생산된 고기를 판매하도록 설득해냈다. 이처럼 그녀는 동물복지를 증진시키는 데 여러 노력을 했지만 여전히 종차별을 반대하고 동물들이 옷, 먹거리, 실험, 유흥산업에 사용되는 것을 강하게 비판한다.

가 전혀 없다."[26]

그러나 코헨은 뉴커크야말로 심각한 오류를 범하고 있다고 비판한다. 인간과 동물 간의 차이에는 엄연히 합리적 근거가 있음에도 이를 무시한다는 것이다. 더구나 뉴커크는 "쥐가 돼지의 성질을 갖듯 개 역시 소년의 성질을 갖는다. 그들은 모두 포유동물이다."[27]라고 말하지만 코헨은 이는 위험하면서도 터무니없는 견해라고 반박한다.

그러면서 코헨은 인간의 고유한 특성을 부각시킨다. 즉 인간은 자신의 행동 방향을 위해 도덕원리를 창안해내는 독특한 능력이 있음을 인식하며 또 자신들이 궁리해낸 원리를 파악할 수도 있다. 그리고 그 원리들을 우리 자신뿐 아니라 타인들에게도 적용함으로써 우리는 인간 의지의 자율성을 드러낸다. 동물들은 결코 못하지만 인간은 순전히 도덕적인 선택들에 직면한다. 돼지나 닭들은 결코 못하지만 인간은 규칙이나 도덕적 의무를 설정하며, 그것에 의해 모든 도덕 행위자들이 올바르게 통제받을 수 있을 것으로 간주한다. 인간은 자기 입법적이며 도덕적으로 자율적이라는 주장이다.

코헨에 따르면 도덕 행위자가 된다는 것은 대부분의 도덕적 규제를 파악할 수 있다는 것을 의미한다. 인간은 어떤 행동이 우리의 이익이 될지 모르지만 그 행동이 단순히 그르기 때문에 의도되지 않는다는 것을 이해한다. 그러나 코헨은 도덕판단에 필요한 이러한 능력이 동물 세계에선 일어나지 않는다고 말한다. 그에 따르면 쥐는 도덕적 주장을 할 수도 없고, 거기에 반응할 수도 없다. 설령 개가 자신은 어떤 행위를 해선 안 된다고 알고 있다 해도 그것은 단지 인간으로부터 조련 받

---

26 Cohen, op. cit., p.35에서 재인용.
27 Ibid., p.35에서 재인용.

은 결과일 뿐, '그 행위가 도덕적으로 옳지 않기 때문에'라는 사실을 모른다. 옳고 그름 자체가 동물 세계에는 없기 때문이다. 하지만 옳고 그름이 인간의 도덕적 삶의 본질이며 인간은 잘못된 행동을 피하도록 함으로써 자신들이 도덕 공동체의 구성원임을 입증한다.[28]

코헨은 칸트 류의 자율성 개념에 의거하여 인간만이 자신의 행위를 이끄는 도덕 원리를 만들어낼 능력을 가지며, 그 원리에 입각해서 행위할 수 있다고 주장하고 있다. 즉 인간만이 자율적 행위자가 될 수 있다는 것이다. 반면에 동물에게는 도덕판단을 내릴 능력이 없으므로 동물은 인간의 도덕적 관심 대상은 될 수 있어도 도덕 공동체를 이루는 구성원은 될 수 없다. 따라서 동물은 권리를 갖지 않는다는 것이다.[29]

4. 쟁점과 그 조정방안

1) 쟁점

이상의 고찰을 통해 위 두 학자의 주장에 내포돼 있는 쟁점을 정리해보면 다음 세 가지가 될 것 같다.

첫째는 권리와 의무란 모두 다 대칭적 상호성을 갖는가 아니면 일부만 그런가 하는 것이다. 리건과 코헨, 두 사람 모두는 먼저 동물이 쾌고 감정을 가지고 있으며 동물을 학대해선 안 될 의무가 우리에게 있다고 보는 점에선 의견이 일치한다. 하지만 동물을 보호해야 하는 근거를 대는 관점에선 의견 차이가 크다.

---

28 Ibid., pp.35~36 참조.
29 Ibid., pp.35~36 참조.

리건은 동물 가운데 '삶의 주체'라는 조건을 충족한 존재들은 인간과 마찬가지의 내재적 가치를 지니며, 이를 지닌 존재들은 마땅히 존중받을 권리를 가지고 있고, 따라서 우리는 이 권리를 존중할 의무가 있다고 말한다. 리건에 따르면 존중의 원리에 의해 동물을 소중히 대우해야 할 의무를 지는 것은 동물이 권리를 갖는다는 데서 정당화된다. 즉 리건의 주장에는 권리와 의무는 대칭적 상호 관계에 있다는 전제가 깔려 있는 것이다. 바꿔 말하면 리건은 A가 B에 대해 무엇을 요구할 권리를 갖는 것은 B가 A에 대해 그것을 들어줄 만한 의무가 있다는 식으로 모든 권리와 의무 간 관계를 파악한다는 것이다.

코헨 역시 권리와 의무 간 관계가 대칭적 상호성을 띤다는 점은 인정하면서도 권리와 의무 모두가 다 그런 성질을 갖는 것은 아니라고 주장한다. 권리와 의무 간 관계가 대칭적 상호성을 보이는 경우도 있지만 그렇지 않은 경우도 있다는 것이다. 리건의 주장은, 모든 권리는 의무를 수반하므로 모든 의무 역시 권리에 의해 수반된다는 전제에 의거하고 있는데 이야말로 착각이라는 게 코헨의 입장이다. 이는 마치 "모든 개는 포유동물이다"라는 명제에서 "모든 포유동물은 개다"라는 명제를 추론해내는 것으로 논리적 추론상의 오류를 범하고 있다는 것이다. 가령 자발적 서약이나 약속, 공무원의 책무, 손님에 대한 주인의 친절, 가족 간 도움 그리고 동물 보호 등은 권리에 대칭되는 의무들이 아니라고 그는 말한다.

이러한 관점의 차이는 결과적으로도 큰 차이를 불러온다. 리건에 따르면 '삶의 주체' 기준을 충족하는 존재라면 동물 역시 인간과 마찬가지로 존중받을 권리를 가지므로 당연히 그 귀결은 육식의 중단으로 이어지게 된다. 반면에 코헨에 따르면 우리가 동물을 보호해주거나 학대하지 말아야 할 의무는 동물의 권리에서 발원하는 게 아니다. 이는 마치 개 주인에게 개를 산보시키고 아프면 병원에 입원시켜 줄 의무가 있다고 하여 그것이 개가 갖고 있는 권리에서 비롯하는 것이 아닌 것과 같은 이치다. 물론 동물을 함부로 다뤄도 된다는 것은 아니지만 기존의 관행인 동물 실험 등과 같은 행위의 중단을 요구하지는 않는다.

두 번째 쟁점은 공정하게 대우받을 수 있는 권리를 부여할 수 있는 대상에는 인간만이 포함되는가 아니면 동물도 포함되는가 하는 것이다. 리건이 주장하는 삶의 주체 개념에는 정상적인 1세 이상의 포유동물은 전부 포함된다. 이들은 공정하게 대우받을 권리를 갖는데 이는 비획득권리, 곧 자연적 권리로서 리건은 이를 '기본권'이라 부른다. 동물을 포함한 삶의 주체들이 갖는 기본권은 계약이나 합의의 산물이 아니라 원래부터 천부적으로 주어지는 객관적 가치이다.

반면에 코헨은 인간 이외의 존재에게 권리를 부여하는 그 자체에 대해 반대한다. 권리란 본래 인간 세계에 기원을 두고 있고 따라서 인간 세계 안에서만 적용되므로 이 세계를 떠나서는 아무 의미가 없다는 것이다. 동물에게 권리를 부여하는 것은 인간 세계에서만 의미를 지닐 수 있는 도덕적 범주를 동물 세계에 적용하는 범주 혼동을 범하는 것이다. 동물의 삶은 전적으로 도덕과 무관하며 따라서 동물세계에선 도덕적 잘못도 없고 권리도 없다는 주장이다.

세 번째 쟁점은 인간을 포함하여 동물에게 권리를 부여할 수 있는 근거는 무엇인가 하는 점이다. 리건은 1세 이상의 포유동물은 존중의 원리에 따라 인간과 마찬가지로 공정하게 대우받을 권리를 갖는데 그 근거는 삶의 주체 기준과 내재적 가치이다.[30] 삶의 주체 기준을 충족하

---

30 여기서 의문스러운 점은 이 내재적 가치의 개념이 매우 불명확하다는 점이다. 대체 내재적 가치가 무엇인지 이에 대한 구체적 설명이 없기 때문이다. Mary Anne Warren, "Difficulties with the Strong Animal Rights Position," in Robert M. Baird and Stuart

는 존재들은 내재적 가치를 가지므로 존중의 원리에 따라 공정하게 대우받을 자격이 있다는 것이다. 삶의 주체 기준이란 믿음과 욕구, 지각력, 기억력, 미래에 대한 의식, 감정적인 삶, 선호와 복지 관련 이익, 자신의 욕구와 목적을 추구하기 위해 행동하는 능력 등을 충족하는 것을 말한다.

반면에 코헨이 권리를 부여하는 근거로 삼고 있는 것은 도덕적 자율성과 도덕원리의 창안 능력이다. 인간은 자신의 행동방향을 밝히기 위한 도덕원리를 고안해내는 능력이 있으며 이를 준수하는 능력 또한 있는데 이는 모두 다 자율적 판단의 결과이다. 그러나 동물세계에선 이러한 능력을 발견할 수 없으며, 설령 어떤 행동을 해도 되고 해선 안되는 줄 알고 있더라도 그것은 조련의 결과일 뿐 자율적 판단 결과가 아니다. 동물은 도덕 공동체의 구성원이 될 자격이 없으며 따라서 권리 또한 가질 수 없다는 것이다.

2) 쟁점의 조정 방안

이상의 쟁점을 이제 필자의 입장에서 나름대로 정리해볼 차례다.

E. Rosenbaum, eds., *Animal Experimentation*(New York: Prometheus Books, 1991), pp.89~92 참조; 그리고 삶의 주체 기준을 어느 정도까지 충족해야 내재적 가치를 갖게 되는지도 분명하지 않다. 또 리건은 한편으로는 매우 강한 동물의 권리를 주장하면서 다른 한편으로는 인간과 동물을 동등하게 대우하지 않아도 좋다는 것을 인정하고 있다. 하나의 구명보트에 네 명의 인간과 한 마리의 개가 타고 있는데 이 보트에는 4명까지밖에 탈 수 없다고 가정해보자(인간과 개는 거의 같은 크기임). 현재의 승선자 가운데 누군가를 방출하지 않으면 보트는 전복되어 전원이 죽게 되므로 누군가 희생되지 않으면 안 될 상황이다. 여기서 리건은 개와 인간에게서 죽음에 의해 초래되는 위해의 크기가 다르기 때문에 이러한 상황에서는 최소의 위해를 택해야 한다고 기술하고 개를 희생자로 택한다. 사실상 개에게는 인간과 동등한 살 권리가 없다는 것이다. 인간과 동물의 권리가 상충할 때 주저하지 않고 인간의 권리를 우선시키는 리건의 주장에는 일관성이 결여되어 있다. Regan, op. cit., p.285 참조.

먼저 첫 번째 쟁점에 대해 조정해본다. 권리란 법에 의해 인정되는 사람들의 힘, 곧 법률상의 힘에 의해 사람들의 이익이 보장되는 것이라 할 수 있다. 따라서 법이 있어야 비로소 권리는 존재할 수 있으므로 법이 없는 곳에선 권리가 존재할 수 없게 된다.

권리와 의무는 대칭적 상호관계에 있는 것이 원칙이지만 예외적으로 권리는 있으나 의무가 없다든지, 의무는 있으나 권리가 없는 경우도 있다. 취소권, 형성권 등이 전자에 해당한다면 헌법상의 납세의 의무, 국방의 의무 등은 후자에 해당한다.

동물은 권리 주체가 될 수 없기에 권리를 소유한다고 볼 수 없다. 그러나 이것이 우리가 동물을 함부로 다뤄도 된다는 것을 함축하진 않으므로 동물에 대한 의무가 없다고도 볼 수 없다. 만일 우리에게 동물에 대한 의무가 있다면 그것은 동물의 권리에서 발원하는 게 아니라 우리의 자율적 판단에 따른 것이다. 이렇게 본다면 동물의 권리와 동물에 대한 우리의 의무를 대칭적 상호관계로 파악하는 리건의 입장보다 동물의 권리는 없으나 동물에 대한 우리의 의무를 인정하자는 코헨의 입장이 현재로서는 더 설득력이 있어 보인다.

법철학자 하트(H. L. A. Hart)에 따르면 법적 권리와 도덕적 권리가 동일하진 않으나 상당한 긴밀성을 가지며 법적 권리에 대한 분석이 도덕적 권리에 대한 설명에 상당한 정도로 적용될 수 있다.[31] 따라서 리건과 코헨의 입장 중 어느 쪽이 더 설득력이 있다는 평가보다 더 중요한 것은 양자의 입장을 토대로 실현 가능한 방안을 모색하는 것이라 본다.

도덕은 당위규범이고 법은 제재규범이다. 도덕적 행위란 의무감에 의거한 행위이고 법적 행위란 강제가능성 내지 제재가능성이 있기 때

---

31 최봉철, 「법과 도덕의 비교」, 『성균관법학』 제19권 제2호(2007.8), 607쪽 참조.

문에 하게 되는 행위다. 그런데 법적 규제의 이면에는 도덕적 이유 또한 내재하고 있음을 잊어선 안 될 것이다. 가령 법에는 살인 금지 규정이 있는데 이를 지켜야 하는 이유는 법의 명령 때문이라기보다 중대한 도덕적 명령이라는 이유 때문이다.[32] 동물의 권리를 보호하려면 도덕적 권리가 아닌 법적 권리를 부여하는 방안이 훨씬 더 높은 효과를 거둘 수 있다는 판단이 드는 근거다. 물론 동물의 권리 침해 시 도덕적 비난이라는 제재를 가하는 것만으로도 거기에 충분히 맞설 수 있다면 가장 이상적이겠지만 현실은 그와 너무나 동떨어져 있기에 법적 권리 부여 방안을 모색함으로써 역으로 접근하자는 것이다.

도덕적 의무에는 '해야 한다'는 내적 지지가 존재하며, 법적 의무에는 여러 가지 상황을 고려할 때 '하지 않을 수 없다'는 판단이 존재한다. 물론 이론적으로는 전자가 후자보다 근원적이고 선차적이지만 현실에선 그 선후관계가 반드시 존중되지만은 않는다. '하지 않을 수 없다'는 의식의 강화를 통해 '해야 한다'는 의식을 확산시켜나가는 것도 하나의 방법이라는 생각이다.

다음은 두 번째 쟁점이다. 가령 이러한 경우를 생각해보자. 고양이가 낮잠을 자는 것, 긴팔원숭이가 저지대 숲에서 사는 경우를 말이다. 시끄러운 전철 소리 때문에 고양이가 낮잠을 잘 수 없었다는 이유로, 숲의 파괴로 긴팔원숭이가 서식지를 잃었다는 이유로 전철회사나 삼림청 등을 상대로 법원에 소송하여 손해배상을 청구할 수는 없을 것이다. 고양이 입장에서 보면 낮잠을 자는 일도 권리일 테고, 긴팔원숭이 입장에서 보면 숲에서 사는 일도 권리일 테다. 그러나 그것은 고양이의 권리이고 긴팔원숭이의 권리일 뿐 사람의 권리는 아니다. 권리라고

---

32 위의 글, 605쪽 참조.

말할 수 있으려면 적어도 상대가 사람이라는 사실을 상기해야 하며 권리는 어디까지나 사람과 사람 사이의 일인 것이다.[33]

우리가 권리를 주장하기 위해선 법률이 인정한 지위를 지녀야 한다. 가령 소유권이 있어서 누구에게나 '이건 내 것이다'라고 주장할 수 있는 지위에 있다든가, 갑이 을에 대해 채권을 갖고 있어서 채권자라는 지위에 있다든가, 친권이 있는 부모가 자녀에 대해 기대할 수 있는 지위라든가, 남편과 아내라는 지위에 있다든가 하는 지위가 있고 그 지위에는 법률이 보호해줄 근거가 있어야 한다는 것이다.

예를 들어 어느 개장수가 보양탕집에 팔아치울 목적으로 내 개를 강제로 끌고갔다고 했을 때, 나는 개의 소유주라는 법률적 지위가 있고 따라서 그 개장수를 상대로 소송을 제기할 수가 있다. 그러나 개는 소송을 제기할 만한 법률적 지위에 있지 않으며 따라서 개에게는 어떠한 권리도 없게 된다. 법률이 보호하지 않는 지위에는 어떠한 권리도 주어지지 않기 때문이다.

공장식 축산 방식을 통해 대규모로 생산되는 동물 사육을 비롯한 그 밖의 동물 이용을 멈추게 하려면 동물 또한 법률이 보호하는 지위를 확보할 수 있도록 법률 개정이 수반돼야 한다. 동물 소유자가 자신의 소유 동물을 일종의 수단으로 함부로 처분할 수 있는 현행 방식 속에서는 동물이 어떤 권리를 갖는다고 주장한다 해도 그것은 메아리 없는 외침에 불과할 뿐이다. 권리라는 개념이 종이호랑이가 되지 않으려면 권리에 대한 침해를 제재할 수 있는 사회적 제도가 마련돼야 한다는 것이다.

33 우에다 타모츠·기쿠모토 하루오, 『법률을 story telling한 법률산책』, 김현숙 옮김 (서울: 자유토론, 2009), 67~69쪽 참조.

물론 인간의 모든 관계가 권리와 의무로 규정될 수 있고 또 그러해야 한다고 주장할 수는 없다. 모든 문제를 법정에서의 권리 개념으로 인간관계를 규정지으려는 태도에는 문제가 많다고 할 수 있기 때문이다. 우리 사회를 좀 더 정의롭게 만들려면 개인의 권리가 존중되어야 할 영역과 권리 개념의 적용이 오히려 현명하지 못한 영역에 대한 적절한 구분이 선행되어야 한다.[34]

이러한 관점에서 본다면 동물에까지 법적 권리를 부여하는 것은 현명치 못한 태도라고 판단될 수 있을 것이다. 개인의 권리도 무한정 보호하는 것은 바람직하지 않은데 동물의 권리까지 법률로 보호한다는 것은 직관적으로 수용하기 어렵기 때문이다. 물론 동물을 이용하는 행위에 대해 반드시 법적 조치와 같은 물리력을 동원하지 않더라도 도덕적 비난이 가해짐으로써 그러한 관행은 반도덕적이라는 의식이 사회 구성원들 사이에 자리 잡고 있다면 더 이상 바랄 게 없을 것이다. 하지만 현실은 그러한 상황과는 너무나 거리가 멀기에 동물을 도덕 공동체의 성원으로 받아들여 제한적이나마 동물에게 법적 권리를 부여하는 것은 바람직하다고 판단된다.

마지막으로 세 번째 쟁점이다. 리건과 코헨은 권리를 부여하는 근거가 다르다. 코헨은 내재적 가치 혹은 권리를 오로지 인간에게만 부여하며 그 근거로 인간의 탁월성, 곧 도덕원리의 창안능력과 자율성을 든다. 우리가 살아갈 삶의 방향을 설정하고 윤리체계를 만들어가는 도덕적 능력 그리고 스스로 설정한 윤리체계를 실행에 옮기는 능력은 인간만의 고유한 능력이라는 것이다. 반면에 리건은 동물에게도 권리를 부여하기 위해 동물이 소유한 능력을 강조한다. 고통이나 쾌감 등의

---

34 최종고, 『법철학』(서울: 박영사, 2002), 556쪽 참조.

감정, 지각력, 자신의 욕구를 추구하는 능력 등을 듦으로써 인간중심주의의 범위를 벗어난다.

필자가 판단하는 바로는 리건과 같은 동물중심주의자는, 동물이 인간의 권리와 동등한 권리를 갖는다고 주장하더라도 인간이 갖는 권리가 동물의 그것보다 훨씬 더 크다는 점을 인정해야 한다고 본다. 동물이 설령 권리를 갖는다 해도 그 근거는 감각적 존재라는 이유가 제일 크므로 인간의 권리와 정확하게 동일한 내용일 수는 없는 것이다. 가령 동물의 권리는 환경적인 또는 공리적인 어떤 이유 때문에 무시될 수도 있으나 비슷한 이유로 인간의 권리가 무시되는 것은 도덕적으로 용인될 수 없다. 이 말의 의미는 동물의 권리를 인정한다고 하여 그것이 동물에게 생태계의 기본 틀을 허물게 할 정도의 특수한 우선권이 주어져선 안 된다는 것이다.

한편 코헨이 주장하는 권리 부여의 근거는 칸트 류의 전통적 사고방식에 머물러 있다. 이 부류에 속하는 인간중심주의자들은 도덕행위자로서의 조건을 아주 높게 설정하는 경향이 있다. 이들은 동물에게는 도덕 공동체의 구성원이 될 자격이 없다고 주장하며, 인간만이 가질 수 있는 성질을 특정하려고 시도한다. 코헨이 제시하고 있는 기준에서도 신생아, 중증 지적 장애자, 치매 노인 등과 같은 경계 사례 사람들의 권리를 정당화하는 것이 어렵다는 점이 자주 지적되는데 필자 역시 동의하는 바다.

내쉬에 따르면 권리 개념은 역사적으로 확장돼온 바, 그 흐름을 보면 다음과 같다. "영국 귀족: 마그나 카르타(1215), 미국 이주민: 독립선언(1776), 노예: 해방선언(1863), 여성: 수정헌법 19조(1920), 인디언: 시민권법(1924), 노동자: 공정노동기준법(1938), 흑인: 공민권법(1957), 자연: 절멸 위기종 보호법(1973)."[35] 이러한 법안들 모두가 처음으로 상정되었을 당시는 사람들의 높은 불신감으로 통과되기가 무척 힘들었다.

동물의 권리 승인 역시 마찬가지의 시련에 직면할 것이다. 하지만 내쉬는 "모든 위대한 운동은 다음의 3단계, 곧 ①조롱, ②논의, ③채택을 거쳤다"는 밀(J. S. Mill)의 주장처럼 언젠가 동물권 역시 인정받을 날이 올 것으로 예측한다.[36] 이러한 시각에서 본다면 코헨의 주장보다 리건의 주장이 시대적 흐름에 더욱 부합할 것으로 판단된다. 필자 역시 동물의 생존권을 인정하자는 주장에는 찬성하지만 그것은 어디까지나 생태계의 질서를 허물지 않는 제한적인 범위 내에 머물러야 한다고 본다.[37]

5. 맺음말

이상에서 동물권을 둘러싼 찬반논쟁을 살펴본 바, 이 논쟁에서의 쟁점은 크게 세 가지였다.

---

35 Roderick Nash, *The Rights of Nature*(Madison: The University of Wisconsin Press, 1989), p.8.

36 Ibid., pp.8~9 참조.

37 권리는 자신의 이익이나 의사를 일방적으로 주장한다고 주어지는 게 아니라 남에게 주장할 수 있는 바른 근거가 있어야 한다. 단순히 고통과 즐거움 등의 감정을 지니고 있다는 조건 만으로 권리를 승인하기는 너무나 현실성이 없다는 생각이다. 우선적으로 고등유인원과 같은 동물부터 법적 권리를 부여하고 나서 그 이외의 동물의 권리는 차차 고려해나갔으면 한다. 고등유인원에게 권리를 승인하자는 근거는 그들이 인간과 아주 유사한 특성을 지니고 있다는 데 있다. 유인원들은 인간과 99% 유사한 DNA를 공유할 뿐 아니라 지적으로도 인간과 견줄 수 있을 정도다. 가령 침팬지의 인지능력은 신생아보다 우수하다. 유인원은 또 인간처럼 서로를 보호해주고 상처를 돌봐주는 식의 이타적 행동도 할 수 있다. 이런 시각에서 워렌 역시 리건의 입장을 '강한 동물권 입장'이라 공격하며 실천 가능한 범위에서의 권리를 부여하는 '약한 권리론 입장'이 더 설득력 있음을 주장한다. Warren, op. cit., pp.89~92 참조; 필자의 입장 또한 분류한다면 '온건한 권리론'의 입장이라 할 수 있을 것이다. 동물이 인간과 동등하지는 않으나 동물에게도 인정해야 할 어느 정도의 권리가 있고 인간은 그러한 권리를 침해하지 않도록 힘껏 노력해야 한다는 입장이다.

먼저 리건은 모든 권리와 의무는 대칭적 상호관계에 있음을 전제로 동물을 존중해야 할 우리의 의무는 인간과 동등한 수준의 동물권에서 발원한다는 것을 주장하였던 반면, 코헨은 권리와 의무는 대칭적이 아니라 권리 없는 의무, 의무 없는 권리 또한 존재한다는 전제 하에 동물에 대한 우리의 의무는 전자에 해당한다고 보았다.

두 번째 쟁점은 도덕 공동체의 범위에 어떤 존재까지 포함시킬 것인가 하는 것이었다. 리건이 설정하는 범위에는 정상적인 1세 이상의 포유동물이면 다 포함되는 반면, 코헨의 범위에는 어디까지나 자유롭고 자율적 존재인 인간만이 포함된다.

마지막 쟁점은 권리를 부여하는 근거에 관한 사항이었다. 어떤 존재에게 권리를 부여할 수 있으려면, 리건은 지각력, 기억력, 고통이나 쾌감 등의 감정적인 삶 등의 조건을 충족해야 한다고 보았던 반면, 코헨은 자율성, 도덕원리의 고안 능력 등이 필요하다고 보았다.

이상의 고찰에서 알 수 있다시피 두 사람의 동물에 대한 태도는 극명하게 갈리고 있다. 리건이 동물중심주의에 속한다면 코헨은 전형적인 인간중심주의자에 속한다. 이와 같은 입장 차이는 다른 많은 학자들 사이에서도 찾아볼 수 있다. 먼저 코헨과 같이 동물을 직접적 배려 대상으로 여기지 않는 부류에 속하는 이들로는 데카르트, 홉스, 로크, 칸트 등을 들 수 있는데, 이들은 비교적 옛날 철학자들이다. 반면에 리건과 같이 동물을 직접적 배려 대상으로 여기는 부류에는 헤어, 싱어, 롤스, 노직, 레이첼즈, 너스봄, 코스가드, 허스트하우스, 나딩스 등이 포함되는데, 이들은 대표적인 현대윤리학자들이다. 이들의 이론적 방향은 완전히 다르지만 동물 문제에 대해서만큼은 의견이(롤스의 경우는 복잡하지만) 거의 일치한다.[38]

이와 같이 명망 있는 현대 윤리학자들이 공통적으로 동물을 직접적

배려 대상으로 간주하는 것을 보더라도 동물 권리론은 이제 되돌릴 수
없을 만큼 영향력이 커졌음을 알 수 있다. 동물 권리론이 처음 제기되었
을 당시는 생뚱맞게 느껴졌을지 모르나 지금은 실지로 이를 논파하기가
만만치 않다. 그 까닭은 동물 권리론이 상당히 널리 공유되고 있는 규범
적 판단이나 배경이론의 결합을 통하여 도출되고 있기 때문이다.

'도덕판단은 보편화 가능하다', '유전적 차이 자체는 차별 이유가 되지
않는다', '동물도 인간과 비슷하게 괴로워한다', '인지능력이나 계약능
력과 같이 동물과 인간을 구분하는 도덕적으로 중요한 차이로 여겨지고
있는 차이는 인간들 사이에서도 존재한다', '경계사례의 사람들에게도
인권이 있고 위해를 가해선 안 된다.' 이러한 주장들의 결합을 통하여
"동물에게도 인간과 동등한 권리가 있고 위해를 가해선 안 된다"라는
결론을 도출할 수 있다는 것이다. 여기 들고 있는 규범적 판단들은 적어
도 현대인들에겐 확고부동한 확신처럼 여겨지고 있어서 부정하고 싶어
도 여의치가 않다. 동물의 권리를 인정하고 싶지 않은 이유로 위 전제
중 어느 하나를 부정하면 수용 불가의 다른 결과가 초래되기 때문이다.
가령 '유전적 차이 자체는 차별 이유가 되지 않는다'를 부정하면 성별이
나 피부색에 따른 차별도 인정하게 돼버리는 식이다.[39]

그렇다면 여기서 제기하고 싶은 물음은 동물의 권리를 인정한다고
하여 문제가 다 해결되는 것인가 하는 점이다. 동물 권리론 역시 '적어
도 막다른 선택 상황에선 인간이 다른 동물보다 우선시된다'라는 직관
과 마주해야 한다. 이 직관을 동물 권리론 안으로 수용하기는 어렵다.
'도덕판단은 보편화 가능하다'를 비롯한 판단이나 배경이론에 '마지막

38 伊勢田哲治, 『動物からの倫理学入門』(名古屋: 名古屋大学出版会, 2010), 320쪽 참조.
39 위의 책, 321~322쪽 참조.

선택 상황에선 인간 우선'을 덧붙이면 전체적으로 앞뒤가 맞지 않게 되기 때문이다. 동물의 권리를 인정하되 인간과 완전히 동등한 차원에서 인정하기는 어려우므로 제한적인 범위 안에서 고려할 수밖에 없는데 그러려니 논리적 일관성의 문제에 봉착하고 마는 것이다.

이 상황에서 돌파구는 바로 반성적 평형을 통해 찾을 수 있지 않을까 한다. 반성적 평형 방법[40]은 어떤 도덕 문제에 관한 숙고된 도덕판단과 도덕원리, 그리고 배경이론 간의 정합을 통해 그 문제 관련 도덕원리를 산출하고자 한다. 즉 이것은 위 3자 간의 조화로운 평형을 이뤄나가면서 원래의 도덕원리가 수정 보완되어 도덕문제에 관한 가장 적절한 도덕원리를 얻어내고자 하는 방법이다. 이 방법의 적용을 통한 동물의 권리 문제 해결 과제는 차후의 연구과제로 미뤄두고자 한다.

---

40 이에 관한 자세한 설명은 김상득, 「서양철학의 눈으로 본 응용윤리학」, 『범한철학』 제29호(2003), 5~34쪽 참조; 동물의 도덕적 지위 문제 해결에 이 방법을 직접 적용함으로써 그 대안을 모색하고자 처음으로 시도한 연구로는 김명식, 「반성적 평형과 동물의 지위」, 『환경철학』 제7집(2008), 195~223쪽 참조.

◆ 제6장 ◆

채식주의의 윤리학적 근거

1. 머리말

창의성과 도전정신의 대명사, 이 시대 청년들의 롤 모델이 되기에 부족함이 없는 스티브 잡스, 그는 괴팍한 성격의 소유자였다. 그 괴팍함은 그의 식습관에서도 찾아볼 수 있는데, 그는 다름 아닌 채식주의자였다. 단순히 채식주의자라면 괴팍하다 할 수 없을 것이다. 채식주의자 중에서도 잡스는 과일 위주의 극단적인 채식주의자, 이른바 프루테리언이었다. 과일 위주의 채식은 몸에 해로운 점액뿐만 아니라 체취까지 형성되는 것을 막아주기에 자기와 같은 식습관을 익힌다면 체취제거제를 쓰거나 샤워를 할 필요가 없다고 그는 믿었다.[1]

잡스가 채식주의를 고집했던 것은 개인적 건강에 대한 고려였다. 채식주의자의 길로 들어서는 사람들의 이유를 보면 이와 같이 건강에 대한 고려뿐만 아니라 그 밖에도 다양함을 알 수 있다. 그 이유들 중 대

---

[1] 월터 아이작스, 『스티브 잡스』, 안진환 옮김(서울: 민음사, 2011), 71~73쪽 참조.

표적인 몇 가지를 들어보기로 한다.

먼저 건강상의 이유다. 채식주의자들이 채식을 하기로 결정하게 되는 가장 큰 이유가 여기에 있는 것으로 판단된다.[2] 실지로 채소와 과일 위주의 식사는 혈압을 낮추고 육류 단백질을 대두 단백질로 대치했을 경우엔 심혈관 질환의 위험이 감소하는 것으로 밝혀졌다. 또한 채식주의자들의 혈중 총 콜레스테롤과 LDL - 콜레스테롤의 농도가 비채식주의자에 비해 유의적으로 낮았으며 혈당과 수축기혈압도 유의적으로 낮았다고 보고되었다.[3] 이러한 여러 가지 채식의 이점에 대한 연구 결과를 보고 나서 또는 연구 결과와는 관계없이 스스로의 건강 상태를 개선하기 위해서 그 구체적 계기는 차이가 있지만 어떻든 '건강'이라는 이유가 제일 크게 고려된다.

다음으로는 종교상의 이유다. 여러 가지 이유 가운데 가장 오래 전부터 제기된 것이 이 이유였다. 우리나라에서는 중국·일본과 마찬가지로 불교의 계율이 채식주의의 주요한 근거가 되어 왔다. 불교 옹호자에 따르면 살아 있는 생명을 죽여서 얻는 고기는 우리로 하여금 헛된 욕망과 분노, 어리석음을 키워 악업을 짓게 하지만 채식은 이러한 3독에서 벗어나 자비심을 키워준다. 채식은 단순히 우리 몸의 건강을 위한 방편이 아니라 불살생을 실천하는 첫 단추라는 것이다.[4]

---

2 손금희·조여원의 연구에 따르면 이 연구에서의 조사대상자 중 한 부류인 채식선호군이 채식을 하는 이유로 종교적 이유, 건강상의 이유, 동물 보호의 이유를 들고 있는데 그 비율을 보면 30%, 40%, 30% 순으로 나타나고 있다. 손금희·조여원, 「채식선호자와 육식선호자의 식사의 질 및 비타민 K 섭취 비교 연구」, 『한국영양학회지』 39(6), 531쪽; 최근의 한 일간지 보도에 따르면, 한 기자가 한국채식연합 회원들을 상대로 인터뷰를 했는데, 이에 응한 7명 중 4명이 채식의 이유로 건강상의 이유를 꼽고 있다. 『프레시안』, 2011.2.4일자 참조.

3 손금희·조여원, 위의 논문, 530쪽 참조.

4 한국채식연합 홈페이지(www.vege.or.kr) 참조.

채식주의를 택하게 되는 이유로 세 번째는 안전상의 이유다. 육식은 동물에 대한 학대를 전제로 한다. 우리가 먹는 동물의 대부분은 푸른 초원이나 헛간 앞 열린 마당에서 느긋하게 노니는 '만족한 소', '행복한 닭'들이 아니다. 태어나는 순간부터 동물들은 철저하게 우리에 갇혀 질병에 시달리고 극심한 추위나 더위에 노출되며, 비좁아터진 공간에서 거칠게 다뤄지고 심지어 정신질환에 걸리기도 한다. 이러한 질병의 감염 리스크를 줄이기 위해 이번에는 대량의 항생물질이나 약품을 투여하는 방식이 동원된다. 축산 농장의 목적은 딱 한 가지, 최소 비용으로 가능한 한 최대 이익을 남기는 것이다. 한동안 사회 문제가 되었던 광우병 문제도, 최근까지 우리 사회에 엄청난 파장을 몰고 왔던 구제역도 축산의 효율화 결과 야기된 것이다. 이러한 일련의 사태를 지켜보면서 공장식 축산업의 실태를 자각하고는 동물을 긍휼히 여기는 마음에서 또는 동물 고기에 대한 불안감에서 채식주의를 택하는 이들이 이런 부류에 포함된다.

마지막으로는 환경상의 이유다. 식육 생산은 환경 파괴의 주된 원인이 되고 있다. 환경에 가장 심각한 영향을 끼치는 2대 부문의 하나인 축산업은 비료와 농약 등의 살포로 인한 수질오염, 목장의 확대로 인한 삼림 파괴, 사료용 곡물 소비로 인한 만성적인 기아, 메탄가스의 배출로 인한 지구온난화 등의 원인으로 작용하고 있는 것이다.[5]

이러한 여러 가지 이유들이 타당하고 수용 가능하다면 우리 모두는 우리 자신의 식사 방식에 대해 고민해볼 필요가 있다. 우리 인간은 먹어야 살 수 있는 존재다. 먹는 문제는 결국 '사는 것'에 관한 문제라

---

5 멜라니 조이, 『우리는 왜 개는 사랑하고 돼지는 먹고 소는 신을까』, 노순옥 옮김(서울: 모멘토, 2011), 117~118쪽 참조.

할 수 있고, 이는 나아가 '어떻게 살아야 할 것인가?' 하는 문제에 대한 자각을 요청한다. 그러나 먹는 문제는 일상적이고 반복적이라는 이유로 그 중요성에 비해 너무나 과소평가되고 있고, 따라서 '삶의 문제'로까지 나아가지 못한다.

이제 무엇인가를 먹는다는 것, 특히 육식을 한다는 것은 나 자신만의 개인적 차원을 넘어서서 사회적·환경적 영향까지도 끼친다는 사실을 자각할 필요가 있다. 이러한 자각은 우리의 먹는 행위에 대한 근원적인 반성과 더불어 윤리적 문제의식을 요청한다. '인간 이외의 다른 유정적 존재들의 무차별적 희생을 전제로 하는 우리의 삶의 방식(=식사방식)은 윤리적으로 바람직한가?', '인간 이외의 다른 유정적 존재들의 죽음을 바탕으로 지탱되고 있는 현 사회의 식사방식은 계속 유지돼도 좋은가?'

우리의 삶의 방식은 인류 역사 시초부터 비인간 동물들의 희생에 의존해왔고, 현재 또한 그러하다. 그러나 유의할 점은 과거의 삶의 방식과 현재의 그것은 차원이 다르다는 점이다. 특히 공장식 축산업의 대두를 기점으로 그 이전에는 비인간 동물 의존도가 어떠한 문제의식을 불러일으킬 정도가 아니었으나 그 이후의 동물의존도는 윤리적 문제의식을 불러일으키기에 충분해 보인다. 이러한 관점에서 볼 때 현재 우리의 식생활 방식에 대한 윤리적 문제 제기는 정당하며, 또 이러한 문제 제기는 식생활방식의 변화, 이른바 육식 문화에 대한 재고를 요청한다.

채식주의는 식습관에 있어서 선택 가능한 바람직한 당위이며, 채식주의자가 되는 것, 곧 채식주의를 실천하는 것은 진지하게 고려해볼 만한 윤리적 명령이라 할 수 있다. 이와 같이 채식주의가 선택 가능한 당위라면 이는 윤리학적 가설이 되며, 이 가설이 비채식주의자들에게도 설득력을 가지려면 합리적 근거 제시가 요구된다. 이에 본 장에선

채식주의의 윤리학적 근거를 마련하는 데 그 목적을 두고자 하며, 그
전 단계로서 보다 균형 잡힌 시각으로 이 문제에 접근하기 위해 채식
주의에 대한 비판들을 먼저 검토해보고자 한다.

2. 채식주의에 대한 비판과 그 검토

1) 채식주의와 영양실조

채식주의가 지속적으로 비판받는 측면 가운데 하나는 영양 면이다.
채식주의는 필연적으로 심각한 영양실조를 초래한다는 것이다. 실지
로 이를 입증하는 사례도 있다. 미국의 사례이긴 하지만 채식을 하다
가 육식으로 전향한 미국인은 현재 채식 인구보다 3배가 많다고 한다.
그리고 채식인이 고기를 다시 먹는 가장 흔한 이유는 쇠약해진 건강이
었다.[6] 건강하게 살려면 절대로 채식만을 고집해선 안 된다는 입장이
다. 이와 관련된 주장, 몇 가지를 들어본다.

> 채식주의자가 고기를 먹는 사람들보다 건강하다는 것은 신화에 불과
> 하다.[7]

> 고기를 너무 많이 먹는 일부 사람들만 제외하면 아직도 육식을 더 강
> 조해야 하며, 채식은 그것을 주장하는 특정 종교 집단에서나 필요한 것
> 이다.[8]

---

6 할 헤르조그, 『우리가 먹고 사랑하고 혐오하는 동물들』, 김선영 옮김(서울: 살림,
  2011), 313~315쪽 참조.

7 "Myths and Facts about Beef Production," National Cattlemen's Beef Association, 존
  로빈스, 『음식혁명』, 안의정 옮김(서울: 시공사, 2002), 32쪽에서 재인용.

과다한 육류 섭취가 몸에 해롭다는 사실은 동의할 수 있지만 채식주의
자들의 영양관에는 신뢰할 수 없는 구석이 많다.[9]

육식과 채식을 골고루 하는 것이 건강에 유익한데 구태여 신뢰할 수
없는 채식을 고집하여 건강을 잃을 필요가 어디 있느냐 하는 것이다.
여기서 제기되는 의문은 그렇다면 채식주의는 근원적으로 영양실조를
초래하고 건강을 잃게 만드는가 하는 것이다.

사실 영양실조에 빠진 채식주의자 관련 뉴스가 전해지는 경우가 가
끔 있다. 그러나 그 채식주의자가 어떤 유형의 채식주의자인지에 대해
선 정확하게 전달되지 않는다.[10] 뉴스 시청자 역시 채식주의자의 유형
에 대한 관심이나 지식도 아직은 그리 많지 않은 것이 보통이다. 따라
서 이런 류의 뉴스는 고기를 먹지 않고 야채만 먹는 채식주의자라는
괴짜가 빈약한 식사 탓으로 건강을 잃게 된 어리석은 사건이라는 인상
을 뉴스 시청자들에게 심어줌으로써 역시 인간에게는 고기가 필요하
다는 점을 재확인시켜주는 역할을 한다.

그러나 실지로 영양실조에 빠지는 채식주의자는 소수이고 게다가

8 윤방부, 「육식을 더 강조해야 할 때」, 한국식품공업협회, 『식품가공』 제98호(1989),
58쪽.
9 황병익, 「채식주의의 올바른 이해와 대책」, 한국종축개량협회, 『젖소개량』 제7권
제3호(2002.3), 22쪽.
10 채식주의자의 유형에 대해서 간략히 소개하면 아래와 같음(※ ×: 먹지 않음, ○: 먹음).

구분	육고기	물고기	난류	유제품
비건(vegan)	×	×	×	×
락토(lacto) 채식주의자	×	×	×	○
오보(ovo) 채식주의자	×	×	○	×
락토-오보(lacto-ovo) 채식주의자	×	×	○	○
페스코(pesco) 채식주의자	×	○	○	○

자신이 신봉하는 채식주의를 문제 있는 방식으로 실천하는 경우가 대부분이다. 다시 말하면 영양실조에 걸리는 채식주의자는 거의 예외 없이 비건(vegan)이고, 게다가 필요한 주의를 기울이지 않고 되는 대로 비거니즘(veganism)을 실천한 결과 함정에 빠져버리는 것이다.[11]

이와 관련해서 우리가 알아야 할 사실이 하나 있다. 그것은 채식주의자의 대부분은 락토 – 오보 베지테리언이고, 이런 채식주의자의 경우는 영양실조에 걸리는 사례가 결코 있을 수 없다는 사실이다. 영양실조가 문제가 되는 것은 오로지 비건이고, 게다가 아주 일부의 부주의한 자가 부주의 탓으로 당하게 되는 재난밖에는 없다는 점이다.

오히려 동물성 위주 식단을 피할 때 건강 면에서 얻는 이득이 많음을 피력하는 채식주의자들이 많다는 사실을 숙지할 필요가 있다. 이와 관련하여 채식주의자인 메이슨과 영양학 전문가 콜린 캠벨의 이야기를 직접 들어보기로 한다.

> 내 인생 대부분을 채식주의자로 살면서 아파본 경험이 거의 없다. 현재 68세이며 여러 해 동안 비건으로 지냈는데 지금처럼 건강했던 적이 없다. 서른 살 때보다 몸무게가 적게 나가고, 마흔 살 때보다 힘이 넘치며, 쉰 살 때보다 감기에 걸리거나 잔병치레하는 경우가 적다. 전 생애를 통틀어 그 어떤 중병도 앓아본 일이 없다.[12]

> 모든 암과 심혈관 질환, 기타 퇴행성 질환의 대부분, 아마도 80% 내지 90%는 적어도 아주 고령이 될 때까지는 단순히 식물 위주의(채식주의) 식사를 함으로써 예방할 수 있다.[13]

---

11 田上孝一, 『實踐の環境倫理學』(東京: 時潮社, 2006), 126쪽 참조.

12 J. M. Masson, *The face on your plate: The truth about food* (New York: W. W. Norton, 2009), p.165, 할 헤르조그, 앞의 책, 314쪽에서 재인용.

위 사례에서와 같이 대다수 사람들에게 채식은 건강한 삶의 안내자이며, 실제로 순식물성 식단이 고기가 다량 포함된 식단보다 일반적으로 좋다는 연구 결과들이 있다.[14] 영양실조라는 문제는 세간의 풍문과는 반대로 대다수 채식주의자와는 상관없는 일이며, 대다수의 진지한 비건에게 있어서도 사실은 관계없는 이야기다. 따라서 채식주의자가 되면 영양실조에 걸린다는 비판은 요점을 벗어난 주장이라 할 수 있다.

2) 채식주의에 의한 환경 파괴

무분별하게 쇠고기 소비를 늘리는 것은 지구 환경에 심각한 데미지를 입힌다는 사실에서 상징되듯이 환경윤리학적 관점에서 채식주의 문제를 고찰한다는 것은 채식주의에 정당성을 부여하는 것과 결부된다. 그런데 아이러니하게도 환경윤리학의 입장에서 채식주의야말로 환경에 심각한 데미지를 끼친다는 견해를 제기하는 이가 있다. 채식주의를 당연히 옹호할 것으로 간주되는 관점에서 오히려 채식주의에 대한 비판이 제기된다는 것은 중대한 사안이기에 필연적 고찰을 요하는 문제다. 채식주의를 오히려 비판하고 있는 환경윤리학자는 바로 캘리코트인데, 그의 비판 내용은 이렇다.

> 생태학적 관점에서 볼 때 인간이 보편적으로 채식주의자가 된다는 것은 육식을 선호하는 잡식동물로부터 초식동물로 인간 적소(niche)의 경계선이 이행하는 것과 다름없다. 이 이행은 영양 피라미드에서의 경계선이 1단계 밑으로 하강하는 것이고, 이는 결과적으로 인간에서 끝나고 있

---

13 T. Colin Campbell & Thomas M. Campbell, *The China Study* (Texas: BenBella Books, 2006), 멜라니 조이, 앞의 책, 124쪽에서 재인용.

14 손금희·조여원, 앞의 논문 참조.

는 먹이사슬을 사실상 단축시킨다. 이것은 식물로부터 인간으로의 바이
오매스의 태양 에너지 변환 효율성이 증가되는 것을 의미한다. 그리고
이로 인해 동물이라는 중간물을 걸러뜀으로써 인간에게 있어서 이용 가
능한 식량 자원이 증가한다. 과거의 경향이 압도적으로 보여주고 있듯이
인구는 필시 잠재력을 따라서 확대되므로 팽창을 가져온다. 최종적인 결
과는 인간 이외의 존재는 얼마 안 되는 반면 인간 존재는 그 수가 훨씬
불어난 모습이 될 것이다. 물론 인간 존재는 가축동물들이 요구하는 것
보다 훨씬 더 자신의 삶을 개선하려는 요구를 가질 것이고, 이는 현재의
환경 하에서보다도 다른 '자연 자원(피신처용 나무, 표토와 그 식생을 희
생으로 한 광산 채굴 등)'에 아주 무거운 부담을 지울 것이다. 그러므로
채식주의자가 된 인구는 아마 생태학적으로 파멸적이 될 수밖에 없을 것
이다. 고기를 먹는 것이 전적으로 야채만을 먹는 것보다 생태학적으로
더욱 책임 있는 행동이 될 수 있다.[15]

　캘리코트의 주장은 사람들이 보편적으로 채식주의자가 됐을 때 식
량 자원의 증가로 인해 인구가 크게 늘게 되고 이것이 생태계에 파멸
적인 영향을 끼친다는 것이다. 또 캘리코트는 채식주의자가 동물 학대
를 이유로 식육공장을 비판하는 점에 대해서도 다음과 같이 비판한다.

　　윤리적 채식주의는 어느 모로 보나 인간은 식물을 소비해야 한다고
주장한다. 심지어 토마토가 수경법으로 재배되거나 상추에 염소화탄화수
소가 잔뜩 묻혀 있거나 감자가 화학비료에 의해 속성 재배되거나 그리고
시리얼이 화학적 방부제의 도움으로 보존되는 경우조차 식물 소비를 고집
한다. 대지윤리는 동물 사육 방식과 마찬가지로 식물 또한 기계적-화학적
방법으로 변형되는 것에 이의를 제기한다. 내가 생각하건대 중요한 것은

15 J. Baird Callicott, "Animal Liberation: A Triangular Affair," in Robert Elliot, ed.,
Environ mental Ethics (New York: Oxford University Press, 1995), p.55.

동물 고기에 반대한다는 차원에서 식물을 먹는 것이 아니라, 특히 살충제, 제초제 그리고 야채 생산량을 최대화하기 위한 화학비료의 자유로운 적용을 포함한 공장 농업의 그 모든 현상에 대해서 저항하는 것이다.[16]

채식주의자들이 공장식 농장에서 생산되는 동물 고기를 멀리할 것을 주장하지만 정작 자신들이 기계적 – 화학적 생산방식에 의해 생산되는 식물을 먹는 것에 대해선 깨닫지 못하고 있다는 것이다. 캘리코트는 이어서 다음과 같은 결론을 이끌어낸다.

> 무엇을 먹어야 할까 하는 윤리적 문제에 관해서 대답한다면, 동물 대신에 식물이 아니라 근원적으로 기계적 – 화학적인 방식에 반대되는 방식으로 생산된 식품이어야 한다. … 즉 야생동물을 사냥하거나 소비하거나 혹은 야생식물을 모으거나 하는 것, 이와 같이 원시적인 인간의 생태학적 적소 한도 내에서 살아가는 것이다. 두 번째로 가장 좋은 대안은 자신의 과수원, 정원, 닭장, 돼지우리, 그리고 농가마당으로부터 먹는 것이다. 세 번째로 가장 좋은 대안은 이웃사람이나 친구로부터 유기농식품을 구입하거나 교환하는 것이다.[17]

이상에서 살펴본 캘리코트의 채식주의 비판에 대하여 반론을 펴는 학자 또한 있다. 바로 피터 웬즈라는 학자인데, 그는 채식주의가 일반화됐을 때 인구 폭발이 일어날 수 있다는 주장에 관해서 다음과 같이 반박한다.

> 그는 ……인구란 사람들이 이용할 수 있는 식량에 따라서 증가하는

---

16 Ibid., p.56.
17 Ibid., p.57.

경향이 있다는 '과거의 경향'(그는 맬서스를 증거로 삼고 있는 것 같다)을 기초로 주장한다. ……그러나 맬서스의 예언은 틀림없이 사실에 기초하고 있지 않다. 현대의 산업 및 후기산업사회(예를 들면 서구, 일본, 미국)는 거의 예외 없이 ……식량을 이용할 수 있는 가능성의 증가가 인구 증가에 부정적으로 작용하지 않음을 명확히 보여주고 있다. 이들 국가에서의 인구는 모두 안정되어 있고, 항상적이거나 조금씩 감소하고 있다. ……캘리코트가 기술하는 채식주의와 인구 증가 간의 관계는 사실적으로 근거가 없다.[18]

웬즈의 논리에 따르면 캘리코트의 주장은 수용하기 어려워진다. 동물의 경우는 먹이를 섭취하는 환경의 변화에 의해 생태계가 근본적으로 바뀔 수 있지만 인간의 경우는 다르다. 인간은 결코 빵만으로 사는 존재가 아니기 때문이다. 인간이 지구환경에 가장 강력한 영향력을 끼치는 존재라는 사실은 분명하며, 그리고 이 사실은 인간이 동물의 일종이면서도 여타 동물과는 다른 생태계를 구성할 수 있다는 것을 의미한다. 이점을 인정하지 않고 환경의 관점에서 인간과 동물의 지평을 융합시켜버리면 인간의 행동을 '적소'라는 생물학적 범위에서 완벽하게 설명할 수 있다고 착각하게 된다. 이러한 착각을 기초로 채식주의자가 된 인간의 행동은 초식동물의 행동과 유비할 수 있다고 굳게 믿게 되고, 초식동물이 된 인간은 당연히 초식동물로서 행동할 때 그 기계적 반응의 결과가 환경 파괴라는 생각이 미친다. 캘리코트의 주장의 배후에는 바로 이러한 사고가 깔려 있을 것으로 짐작된다.

캘리코트는 '동물 대신에 식물' 섭취를 주장하는 채식주의자의 삶은

---

18 Peter S. Wenz, "An Ecological Argument for Vegetarianism," in Kerry S. Walters and Lisa Portmess, *Ethical Vegetarianism* (Albany: State University of New York Press, 1999), p.98.

반생태적이며, 원래 주어진 생태학적 적소 안에서 살아가는 것, 잡식동물로서의 본성을 유지하며 살아가는 것, 이게 이상적인 삶이라 말하고 있다. 물론 그렇게 '생태학적 삶'을 살아갈 수 있으면 얼마나 좋으련만 현실은 전혀 그러한 삶을 허락하지 않는다는 데 한계가 있는 것이다.

3. 채식주의의 윤리학적 근거

1) 채식주의의 환경윤리학적 근거

환경윤리학의 기본적 주장 가운데 하나는 탈인간중심주의, 이른바 인간 중심의 도덕 공동체의 범위를 확대할 것을 강조한다는 점이다. 이러한 관점에서 볼 때 현재 우리 인간들의 동물에 대한 태도는 개선의 여지가 아주 많다. 인간은 아직까지도 인간 이외의 동물들을 존엄성 면에 있어서 완전히 별개의 존재로 취급하고 있다. 인간 = 목적, 동물 = 수단이라는 사고가 여전히 팽배하다는 것이다. 이러한 사고 틀을 개선하는 것은 동물을 도덕 공동체의 구성원으로 수용한다는 것이고, 이는 곧 채식주의와 결부된다.

채식주의란 언뜻 생각하면 야채를 먹는 것을 연상할지 모르지만 사실은 전혀 그렇지 않다. 채식주의자를 뜻하는 vegetarian이라는 용어는 건강하고 생기가 넘치는 활발한 모습을 형용하는 라틴어 vegetus에 근거하고 있는 반면 vegetable과의 연관성은 강조되고 있지 않다. 따라서 채식주의자란 야채를 먹는 사람이 아니라 활기차게 살기 위해 동물식을 피하는 사람이라는 의미이다. 말하자면 채식주의자란 베지테리언의 어원인 '건강'의 의미를 인간의 육체뿐만 아니라 마음이나 정신의 건강, 동식물의 건강 또 사회와 지구의 건강이라 생각하고, 이를

위한 식생활에 육류를 포함시키지 않는 사람인 것이다.[19]

육류의 원천인 동물을 먹지 않는다는 것이 환경윤리학적 관점에서 볼 때는 동물을 도덕 공동체의 구성원으로 받아들인다는 것인데, 그렇게 받아들여야 하는 이유는 동물 사육이 지구 환경에 끼치는 부담이 그만큼 크기 때문이다.

이와 관련된 유엔식량농업기구(FAO)의 발표 내용을 보면 다음과 같다. 얼음으로 덮여 있지 않은 토지의 26%가 목초지로 사용되고 있고, 경작 가능한 토지의 35%가 사료 생산지로 활용되고 있다. 소와 같은 반추동물의 트림에서 배출되는 메탄이 인간에게서 유래하는 메탄의 37%를 차지하고 있고, 온난화에 무시할 수 없는 영향을 끼치고 있다. 또 집약적인 공장 축산은 전통적 농업에 비할 때 같은 량의 고기를 생산하는 데도 훨씬 많은 량의 화석연료를 소비하게 된다. 아마존의 삼림은 목축을 위한 농장으로도 개발되고 있고, 농장에서 배출되는 배설물이 환경을 오염 시키는 문제도 낳고 있다. 이와 같이 축산업은 다양한 측면에 걸쳐 환경 부하의 원천으로 작용하고 있음을 알 수 있다.[20] 이를 해결하려면 축산업을 구조적으로 개선하거나 아니면 폐기해야 할 것이다. 바로 그러할 때 세계적 식량문제뿐만 아니라 삼림파괴 문제 또한 개선될 수 있기 때문이다. 하지만 축산업의 규모는 여전히 막강한 게 현실이다. 육류 수요에 변함이 없기 때문이다.

육식에 대한 애호가 지향하는 끝은 질적으로는 '고기다운 고기'를, 양적으로는 '대량 섭취에 따른 포만감'을 추구하는 것일 게다. 이러한 목적을 달성하는 데 이바지하고자 고군분투하고 있는 대표적인 축산

---

19 田上孝一, 앞의 책, 107쪽 참조.

20 伊勢田哲治, 『動物からの倫理學入門』(名古屋: 名古屋大學出版會, 2010), 236쪽 참조.

업이 다름 아닌 쇠고기 생산이다. 쇠고기의 대량 소비는 환경윤리학의 관점에서 볼 때 다른 고기의 소비보다 그 폐해가 훨씬 더 크다. 이 말은 과잉적인 식용 소 사육이 다른 동물의 사육보다 지구 환경에 안겨주는 부하가 매우 크다는 뜻이다. 그 여러 가지 부하 가운데 가장 중요한 두 가지 사례를 중심으로 따져보기로 한다.

첫째는 소의 사육방법에서 오는 환경 부하다. 현재 세계적으로 널리 확산되고 있는 소 사육법은 피드롯(feedlot) 방식에 의한 것이다. 피드롯이란 소를 방목하지 않고 펜스가 길게 둘러쳐진 소 울타리에서 효율적으로 쇠고기를 생산하는 집단비육장을 말한다. 피드롯 소는 효율적으로 살찌워지기 위해, 또 적당하게 지방이 들어간 맛있는 고기를 생산하기 위해 소 본래의 먹이인 풀이 아니라 옥수수나 콩 등의 단백질이 많은 사료가 먹여지게 된다. 비좁은 장소에 가둬져 부자연스러운 먹이를 강요당하기에 소들의 건강이 현저히 나빠지는 것은 물론이다. 그러나 어차피 죽여서 고기로 만들 것이므로 소의 건강이 진지하게 배려되는 일은 없다. 단지 출하 때까지 병사하지 않을 정도로 주의만 하면 되는 것이다. 중요한 것은 소의 건강이 아니라 맛이기 때문이다.[21]

이와 같이 피드롯 안의 소들은 온갖 학대와 더불어 인간도 먹을 수 있는 옥수수나 콩과 같은 먹이를 제공받고 있다. 옥수수나 콩은 소에게는 부적절한 사료이지만 인간에게는 적절한 식품이 된다. 질 좋은 고기를 통한 포만감을 위해 인간이 먹을 수 있는 식량을 소 사육에 소비함으로써 만성적인 기아의 한 원인이 되고 있는 것이다.

리프킨에 따르면 미국에서 생산되는 전 곡물의 70% 이상을 소와 그밖의 가축들이 소비하고 있다. 또 그에 따르면 10억의 사람들이 만성

---

21 田上孝一, 앞의 책, 115쪽 참조.

적인 기아와 영양실조로 괴로워하고 있는 한편에서 전 세계 곡물 생산
량의 ⅓이 소와 그 밖의 가축들에게 제공되고 있다.[22] 이러한 사실은
쇠고기 중심의 육식의 비도덕성과 채식주의의 정당성을 확보하는 데
중요한 하나의 근거로 작용한다.

두 번째로 따져봐야 할 것은 쇠고기 생산의 효율성 문제이다. 다시
말하면 소에게 일정량의 사료를 제공했을 때 어느 정도의 고기가 생산
되는가 하는 영양 전환율을 봐야 한다는 것이다.

> 미국에서는 육우에게 곡물과 콩을 16파운드 정도 먹였을 때 우리가 회
> 수할 수 있는 것은 접시 상의 1파운드의 고기에 불과하다. 나머지 15파운
> 드는 동물 자신의 에너지를 낸다든지 털이나 뼈와 같은 우리가 먹지 않
> 는 동물 자신의 몸의 일부를 형성한다거나 또는 배설하는 데 쓰이고 우
> 리 손에는 이르지 않는다.[23]

이와 같은 사실에 의거하여 라페는 "곡물로 사육된 고기 중심의 식
사는 캐딜락을 운전하는 것과 같다"[24]라는 비판을 가한다.

그런데 여기서 우리는 쇠고기의 영양 전환율이 문제라면 영양 전환
효율성이 높은 다른 고기를 먹으면 좋지 않은가 하는 의문이 생긴다.
쇠고기에 비해 효율성이 높은 다른 고기들이 있기 때문이다. 대표적인
예로써 돼지고기와 닭고기를 들 수 있는데 쇠고기에 비해 돼지고기는
6대 1, 닭고기는 3대 1이다. 물론 6대 1, 3대 1이라 해도 본래 불필요한
5 또는 2를 낭비하고 있으므로 비효율적임에는 변함이 없다. 그러나

---

22 제레미 리프킨, 『육식의 종말』, 신현승 옮김(서울: 시공사, 2007), 8쪽 참조.

23 Frances Moore Lappe, *Diet for a Small Planet*(New York: Ballantine Books, 1991), p.69.

24 Ibid., p.66.

16대 1이라는 터무니없는 비율에 비한다면 6대 1 또는 3대 1의 경우는
충분히 수용 가능한 범위인 것으로 판단된다.

　이러한 사실로부터 쇠고기 소비를 그만두고 대신에 돼지고기나 닭
고기를 먹게 된다면 식량 문제에 대한 유망한 처방전이 될 수 있다는
추론이 나온다. 그런데 여기서의 문제는 돼지고기, 닭고기가 쇠고기
소비에 대한 한 대안일 수는 있으나 채식주의의 근거로는 작용하지 못
한다는 것이다. 단지 영양 전환율 면에서 유리할 뿐 여전히 육식을 장
려하는 입장에 있기 때문이다.[25] 그러나 이 대안이 환경윤리학의 관점
에서는 틀림없이 유익하다. 이는 곧 환경윤리학의 관점에만 섰을 때는
채식주의를 정당화하는 데 한계가 있음을 말해주는 것이다.

2) 채식주의의 동물윤리학적 근거

　피드롯 안에서 사육되는 소들은 살아 있는 동안 학대 받는 가운데
불행한 짧은 삶을 보낸 후 죽음을 맞이한다. 닭은 소에 비하면 효율적
으로 사육할 수 있긴 하지만 역시 살아 있는 동안 상상조차 하기 싫을
정도로 극한적으로 학대받으며, 태어난 보람도 없이 짧고 무의미한 삶
을 보내다 인간에 의해 죽임을 당한다.[26] 경제적 효율이나 환경에 대한

---

25 田上孝一, 앞의 책, 117쪽 참조.

26 영국과 유럽연합 27개국은 올해 첫날부터 배터리 케이지에서의 닭 사육을 금지하기
　로 한 반면(70년대 이후 전개된 동물권리운동의 결과로 1999년 유럽연합은 '배터리
　케이지 금지법'을 채택함. 그러나 이미 투자한 장비를 단계적으로 제거할 수 있는
　충분한 시간을 생산자들에게 보장해주기 위해 이행 시기를 2012년 1월 1일까지 유예
　함) 국내 산란계의 99%는 배터리 케이지에서 사육되고 있다. 배터리 케이지란 공장
　식 닭장을 말하는데, 닭장 한 칸의 크기가 가로 40cm, 세로 20cm 정도이며 이 공간에
　3마리씩 들어간다. 농림수산식품부 '가축사육시설 단위면적당 적정 가축사육기준'
　에 제시한 산란계 한 마리당 적정 사육 면적은 0.042㎡로, 적어도 가로 세로 20cm
　넘는 공간이 주어져야 하지만 이런 기준이 지켜지지 않는 경우도 많다고 한다. 설사

영향이라는 점에서 쇠고기 생산보다 유리한 닭고기 생산도 동물 학대 면에서는 지평을 함께 하고 있다. 이러한 사실은 인간이 먹기 위해 동물을 죽이는 것이 정당화되는가 하는 물음을 야기한다. 이러한 물음의 의미는 효율성이 높다고 하여 식육 생산이 정당화되지는 않으며, 금후의 기술 혁신에 의해 현재보다도 훨씬 더 효율성이 높은 식육 생산 시스템이 확립되더라도 현재와 마찬가지 방식인 동물에 대한 학대적 착취가 개선되지 않는 한 결코 정당화되지 않는다는 것이다.

논의를 확장시켜가기 위해 동물윤리학적 측면에서 동물에 대한 학대적 착취 문제를 논하고 있는 피터 싱어와 톰 리건의 주장을 살펴보고 이를 토대로 채식주의의 근거를 확보해보기로 한다.

(1) 피터 싱어의 동물해방론

싱어는 벤담의 사고를 계승하고 있다. 동물에 대한 처우를 개선하기 위해 일찍이 벤담은 자신의 신조인 공리주의 원칙을 적용하였다. 그에 따르면 어떤 행동에 대한 시비 판단 기준은 그 행동이 초래한 쾌고의 양이다. 한 가지 특이한 점은 이러한 판단 기준을 적용할 때 쾌고감수 능력이 있는 다른 종도 포함시켜야 한다고 본 사실이다.

싱어 역시 바로 이러한 사고를 토대로『동물해방』이라는 유명서를 펴내어 동물해방운동에 큰 진전을 가져오게 하였다. 이 책은 동물권익

이 기준이 지켜지더라도 닭은 A4용지(0.062㎡)의 3분의 2 크기에서 평생을 산다. 신문 1개 면을 반으로 접은 것(0.051㎡)보다도 작은 크기다. 닭이 날개를 펼치려면 최소한 0.065㎡, 날갯짓을 하려면 0.198㎡가 필요한데 이런 공간이 주어지지 않고 있기에 닭은 평생 날개도 제대로 펼쳐보지 못한 채 죽음을 맞이한다. 자연상태의 닭은 매년 알을 20~30개씩 꾸준히 낳으며 20년 이상을 사는 반면, 공장식 산란계는 하루에 한 알씩 2년 동안 낳다가 700~800원짜리로 유통업자에게 팔리고 있다.『한겨레신문』, 2012.1.28, 15면 참조.

보호운동의 필독서라고 하지만 동물해방에 대한 싱어의 주장은 동물에게 타고난 권리가 있다는 생각에서 발원한 것은 아니었다. 오히려 그 토대는 공정성이다. 싱어는 자신의 견해를 단 한 문장으로 간추려 제시한다. "이 책에서 나는 이익평등고려라는 기본원리가 다른 종 구성원에게로 확장되는 것을 거부할 아무런 이유가 없다고 주장한다."[27] 싱어는 종차별주의가 널리 확산되어 만연함으로써 현대인들 대부분이 종차별주의자로 살아가고 있음을 질타하고 있다.[28] 자신이 속한 종의 이익만을 중시하고 인간 아닌 종들의 이익은 배제한 채 인간 이외의 다른 종들의 이익을 희생시키고 있다는 것이다.

싱어에 따르면 이익평등고려 원리의 적용 기준은 쾌고감수능력에 있다. 한 존재가 이익을 갖는다고 할 때의 필요충분조건은 바로 이 쾌고감수능력에 있기 때문이다.[29] 쾌고감수능력이 있는 존재라면 자기 존재에 얽힌 이익이 동일하므로 모두 그 이익을 도덕적으로 공정하게 고려해야 한다는 것이 싱어 주장의 핵심이다.

그렇다면 여기서 제기해볼 수 있는 문제는 쾌고감수능력의 유무를 판정할 수 있는 기준이 무엇인가 하는 점이다. 싱어는 그 기준으로 ㉠그 존재의 행위방식, ㉡우리와의 신경체계의 유사성을 들고 있다. 이런 기준에 비춰볼 때, 진화단계가 내려감에 따라 고통감수능력의 증거 강도는 약해지는데, 포유류, 조류, 파충류, 어류가 고통을 느낀다는 것은 거의 확실하고 갑각류인 새우와 연체동물인 굴 사이의 어떤 지점이 가장 적당한 경계선일 것이라고 싱어는 말한다. 그 경계선이 정확

---

27 피터 싱어, 『동물해방』, 김성한 옮김(고양: 인간사랑, 1999), 13~14쪽.

28 위의 책, 45쪽 참조.

29 위의 책, 43쪽 참조.

하지는 않다는 것이다.

이러한 입장에서 싱어는 진화단계의 마지막인 연체동물 중 굴, 가리비, 홍합을 채식주의자임에도 자유롭게 먹었었다고 고백하고 있다. 그러나 그는 이 연체동물들이 고통을 느낀다는 것을 확신하지 못하는 만큼 고통을 느끼지 않는다는 것도 확신할 수 없기 때문에 그것을 먹지 않는 것이 좋을 것이라고 말한다. 그러면서 싱어는 이것들을 먹지 않는다면 우리에게 남는 대안은 결국 채식주의자가 되는 길밖에 없다고 주장한다.[30] 모든 동물은 그것이 하등동물일지언정 고통을 느낄 가능성이 충분하므로 채식은 불가피한 선택이라는 것이다.

그렇다면 여기서 이러한 반론을 제기해볼 수 있다. 동물에게 고통을 주지 않는 방식의 사육법을 적용하면 식용 목적의 동물 사육은 얼마든지 허용할 수 있지 않은가 하는 것이다. 현재의 기술 수준에서는 불가능하지만 가까운 장래에 선천적으로 대뇌가 없는 무통동물을 만들어낼 수 있을지 모른다. 이 동물은 태어났을 때부터 식물상태이므로 고칼로리 수액이나 유동식을 투여해서 사육될 것이다. 사육과정을 모니터링 하는 것이 불가피하므로 이에 대한 설비 투자가 드는 반면, 움직이거나 돌아다니지 않기 때문에 관리하기 쉬운 메리트가 있다. 유전자를 조작해서 쉽게 살찌우고, 가능한 한 단기간에 출하할 수 있도록 회전율을 높인다면 채산을 맞출 수도 있다. 싱어는 인간의 경우라도 선천적 무뇌아는 고통을 느낄 수 없으므로 이익평등고려권이 없다고 말하고 있기에 무뇌 돼지를 만들어 먹는 것에 대해 비난할 여지는 없을 것이다.[31]

장래에 이와 같은 무통동물 고기가 '동물 복지를 배려한 식품' 등의

---

30 위의 책, 300쪽 참조.

31 田上孝一, 앞의 책, 121쪽 참조.

이름으로 판매된다고 한다면 싱어와 같은 입장의 채식주의자는 어떻게 대처할 수 있을까? 그러한 고기가 생산된다면 더 이상 채식주자일 이유는 사라져버리는 것일까? 무통동물 고기 판매 초기에는 꺼림칙한 느낌 때문에 인기가 별로 없겠지만 시간이 흐르다보면 육식주의[32] 시스템의 주된 방어 수단인 '비가시성'에 의해 상황이 달라질지도 모른다.

하지만 싱어와 같이 고통을 기준으로 하는 동물윤리학에서는 그런 식품을 거부할 근거를 마련할 수 없다. 그러한 식품에 대하여 체계적인 비판을 가하려면 동물을 인간의 다양한 욕망을 충족시키는 수단으로 다루는 것 그 자체가 옳지 않다는 입론이 요구된다. 그것은 동물에게도 인간과 같이 목적으로서 다뤄져야 할 여지가 있다는 것, 즉 동물에게도 인간이 함부로 침해할 수 없는 동물 고유의 권리가 있음을 인정하는 것이다.

동물에게도 동물 고유의 권리가 있음을 인정하는 이론을 동물권리론이라 할 수 있다. 싱어 이론으로는 어찌할 수 없는 무통동물 고기의 판매 행위라든지 유전자가 조작된 애처로운 동물을 산출하는 행위를 탄핵할 수 있으려면 동물권리론이 요청된다. 이른바 채식주의를 확고하게 옹호할 수 있는 근거를 마련하려면 동물권리론이 필요하다는 것이다.

---

32 우리는 보통 고기 먹는 일과 채식주의를 각기 다른 시각으로 본다. 채식주의는 동물과 세상과 우리 자신에 대한 일련의 가정들을 기초로 한 선택이라고 보는 반면 육식은 당연한 것, '자연스러운' 행위, 언제나 그래왔고 앞으로도 항상 그럴 것으로 본다. 따라서 아무 자의식 없이 왜 그러는지 이유도 생각하지 않으면서 고기를 먹는다. 그 행위의 근저에 있는 신념체계가 보이지 않기 때문이다. 이 보이지 않는 신념체계를 조이는 육식주의(carnism)라고 부른다. 멜라니 조이, 앞의 책, 36쪽 참조.

(2) 톰 리건의 동물권리론

동물의 권리를 주장하는 대표적인 학자는 리건이다. 싱어가 공리주의 원리에 토대를 두고 있다면 리건은 의무주의에 근거하고 있다. 리건은 인간과 일부 동물은 '삶의 주체'로서 타고난 가치가 있기에 도덕적 고려 대상이라는 인식에서 출발한다.

채식주의의 본질은 동물 고기를 먹는 것, 즉 식육을 피하는 데 있다. 채식주의가 그 정당성을 확보하려면 식육을 왜 하지 말아야 하는지에 대한 타당한 근거를 마련할 수 있어야 한다. 식육을 하는 데는 동물 살해가 필수 조건으로 요청된다. 따라서 문제의 초점은 동물 살해의 부당성을 밝히는 데 있다. 바꿔 말하면 동물에게도 계속해서 살 수 있는 권리, 즉 생존권을 어떻게 하면 인정할 수 있느냐 하는 것이다.

우리 인간들은 우리 자신에게 생존권이 있다는 사실에 대해서 아무런 의심도 하지 않는다. 도대체 무슨 이유로 인간에게는 생존권이 부여되고 있는 것일까? 분명한 것은 통상의 인간은 생명을 유지하는 데 이익관심(interests)을 갖고 있다는 점이다. 그렇다면 생명을 유지하는 데 이익관심을 갖는 존재라면 어떤 존재든지 간에 생존권이 있다고 할 수 있지 않을까. 동물 또한 생명을 유지하는 데 이익관심을 갖고 있다는 것은 의심할 수 없다. 그리되면 동물에게도 생존권이 있다는 셈이 된다. 결과적으로 인간뿐만 아니라 인간 이외의 동물도 생존권을 갖게 되는 것이다. 생존권은 인간에게 있어서 가장 기본적인 권리에 해당한다. 가장 기본적인 생존권을 인간과 공유한다는 것은 동물 또한 인간과 같은 권리를 갖는 존재라는 점을 의미한다. 요컨대 동물에게도 권리가 있다는 것이다.[33]

---

33 Tom Regan, "The Moral Basis of Vegetarianism," in Kerry S. Walters and Lisa Portmess,

역으로 동물에게 생존권이 없다고 하면 인간에게도 없게 된다. 인간의 생존권을 위협하는 처사가 부당하다고 한다면 동물에 대해서도 역시 부당해진다. 인간이 식용 목적으로 동물을 죽이는 것은 동물의 권리 침해이고 허용되지 않는다. 이와 같이 동물 살해를 전제로 하는 식육은 부당하므로 우리 모두는 마땅히 채식주의자가 되지 않으면 안 된다.

이상의 리건의 주장에 대하여 이러한 의문을 제기해볼 수 있다. 어떤 존재가 권리를 가지려면 의무 또한 수행할 수 있어야 하는데 동물에게는 의무를 이행할 만한 능력이 없으므로 권리 또한 있을 수 없지 않은가 하는 것이다. 이 논법에 따르면 젖먹이 유아(乳兒)에게도 권리를 인정할 수 없게 된다. 유아는 어떤 의무도 이행할 수 없기 때문이다. 하지만 이를 받아들일 사람은 아무도 없을 것이다. 우리는 유아에게 어떠한 의무를 부과하는 일도 없지만 그렇다고 해서 생존권이 있음을 부정하지도 않는다. 이는 곧 의무를 이행할 수 없는 존재도 도덕 공동체의 일원이 될 수 있다는 의미이다. 권리는 일방적으로 주어지는 게 아니라 반드시 의무를 수반해야 한다는 사고는 성인이라는 일부 존재에게만 참인 것을 존재자 전체에 대해서도 참이라고 간주하는 이른바 '합성의 오류'를 범하는 것이다.

리건의 권리론에 대하여 제기해볼 수 있는 또 하나의 물음은 동물에게 권리를 인정할 경우, 권리를 갖는 동물의 범위는 어디까지인가 하는 것이다. 이 문제에 관하여 리건 역시 고민을 하고 있는데, 이와 관련하여 그는 다음과 같이 말하고 있다.

이제부터 인간이나 동물을 언급할 경우는 삶의 주체가 되는 데 요구되

---

op. cit., pp.158~159 참조.

는 정신능력을 지닌 존재들과 그것을 결여한 존재들을 구분짓는 경계선을 넘는 대상들을 가리키는 것으로 생각해야 한다. 달리 명시하지 않는 한 인간이라는 단어는 1년 이상된 모든 호모 사피엔스를 가리키는데, 정신 지체가 아주 심하거나 정신적으로 아주 빈약한 존재는 제외된다. 달리 명시하지 않는 한 동물이라는 단어는 정신적으로 정상적인 1년 이상된 포유동물을 가리키는 데 사용된다.[34]

이상의 말에서도 알 수 있듯 리건이 권리를 인정하는 범위는 정신적으로 정상적인 1세 이상의 포유류이다. 하지만 나중에는 이 경계선을 다소 수정하여 인간의 경우는 젖먹이 유아까지도 권리 인정 범위에 포함하였다.

리건의 권리론에 대하여 제기할 수 있는 마지막 물음은 고유한 가치 (inherent value)에 관한 것이다. 리건에 따르면 동물에게 인간과 마찬가지의 권리가 있다는 것은 동물도 인간과 같이 고유한 가치를 갖는 존재임을 말해 준다. 어떤 존재가 고유한 가치를 갖는다는 것은 그 존재가 최종 목적으로서 다뤄져야 하며 그 존재는 그 존재 이외의 가치를 위한 수단일 수 없다는 것을 의미한다. 곧 '인간이 고유한 가치를 갖는다'는 것은 인간이 궁극적인 목적이기에 결코 수단으로 다뤄져선 안 됨을 의미한다는 것이다.[35]

---

34 Tom Regan, *The Case for Animal Rights*, 2nd ed.(Berkeley: University of California Press, 2004), p.78; 리건은 이익관심을 갖는 존재의 범위를 어디까지 설정할 것인지에 관해 매우 조심스런 태도를 보이고 있다. 생리학과 비언어적 행동, 양 측면에서 인간과 아주 유사한 존재들(예를 들면 영장류)이 이익관심을 갖는 것은 의심할 수 없지만 이 유추를 어디까지 확대시킬 수 있는지는 파악하기 무척 어렵다고 한다. Regan, "The Moral Basis of Vegetarianism," pp.161~162 참조.

35 Tom Regan, "The Radical Egalitarian Case for Animal Rights," in Paul Pojman, ed., *Food Ethics*(Boston: Wadsworth, 2012), pp.36~37 참조.

　인간이 고유한 가치를 갖기 때문에 목적적 존재가 되듯 동물도 고유한 가치를 갖는다는 것은 동물 또한 인간과 같은 목적적 존재임을 뜻한다. 인간이 동물을 자신의 목적을 위한 수단으로써 다루는 것은 동물의 불가침의 권리를 박탈하는 셈이 되며 허용되지 않는다. 만일 동물이 수단으로 취급돼도 좋다고 한다면 인간 또한 수단으로 다뤄져도 좋다는 셈이 된다. 인간이 식육 생산에 있어서 동물들을 노예처럼 예속하는 것이 정당화된다면 인간에 대해서만 노예적 예속을 비난하는 것은 논리적 일관성이 없다. 인간과 동물은 동등하게 고유한 가치를 갖는 존재이므로 인간과 동물의 권리는 그 본질에 있어서 동일한 것이다.

　바로 여기서 우리는 인간과 동물이 권리를 본질상 동일한 것으로 간주할 때 실제적 삶에서도 과연 실행에 옮길 수 있을까 하는 물음을 제기할 수 있다. 이러한 취지에서 타가미 코우이치는 리건의 권리론을 '엄격한 권리론'이라 부르며 리건의 견해에 결코 동의할 수 없다고 주장한다.

　　리건과 같은 엄격한 동물의 권리론에 대해서 나는 아무래도 동의할 수 없다. …… 자주 이용되는 구명보트의 비유로 말한다면 한 명의 아이와 한 마리의 강아지 가운데 어느 쪽을 택할 것인가 하는 문제에서 주저 따위는 하지 않는다. 동물의 권리가 인간의 그것과 동일하다면 한 명의 아이와 한 마리의 반려동물 사이의 선택은 두 명의 아이 사이의 선택과 원리적으로 같을 것이다. 그러나 나는 구명보트에 태우는 것은 반드시 인간의 아이이지 않으면 안 된다는 것에 일말의 의문도 갖지 않는다. 오히려 한 명의 아이와 교환으로 잃게 되는 것이 백 마리의 강아지 목숨일지라도 아이 쪽을 택하는 것이 옳다고밖에 생각할 수 없다. 그러므로 나는 인간에게는 고유한 가치를 인정하지만 동물에게는 인정하지 않는다. 그렇다면 나는 나 자신의 주관적 의도와는 별도로 실은 종차별주의자에

불과할지도 모른다. 그렇다고 해도 나로서는 종차별주의의 오명을 달게 받아들이는 수밖에 없다.[36]

　코우이치의 입장은 설령 종차별주의자라는 오명을 뒤집어쓴다 하더라도 동물의 권리를 인간의 권리와 동일한 선상에 놓고 얘기할 수는 없다는 것이다. 그러니까 그는 온건한 권리론의 입장, 즉 동물이 인간과 동등하지는 않으나 동물에게도 인정해야 할 어느 정도의 권리가 있고 인간은 그러한 권리를 범하지 않도록 힘껏 노력해야 한다는 입장이라 할 수 있다.

　그런데 코우이치는 리건의 견해에 대해서 다소 오해하고 있는 것으로 보인다. 리건이 우리의 상식과 크게 어긋나는 입장에 있지 않음에도 마치 크게 차이가 나는 것처럼 오해하고 있다는 것이다. 리건은 우리가 사는 곳이 현실 세계이지 지식인들이 모여 사는 도덕적 창공이 아님을 인정하고 있다. 리건은 때로 상식을 수용하기 위해 타협도 하고 있는 것이다. 그에 따르면 가령 탑승정원이 4명인 구명보트에 4명의 일반인과 1마리의 골든 리트리버가 초과 승선했을 경우 밖으로 나가야 하는 것은 사람이 아니라 개여야 한다. 이와 관련하여 그는 "개의 죽음은 그 어떤 인명 피해와도 비교할 수 없다"[37]라고 말하고 있다. 그러니까 리건은 자신의 논리를 극단까지 몰고 감으로써 '이론의 도랑'에 빠지는 우로부터 벗어나고 있는 것이다.

　리건이 이처럼 현실과 타협하고 있다 해도 그것이 채식주의를 정당화하는 그의 이론에 어떠한 손상을 입히진 못한다. 인간의 권리와 동물의 그것이 본질상 동일하다 해도 양자 중 어느 하나를 희생시킬 수

---

36 田上孝一, 앞의 책, 124~125쪽.

37 Regan, *The Case for Animal Rights*, p.324.

밖에 없는 위기 상황에선 인간 생명이 우선시돼야 할 뿐이지 그 타협이 동물을 식용 목적으로 이용하는 것을 허락하는 것은 아니기 때문이다. 따라서 채식주의를 실천함에 있어서 동물과 인간 사이에 심각한 트레이드 오프 상황 같은 것은 발생할 수 없게 된다.

우리가 채식주의자가 됨으로써 잃게 되는 권리와 그에 따라 동물이 얻게 되는 권리는 아주 일방적이어서 그 균형이 너무도 맞지 않는다. 인간이 고기를 먹음으로써 잃게 되는 것은 동물의 생명이다. 반면에 인간이 동물을 먹지 않음으로써 잃게 되는 것은 고기의 미각에 대한 기호다. '동물의 생존권'과 '인간의 고기 맛에 대한 기호'를 결코 동등하게 취급할 수는 없다. 인간이 육식을 그만둔다면 수많은 동물의 생존권을 지켜낼 수 있는 반면 인간이 잃게 되는 것은 단지 기호밖에 없다. 채식주의의 정당성을 확보하는 데 이보다 더 훌륭한 근거를 찾기는 어려울 것이다.

4. 맺음말

육식주의에서 채식주의로의 전환은 이제 단순한 개인적 취미가 아니라 진지하게 고려되어야 할 윤리적 명령이라 할 수 있다. 육식주의 이데올로기에 묻혀 아무런 자각도 없이 육식을 지속하는 것은 개인적 건강뿐만 아니라 사회적·환경적으로도 너무나 많은 악영향을 끼치기 때문이다. 이와 같은 육식 문화를 바꿔나가려면 육식주의 이데올로기의 부당성을 밝힘과 동시에 채식주의 삶의 방식이 왜 윤리적 명령으로 요구되는지 그 근거를 밝힐 수 있어야 한다.

이를 위해 필자는 먼저 환경윤리학의 입장에서 채식주의에 대한 정당성을 확보하고자 시도하였다. 환경윤리학에선 인간 중심의 도덕 공동체의 틀을 넘어서 동물 또한 그 공동체의 일원으로 수용하길 호소한다. 식육 생산을 위한 동물 사육이 환경에 끼치는 부하가 너무나 크기 때문이다. 실지로 식육 생산은 모든 심각한 형태의 환경 파괴의 주요 원인으로 작용하고 있다. 특히 쇠고기를 얻기 위해 옥수수나 콩과 같이 인간이 먹을 수 있는 곡물을 대량으로 소에게 먹임으로써 지구촌의 만성적인 기아의 한 원인을 낳고 있다. 결국 식육 목적으로 사육되는 동물을 해방하는 것은 환경 해방뿐만 아니라 인간 해방까지 불러올 수 있는 일거양득의 효과를 갖는다. 따라서 환경윤리학의 시각에서 볼 때 육식을 왜 피해야 하는지에 대한 이유, 즉 채식주의의 정당성을 확보할 수 있게 된다.

그러나 쇠고기의 생산 효율성 면에서 볼 때는 얘기가 달라진다. 16:1이라는 형편없이 낮은 비율의 영양 전환율을 가진 쇠고기에 비해 상대적으로 영양 전환율이 높은 돼지고기나 닭고기를 먹는 것은 환경윤리적 측면에서 볼 때는 확실히 유리하고 장려할 만한 일이다. 그러나 '쇠고기 대신에 돼지고기나 닭고기 '섭취'를 장려한다는 것은 채식주의에 확실히 위배되는 처사다. 이는 곧 환경윤리적 측면에서 채식주의를 온전하게 정당화하는 데는 한계가 있음을 말해준다.

그래서 요청되는 것이 동물윤리학이다. 먼저 피터 싱어는 식용 동물 또한 인간이 느끼는 쾌고감정을 갖는다는 사실에 기초하여 동물 해방을 주장한다. 그의 주장에 따르면 쾌고감정을 느끼는 존재라면 인간이든 동물이든 그 이익관심을 공평하게 고려해야 하는 것이 원칙이다. 현대의 육식주의는 광범한 폭력 위에 서 있다. 유대인 작가 아이작 싱어가 동물을 음식으로 이용하는 인간의 방식을 나치의 죽음의 캠프가 불러온 악몽에 비유했듯이[38] 현재의 식육 산업은 동물에 대한 강제적 도살 위에 토대하고 있다. 물론 현재와 같이 만연한 육식 문화를 지탱하려면 동물에 대한 육체적 폭력은 불가피할 것이다. 이러한 폭력이 자행되는 공장식 농장의 실태를 고발함과 동시에 동물 역시 인간과 다름없는 쾌고 감정을 지닌 존재로서 인간과 동등하게 그 이익을 고려받아야 한다는 주장은 상당한 설득력이 있어 보인다.

그러나 싱어의 이론은 고통을 느끼지 못하는 방식으로 사육된 동물 고기를 먹는 행위에 대해선 그 중단을 요구할 수 없고, 따라서 채식주의의 근거를 확보하는 데 치명적 한계를 안고 있었다.

그래서 요구되는 것이 동물을 식용으로 활용하는 것 그 자체가 옳지 않다는 이론, 이른바 동물의 권리론이다. 동물의 권리를 주장하는 대표론자인 리건에 따르면 동물에게도 인간과 같이 존중받고 침해받지 않을 동등한 생존권이 주어져야 한다. 동물 역시 인간과 마찬가지로 생명을 유지하는 것에 대한 이익관심은 물론 고유한 가치 또한 지니고 있기 때문이다. 그리고 고유한 가치를 갖는 존재는 그 자체가 목적으로 다뤄져야 하며 다른 어떤 목적을 위한 수단으로 활용돼서는 안 된다. 이러한 논리에서 리건은 인간이 타인에게 가해서는 안 될 폭력적 행위는 또한 동물에게도 가해서는 안 된다고 주장한다. 이와 같은 리건의 입장에 서게 되면 채식주의의 정당성을 확보하는 데 큰 무리가 없어 보인다.

여기서 필자가 제기하고 싶은 물음이 있다. 동물 또한 인간과 마찬가지의 동등한 생존권을 가진다면, 가령 한 인간이 멧돼지의 공격으로 일촉즉발의 위기에 몰렸을 때도 멧돼지의 생존권을 인정해야 하는가 하는 것이다. 물론 이런 경우에 리건은 도덕적으로 예외가 된다고 인

---

38 잔 카제즈, 『동물에 대한 예의』, 윤은진 옮김(서울: 책읽는수요일, 2011), 144쪽 참조.

정한다. 즉 자기 방어를 위해서라면 상대편 동물을 죽일 수도 있다는 것이다.

그러나 이런 경우는 어떤가? 본인(A)도 배고프고 그 가족도 주리고 있는 상황에서 이를 해소하기 위해 멧돼지(B)를 죽여야 하는 상황 말이다. 리건의 입장에서는 잡아먹기 위한 동물 사냥은 도덕적으로 예외 상황이 아니다. 따라서 동물을 사냥할 수 없게 된다. 이 개체의 생존을 위해 저 개체의 죽음이 필수적으로 요구될 때 리건의 입장에선 뾰족한 대책이 없다. 존중받아야 할 기본 권리는 생명의 가치에 따라 다르지 않기 때문이다. 따라서 A가 동물의 생존권을 존중하는 사람이라면 당연히 딜레마에 빠지게 된다. B는 생존권을 존중받을 권리, 즉 총에 맞거나 덫에 걸리지 않을 권리가 있는 반면, A와 그 가족 역시 존중받을 권리, 즉 식량을 제공받을 권리가 있다. 이 상황에서 A는 자신을 포함한 가족과 B, 모두를 존중하는 것이 불가능하다.

이러한 딜레마를 해결하기 위해 필자는 포섭기준과 비교기준을 제시하고자 한다. 포섭기준이란 어떤 존재가 생존권을 갖는지를 결정하는 기준을 말하며, 비교기준이란 존재가 지닌 자연적 속성의 정도에 따라 생존권을 차등적으로 부여하게 해주는 기준을 말한다. 필자는 포섭기준으로는 동물을, 비교기준으로는 유정성을 삼고자 한다. 모든 동물을 도덕 공동체의 범위 안으로 포섭시켜 그들에게 동등한 생존권을 부여함으로써 채식주의의 정당성을 확보하고자 하는 의도에서다. 그러나 동물이라고 해서 모두 다 동등한 생존권을 가진 것으로 볼 수는 없다. 유정성 또는 감수성의 정도에 따라 생존권의 중요성 또한 달리 파악해야 하기 때문이다.

모든 동물에게 존중받을 생존권이 있다고 말할 수 있으나 그들 모두가 똑같은 양의 존중을 받아야 하는 것은 아니다. 이 논리에 따라 위

딜레마의 해결책을 제시한다면 비극적이긴 하나 고등동물의 생존을
위해 필수적인 하등동물이 죽을 수밖에 없다. 우리는 동물을 존중해야
하나 그 존중의 정도에는 차이가 있을 수 있다. 지능이 높고 사교적인
동물, 기초적인 도덕성과 복잡한 사회적 감정을 지닌 동물이 지능이
낮고 원시적인 동물보다 더 크게 존중받을 수 있어야 한다.

◆ 제7장 ◆

환경문제와 자본주의 논쟁

: 포스터(J. B. Foster)의 환경론을 중심으로

1. 머리말

포스터(John Bellamy Foster)는 1953년 워싱턴 주 시애틀 출신이다.[1] 1975년 워싱턴 주 에버그린(Evergreen) 주립대 졸업 후, 그 이듬해인 1976년에는 캐나다로 건너가 토론토 소재 요크(York)대학의 정치과학 대학원에 입학을 하고 거기서 석·박사 학위를 받았다(1984). 1985년에는 에버그린 주립대학의 방문 교수로 채용되었고, 1년 후에는 오리건 (Oregan)대학의 사회학 조교수, 2000년에는 정교수로 임용되어 현재에 이르고 있다.

포스터의 직업은 비단 교수만이 아니다. 그의 삶에서 빼놓을 수 없는 것은 다름 아닌 먼슬리 리뷰(Monthly Review: 이하 MR)[2]의 편집자로서의

---

1 포스터의 삶과 업적에 대해선 https://en.wikipedia.org/wiki/John_Bellamy_Foster 참조.

2 1949년 뉴욕에서 창간된 월간 저널로 현재 미국에서 가장 오래됐을 뿐만 아니라 현재까지도 지속적으로 발행되고 있는 맑스주의 잡지이다. 창립 멤버는 기독교 사회주의자 매티샌(F. O. Matthiessen)과 맑스주의 경제학자 스위지(Paul Swezzy)이다. 더 자세한 설명은 https://en.wikipedia.org/wiki/Monthly_Review 참조.

역할이다. MR과의 인연은 에버그린 주립대의 동료인 맥체스니(Robert W. McChesney)의 주선 덕분이었다. 맥체스니는 포스터에게 MR뿐만 아니라 이 저널의 공동편집장인 스위지(Paul M. Swezzy)와 맥도프(Harry Magdoff)의 저서들을 소개해주었던 것이다.

포스터는 1979년 「미국과 독점자본: 초과자본의 문제」라는 논문을 스위지에게 보내는데 이를 계기로 두 사람은 후에 MR의 공동편집장으로까지 발전하게 된다. 포스터가 MR에 첫 번째 글을 실었던 것은 대학원 시절인 1981년 「독점 자본주의는 환상인가?」라는 제목의 글이었다. 이후에도 MR의 편집위원들과 지속적인 학문적 교류를 이어갔고 그 결과 1989년에는 MR의 재단이사회 이사와 편집위원이 되었으며, 2000년에 와서는 맥체스니와 함께 MR의 공동편집장으로서 스위지와 맥도프에 합류하였다. 2004년에는 스위지가, 2006년에는 맥도프가 세상을 떠나고 맥체스니는 공동편집장직을 사임하게 되자 포스터는 결국 MR의 단독 편집장으로 남게 되었다.

포스터의 초기 연구는 맑스의 정치경제학과 자본주의 발전 이론에 집중되었다. 이는 그의 초기 저서인 『독점자본주의 이론』과 『흔들리고 있는 경제』에 반영되어 있다. 1980년대 후반에 들어와선 주 관심분야를 환경문제로 전환하게 되는데, 이때 초점을 두었던 것은 지구환경위기와 자본주의 경제위기 간의 관계였으며, 한편으로는 지속가능한 사회주의적 대안의 필연성을 강조하였다. 이 기간 동안 그가 펴냈던 책들로는 『위기의 지구: 환경에 관한 경제사적 단사』, 『맑스의 생태학: 유물론과 자연』, 『자본주의에 적대적인 생태학』 등을 들 수 있다.

MR의 편집자로서 포스터는 미국 외교정책의 역할에 대한 관심과 더불어 다시 자본주의 정치경제학으로 관심을 돌렸다. 2006년에 발간된 『벌거벗은 제국주의: 세계 지배를 추구하는 미국의 정책』은 이러한 관심사를 반영하고 있다. 이후에도 포스터는 『지적 창조에 대한 비판』 (2008), 『대금융위기: 원인과 결과』(2009), 『생태혁명』(2009), 『환경주의 자가 알아야 할 자본주의의 모든 것』(2011), 『끝없는 위기: 미국에서부터 중국에까지 독점금융자본은 어떻게 경기 침체와 격변을 초래하는가?』 (2012) 등을 꾸준히 펴내왔다.

이처럼 포스터는 수십 편의 책을 쓰거나 편집하였다. 더불어 백 편 이 넘는 학술 논문, 역시 백 편 이상의 잡지 기사를 썼으며 세계 각지 에서 수많은 초청 강연, 인터뷰, 토론회에 초대를 받아왔다. 이러한 그 의 인기를 반영하듯 그의 저술은 적어도 25개 이상의 언어로 출판되었 으며, 우리나라에서도 그의 저술 가운데 10권(단독저서 5권, 공저 5권)이 나 번역된 것은 그의 영향력이 얼마나 큰지를 잘 반증해준다.

포스터가 기울이는 관심의 초점은 자본주의와 경제위기의 정치경제 학, 생태학과 생태위기, 그리고 맑스 이론이다. 특히 그는 현 인류가 겪고 있는 환경문제의 본질적 원인이 자본주의 체제에 있으며 이를 극 복할 수 있는 대안으로 맑스 이론에 기초한 생태사회주의를 주창하고 있다. 필자는 이 장에서 포스터의 핵심적 주장, 곧 환경문제의 근원이 자본주의에 있다는 점과 그 대안으로 생태사회주의가 안성맞춤이라는 점, 두 가지 주장의 정당성을 비판적으로 검토해보고자 한다.

2. 포스터의 환경론: 자본주의 비판론

1) 환경문제의 원인: 자본주의

포스터는 환경위기의 본질적 원인을 체제에서 찾는다. 바로 우리가 살고 있는 경제·사회 질서인 자본주의 체제가 환경 악화의 주된 원인이라는 것이다.

> 우리가 겪는 심각한 환경문제의 대부분이 우리가 속해 있는 경제체제
> 의 작동에 의해 야기되었거나 더욱 악화되었다. 중요한 환경문제들은 인
> 간의 무지나 타고난 탐욕의 결과가 아니다. 환경문제들은 회사 소유자들
> 의 도덕적 결함 때문에 일어난 것도 아니다. 또는 단순히 적절한 규제의
> 부재에서 오는 것도 아니다. 대신에 이를 설명하려면 우리는 정치·경제
> 의 근본적인 작동을 보아야만 한다. 생태파괴가 현재 우리의 생산과 분
> 배체제의 내적 본성과 논리 속에 내재돼 있기 때문에 그것을 해결하는
> 게 그렇게도 어려운 것이다.[3]

환경의 지속가능성과 충돌하는 자본주의의 핵심적 특성에는 몇 가
지가 있으나 포스터는 특히 두 가지 사항에 주목한다. 하나는 자본주
의 체제의 추동력이 이윤과 축적을 향한 끝없는 추구에 있다는 점이
다. 포스터에 따르면 "자본주의는 자본의 소유자(자본가)가 직접 생산
자(노동자)가 발생시킨 잉여생산물을 전유하고, 이를 통해 소유자가 자
본 축적을 할 수 있게 하는 경제적·사회적 체제"[4]이다. 이 정의에서처
럼 포스터는 자본주의를 움직이는 힘은 더 많은 이윤과 축적을 낳게
하는 새로운 자본의 형성을 위해 경쟁적으로 이윤을 긁어모으고, 또
이를 무한히 반복하는 것이라 본다.

자본주의 생산체제에서 교환의 일반 공식은 M(화폐) - C(상품) - M'
이라는 형태를 띤다. 화폐는 상품 생산에 투입되는 자원을 구매하는
데 이용되고 완성된 상품은 더 많은 화폐, 즉 M'(M+Δ m)을 얻기 위해

---

3 존 벨라미 포스터·프레드 맥도프, 『환경주의자가 알아야 할 자본주의의 모든 것』,
  황정규 옮김(서울: 삼화, 2012), 40~41쪽.
4 위의 책, 51쪽.

판매된다. 바꿔 말하면 이 교환과정의 목표는 출발 시점보다 더 많은 화폐, 즉 잉여가치·이윤을 확보하는 것이다. 그리고 이러한 교환과정에는 끝이 없다는 점이 특징이다. 훨씬 더 높은 수준으로 축적하려는 끊임없는 충동 속에서 이 과정이 반복되는 것이다.[5] 축적이 멈출 때 자본주의 체제는 패닉상태에 빠지므로 이 체제는 자기 팽창에 대한 어떠한 한계도 인정하지 않는다. 요컨대 자본주의의 본질은 "너희는 자본 축적 외에 어떠한 신도 섬겨서는 안 된다"[6]라는 표현으로 압축할 수 있다는 것이 포스터의 주장이다.

포스터가 주목하는 자본주의의 또 하나의 특징은 팽창의 불가피성이다. 이윤 추구를 위한 경쟁 때문에 기업은 판매 증가와 시장 점유율 상승을 위해 지속적으로 노력하지 않을 수 없다는 것이다. 그에 따르면 자본의 내적 논리에 따라 성장하지 못하고 시장 점유율을 높이지 못하는 기업은 사멸하고 만다.

그는 이를 상징적으로 보여주는 예로 인수 합병을 든다. 설립자가 아무리 사회적 사명을 갖고 애초부터 소규모를 유지하려 애쓰지만 시장에서의 경쟁이라는 현실을 인정하지 않을 수 없고 그 경쟁에 의해 소규모 기업들은 결국 거대기업에 팔리게 된다. 주주들의 자산을 늘려주고 기업 규모를 증대시켜주는 인수 합병은 오늘날 자본주의 경제에서는 하나의 규칙처럼 여겨지고 있다.[7] 그리고 인수 합병의 최종 결과는 적은 수의 기업들이 거의 독점적 통제력을 행사할 수 있는 것으로 마무리된다. 이렇게 되면 가격 경쟁은 점점 축소되고 만다. 독과점 기업들은

5 위의 책, 55~58쪽 참조.
6 위의 책, 52쪽.
7 위의 책, 60~63쪽 참조.

가격 인하를 효과적으로 막는 한편 되레 가격을 인상하기 때문이다.

가격 경쟁이 더 이상 지속가능하지 않은 해답임을 의식한 독과점 기업들은 가격 경쟁에서 가격이 아닌 영역에서의 경쟁으로, 특히 판매 노력과 마케팅이라는 측면과 관련되어 구조적 변화를 일으킨다.[8] 이러한 측면에서의 경쟁에 의해 초래된 것이 낭비적·과소비적 생활양식의 확대다. 우리가 먹고, 마시고, 여행하고, 거주하고, 쉬고, 노는 방식 등 거의 모든 측면에서 폭발적 소비문화가 초래된 것이다. 이러한 소비 자본주의의 포로로 살아가는 와중에도 우리는 이러한 삶이 의존하는 자원과 에너지가 무한하며 그 이용 과정에서 배출되는 심각한 결과로부터 자유롭다고 생각해왔다. 이러한 삶이 미치는 생태적 충격은 커져감에도 불구하고 이를 제대로 의식하진 못했던 것이다.

포스터는 이와 같은 무책임한 낭비적 삶의 원인을 개인 소비자보다도 독과점 자본주의 체제에 돌린다. 이 체제 하에선 사람들이 경제에 봉사하지 경제가 사람들에게 봉사하지 않기 때문이다. 소비자는 각본에 쓰인 대로 조종되는 일개 배우로 비쳐질 뿐이라고 포스터는 꼬집는다.[9]

나아가 자본주의 체제는 소비자들이 더 많은 구매를 하도록 정교한 광고 심리 기술을 동원한다. 그럼으로써 자본주의 체제는 사회적 지위, 인정, 위신의 척도를 소비 패턴에서 찾아볼 수 있게 만든다. 삶이 가진 의미와 의의 자체가 소비라는 측면으로 표현되게 하는 것이다. 그에 따라 자본주의 체제 하에서 사람들의 인간성은 서로 간의 관계 그리고 공동체와의 관계가 아니라 상품과의 관계에 의해 정의된다고 포스터는 비판한다.[10]

---

8 위의 책, 66쪽 참조.
9 위의 책, 66~67쪽 참조.

  자본주의를 특징짓는 것이 성장이요, 팽창임을 생각할 때 이 체제가 잘 작동해서 경제성장률이 높을 때가 환경에는 가장 파괴적이다. 체제가 경제 위기에 놓이고 성장이 침체될 때 환경에는 가장 덜 파괴적이 된다. 이른바 성장의 역설이다. 지속적인 경제성장이 환경에는 부정적인 반면 오히려 경기 후퇴가 환경에는 긍정적이다. 하지만 경기 후퇴는 많은 사람들에게 심각한 고통을 야기한다. 경기 후퇴 시기에는 실업 문제가 초래되면서 환경 관련 안전 조치들을 제거하고 생산과 고용을 확대시키는 길을 열어준다.[11] 자본주의 경제가 성장할 때는 당연히 그에 비례하여 더 많은 자원과 에너지를 소비하지만 경제 침체기에는 환경을 유지하기 어려운 사치재로 간주하여 보호 수단을 제거한다. 이것이 경제 회복에는 도움 될지 몰라도 환경에는 언제나 파괴적이다. 그러니까 성장의 역설은 어디까지나 이론적 차원의 얘기일 뿐 실질적으로 자본주의 체제 하에선 경기가 성장하든 후퇴하든 언제나 자연환경은 희생양으로 활용된다는 것이다.

2) 녹색산업혁명과 생태사회혁명

  포스터의 주장에 따라 자본주의가 지속적으로 악화되고 있는 전 지구적 재앙의 주된 원인임을 인정한다고 했을 때, 그렇다면 해결책은 무엇인가? 그 해결책으로 포스터가 검토하고 있는 것이 녹색산업혁명과 생태사회혁명이다.

  먼저 녹색산업혁명은 주류 정치경제학에서 제시하는 방식이다. 정치적 성향이 진보적이건 보수적이건 구분 없이 전문가들은 문제는 다

---

10 위의 책, 74쪽 참조.
11 위의 책, 86~88쪽 참조.

른 데 있지 않고 자본주의 체제의 기술적 특성에서 비롯했을 뿐이라고
주장한다. 그들은 마치 공짜 점심을 먹듯 효율성을 높이기만 하면 지
구를 더 착취하지 않고도 기하급수적 경제 성장이 지속될 수 있다고
보는 것이다. "자본주의와 지속가능성 사이에 해결될 수 없는 모순은
없다"[12]라는 입장이다. 요컨대 그들이 말하는 녹색산업혁명이란 보다
효율적인 에너지 시스템과 같은 기술적 수단에 의존하여 자본주의의
발전을 지속시키려는 산업혁명을 의미한다.

　하지만 포스터는 이러한 논리는 문제의 핵심을 회피하는 것이고 사
회과학이 수 세기에 걸친 탐구를 통해 내린 결론을 무시하는 것이라
말한다. 그에 따르면 현존하는 자본주의 체제와 생태계 간의 갈등을
부인하는 사람들은 시장이 끊임없이 기술 발전의 기적을 가져다줄 것
이라고 주장한다. 그들은 자본 축적, 경제적 낭비의 확산, 소유적 개인
주의의 강화로부터 벗어나야만 해결할 수 있는 문제를 신기술이 등장
하여 해결해줄 것이라고 주장하는 것이다. 이런 논리에 따르면 개선된
공학기술이 모든 문제를 해결해줄 것이므로 사회구조와 인간행태는
바꿀 필요가 없게 된다.

　포스터에 따르면 이러한 전략은 벼랑 끝으로 몰린 인류를 구하기보
다 오히려 전 지구적 경제 위기의 확산과 더불어 인류 사회가 영속적
으로 낭떠러지 끝에서 아슬아슬하게 살아가도록 만든다. 포스터는 지
속가능한 발전이란 기술 발전을 통해 실현할 수 있는 공학의 한 분야
에 지나지 않으며, 지구 생태계의 절대적 한계를 넘어서지 않는 선에
서 지구에 대한 착취는 극대화될 것이라고 비판한다.[13]

---

12 존 벨라미 포스터, 『생태혁명』, 박종일 역(고양: 인간사랑, 2010), 24쪽.
13 위의 책, 25~26쪽 참조.

녹색산업혁명론의 분명한 특징은 자본주의적 관점에서 변화의 범위
를 설정한다는 점이다. 자본주의 자체나 자본주의가 갖고 있는 본질적
파괴성은 논란 대상이 되지 않는다. 환경문제 해법의 필요성보다는 기
존 생산체계의 정당성을 옹호하는 데 주력하기 때문에 포괄적이고 비
기술적 접근법은 아예 고려하지도 않는다. 최우선가치는 경제 성장이
며 환경보호란 '친성장주의적' 기술혁신을 통해 달성될 수 있는 부차적
가치에 머문다.[14]

녹색산업혁명 전략과 비슷한 주장으로 '생태적 근대화' 전략을 제시
하는 학자들도 있다.[15] 이 전략의 주장은 '자본주의는 지속가능'하며,
따라서 생태혁명은 생산방식의 급진적 전환이 아니라 기존 체제의 근
대화를 통해 추진되어야 한다는 것이다. 이 전략에 따르면 투입되는
에너지와 원재료의 양을 줄임으로써 자본주의 경제는 탈 물질화될 수
있다. 하지만 포스터에 따르면 기술혁신이 이뤄짐에 따라 원재료와 에
너지 사용의 효율성이 꾸준히 증가해온 것은 사실이지만 총체적으로
볼 때 에너지 소비의 총량은 줄지 않았다. 이는 자본주의경제 하에서
효율성의 증가는 또 다른 축적의 확대와 경제적 팽창으로 이어지고,
그 결과 규모의 팽창이 효율 증가를 통해 이뤄낸 성과를 무의미하게
만들어버리는 전형적 현상이 나타나기 때문이다.[16] 그러므로 생태적

---

14 위의 책, 26~29쪽 참조.

15 이런 주장을 펴는 이들 가운데 가장 대표적인 인물로 포스터는 네덜란드 사회학자
아서 몰(Arthur Mol)을 들고 있다. 위의 책, 30쪽 참조.

16 이를 '제본스(W. S. Jevons, 1835~1882)의 역설'이라 부른다. 제본스는 자연 자원을
사용하는 과정에서 효율성이 증가하면 그 자원에 대한 수요가 감소할 것 같지만
실제로는 오히려 수요 증가를 유발한다고 주장했다. 가령 에너지 효율이 높은 자동
차가 나오면 연료 수요가 감소할 것 같지만 반대로 운전 수요를 증대함으로써 자동
차 대수가 늘어나고, 냉장고 기술의 발전은 단순히 더 큰 냉장고 숫자만 불린다는
것이다. 위의 책, 167~176쪽 참조.

근대화는 전반적인 생태계 파괴를 막아낼 수 없다는 것이 포스터의 입장이다.

포스터는 기술주의적 접근방식의 중요한 허점으로 바로 기술을 너무 편협하게 정의한다는 점을 지적한다. 이런 접근방식은 지구 생태계를 고려하지 않은 채 무제한적인 경제성장과 자본 축적을 가능케 해주는 아주 제한적인 기술만을 수용한다는 것이다. 근대화 기술의 주목적은 생태문제의 해결이 아니라 현재의 생산방식을 영속화하는 것이다.[17]

그러므로 편협한 목표, 곧 에너지 효율 제고와 원자재 절감만을 추구하는 생태·기술적 혁신은 바로 그 혁신으로 인해 가능하게 된 경제체계가 팽창함에 따라 혁신의 궁극적 목표인 체계 자체의 근저를 위태롭게 하기 때문에 기술혁신의 본래 의미가 무색해지게 된다.[18] 기술적 대안들은 이윤추구 체계의 요구를 반영한 것일 뿐 결코 기술 자체의 환경적 효율을 고려한 것이 아니라는 것이다.

이상에서 살펴봤듯이 포스터는 기술적 접근에 의존하는 생태적 근대화, 녹색산업혁명 전략으로는 환경문제를 결코 개선할 수 없다는 진단을 내리고 있다. 이에 대한 대안으로 그가 제안하고 있는 것은 진정한 혁명이라는 생태적·사회적 혁명이다. 이는 단순한 산업혁명이 아니라 사회혁명과 연계되어 있으며 광범위한 대중들로부터 시작된다.[19]

---

17 위의 책, 30~31쪽 참조.

18 위의 책, 31쪽 참조.

19 포스터에 의하면 진정한 생태혁명과 녹색산업혁명의 차이는 사회적 행위 주체에 달려 있다. 후자는 기술 전환을 바탕으로 하는 하향식 시도이고 생태적 현대화 엘리트들이 주도하기 때문에 자본주의사회의 경제·사회·문화·환경규범을 변화시키려는 대중운동은 배제한다. 반면에 진정한 생태혁명은 광범위한 대중들로부터 시작되며 사회의 모든 분야에 대한 근본적인 의문을 제기한다. 표현은 양쪽 다 혁명이지만 후자는 개혁, 전자는 혁명으로 이해하는 것이 바람직해 보인다. 개혁이란 사회체제 및 정치조직의 개선이나 모순의 제거를 말하며 전면적 변혁이 아니라 부분적 변혁이

모든 사회혁명이 그러하듯 이 또한 사회의 모든 분야에 대한 근본적인 의문을 제기한다.[20] 그 이유는 인간과 자연의 관계와 사회의 구성을 그 바탕이 되는 생산의 사회적 관계에서부터 바꾸기 위해서다. 생산과 분배, 교환과 소비를 평등하고 공동체적 방식으로 전환함으로써 사회질서의 주류 논리와 결별하려는 것이다.

요컨대 이 방식의 궁극적 초점은 자본주의적 생산체제를 대체하는 새로운 생산체계를 구축하는 데 있다. 그러기 위해 급격한 기술 변화도 필요하지만 중요한 것은 생산의 사회적 관계를 포괄적으로 변화시키는 것이다. 문제는 기술이 아니라 생산관계에 있다고 보기 때문이다. 근본적인 사회관계는 무시한 채 기술적·산업적 또는 '자유시장'의 수단만을 가지고는 문제를 해결할 수 없다고 보는 것이다.[21]

포스터가 주장하는 진정한 생태혁명이란 곧 자본주의 생산방식을 사회주의 방식으로 전환하는 것을 의미한다. 이러한 자신의 주장을 뒷받침하기 위해 포스터는 우고 차베스(Hugo Cavez)의 사례를 든다. 포스터에 따르면 차베스는 베네수엘라의 볼리바르혁명[22]이 21세기형 새로운 사회주의임을 설명하면서 '사회주의 기초 삼각형'이란 개념을 제시하였다. 이는 곧 ① 사회적 소유, ② 노동자들이 조직한 사회적 생산, ③ 공동

다. 폭력적이 아닌 합법적 절차에 의한 변혁이며 기존 지배계급에 의해 행해지므로 계급관계의 기본적 변경은 이뤄지지 않는다. 반면에 혁명이란 사회체제나 정치조직의 전면적 변혁이고 급격히 진행됨과 동시에 비합법적·폭력적 성향을 띠며 대중에 의해 아래로부터 일어난다. 한용희, 『혁명론』(서울: 일조각, 1993), 39~54쪽 참조.

20 포스터, 『생태혁명』, 43~44쪽 참조.

21 위의 책, 20~21쪽 참조.

22 시몬 볼리바르(1783~1830)는 스페인 제국주의에 대항하여 남미의 독립투쟁을 벌인 인민 봉기의 지도자였다. 차베스는 그의 이름을 따 자신의 정치를 '볼리바르혁명 운동'이라 부른다.

체적 수요의 충족 등 세 꼭짓점으로 이뤄져 있다. 이 세 가지 문제를 동시에 해결할 수 있을 때 사회주의는 비로소 지속가능하다고 보는 것이 차베스의 입장이다.[23]

포스터에 따르면 사회주의 기초삼각형은 맑스가 말하는 생태적 기초 삼각형을 그 근거로 삼고 있다. 생태적 기초 삼각형이란 ①소유 대상이 아닌 자연의 사회적 이용, ②결합된 생산자들에 의한 인간과 자연 간의 신진대사 과정의 총체, ③현재뿐 아니라 미래세대의 공동체적 수요의 충족이란 3요소로 구성된다.[24] 맑스가 그렸던 미래는 자연의 점유자이자 수혜자가 될 수 있을 뿐 소유자가 될 수 없는 사회, 인간 소외가 없는 조건에서 인간과 자연 간의 신진대사를 조화롭게 조절하는 사회, 자연을 보다 개선된 상태로 미래세대에게 물려줄 책임을 갖는 사회라는 것이 포스터의 주장이다.

요컨대 포스터가 지향하는 바는 생태혁명과 사회주의혁명이 서로에게 필요조건이자 충분조건으로 작용하는 혁명이다. 인간 소외를 극복하려는 사회주의의 목표는 자연 소외를 극복한다는 목표와 함께 할 때 의미를 갖게 되며, 마찬가지로 자연 소외를 극복하려는 생태적 목표는 사회혁명을 배제하고는 달성될 수 없다는 것이다. 사회주의와 생태주의는 동시적으로 이뤄질 때 완전해질 수 있다는 주장이다.[25]

---

23 위의 책, 49쪽 참조.

24 위의 책, 같은 쪽 참조.

25 위의 책, 51쪽 참조.

3. 포스터의 환경론 비판: 생태사회혁명론 비판

1) 자본주의는 환경문제의 주범인가

우리는 자본주의가 너무나 자명한 시대에 살고 있다. '요람에서 무덤까지' 우리는 화폐를 통해 재화와 서비스를 구매하고 거기서 삶의 필요를 충족해나간다. 자본주의경제 시스템이 이처럼 매일매일의 삶을 가능케 하는 조건이 되고 있으므로 이 시스템을 수반하지 않는 삶을 생각한다는 것이 곤란할 정도로 자본주의라는 제도는 자명하다. 이 제도 없이는 더 이상 삶을 유지하는 것 자체가 어려워지고 있으므로 이에 대해 의문을 제기할 필요가 있을까 하고 반문을 펴는 자도 있을 것이다.

더욱이 자본주의의 자명성은 사회주의 체제의 붕괴에 의해 더욱 강화돼왔다. 20여 년 전까지만 해도 사회주의는 자본주의와 함께 세계를 양분하는 거대 세력으로 군림하고 있었다. 하지만 현존했던 사회주의가 무너지면서 그것은 곧 자본주의의 자명성을 입증해주는 것으로 기능하였다. 이에 후쿠야마는 사회주의가 몰락한 이후 자유민주주의와 자본주의의 최종 승리를 선언하면서 이를 '역사의 종언'이라 불렀다. 결과적으로 자본주의 또한 만능일 수 없음에도 자본주의를 대신할 우수한 경제 시스템은 불가능하다는 신념이 넓게 공유되고 있다. 이른바 공식적으로는 자본주의의 천적이 사라졌다는 얘기다.

그러나 한편으로는 매우 걱정스런 상황이 초래되었다. 세상이 약육강식의 무대가 되고 있기 때문이다. 자본주의의 천적이 사라진 게 아니라 잠시 고개를 숙이고 있을 뿐 자본주의는 그 내부에 천적을 키우는 악순환을 거듭하고 있었던 것이다. 그 원인은 포스터가 지적하고 있듯이 자본주의의 내적 논리에 있다.

자본주의 체제는 벤담의 쾌락이론을 바탕으로 한 효용이론에 기초하고 있다. 원래 벤담은 쾌락을 수량화할 수 있다고 보았는데, 자본주의 경제학자들은 그것을 수량화하여 효용이론을 만들어냈다. 여기서 말하는 효용이란 어떤 상품이나 서비스를 소비할 때 느끼는 만족도를 가리킨다. 자본주의를 이끌어가는 원초적 질료인 효용의 실체는 결국 개인의 욕망 충족이다. 이처럼 욕망 충족에 몰두하는 자본주의는 마침내 끝을 모르는 쾌락주의, 배금주의에 탐닉할 수밖에 없게 만든다.[26] 이러한 탐닉은 나아가 각종 범죄들과 공동체의 파탄을 불러왔는데 이것이 자본주의가 가진 가장 무서운 속성 중의 하나인 것이다. 자본주의는 개인의 욕망을 끊임없이 자극함으로써만 살아남을 수 있는 구조를 가지고 있다.

이러한 자본주의의 속성을 맑스는 정확히 짚어내고 있다. "현대의 부르주아 사회는 자기가 주술로 불러낸 명부(冥府, 사람이 죽은 뒤에 심판을 받는 곳) 세계의 힘을 더 이상 통제할 수 없는 마법사와 같다."[27] 사람들이 욕망이라는 이름의 전차에 올라타긴 했는데 그 방향을 컨트롤하지 못하고 그저 전차가 질주하는 방향을 따라 갈 뿐인 것이 자본주의 사회의 모습이라는 것이다.

이러한 통제 불능의 자본주의사회의 특성을 폴라니는 색다른 시선으로 분석해내고 있다. 그에 따르면 시장이란 원래 사회 조직의 일부에 불과한 것이었다. 그러나 자본주의가 등장하면서 시장이 사회로부터 분리돼 나왔고 급기야 사회와 대립하며 결국 사회를 집어삼켜 사회를 시장의 일부로 편입해 놓았다. 즉 사회 조직의 일부로 기능해야 할 시장이 사회 조직으로부터 분리돼 나와 오히려 사회를 지배하는 시장

---

26 김윤회, 『왜 자본주의는 고쳐 쓸 수 없는가』(서울: 알렙, 2013), 67~70쪽 참조.
27 마르크스·엥겔스, 『공산당선언』, 남상일 옮김(서울: 백산서당, 1989), 67쪽.

사회가 돼버린 것이 바로 자본주의 사회라는 것이다. 그리고 시장이
사회를 지배하는 과정에서 자기 조절 기능을 상실하여 제국주의, 파시
즘, 세계대전으로 이어졌듯이 시장 사회가 초래할 수 있는 위험이 매
우 크다는 주장을 폈다.[28]

이와 같은 통제 불능의 자본주의 사회에서 현재 우리가 겪고 있는
가장 큰 문제 중의 하나를 들라 하면 그것은 바로 자원의 낭비일 것이다.
욕망 충족을 위해 끊임없이 질주하는 과정 속에서 자연은 단지 부를
창출하는 경제적 자산, 이윤의 원천으로 간주될 뿐이다. 자본주의는
몰염치할 정도로 물질주의적이고, 이윤 경쟁에서 실패한 사람들은 낙오
자로 몰아세우며 믿을 수 없을 만큼 낭비를 부추긴다. 그러기에 브로스
위머는 "인류는 지구 역사상 가장 규모가 큰, 어쩌면 최후가 될지도
모르는 만찬에 참가하고 있다. 이 시대의 인류야말로 미래를 먹는 존재,
곧 호모 에소파구스 콜로서스로 변해버렸다"[29]라고 갈파하였다. 자본주
의 가치관에는 기본적으로 환경을 소중히 하기는커녕 조금이라도 겸손
해지거나 자제하려는 자세가 전혀 포함돼 있지 않다. 자연을 대하는
자본주의의 태도는 태생적으로 상업적이고 제국주의적인 것이다.

이렇게 본다면 자본주의 체제에선 경기가 성장하든 후퇴하든 기본
적으로 환경은 더 많은 발전과 진보를 위한 희생양으로 활용된다는 포
스터의 비판은 타당한 것으로 판단된다. 따라서 현재의 자본주의 패러
다임을 바꾸지 않는 한 인류는 자원 고갈로 인해 더 이상 회복이 불가
능한 상황에 이를지도 모른다. 현대의 자본주의는 마치 끝없는 식욕으

---

28 칼 폴라니, 『거대한 전환』, 홍기빈 옮김(서울: 길, 2009), 237~248쪽 참조.
29 프란츠 브로스위머, 『문명과 대량멸종의 역사』, 김승욱 옮김(서울: 에코리브르, 2006), 184쪽.

로 결국 자기 자신까지 먹어치우는 에리식톤(Erysichthon)의 형상과도 같기 때문이다.[30]

2) 생태사회혁명론의 오류

(1) 현행 자본주의의 개혁안으로는 환경문제의 대안이 될 수 없는가

오늘날 인류가 겪고 있는 환경문제의 본질적 원인이 자본주의 체제에 있다는 포스터의 주장이 타당하다고 한다면 이어서 검증해봐야 할 사항은 그 원인에 대한 해결책이다. 포스터는 그 대안으로 녹색산업혁명과 생태사회혁명, 두 가지를 제시함과 아울러 전자의 한계를 밝히는 가운데 후자의 정당성을 드러내 보이려 애쓰고 있다.

전자, 곧 녹색산업혁명이란 과학기술에 의거하여 문제를 해결코자 하는 기술 중심적 환경론을 말한다. 기술 중심주의자들은 자본주의 체제가 인류 역사의 그 어느 시기와도 비교할 수 없을 만큼 생산성의 비약적 증진을 통해 인류에게 엄청난 물질적 풍요와 혜택을 선사했다고 자부한다. 자본주의 체제가 사회주의 체제와의 경쟁에서 승리할 수 있었던 것도 바로 자본주의 체제의 생산성과 자유경쟁 시스템 덕분이라고 그들은 믿는다. 따라서 기술주의자들은 어떤 문제가 있든 간에 자본주의 체제의 기본 골격은 결코 포기할 수 없다는 입장을 취한다.[31]

그러나 친환경적 기술이란 것이 아무리 자원을 효율적으로 활용하여 오염물질을 최소화한다 해도 기존의 환경문제를 어느 정도 완화시킬 수 있을 뿐 근원적으로는 해결할 수 없다. 자본주의가 갖고 있는 본질적

---

30 김운희, 앞의 책, 493쪽 참조.

31 한면희, 「산업자본주의 및 사회주의 자연 이념의 특성과 한계」, 한국환경철학회 편, 『환경철학의 이념』(서울: 철학과현실사, 2003), 106~108쪽 참조.

파괴성은 고려되지 않은 채 단순히 기존 체제의 기술적 근대화를 통해 문제를 해결하고자 하기 때문이다. 그러기에 포스터는 녹색산업혁명 전략의 주목적은 생태문제의 해결이 아니라 현재의 생산방식을 쳇바퀴 돌리듯 영속화하는 것이라고 비판한다.[32] 이러한 비판과 함께 포스터는 환경문제를 근원적으로 해소해나가려면 자본주의 체제를 어떤 새로운 체제, 곧 사회주의로 대체할 수밖에 없다고 주장한다.

이제까지의 논의를 정리해보면 이렇다. 자본주의는 본질적으로 환경 파괴를 초래할 수밖에 없는 내재적 구조를 가지고 있고, 그 환경 파괴를 자본주의 체제 내에서 해결코자 하는 녹색산업혁명 전략은 문제를 근원적으로 해결할 수 없는 피상적 전략에 불과한 것이다. 따라서 근원적으로 문제를 해결하려면 생태사회혁명에 의한 생태사회주의를 이룩하는 것이 최선의 방책이다. 이를 도식화해보면 다음과 같다.

> 자본주의는 본질적으로 환경 파괴적이다.
> 그러므로 자본주의는 생태사회혁명에 의해 사회주의로 대체되어야 한다.

필자가 여기서 제기하고 싶은 물음은 앞의 전제에서 '자본주의는 사회주의로 대체되어야 한다'라는 주장이 도출될 수 있는가 하는 것이다. '자본주의는 생태문제의 근원적 원인'이고 '사회주의는 생태문제의 근원적 해결책'이라는 나이브한 인과론적 도식이 생태문제와 사회체제 간의 연관성을 지나치게 단순화하고 있는 것으로 보인다. 사회체제의 구조적 성격이 생태문제와 일정한 관계에 있는 것은 사실이지만 그렇다고 단순한 인과관계로 묶을 수 있는 것은 아니다.[33]

---

32 포스터, 『생태혁명』, 21쪽 참조.

바꿔 말하면 자본주의가 본질적으로 환경 파괴를 불러올 수 있는 내재적 구조를 가지고 있다는 점을 인정한다 해도 그것이 곧 자본주의의 해체 또는 대체에 대한 주장을 정당화해주는 것은 아니라는 의미다. 집이 오래되어 페인트칠은 벗겨지고 누수가 생겨 볼품이 없어졌다고 하여 그것이 그 집을 허물고 새 집을 지어야 한다는 필연적 주장을 정당화해주는 것은 아니다. 신축을 생각하기 전에 먼저 고려해봐야 할 사항은 개축이나 증축일 것이다. 그것이 훨씬 더 합리적일 수 있기 때문이다.

우리는 바쿠닌주의자와 같은 '혁명 미치광이' 또는 '묻지마 혁명주의자' 등은 경계해야 한다. 물론 혁명이 필요한 사회는 혁명을 해야겠지만 지금의 상황이 과연 혁명이 절대 명령으로서 요구되는 상황인지는 냉철하게 되돌아봐야 한다. 인류 역사는 혁명을 회피하려는 노력의 연속이었다.[34] 혁명이란 너무나 큰 희생과 비용을 요구하며 돌이킬 수 없는 많은 결과를 낳을 수 있기 때문이다. 현 상황은 많은 것을 감내해야 하는 생태사회혁명이 요구되기보다 자본주의 체제를 새롭게 탈바꿈할 수 있는 개혁안이 먼저 요구되는 상황이라는 얘기다.

포스터의 주장과 달리 자본주의가 환골탈태하여 앞으로도 지속될 수 있을지는 누구도 모른다. 역사가 계속되고 수많은 가능한 세계들 중에서 현재 실현된 세계와는 다른 세계가 정치적으로 계획되고, 그리하여 '가능한 세계들 중 최상의 세계'로 부각된다면 자본주의의 종말에 관해서도 숙고해볼 수 있을 것이며, 자본주의를 넘어서는 대안을 제시하고 검증해볼 수도 있을 것이다. 그런데 과연 포스터가 제안하는 생

---

33 이성백, 「맑스주의와 생태론 패러다임의 전환」, 『진보평론』 제14호(2002 겨울), 219쪽 참조.

34 한용희, 앞의 책, 49~54쪽 참조.

태사회혁명에 의한 사회가 최상의 세계인지 어떤지는 아직 장담할 수 없다. 그러기에 자본주의의 대체안을 찾기 전에 먼저 자본주의의 문제를 해소하여 새로운 길로 나아갈 수 있는 방안(녹색산업혁명을 넘어선 방안)을 모색해보는 노력이 필요하다고 생각된다.

그동안 자본주의는 양면적 결과를 가져다주었다. 먼저 시장의 팽창은 경제발전을 가져왔으며 개인적으로도 더 나은 생활수준을 선사해주었다. 그 결과 휴식과 재충전, 사회적 상호작용, 문화적·지적 활동을 위한 더 많은 시간이 가능해졌다. 하지만 자본주의는 처참하다 할 수 있는 부정적 결과들도 초래하였다. 시장의 팽창은 분업에 의한 전문화를 강요하였고, 이러한 노동의 분화가 이번에는 사회적 삶의 기본 구조를 분화시켰다. 자본주의는 지난 200년 동안 지속적으로 사회관계들을 해체하고 공동체와 기존의 삶의 방식을 무너뜨려왔다.

게다가 자본주의 팽창은 우리 삶을 갈수록 시장 세력에 종속시키고 있다.[35] 사람들의 욕구를 충족시켜줄 만한 것은 모두 상품화되었고, 그에 따라 모든 가치는 가격으로 대체된 것이다. 더불어 자본주의 체제 하의 자원은 고갈 위험에 놓여 있고 자연의 재생 능력 또한 파괴될 위기에 처해 있다. 이러한 상황을 "파티는 끝났다"[36]라고 표현한 하인베르크(M. Heinberg)는 적확했다고 생각된다.

이와 같은 양면적 결과 탓에 자본주의는 거부하기도 어렵고 그렇다고 현재의 자본주의를 온존시켜 나가기도 너무 버거운 실정이다. 자본주의를 거부할 수 없는 이유는 경제적 번영과 함께 그것에 의해 주어지는 소중한 사회적 재화들을 가져올 더 나은 방법이 없기 때문이다. 자본주

---

35 에릭 링마, 『자본주의 구하기』, 왕혜숙 옮김(파주: 북앤피플, 2011), 27~28쪽 참조.
36 엘마 알트파터, 『자본주의의 종말』, 염정용 옮김(파주: 동녘, 2007), 43쪽에서 재인용.

의를 온존시켜 나갈 수 없는 이유는 비인간적이기 때문이다. 바꿔 말하면 자본주의가 우리의 공동체, 우리의 가치를 저해할 뿐만 아니라 삶의 터전인 환경을 위기로 몰아넣기 때문이다. 거부할 수 없기에 자본주의는 유지되어야 하며, 비인간적이기에 자본주의는 통제되어야 한다. 중요한 문제는 서로 상충하는 이 두 가지 요구에 어떻게 동시적으로 대응할 수 있느냐 하는 것이다.[37]

이러한 딜레마적 상황을 타파하는 실마리를 필자는 둘리엔·헤어·켈러만이라는 3인의 견해에서 모색해보고자 한다. 이들은 현행 자본주의의 문제를 진단한 결과 자본주의는 피상적이 아닌 그야말로 근본적인 변혁이 필요하다고 주장한다. "지금은 세계 경제에 일종의 근본적인 방향 전환이 절실한 순간"[38]이라는 것이다. 그들은 오늘날 우리가 알고 있는 자본주의가 향후 몇 세기 동안 계속해서 존속할 가능성은 매우 낮다고 본다.[39] 그런 시각에서 그들은 무엇인가 근본적인 변혁들을 아주 시급하게 마련함으로써 '괜찮은 자본주의'를 이뤄나가야 한다고 주장한다. 그들이 제안하는 괜찮은 자본주의의 경제모델은 물질적 번영을 포기하지 않으면서 사회적 정의와 지속 가능한 환경을 확보하는 것을 목표로 한다. 그리고 그들은 그 목표를 달성해가기 위해 현존하는 경제모델이 안고 있는 두 가지 문제를 해결할 것을 권고한다.[40]

하나는 천진난만한 시장 근본주의에 기초한 경제정책들이다. 위 3인에 따르면 시장이 경제적 안정을 가져다주는 자기 조절 메커니즘으로

---

37 링마, 앞의 책, 28~29쪽 참조.
38 세바스티안 둘리엔·한스외르그 헤어·크리스티안 켈러만, 『자본주의 고쳐 쓰기』, 홍기빈 옮김(서울: 한겨레출판, 2012), 186쪽.
39 위의 책, 209쪽 참조.
40 위의 책, 31~34쪽 참조.

간주되어 이를 자유롭게 풀어놓았지만 기대와는 다른 결과들이 나타났다. 자본주의의 문제들은 사회경제제도는 물론이고 모든 측면을 완전히 탈규제화·지구화된 자본 및 금융시장에 순응하도록 바꿔놓은 데서 비롯했다는 것이다. 그러기에 폴라니는 시장이 비록 경제와 사회 발전에 중요한 역할을 수행하긴 하지만 토지·노동·화폐만큼은 상품이 아니기에 엄격한 규제 하에 묶어두어야 한다고 강조하였다. 그렇지 않으면 노동시장, 금융시장, 환경의 순환과정들은 모두 '사탄의 맷돌'로 변해버릴 수 있다는 것이다.[41] 센 역시 시장이 자유의 원천이긴 하지만 그것이 제기능을 발휘하려면 시장메커니즘이 제대로 작동하도록 보장하는 제도와 규제들이 필요함을 주장하였다.[42]

다른 하나는 고삐 풀린 시장을 통제하고 규제하는 시스템의 결여다. 위 3인의 저자에 따르면 1970년대 이후 시장은 세계화되었지만 시장을 규제하는 노력은 국가 수준이나 일부 국가들의 연합 수준에 머물러 있다. 지구적인 경제 안정과 지속 가능성을 확보하려면 이러한 비대칭성을 해결하지 않고는 어림없다는 것이 3인의 생각이다. 지구적 차원에서 효력을 발휘할 수 있는 제도와 규제 방안을 마련하지 못한다면 사회적·환경적 문제들이 더 격화될 수 있을 것으로 그들은 내다본다.

위 3인은, 이들 문제를 시정한 바탕 위에 수립되는 '괜찮은 자본주의' 모델은 세 가지 차원을 포함해야 한다고 주장한다. 첫째는 생태적으로 지속가능해야 하며, 둘째는 성장 과정에서 인플레이션이나 디플

---

41 폴라니, 앞의 책, 243~244쪽 참조.

42 센에 따르면 시장 메커니즘이 성공할 수 있도록 하려면 시장에서 제공된 기회를 모두가 합리적으로 나눠가질 수 있어야 한다. 이런 조건이 가능하려면 학교교육의 확립, 최소한의 의료시설 정비, 모든 경제활동에 필요한 자원(예를 들면 농업인에게서의 토지)의 고른 분배 등이 이뤄져야 한다고 그는 주장한다. 아마티아 센, 『센코노믹스』, 원용찬 옮김(서울: 갈라파고스, 2008), 53~56쪽 참조.

레이션의 위협을 받지 않으면서 더불어 또 다른 위기를 낳지 않아야 한다. 그리고 생태문제를 해결할 뿐 아니라 물질적 번영도 증대시킬 수 있는 기술 발전과 혁신을 장려하는 것도 요구된다. 셋째는 모든 이들이 괜찮은 삶을 살 수 있도록 소득과 분배의 불평등에 일정한 한계가 있어야 한다.[43] 이러한 내용을 보면 3인의 저자는 생산과 소비, 기술 발전의 구조를 근본적으로 바꿔나가되 생태적으로 부정적 결과를 낳지 않는 녹색 성장을 원하고 있음을 알 수 있다.

위 3인이 주장하는 '괜찮은 자본주의'가 '가능한 세계들 중 최상의 세계'인지, 그리고 현실적으로 실현 가능성이 높은지에 대해선 판단이 쉽지 않다. 그래도 자본주의의 큰 틀 안에서 자본주의의 변혁을 시도하는 것은 생태사회혁명이라는 포스터의 방안보다는 현실성이 높으며, 또 포스터의 오류, 곧 자본주의 = 환경문제의 근본 원인, 사회주의 = 환경문제의 해결책이라는 인과론적 도식에 기초하여 환경문제와 사회체제 간의 관계를 지나치게 단순화하는 오류로부터 벗어날 수 있는 장점을 지닌다.

(2) 포스터의 생태사회주의 개념은 어떻게 정의되며 그것의 실현 가능성 조건은 충분한가

포스터의 주장에 관해 다음으로 제기하고 싶은 물음은 생태사회주의에 대한 개념 정의와 그것의 실현 가능성 조건에 대해서이다. 포스터가 주장하는 생태사회혁명이란 생태혁명을 통해선 자연소외를, 사회혁명을 통해선 인간소외를 극복하자는 것이다. 다시 말하면 인간과 자연의 신진대사관계뿐만 아니라 생산을 둘러싼 사회적 관계까지 혁

---

43 둘리안 외, 앞의 책, 189~190쪽 참조.

명적으로 바꿔야 한다는 주장이다. 포스터의 주장을 간단히 정리하면 기존의 자본주의 체제를 생태사회주의 체제로 전환하자는 것이다.

생태사회주의란 말 그대로 생태학(녹색)과 사회주의(적색)의 합성어다. 이는 생태학의 입장에서 맑스에 대한 비판을 옹호하고 맑스 사상과 생태학의 결합을 통하여 환경문제의 해결을 지향한다. 생태사회주의의 핵심은 무엇보다 자본주의 비판에 있다. 포스터를 포함한 많은 맑스주의자들은 맑스의 자본주의 비판론 안에는 이미 생태학적 관점이 내포돼 있으며, 이미 맑스가 환경문제의 원인이 다른 사회문제와 마찬가지로 자본주의 논리에 내재하고 있음을 주장했다고 말한다.[44]

필자가 이 지점에서 품게 되는 의문점은 포스터가 생태사회혁명론을 전개하면서 자신이 주장하는 '생태사회주의'라는 용어에 대해 분명한 정의나 설명도 없이 활용하고 있다는 것이다. 생태주의와 사회주의는 서로 간에 공통되는 측면도 있지만 대립되는 측면도 있고,[45] 또 양

---

44 오제키 슈지 외, 『환경사상 키워드』, 김원식 옮김(파주: 알마, 2007), 208~209쪽 참조.

45 영국 적록연구그룹(Red-Green Study Group)의 견해에 기초하여 공통적·대립적 측면을 정리하면 이렇다. 먼저 공통적 측면 첫째는 양자 모두 이윤 극대화를 목표로 하는 사회에 반대한다는 점이다. 이런 사회에선 탐욕과 이용이 우선시되기 때문에 사람들은 공동체적 연대가 무너지면서 소외되고 만다. 더불어 이윤 확보를 위한 끊임없는 개발과 성장 추구는 지역적·지구적 환경을 파괴한다. 둘째는 양자 모두 국가 수준의 정치적 행위에 만족하지 않는다는 점이다. 풀뿌리 수준의 지방적 행동을 매우 중시하며 지구적 수준에서의 국제적 조정과 연대를 요구한다. 셋째는 중요한 가치들, 곧 수단이 아닌 목적적 존재로서의 인간의 가치, 인간의 복지에 기여하는 환경의 중요성, 공동체적 연대, 인간 평등 등의 가치를 공유한다는 점이다. 대립적 측면 첫째는 생태주의가 종종 사회주의에 반대한다는 점이다. 생태주의에 따르면 국가사회주의는 위계적·중앙 집중적·비참여적이고 적어도 환경 파괴 면에선 서구 자본주의와 다름없는 생산력주의 형태의 하나이기 때문에 무시된다. 사회민주주의적 사회주의는 노동자들의 더 높은 생활수준이라는 미명 하에 경제성장과 소비주의를 조장하는 공모자로 거부된다. 둘째는 사회주의 역시 종종 생태주의에 반대한다는 점이다. 그 이유는 일자리·생활수준과 환경 간의 갈등이 야기될 때 전자가 당연히

자의 조합 방식에 따라 그 입장이 여러 가지로 나뉠 수 있기 때문에 용어 사용자가 그 개념을 분명히 하지 않을 때는 여러 가지 오해를 불러올 소지가 있다.

이와 관련하여 필자 나름의 두 가지 분류 기준에 따라 생태사회주의를 구분해보면 이렇다. 첫 번째 분류 기준은 자연을 보는 관점인데, 이는 '소극적'과 '적극적'으로 나눠진다. '소극적' 입장이란 인간을 목적으로 보는 반면 인간 이외의 존재들은 그 목적을 위한 수단으로 보는 인간중심주의를 수용한다. '적극적' 입장이란 자연을 인간 삶의 목적이 아니라 내재적 가치를 지닌 존재로 보는 탈 인간중심주의를 수용한다.

두 번째 기준은 현존하는 자본주의 체제를 평가하는 태도인데, 이는 '개량'과 '변혁'으로 구분된다. 먼저 '개량'이란 현행 자본주의의 문제점을 해소할 수 있도록 구조를 개혁함으로써 새로운 자본주의 사회로 바꿔나가자는 입장이다. 반면 '변혁'이란 자본주의는 내재적으로 자본 축적의 본성과 경쟁에 의해 생태 파괴를 필연적으로 초래하므로 자본주의를 해체하여 사회주의로 대체하자는 입장이다.

〈표 1〉 사회주의와 생태주의의 조합 방식

		자연관	
		소극적	적극적
자본주의에 대한 태도	개량	실용적 생태주의	개혁적 생태주의
	변혁	실용적 생태사회주의	개혁적 생태사회주의

우선시되는데도 생태주의에선 후자를 중시하기 때문이다. 더 자세한 설명은 서영표·영국적록연구그룹, 『사회주의, 녹색을 만나다』(파주: 한울, 2010), 33~46쪽 참조.

'실용적 생태주의'는 전형적인 인간중심의 입장에서 자본주의 사회의 문제를 해결할 수 있도록 구조적 개혁을 함으로써 환경문제를 극복해나가려 한다. '개혁적 생태주의'는 자본주의 체제를 구조적으로 개혁하려는 입장에선 위와 일치하지만 인간뿐만 아니라 인간 이외의 존재들에게도 도덕적 지위나 법적 권리를 인정함으로써 환경문제에 접근하는 점이 다르다. '실용적 생태사회주의'는, 자본주의는 필연적으로 환경 파괴를 불러올 수밖에 없는 체제이므로 이를 다른 체제, 곧 사회주의로 대체하지 않고서는 환경문제 해결이 어렵다고 본다. 더불어 그 과정에서 자연은 어디까지나 인간의 안녕을 위한 수단으로 간주된다. 끝으로 '개혁적 생태사회주의'는 자본주의를 사회주의로 대체해야 한다는 점에선 '실용적 생태사회주의'와 일치하지만 탈 인간중심적 입장을 취하는 점이 다르며, 네 입장 중 가장 급진적이라 할 수 있다.

이렇게 구분해놓고 볼 때 포스터는 세 번째 부류인 '실용적 생태사회주의'에 속하는 것으로 추론된다. 그 근거는 그의 생태사회주의가 확고하게 맑스주의에 기초를 두고 있고, 맑스주의는 또 인간중심주의에 기초하고 있기 때문이다.

우리가 환경문제를 다룰 때 본격적인 논의에 앞서 우선적으로 밝혀야 할 것은 우리 자신의 입장이다. 자연관은 물론이고 자본주의 및 사회주의를 보는 관점 역시 그 스펙트럼이 다양하기에 자신의 입장을 분명히 하지 않고 논의를 전개할 경우 설득력은 차치하고 오히려 오해를 불러올 가능성이 있기 때문이다. 포스터가 바로 그러한 경우에 해당한다.

포스터의 주장에 관해 마지막으로 제기하고 싶은 물음은 생태사회주의가 실현될 수 있는 조건 문제이다. 페르낭 브로델에 따르면 자본주의 체제가 무너지는 데는 내부적 쇠퇴와 함께 더 이상 견뎌낼 수 없을 정도의 심한 외부적 충격, 그리고 신빙성 있는 대체방안이 서서히

생겨날 때에만 가능해진다.[46]

　바로 이러한 논리에 따른다면 포스터의 주장은 브로델이 요구하는 두 조건을 형식상으로는 갖추고 있는 것으로 판단된다. 포스터에 따르면 자본주의가 생태사회주의로 대체되어야 하는 이유는 자본주의 체제의 본성에서 기인한다. 즉 자본주의는 이윤추구를 위한 부단한 성장 없이는 붕괴될 수밖에 없는 체제이기에 이 체제 하에서라면 언제·어디서건 끊임없는 개발과 생산이 필수적이고 그에 따라 자연 파괴는 불가피하며, 바로 이러한 원인들에 의해 자본주의는 종말을 맞이하는데 그 대안은 생태사회주의라는 것이다. 간단히 정리하면 자본주의가 무너질 수밖에 없는 내부적 원인으로는 마침내 한계에 봉착할 개발과 성장이라는 요소가 있고, 외부적 원인으로는 파국적인 자연 파괴라는 요소가 있는데, 그 대안으로는 생태사회주의가 권고되고 있다는 것이다.

　브로델에 따르면 자본주의는 내부적 위기 그 자체만으로는 결코 붕괴될 수 없다. 외부로부터 격심한 충격이 신빙성 있는 대안들과 결합될 때 자본주의를 무너뜨릴 수 있다. 포스터의 주장에 관해 이 지점에서 제기하고 싶은 물음은 현재 생태사회주의가 신뢰성 있는 대안이라 할 수 있을 만큼 사회 내부에서 서서히 무르익어 왔는가 하는 점이다. 생태사회주의에 관한 주장이 포스터뿐만 아니라 다른 맑스주의자들에 의해서도 꾸준히 제기돼온 것은 사실이지만 신빙성 있는 대안이 될 정도로 성숙되진 않았다고 본다. 생태사회주의가 믿을 만한 대안이 될 수 있으려면 일반 대중들 사이에서 그것이 생태학적으로 실현 가능하고, 사회적으로 적합하며, 인간의 요구에 부합하는 것임을 충분히 인

---

46 페르낭 브로델, 『물질문명과 자본주의 Ⅲ-2』, 주경철 옮김(서울: 까치글방, 2008), 861쪽 참조.

식시킬 수 있어야 한다. 하지만 아직은 그런 상황이 아니기에 자본주의의 대안이 되기엔 매우 미흡하다고 판단된다.

4. 맺음말

후쿠야마에 따르면 자본주의 체제 이후의 대안체제는 없다. 자본주의 체제에 필적할 만한 수준의 번영을 가져다 줄 체제는 더 이상 찾을 수 없다는 것이다. 실로 자본주의 체제 하의 인류는 유례없는 물질적 풍요를 누리고 있는 중이다. 마치 '가능한 모든 세계들 중 최상의 세계'가 현실인 것처럼 느껴지는 시대가 아닌가 싶을 정도다. 하지만 그러한 풍요의 이면에는 어두운 그림자가 드리워져 있는 것 또한 사실이다. 자연의 감당능력이 한계에 봉착하고, 금융위기가 계속 이어지며, '테러와의 전쟁'이 세계의 광범한 지역을 혼란에 빠뜨릴 수도 있는 상황이 전개되고 있는 것이다.

특히 이러한 부정적 유산들 가운데 자본주의 체제의 존립 자체를 위기로 몰아넣고 있는 것은 다름 아닌 자연 파괴다. 지금까지 자본주의는 자연 자원은 제한되어 있다는 부동의 사실과 생태적 난제들을 도외시한 채 생산과 소비를 증대시켜왔다. 그 결과 이제는 무엇인가 근본적인 변화들이 아주 시급하게 마련되지 않는 한 전 지구적 규모의 생태적 재난을 피할 수 없게 된 상황을 마주하고 있다.

이러한 생태학적 파국을 초래하게 된 원인은 자본주의의 내재적 본성에서 기인한다는 것이 포스터의 주장이었다. 자본주의는 내재적으로 이윤 추구를 위한 경쟁과 지속적인 개발·성장 없이는 존립 자체가 어렵기에 경쟁과 개발이 불가피하며 그 과정에서 자연 파괴 역시 피할 수 없게 된다는 것이다. 필자 역시 이 부분에 대해선 동의하는 바이며, 따라서 자본주의에 대한 대안 체제를 숙고하는 것은 결코 추상적 행위가 아니라 당위적 행위로 여겨진다.

포스터는 자본주의 체제 내에서의 개혁안은 그 어떤 것도 환경 파괴를 불러오는 자본주의의 본성을 허물 수 없기에 단호히 거부하면서 생태사회혁명을 통한 생태사회주의만이 최상의 대안임을 강조한다. 하지만 필자는 이러한 주장에는 동의할 수 없다. 포스터의 주장은 '자본주의＝환경문제의 근원', '사회주의＝환경문제의 해결책'이라는 아주 나이브한 인과론적 도식에 빠져 있음을 알 수 있기 때문이다. 포스터가 이러한 오류에 빠지게 된 것은 그 역시 역사주의를 믿는 맑스주의자의 일원이기 때문으로 보인다.

필자는 포스터의 주장처럼 자본주의 이후의 대안 체제로 반드시 사회주의가 되어야 할 이유는 없다고 본다. 체제 자체를 바꾼다는 것은 그만큼 코스트가 많이 요구되며 또 현실성이 있어 보이지도 않는다. 오히려 앞에서 제기했던 '괜찮은 자본주의' 방식이 훨씬 더 실효성이 있다고 판단된다. 그 이유는 이 모델이 세계화된 시장을 규제하는 데 요구되는 장치 마련과 더불어 신뢰성 높은 대안들을 강구하고 있기 때문이다.

포스터의 주장에 관한 또 하나의 비판은 생태사회주의라는 개념 규정과 연관된 것이다. 이 개념은 생태주의와 사회주의의 합성어로 양자 간에는 공통적·대립적 측면도 있고, 각각의 용어가 지니고 있는 의미의 스펙트럼 또한 다양하므로 이를 사용할 때는 나름대로의 개념 규정이 요구된다. 그럼에도 포스터는 이러한 시도를 하지 않고 있다. 그러기에 포스터가 주장하는 생태사회주의가 인간중심주의와 생태중심주의 가운데 어느 쪽에 기우는지, 사회정의와 환경 파괴 중 어느 쪽을 우선시 하는지, 이에 대해 이해하기가 쉽지 않다.

포스터의 주장에 관한 마지막 비판은 생태사회주의가 자본주의 이후를 책임질 미래의 대안으로 충분한 조건을 갖추었다고 보기엔 무리라는 점이다. 브로델에 따르면 자본주의가 종말을 맞이하는 데는 두 가지 조건, 즉 내부적 쇠퇴와 외부에서의 충격 그리고 믿을 수 있는 대안이 서로 결합할 때 가능해진다. 하지만 생태사회주의가 아직은 현사회에서 자본주의를 대체할 만한 대안으로 성숙했다고 보기는 매우어려운 실정이다.

인류는 인류사의 99%가 넘는 기간 동안 비자본주의 체제에서 일하며 살아왔다. 어느 한 체제로 일관하지 않고 일정한 기간이 흐르면 다른 체제로 변해왔듯이 자본주의 체제 역시 항구불변하진 않을 것이다. "자본주의는 머리가 백 개쯤 달린 변화무쌍한 히드라 같은 존재"[47]라는 표현처럼 현실 적응 능력이 아주 뛰어난 강점을 지니고 있긴 하지만 언젠가 수명이 다하면 다른 체제로 옮아갈 수밖에 없을 줄 안다.

자본주의 이후의 대안 체제로 맑스주의자들은 '사회주의인가 야만인가'를, 자본주의를 고수하려는 자들은 '자본주의인가 야만인가'를 기본신조로 삼고 있다. 하지만 미래의 대안 체제는 그 어느 쪽도 아닌 '연대의식인가 야만인가'가 기본신념이 되리라 본다. 앞서 살펴봤던 괜찮은 자본주의 모델, 생태사회주의 모델, 최근 주목을 끌고 있는 '한계비용 제로사회'[48]모델 등도 그 구체적 실현 방법은 다 다르지만 하나의

---

47 페르낭 브로델, 『물질문명과 자본주의 읽기』, 김홍식 옮김(서울: 갈라파고스, 2012), 183쪽.

48 제러미 리프킨이 제안한 개념이다. 그에 따르면 자본주의 세계는 외적으로는 지구온난화와 사이버테러라는 격심한 충격이 불어 닥치고 내적으로는 자본주의 운용논리의 내적 모순에 의해 결국 '협력적 나눔사회'로 이행하게 된다. 자본주의 운용논리의 내적 모순이란 자본주의는 최종적 성공에 의해 결국은 무너지도록 설계돼 있는 측면을 가리킨다. 즉 자본주의의 운용논리가 더 이상 뛰어넘을 수 없는 수준으로

공통적 경향을 띠고 있음을 알 수 있다. 그것은 바로 사회구성원들 서로가 지구 자원을 어떻게 하면 공동으로 나눠 쓰고 관리할 수 있을 것인가 하는 점이다. 지구 자원은 더 이상 개발할 여지가 없는 한계에 봉착하고 있기에 이제 남은 방법은 구성원들의 연대의식 하에 공공재를 다 같이 공유하면서 공동의 것으로 사용·유지·관리하는 가치를 지향해야 한다는 것이다. 이 문제에 대해선 보다 더 깊은 성찰이 요구되기에 차후 연구 과제로 미뤄두고자 한다.

성공하는 종반전에 이르면 치열한 경쟁으로 기술이 계속 발전하고 그에 따라 생산성이 최고점에 달해 한계비용이 제로에 가까운 상황이 전개된다. 한계비용이 제로가 되면 상품 가격 역시 거의 공짜가 되는데 이렇게 되면 자본주의의 생명줄이라 할 수 있는 '이윤'을 더 이상 확보할 수 없게 된다. 대부분의 재화와 서비스가 공짜가 되고 이윤이 사라지며 소유가 무의미해지고 시장이 더 이상 필요치 않은 세상에서 시장경제는 자멸하게 되고 결국 협력적 나눔사회로 서서히 변해간다는 것이다. 제러미 리프킨, 『한계비용 제로사회』, 안진환 옮김(서울: 민음사, 2014), 제1장 참조: 윤정로 외, 「특별좌담: 신문명의 도래를 전망한다」, 『철학과 현실』 제104호(2015 봄) 참조.

◆ 제8장 ◆

환경문제와 소유권

1. 머리말

제주는 1960년대 이후 인구가 전국에서 유일하게 감소 없이 꾸준히 증가해온 독특한 지역이다. 출생과 사망 등으로 인한 자연 증가분의 비율이 낮아지는데 비해 인구가 늘어난 것은 도외 인구 유입의 영향이 절대적이라 할 수 있다. 놀라운 현상은 최근 들어 제주 유입 인구가 급증세를 보이고 있다는 점이다. 이른바 '제주 살이' 열풍 탓이다. 제주 지역 인구가 순유입으로 전환된 것은 2010년이었다. 이후 2011년 1월 57만 1,000명에서 2016년 9월 말 현재 65만 7,000여명으로 5년 8개월 사이에 8만 6,000명 정도나 증가했다.[1] 순유입의 규모는 2010년 400명에서 2015년 1만 4,000명까지 늘어났다.[2]

---

[1] 제주도 인구가 50만 5,000명으로 50만 시대를 돌파한 것이 1987년이었고, 그 후 26년 만인 2013년 8월 60만 명에 이르렀으며, 2016년 9월 말 현재 65만 7,274명에 달할 정도로 최근 들어 급증세를 보여 왔다(제주특별자치도청 www.jeju.go.kr 참조).

[2] 「제주의 소리」, 2016.6.20.

이와 같은 인구의 급증세는 제주도 발전에 긍정적으로 기능할 수도 있을 줄 안다. 경제전문가들에 따르면 출생에 의한 인구 증가보다 정착주민 유입에 의한 증가는 투자비용보다 경제비용(은퇴자 자본유입)을 창출하기 때문에 경제성장, 지역발전에 '선(善) 효과'로 작용할 수 있다. 제주도 관계자 역시 "인구 증가로 인한 노동력 증가와 사회적 자본 증가는 지역산업 기술 발전, 그리고 소비 수요의 증가로 인한 지역경제 견인에도 순기능을 미칠 것"이라고 긍정적으로 평가했다. 그러나 인구 증가에 따른 지역주민(원주민)과 정착주민(이주민) 간 갈등, 주택난·교통난·환경난 등 인구 증가에 따른 부작용도 크게 늘어 그 대책 마련이 시급한 상황이다.[3]

특히 가장 우선적으로 해결 방안을 모색해야 할 것은 난개발 문제다. 바다 경관이 좋은 해안 주변에서 시작된 난개발이 지금은 경작지를 비롯한 산림지대, 심지어 생태계 관리상 절대적으로 보존해야 할 곶자왈, 중산간지대까지 '묻지마'식의 마구잡이로 계속 확산되고 있기 때문이다. 이러한 무차별적 개발로 인해 최근 가시화되고 있는 아주 비극적인 결과는 다름 아닌 산림 훼손이다.

제주도의 발표에 따르면 지난 5년 간(2011~2015) 산지가 전용허가를 받아 산림에서 다른 용도로 사용된 면적이 722.2ha다. 이는 마라도 면적(30ha)의 24배, 서울 여의도 면적(290ha)의 2.5배에 달하는 규모다. 더 심각한 문제는 산지 전용 면적의 증가세가 여전히 지속되고 있다는 점이다. 인구 증가폭이 적고 개발 광풍이 불기 이전인 2011년 산지 전용 면적은 98.2ha에 그쳤었다. 하지만 관광개발 사업이 본격화되고 인구 유입이 늘기 시작한 2012년(120.7ha)부터 산지 전용이 늘어 지난해

---

3 「제주의 소리」, 2016.5.31.

에는 마라도 면적의 6배에 달하는 187ha가 다른 용도로 사용되었다. 사용처를 보면 주택 건설을 위한 택지(215.6ha)로 가장 많이 활용되었고, 관광지(64.2ha), 농지(64.5ha), 도로(28.2ha) 등으로 사용되었다.[4]

이처럼 제주도의 산림은 최근 들어 택지를 비롯한 각종 개발지로 전용되어 광범위하게 파헤쳐지고 있는데 그 정도가 심히 우려스러울 지경이라 할 수 있다. 난개발을 방지하기 위해선 두 가지 차원의 접근이 필요해 보인다. 하나는 행정적 차원에서의 대처다. 행정당국은 현 상황에 대한 사실적 분석을 토대로 실천적 대안 마련을 시급히 서둘러야 할 줄 안다. 다른 하나는 보다 근원적인 접근 방식으로, 이른바 '소유권' 개념을 새로이 정립하는 것이다. 필자는 난개발 문제를 비롯한 부동산 가격 폭등 현상의 근본 원인은 '소유권' 개념에 있다고 본다.

우리 민법에서는 소유권을 "법률의 범위 내에서 그 소유물을 사용, 수익, 처분할 권리"라고 정의하고 있다. 물론 소유권 행사에 일부 제한 조건을 달고 있기는 하지만 여전히 우리의 사고에는 "내 소유물은 내 마음대로 사용·수익·처분할 수 있다"라는 의식이 지배적이다. 이와 같은 사적 소유권 만능주의 사고방식이 개선되지 않는 이상 제주도뿐만 아니라 전국 어느 곳에서든지 개발 열풍 및 그에 따른 산림 훼손은 사라지지 않을 것이라 본다.

바로 이 시점에서 필자는 소유권이란 과연 절대적 권리로 존중받을 만큼 신성불가침한 것인가 하는 물음을 제기하고 싶다. 소유권을 절대적 권리로 여기는 보편화된 인식에 대해 반성을 구하고 새로운 소유권 개념을 정립해 나갈 필요성이 절실하다는 판단 때문이다.

이 장에서는 바로 이러한 문제의식 하에 로크, 칸트, 헤겔의 주장을

---

4 「경향신문」, 2016.8.8.

중심으로 한 근대 소유론과 그 한계에 대해 살펴보고 이를 토대로 새로운 소유권 개념을 정립하는 데 필요한 요소에 관해 제언하고자 한다. 근대 소유론에 천착하는 이유는 오늘날의 소유권 개념을 형성하는 데 그 이론이 크게 기여한 것으로 판단하기 때문이다.

2. 근대 소유론

1) 로크의 소유론

사회계약론자들이 공통적으로 활용했던 용법 중의 하나는 자연상태론이다. 그들은 인간이 공동체를 세우기 이전의 상태, 곧 정치권력이 등장하기 이전의 상황을 설명하기 위해 '자연상태'를 고안해냈다. 로크가 말하는 자연상태는 사람들이 자기 판단대로 살아가는 완전한 자유의 상태다. 즉 "자연상태란 자연법의 테두리 안에서 스스로 적당하다고 믿는 바에 따라 행동하며, 자신의 소유물과 인신(person)을 처분할 수 있는 완전히 자유로운 상태"[5]다.

이와 같이 자연상태가 완전히 자유롭다고 하여 모든 것을 아무 제약 없이 제멋대로 할 수 있는 것은 아니다. "자연상태는 자유의 상태이지 방종의 상태는 아니기 때문이다."[6] 로크가 이런 단서를 단 이유는 자연상태에도 나름대로의 법도, 곧 자연법이 있음을 말하기 위해서다. 로크는 자연법의 핵심에 인간 이성이 놓여 있다고 보았다. 그리고 인간 이성의 근거는 인간이 신의 피조물이라는 데 있다. 신이 인간을 창조

---

5 존 로크, 『통치론』, 강정인 외 옮김(서울: 까치, 2007), 11쪽.
6 위의 책, 13쪽.

했기에 인간은 신과 같이 사리분별할 수 있는 힘, 곧 이성을 지닌다는 것이다.

이성에 의해 인간은 타인의 생명, 자유, 자산 등에 해를 끼쳐선 안된다는 것을 자각하게 된다. 내가 나 자신을 보존하고 싶은 만큼 타인의 그러한 의사도 존중해주어야 한다는 것이다. 요컨대 자연법의 핵심은 이성에 의한 '자기보존의 법칙'이라 할 수 있다. "이성은 … 인간은 모두 평등하고 독립적 존재이므로 어느 누구도 타인의 생명, 자유 또는 자산에 해를 끼쳐선 안 된다고 가르친다."[7] 이렇게 보면 로크의 자연상태가 매우 이상적인 상태로 보인다. 하지만 로크는 이 자연상태를 파괴하는 자, 곧 자연법을 어기는 자가 나오게 마련이며 이로 인해 결국 전쟁상태에 돌입할 수도 있음을 지적한다. 타인의 생명, 자유, 자산을 탐하여 이를 침해하는 자가 나옴으로써 전쟁상태로 내몰릴 수도 있다는 것이다.

요컨대 로크의 자연상태는 자연법이 작동하기는 하지만 '잠재적 전쟁상태'다. 즉 자연상태는 자연법 위반자가 등장하여 갈등과 전쟁으로 얼마든지 비화될 수 있는 상태다. 바로 이러한 상태로부터 벗어나기 위해 사람들은 서로 간의 동의하에 공동체를 수립하여 사회상태로 옮겨간다.

앞에서 자연법의 핵심은 '자기보존의 법칙'이라 지적한 바 있다. 이 법칙이 지키고자 하는 것은 다름 아닌 인간의 생명, 자유, 자산에 관한 권리, 곧 소유권이라 할 수 있다. 로크의 자연상태 하에서 사람들이 갖는 자기보존 권리의 핵심은 소유권인 것이다. 그러기에 로크는 이 소유권의 근거에 관하여 보다 자세히 설명해나간다.

---

7 위의 책, 13쪽.

먼저 로크는 지상의 모든 산물이 온 인류의 공유물이라는 사실로부터 소유권을 증명하기 시작한다. "사람들에게 세계를 공유물로 주신 하느님은 또한 그들에게 삶에 최대한 이득이 되고 편의에 도움이 되도록 세계를 이용할 수 있는 이성을 주셨다. 대지와 그것에 속하는 모든 것은 인간의 생존 유지와 편안함을 위해서 모든 인간에게 주어진 것이다."[8] 그러면 이처럼 신께서 이 세상의 모든 것을 인류에게 공유물로 베풀었다면 개인의 소유권은 대체 어떻게 되는 것인가 하는 물음이 생긴다.

이 물음은 로크의 다음 주장을 보면 곧 해소될 수 있다. 로크는 이 세상이 인간에게 공유물로 주어졌다는 말을 하고나서 곧바로 개인의 사적 소유권을 강력하게 주장하고 있기 때문이다.

> 설령 대지와 모든 열등한 생물은 만인의 공유물이지만 사람은 누구나 자기 인신(person)에 대해선 소유권(property)을 갖고 있다. 이 인신에 대해선 본인 이외의 어느 누구도 권리를 갖지 못한다. 그의 육체노동과 손의 작업은 당연히 그의 것이라 할 수 있다. 그렇다면 그가 자연이 제공해 준 것을 있는 그대로의 상태에서 끄집어내 거기에 자신의 노동을 투입하고, 자신의 것인 무엇인가를 보태면, 그럼으로써 그것은 그의 소유물(property)이 된다. 그것은 그에 의해서 자연이 그 안에 자리매김한 공유 상태로부터 채취된 것이므로 그의 노동에 의해 타인들의 공유 권리를 배제하는 무엇인가가 첨가된 것이다. 이러한 노동은 바로 그 노동을 한 사람의 소유물임에 분명하므로 오직 그 사람만이 자기의 노동이 가해진 것에 대해서 권리를 갖게 된다.[9]

로크의 입장을 한마디로 압축하면 '노동소유론'이라 할 수 있다. 로

---

8 존 로크, 『통치론』, 강정인 외 옮김(서울: 까치, 2007), 34쪽.
9 위의 책, 34~35쪽.

크에 따르면 자연상태에서의 모든 인간은 먼저 자연을 공유하고 있고, 개개인은 자신의 신체를 소유하고 있다. 개개인이 자신의 신체를 이용하여 자연에다 노동을 가하여 무엇인가를 산출해내면 그것은 그의 소유물이 됨과 동시에 소유권을 갖게 된다는 것이다. 이 소유권은 경합적이고 배타적이다. 바로 그러한 성질 때문에 소유권은 그의 소유를 정당화해준다. 그런데 자연상태 하에서의 소유권은 침해받을 소지가 있기에 나중에는 사회가 도입된다. 개인이 갖고 있는 권리를 지키기 위해 사회가 필요하게 되는 것이다. 이와 관련하여 로크는 『통치론』 제9장에서 이렇게 말한다.

> 그가 이미 결합되어 있는 타인들 또는 그런 생각이 있는 타인들과 더불어 그들의 생명, 자유, 자산 – 내가 '재산(property)'이라는 일반적 명칭으로 부르는 것 – 의 상호보존을 위해 사회를 결성할 것을 추구하거나 기꺼이 사회에 가입하려고 하는 것은 오히려 당연한 일이다.[10]

위 내용을 간추리면 이렇다. 첫째, 개인은 자신의 신체를 이용하여 공유물인 자연에 노동을 가함으로써 산출해낸 것은 자신의 소유로 삼을 수 있는 무한한 권리를 갖는다. 둘째, 사회는 그러한 개인의 권리를 지켜준다는 목적에서 성립한다.

물론 이 소유권에 한계는 있다. 로크는 그 한계를 두 가지로 제시한다. 하나는 이른바 '충분성의 한계'이고, 다른 하나는 '부패 한계'다. 전자는 내가 노동을 통해 무엇인가를 산출하고, 이를 내 소유로 삼는 것이 정당화되려면 타인들 역시 내가 소유하는 것만큼 소유할 수 있도록 공유물이 충분히 남겨져 있어야 한다는 것이다. 후자는 우리가 무엇인

---

10 위의 책, 119쪽.

가를 소유하고자 할 때는 즐길 수 있을 만큼만, 곧 썩기 전에 사용할
수 있을 만큼만 해야 한다는 주장이다.[11]

2) 칸트의 소유론

이어서 칸트의 소유론에 관하여 살펴본다. 칸트의 소유론은 '점유'에
관한 이야기에서부터 시작된다. 이 점유에는 두 가지 방식이 있는데,
하나는 감성적 점유 또는 경험적 점유이고, 다른 하나는 예지적 점유다.

전자는 신체에 의한 점유이고 후자는 법에 의한 점유인데, 칸트는
후자가 본질적 점유라고 말한다. 이에 관하여 칸트는 토지를 예로 들
어 설명해나간다. 토지 및 그 토지 위에 있는 모든 물건은 본래 인류
전체가 '근원적으로 공유'하고 있고[12] 그것은 시민적 체제에서 비로소
강제력을 수반한 입법이 이뤄지기 때문에, 그 체제하에서 최초로 소유
가 인정된다.[13] 이러한 사고는 『윤리형이상학』 '물권'의 여러 절에서 다
시 반복된다.

§11에서는 물권을 인격과 사물 간의 권리로 여기는 사고를 비판하
여, '물건에 대한 권리란 내가 다른 모든 사람과 함께 공유하고 있는
것 중의 어떤 물건을 사적으로 사용하는 권리'[14]라고 말한다. 칸트에
따르면 모든 것은 잠재적으로 모든 인류의 것이다. 어떤 사람이 그것
을 사적으로 사용하기 위해선 타인이 그 물건을 사용하지 않는다는 것
이 타인으로부터 인정되어야 한다. 이 점이 칸트 소유론의 핵심이라

---

11 위의 책, 35~38쪽 참조.
12 임마누엘 칸트, 『윤리형이상학』, 백종현 옮김(서울: 아카넷, 2012), 180쪽 참조.
13 위의 책, 186쪽 참조.
14 위의 책, 194쪽.

할 수 있다. §12에서도 토지 취득이 물건의 최초 취득이라 하고, 그 위에서 토지는 본래 모두 '근원적 공유(§13)라 하며[15], §15에서 다시금 시민체제에서만 요컨대 법적 상태에서만 무언가가 확정적으로 취득된다고 말한다.[16]

칸트에 따르면 소유는 인격과 사물 간의 관계가 아니라 인격과 제인격 간의 관계다. 요컨대 소유권 취득에는 사회 전체의 동의가 필요하다는 의미다. 그 동의란 구체적으로 말하면 법 관계에서의 승인을 가리킨다. 그리고 법 관계는 인격 간의 관계라 해도 좋다. §16에서는 이와 같이 설명된다.[17] 모든 인간이 지구 전체의 토지를 근원적으로 공유하고 있다는 것이 내적 정의의 법칙이다. 그러나 사람들 간의 대립이 불가피하기 때문에 서로 대립하는 여러 인격의 의지를 위한 법칙이 있고, 그 법칙에 따라서 공동의 토지의 실제적인 사적 분배가 각자에게 이루어진다. 이것이 외적 정의의 법칙이다. 이 외적 정의의 법칙은 '근원적으로 그리고 선험적으로 합일된 의지'이므로 따라서 시민적 상태에서만 나올 수 있다. 그것이 곧 '법에 의한 점유'다. 이하에서 이어지는 칸트의 법이론에서는 이러한 주장이 반복되고 있는 것으로 보인다.

3) 헤겔의 소유론

헤겔의 소유관을 엿볼 수 있는 것은 그의 『법철학』이다. 이 책은 '소유를 어떻게 다룰 것인가'하는 것이 주제인 만큼 소유에서 그 논의를 시작한다. 이 책은 '추상법', '도덕', '인륜성'의 3부로 이루어져 있고,

---

15 위의 책, 195쪽 참조.
16 위의 책, 197쪽 참조.
17 위의 책, 202쪽 참조.

그 제1부의 논의는 '재산(소유)'에서 시작된다. 그리고 제1장인 '재산(소유)'는 다음과 같이 세 가지로 나눠진다.[18]

> A. 점유 취득
>   ⅰ. 육체적 취득
>   ⅱ. 형성작용: 획득·선점과 노동, 자연의 변화
>   ⅲ. 표지
> B. 물건의 사용
> C. 소유의 양도

헤겔의 소유관은 바로 위의 A, B, C 세 가지를 통해 엿볼 수 있다.

A는 주체가 자연에 작용하여 그것을 자신의 것으로 만든다는 의미다. 이러한 점유 취득 방식에는 손으로 직접 붙드는 육체적 획득, 모양을 만드는 형성작용, 표지를 다는 것, 이 세 가지가 있는데 이로써 사회 안에서의 소유가 인지된다.

직접적인 육체적 취득이란 특정인이 어떤 물건을 직접 손으로 붙들고 있는 상태를 말한다. 그리고 손으로 붙든다는 것은 특정인이 그 점유물에 대해 점유하려는 의지를 갖고 있음을 주변인들에게 각인시켜준다. 그러기에 헤겔은 이런 방식이 가장 완전한 소유방식이라고 말한다.[19] 그러나 이런 방식은 그 범위에서나 대상에서 극히 제한적이므로 단지 주관적이고 일시적인 성격을 띤다.

반면에 형성작용에서는 물건을 점유하고 있는 특정인이 특정 시·공간에 항상 존재할 필요가 없다. 형성작용을 통한 점유취득은 어떤 대

---

18 게오르그 빌헬름 프리드리히 헤겔, 『법철학』, 임석진 옮김(서울: 한길사, 2010), 149~177쪽 참조.

19 위의 책, 149쪽 참조.

상이 물건이 되게끔 만드는 작용을 거쳐 특정인의 것이 된다는 것을 의미한다. 형성작용이란 특정 물건에 일정한 형식을 부여하는 방식인 것이다. 곧 특정 물건에 작용을 가하여 자신의 것으로 만들려는 행위 전반을 가리킨다. 토지의 경작, 식물 재배, 동물의 순치·사육·보호 등이 이에 포함된다.[20] 바로 이 부분은 로크의 노동소유론 사고방식과 아주 유사함을 알 수 있다. 형성작용에 의해 사람들은 직접적 방식으로 물건을 점유하는 상태를 벗어날 수 있게 된다. 물건을 손으로 붙들지 않고 직접 존재하지 않더라도 그 물건은 이제 그 물건을 만드는 데 수고한 사람에게 속하게 된다. 그러기에 헤겔은 형성작용을 통한 점유취득이 주관과 객관의 양면을 자체 내에 합일시키므로 '이념에 가장 적합한 점유취득'이라고 말한다.[21]

점유취득의 마지막 방법은 표지다. 이는 물건에 표지를 붙이는 것인데, 그 의미는 내가 내 의지를 그 물건 속에 담아놓았다는 데 있다. 표지는 타인에 대한 것이고 타인들을 배제하기 위한 것이며, 내가 내 물건 안에 내 의지를 담아놓았음을 타인에게 보여주기 위한 것이다. 앞의 두 가지 방식이 대(對)자연적인 것이었다면 표지는 대(對)사회적 방식이라 할 수 있다.

헤겔은 점유 취득의 방식들을 설명한 후 소유의 제2단계, 곧 '물건의 사용'으로 넘어간다. 한 사람이 어떤 물건에 대한 소유자라는 사실에는 그 물건을 사용할 수 있다는 점이 포함된다는 의미다. 물건이란 교환가치로서든 아니면 사용가치로서든 소유주의 욕구를 충족하기 위해 존재하는 것이다. 헤겔은 더불어 사용과 소유의 관계도 해명한다. "사

20 위의 책, 151쪽 참조.
21 위의 책, 151쪽 참조.

용이란 물건을 변형하고 해체하고 소비함으로써 내 욕구를 실현하는 것이다."[22] 물건은 사용됨으로써 소유되는 것이 명백해지며, 사용은 긴 시간 속에서 지속적 욕구에 기초하여 행해진다. 여기서 바로 시효의 개념이 발생한다. 긴 시간, 물건의 점유나 사용을 하지 않을 경우 그 물건은 주인이 없게 되는 것이다. 이는 어떤 물건을 내 것으로 만들려는 소유주의 의지가 중요하다는 의미를 함축한다.

이어서 제3단계는 양도 또는 포기다. "내 소유는 내가 거기에 내 의지를 집어넣는 한에서는 내 것이므로 나는 그것을 양도하거나 포기할 수도 있다. 이 포기하는 것, 양도하는 것이야말로 진정한 점유 취득이다."[23] 물건을 사용하지 않고 오랜 시간이 경과하면 시효가 지나 내 것이 안 되지만 이는 내가 의도했던 결과가 아니다. 그러나 내가 이 물건을 내 것이 아니라고 선언하면 그것은 포기가 되고, 그것이 소유의 한 형식이며, 더구나 헤겔의 논리에 따르면 이것이야말로 진정한 소유의 형식이다. 우리는 타인의 물건을 점유하거나 사용할 수는 있지만 양도할 수는 없다. 양도할 수 있다는 것은 그 물건을 내가 완전히 소유하고 있다는 증거다. 헤겔이 주장하고 싶은 바는 바로 이런 내용이다.

이 소유의 최고 형식인 양도로부터 계약의 개념이 도출될 수 있다. 계약에는 적어도 두 명 이상의 인간이 필요하며, 더구나 그 두 명 이상의 관계를 구속하는 법적 관계가 없으면 안 된다. 물건의 소유자는 양도를 위해 계약함으로써 상대로부터 그 물건의 진정한 소유자임을 인정받고, 또 그것을 법적으로 승인받는다. 요컨대 헤겔식으로 말하면 계약이 소유의 진리인 것이다. 이를 칸트식으로 표현하면 인격 간의

---

22 위의 책, 155~156쪽.
23 위의 책, 166쪽.

관계에 있어서 소유가 인정받고 있는 것이다.

로크의 소유론을 노동소유론이라 한다면 칸트의 그것은 사회적 합의론이라 할 수 있다. 헤겔은 이 두 이론을 종합하여 더욱 확대하고 있는 것으로 판단된다. 로크에 따르면 개인은 자신의 신체를 이용하여 노동함으로써 스스로 만들어낸 것을 소유할 무한한 권리를 가지며, 그 위에 사회는 개인들의 권리를 유지하려는 목적에서 등장한다. 그리고 사회는 질서를 유지하기 위해 개인에 대해 두 가지 제한 조건을 부과한다. 칸트에게 있어서 소유란 인격과 물건 간의 관계가 아니라 인격과 다른 여러 인격 간의 관계다. 요컨대 소유권을 취득하는 데는 사회 전체의 동의가 요구된다. 그 동의란 구체적으로 말하면 법관계에서의 승인이고 법관계는 곧 인격 간의 관계라고 해도 좋다.

헤겔의 소유론은 노동에 의한 소유와 사회적 합의에 의한 소유, 양자 모두를 종합하고 있다. 먼저 헤겔은 로크와 마찬가지로 노동을 '소유권의 원천'으로 규정하면서 자신의 소유론에서 노동이론을 소유권의 중요한 구성요소로 수용하고 있다. 다만 노동이 로크에게선 소유권을 형성하는 핵심적 요소로 작용하고 있는 반면, 헤겔에게선 점유취득의 세 가지 방식 중 하나인 '형성작용'으로 축소되고 있다는 점이 다르다.

더불어 헤겔의 소유론에는 칸트가 주장하는 사회합의론 또한 수용되고 있다. 헤겔은 칸트를 비롯한 다른 독일의 관념론자들과 같이 인간에게 자연에 대한 절대적 점유권을 부여한다. 하지만 '점유'가 곧 '소유'는 아니다. 점유가 소유로 나아가려면 타인의 승인을 필요로 한다. 곧 타인의 승인을 얻을 때 점유는 보편적인 법적 권리로서의 소유권을 인정받게 된다.[24] 그리고 소유물은 양도될 수도 있는데 양도는 계약을

---

24 김준수, 「헤겔의 소유론의 세 가지 구성 요소」, 『사회와 철학』 제30호(2015), 78~79쪽

통해 이뤄지며 이것이 사회적으로 인정되려면 법적 관계를 전제로 해
야 한다고 헤겔은 주장한다.

이처럼 헤겔은 로크와 칸트의 소유론을 수용하면서 좀 더 포괄적이
고 종합적인 방식으로 소유론을 전개하고 있음을 알 수 있다. 특히 헤
겔은 인격권을 사적 소유권과 동일시함으로써 사유재산제의 규범적
필연성을 주장한다. 사적 소유를 개인의 자유와 결합함으로써 그 타당
성을 입증하려 시도하고 있는 것이다. 이러한 근대 자유주의의 시도는
칸트를 거쳐 헤겔에 와서 그 정점에 이르고 있다.

3. 근대 소유론의 한계와 새로운 소유권 개념

1) 근대 소유론의 한계

로크 소유론의 골자는 노동소유론이다. 이 결론을 도출하기 위해 그
는 두 가지 전제에 기초하고 있다. 제1전제는 '인간은 원래 자연을 소
유하고 있다'는 것이고, 제2전제는 '신체는 각 개인의 소유물'이라는
것이다. 이로부터 한 개인이 자기 신체를 사용하여 자연으로부터 얻은
것은 그의 소유라는 결론을 도출한 것이다.

여기서 우리가 주목해야 할 것은 위의 제1전제에 대해선 로크뿐만
아니라 칸트나 헤겔도 전혀 의심하지 않고 있다는 점이다. 이 전제는
당연하며 두말할 나위가 없다는 입장들이다. 하지만 자연을 인간의 소
유로 규정하는 근거가 불확실해 보인다. 자연은 인간이 이 세계에 등장
하기 훨씬 이전부터 존재하고 있었다. 나중의 어느 날 등장한 인간이

참조.

이미 존재하고 있었던 자연의 소유자가 될 수 있는 근거는 무엇인가?

먼저 로크는 제1전제의 근거로 신께서 인간들에게 이 지구를 공유물로 준 사실을 든다. "대지와 그것에 속하는 모든 것은 인간의 부양과 안락을 위해 모든 인간에게 주어진 것이다. 그리고 대지에서 자연적으로 산출되는 모든 과실과 거기서 자라는 짐승들은 자연발생적 작용에 의해 생산되기 때문에 인류에게 공동으로 속한다."[25] 신은 인류에게 자연의 모든 것을 공유물로 주었기에 온 인류는 이 자연세계를 공유하고 있다는 것이다. 로크는 대지와 대지의 모든 산물이 온 인류의 공유물이라는 사실로부터 소유권을 증명하기 시작하고 있다.

하지만 어떤 의미에서 모든 대지와 그 산물이 인류의 공유물인지에 대해 로크는 더 이상 엄밀한 규정도 설명도 하지 않고 있다. 다만 만물이 공유라는 것과 주인 없는 사물이라는 것이 동등한 의미로 혼용되고 있을 뿐이다.[26]

칸트 역시 자연상태에서의 토지 공유를 하나의 이념으로 제시한다. 즉 이 개념은 논란이 될 수 있는 모든 우연적이고 경험적 요소들을 제거해서 순수한 이성 이념으로 정화시킨 것이다. "모든 인간은 지구 전체의 토지를 근원적으로 공유하고 있다."[27] 이렇게 자연상태에서의 만물(특히 모든 토지)의 공유를 상정하는 이유는 사적 소유권을 정당화하기 위해서였다. 모든 토지의 근원적 공유를 상정하지 않고는 사적 소유권을 정당화하는 데 아무런 근거도 제시할 수 없다고 보았기 때문이다. 칸트는 "이 공유야말로 나로 하여금 다른 모든 소유자를 그 사물의 사적 사용에

---

25 로크, 앞의 책, 34쪽.

26 김상봉, 「칸트와 근원적 공유의 문제」, 『철학』 제11집(2012), 18쪽 참조.

27 칸트, 앞의 책, 202쪽.

서 배제하는 것을 가능케 해주는 유일한 조건"²⁸이라 말한다.

하지만 칸트는 이렇게 말하면서 공유가 어떤 이유로 사적 소유권의 근거가 되는지, 그 이유를 설명하지는 않는다. 다만 우리가 추론할 수 있는 것은 공유를 사유의 근거로 파악할 때 어쩔 수 없이 그것을 모든 인류에게 주어지고 인정된 어떤 적극적 권리로서 상정하지 않을 수 없었다는 점이다. 왜냐하면 만약 그렇지 않다면 자연상태의 공유란 한갓 권리 부재 상태일 뿐이어서 이런 부정적이고 소극적인 상태가 사적 소유권이라는 적극적 권리를 정립해주는 근거가 결코 될 수는 없을 것이기 때문이다. 그러나 어떤 이유에서 자연상태의 공유를 적극적 의미에서의 권리라고 말할 수 있는지, 이 점은 여전히 분명치가 않다.

헤겔의 소유론에도 로크와 유사한 형성작용(자연물에 작용을 가하여 내 것으로 만드는 행위 전반)이 점유취득의 한 방식으로 포함되고 있는 것을 보면, 헤겔 역시 '자연은 인류의 공유물'이라는 전제를 기초로 하고 있음을 추론할 수 있다. 하지만 헤겔 또한 자연이 왜 인류의 공유물인지에 대해선 특별한 언급을 하고 있지 않다. 이 전제는 아주 당연하다는 바탕 위에서 소유권을 정당화하기 위한 논의를 전개하고 있을 뿐이다.

이상에서 보다시피 로크, 칸트, 헤겔 3인 모두는 제1전제를 그 근거에 대한 아무 해명도 없이 당연한 논리로 수용하고 있다. 아마도 그 이유는 이 3인이 활약했던 17, 18세기의 근대적 사유, 이른바 인간중심주의적 사고의 영향 탓이 가장 컸던 것으로 간주된다. 로크가 살았던 17세기의 철학자들은 공통적으로 인간 능력에 대한 상당한 신뢰감을 표명하고 있었다.

더구나 칸트와 헤겔이 활약했던 18세기는 '계몽사상의 시대', '비판

---

28 위의 책, 194쪽.

의 시대', '철학의 황금시대'라 불렸으며 '인간' 또는 '인류에 대한 연구'
가 학문의 새로운 여왕으로 부상한 시대였다.[29] 자연은 결코 완전하지
않으므로 어떤 경우든지 자연은 그것을 관찰하는 사람이 없는 한 '광
활한 고독 상태'에 놓여 있을 따름이었다. 오직 인간의 존재만이 다른
것들의 존재를 의미 있게 만들었던 것이다. 인간은 분명 '독특한 출발
점'이고, '모든 것이 관계되는 목적'으로서 그가 없이는 '나머지 자연'
은 아무 의미가 없었다.[30]

이러한 인간중심주의적 사고는 3인 모두의 소유론에 공통적으로 뿌
리 박혀 있으나 특히 헤겔의 소유론에서 더욱 잘 드러난다. 헤겔은 소
유의 정당성을 자유의지를 지닌 인격과의 연관성 속에서 찾는다. 소유
의 정당성은 소유물이 인간의 욕구를 충족시키는 데 있지 않고, 외적
물건[31]의 소유를 통해 인간이 비로소 법적 주체가 될 뿐 아니라 자유의
현존재를 구성한다는 데 있다. 그러기에 소유는 자유로운 의지가 자신
을 실현하는 최초의 매체가 된다. 자유로운 의지는 자신의 자유로움을
물건을 소유하는 데서 확인하는 것이다. 소유는 인격성의 자유를 보장
하는 최초의 계기가 된다는 의미다.

이처럼 헤겔의 소유론은 자유로운 의지를 지닌 인격과 물건의 이원
성에 기초하고 있다.[32] 헤겔에 따르면 인격은 어떤 물건 속에서건 자신

---

29 프랭클린 보머, 『유럽 근현대지성사』, 조호연 옮김(서울: 현대지성사, 1999), 238쪽
참조.

30 위의 책, 229쪽 참조.

31 자유로운 정신과 구별되는 외적인 것, 즉 자유가 없고 비인격적이며 법적 권한이
없는 존재를 가리킨다. 헤겔, 앞의 책, 131~132쪽 참조.

32 인격과 물건의 이원성은 칸트의 유산이다. 그리고 이 이분법은 근대 초기에 인간중심
주의적인 사고방식의 기본 틀을 형성한 데카르트의 사유와 연장의 이원론의 영향사
속에 놓여 있다. 칸트 이전에는 이러한 구분이 명확하지 않았다. 예컨대 홉스는

의 의지를 투입함으로써 그 물건을 내 것으로 삼을 권리를 갖는다. 헤겔은 이를 "모든 물건에 대한 인간의 절대적 취득권"[33]이라 부른다. 자유로운 의지를 지닌 인격만이 소유 주체가 되며 그 이외의 존재는 모두 소유 대상이 된다는 입장이다.

> 모든 사물은 인간의 소유가 될 수 있다. 왜냐하면 인간은 자유로운 의지이며, 이 의지로써 절대적으로 자기를 관철해나갈 수 있는 존재인데 반해 인간에게 대립되는 것은 이러한 성질을 갖고 있지 않기 때문이다. 따라서 인간은 누구나 자신의 의지를 물건으로 삼거나 또는 물건을 자신의 의지로 삼을 권리를 갖는다. …생물체(동물)의 경우도 역시 그처럼 아무런 자기 목적도 없는 외면적 존재라 한다면 어김없는 하나의 물건이다.[34]

의지를 지닌 인간만이 '무한적'이고 '다른 모든 것에 대해 절대적'인데 반해, 그 이외의 모든 자연적 존재는 아무런 의지를 갖고 있지 않은 단순한 물건으로 간주된다는 의미다. 헤겔은 인간의 보편적 자유에 대해선 무한한 긍정의 태도를 보이는 반면 자연으로부터는 모든 권리를 박탈하고 있다. 인격 = 절대적 취득권의 소유자, 인간 이외의 자연적 모든 존재 = 인격의 소유물이라는 이분법적 도식에 사로잡혀 있다고 해도 과언이 아니다.

이상에서 보다시피 헤겔을 포함한 세 명의 사상가 모두는 인간중심

인간 역시 상품이고 가치를 지닌 물건이라는 관점을 옹호한 바 있다. 인격체로서 인간 존엄성의 불가침성에 입각하여 인간의 절대적 가치를 긍정하면서 이성적 존재로서의 인격 이외의 모든 존재를 상대적 가치를 지닌 물건으로 간주하는 관점은 칸트에 의해 최초로 정식화된 것이다. 나종석, 『차이와 연대』(서울: 길, 2007), 102~103쪽 참조.

33 헤겔, 앞의 책, 135쪽.
34 헤겔, 앞의 책, 136쪽.

주의적 사고라는 근대적 사유의 틀 안에 머무르고 있음을 알 수 있다. 인간＝목적, 자연＝수단이라는 이분법적 도식, 이른바 강한 인간중심주의를 기본 전제로 삼아 각자 나름의 방식대로 소유권을 정당화하고 있는 것이다.

하지만 이러한 근대의 소유권 절대의 원칙은 19세기 말 이래 자본주의 경제의 급속한 발전 과정에서 여러 가지 문제를 낳았다. 소유권이 자유경쟁에 의해 소수자의 수중에 집중·독점되었고 소유자는 소유물의 지배를 통해 타인을 지배하는 힘까지 지니게 되었다. 그 결과 심각한 빈부격차로 인한 계급적 분열·갈등 등 갖가지 사회적 폐단이 생겨났던 것이다. 이에 따라 소유권 절대의 원칙은 수정이 불가피해졌다. 사적 소유권을 사회공공적 측면에서 조절해야 할 필요성이 생긴 것이다. 이때 소유권 제한의 근거로 등장한 것이 소유권의 사회성·공공성이었다. 이에 따라 오늘날에는 소유권의 사회적 구속성이 인정되고 있고, 이러한 구속을 받는 소유권을 현대적 소유권이라 한다.[35]

우리나라 역시 소유권(특히 토지 소유권)으로 인한 문제를 해결하기 위해 수많은 법률을 제정하며 대처해왔다. 하지만 특별한 효과를 거둔 것은 그리 많지 않다. 토지 투기붐이 일 때마다 정부가 취한 정책이 미봉책에 불과한 것들이 많았기 때문이다. 우리의 토지정책이 토지 소유권의 절대성 및 자유성에 기초하여 공공성을 위한 제한은 예외적인 것으로 한정하는 경향이 있었던 것이다.[36] 공공복리·국가의 안전 보장·사회질서 유지 등을 내세우지만 우리나라의 토지에 관한 법들은

---

35 김석순·정문성, 「도시환경관리와 토지소유권제한」, 『비교법학』 제3집(2003), 327~329쪽 참조.

36 위의 책, 332쪽 참조.

아직도 근대적인 자유주의적 법 원리에 바탕을 두고 있다는 것이다.

2) 새로운 소유권 개념의 모색

현대사상 안에서 소유 그 자체가 의심받게 된 데는 두 가지 계기가
있다. 하나는 정치적 문제다. 사적 소유에 의거하는 자본주의가 자연
파괴를 야기해온 게 사실이긴 하지만, 사회적 소유를 주장하는 사회주
의 또한 자연파괴를 막지 못하였고 오히려 사회주의 국가 여러 곳에서
환경 파괴 면에서는 더욱 심각한 상황을 보여주었다. 따라서 사적 소
유체제에서뿐만 아니라 사회적 소유체제에서도 비슷한 양상을 초래한
사실을 사람들은 깨닫게 되었고, 그 결과 소유 자체에 대한 의문이 제
기된 것으로 보인다.

필자의 판단에 따르면 자본주의는 내재적으로 환경 파괴적일 수밖
에 없는 특성을 지닌다. 우리가 지키고 보존해야 할 환경마저도 자본
주의 체제에선 자본 축적을 위한 상품으로 다뤄지기 때문이다. 모든
것을 자본의 자기 확장과 이른바 성장의 요구에 종속시키는 자본 축적
의 충동이 갖는 본질적 비합리성은 생태적 균형에 적대적일 수밖에 없
는 것이다.

한편 사회주의는 추구하는 그 이상과 달리 사람들 거의 대부분이 이
기적이어서 공동의 이익보다 사적 이익을 항상 더 중시한다는 사실 때
문에 실패할 수밖에 없는 한계를 안고 있다. 성공적인 중앙계획 사회
주의란 앞으로도 실행될 가망이 전혀 없어 보인다는 게 필자의 판단이
다. 결국 어느 체제에서건 환경문제를 근원적으로 해결한다는 건 어렵
다는 것이다.

그러나 이처럼 양 체제의 소유방식 모두에 문제가 있다고 하여 이를

비소유방식으로 대체하기만 하면 문제가 곧 해결될 것으로 보이진 않는다. 필자의 판단으로는 사적 소유체제와 공동소유체제 각각의 문제는 물론이고 양 체제 간의 관계에 대해 심사숙고하는 방안이 요청돼 보인다.

다른 하나는 인간중심주의에 대한 의구심이다. 사적 소유든 공동 소유든 양쪽 모두 다 인간이 주체화되어 객체로서의 자연을 대할 수밖에 없는데, 이는 결국 인간중심주의 입장에 서지 않을 수 없음을 의미한다. 바로 이 주체화, 인간중심주의가 환경 파괴의 주요인으로 의심받고 있는 것이다.

인간중심주의 문제에 대한 필자의 생각은 이렇다. 인간 = 절대적 권리 소유자, 인간 이외의 존재 = 단순한 물건으로 등식화하는 강한 인간중심주의는 비판받아 마땅하며 따라서 지양돼야 한다고 본다. 하지만 인간 이외의 모든 존재를 단순한 외적 물건이 아니라 다양한 변환 가치를 지닌 대상으로 간주하는 약한 인간중심주의 입장에 선다면 자연 파괴 문제에 현명하게 대응해 나갈 수 있을 것으로 여겨진다.[37] 헤겔의

---

37 약한 인간중심주의에서는 강한 인간중심주의와는 달리 인간 이외의 존재에 단순한 수단적 가치만을 부여하지 않는다. 도구적 가치 외에도 다양한 차원의 가치를 발견하고자 한다. 가령 자연은 어느 하나의 가치만을 갖는 게 아니라 다양한 방식으로 인간에게 봉사함을 인정한다. 자연은 우리의 감각을 만족시켜주고 즐겁게 해주는 많은 편익, 효용성의 발원지이다. 뿐만 아니라 자연은 아름다운 형상과 다양한 색채를 통하여 인간의 심미적 욕구를 충족시켜준다. 자연은 지적 호기심의 대상이 되기도 하며, 영혼의 안식처로서 우리 삶을 더욱 풍요롭게도 해준다. 이와 같이 약한 인간중심주의는 자연에는 물질적 이득을 위한 단순한 도구적 가치만이 아니라 물질적 가치로 환산할 수 없는 다차원의 가치가 있음을 인정한다. 더불어 약한 인간중심주의는 자연계에서 차지하는 인간의 지위에 대해서도 반성을 요청한다. 인간을 절대군주와 같이 파악하는 입장에 서서는 합리적인 환경이론을 도출하기가 어렵다는 판단 때문이다. Bryan G. Norton, *Why Preserve Natural Variety?* (Princeton, NJ: Princeton University Press, 1987), pp. 11~13 참조.

주장처럼 사고와 소화, 소유가 같은 개념이라면[38] 인간은 결코 소유를 막을 도리가 없다.

문제는 소유권을 무한적·절대적 권리로 보는 근대적 사고다. 헤겔에게서 보다시피 근대사법에서 소유권은 신성불가침적인 것이며 따라서 국가라 하더라도 이를 제한할 수 없다는 소유권 절대의 원칙이 지배했다. 전형적인 강한 인간중심주의적 사고에 기초한 개념 규정이라 할 수 있다.

하지만 이제는 이러한 사고에 기초한 소유권의 개념은 깨끗이 청산되어야 한다. 물론 현대사회에서는 소유권의 자유가 개인의 자유와 불평등이라는 역효과를 낳음에 따라 소유권 행사에 일부 제한을 가하고 있는 게 사실이다.[39] 하지만 여전히 '절대적 권리로서의 소유권' 개념이 지배적이며, 바로 이러한 사고가 환경 파괴라는 부정적 결과를 지속적으로 초래하고 있다. 이를 넘어서려면 모든 자연물은 어디까지나 인간의 소유 대상으로서 단순한 수단적 가치의 담지물로만 여길 게 아니라

---

38 헤겔에게 있어서 사고는 어떤 대상을 관념적으로 자기 안에 포함하는 것이다. 인간이 객관적 세계를 자신의 것으로 삼는 것이 소유이므로 그런 점에서 소유와 사고는 같은 의미를 지닌다. 헤겔에 따르면 소유는 소화라는 말과도 그 의미가 유사하다. 헤겔은 이를 자신의 저서 도처에서 보여주는데, 예를 들면 『법철학』 제44절 「추가」에서도 이를 확인할 수 있다. 여기서 헤겔은 인간이 자연을 소유한다는 사실을 분명히 하는 가운데 동물도 식물을 먹음으로써 그 식물은 자립성을 상실하며 동물의 체내에서 영양이 되어 그 동물 안으로 흡수됨을 지적한다. 요컨대 소화란 대상의 자립성을 박탈하여 자기 안에 거둬들이는 것이다. 동물이 물건을 소화하듯이, 인격 또한 물건 안에 의지를 집어넣어 자기 것으로 삼는다. 이처럼 헤겔에게 있어서 사고와 소화, 소유는 같은 의미를 갖는다. 헤겔, 앞의 책, 135~137쪽 참조.

39 우리나라 헌법 제23조에서는 재산권은 공공복리에 적합하도록 행사되어야 하고 재산권의 내용과 한계는 법률로 정하도록 규정하고 있으며, 민법 제211조에서도 소유자는 법률이 정한 범위 내에서 소유권을 행사할 수 있다고 규정하여 소유권 행사에 제한을 가하고 있다.

가격을 매길 수 없는 다양한 변환적 가치의 담지물로 파악하는 자세가 요청돼 보인다. 이른바 약한 인간중심주의 사고에 기초하여 소유권의 개념을 새로이 정립해나가는 자세가 절실히 필요하다는 의미다.

더불어 소유권의 개념을 새로이 규정할 시에는 미래세대 또한 염두에 두어야 한다. 우리는 현재 삶의 터전인 자연을 미래세대와 함께 공동 소유하고 있다. 우리가 생존해 있는 기간 동안 한시적으로 사회가 인정하는 범위 안에서 사적 소유를 하고 있을 뿐이다. 따라서 내가 어떤 토지를 소유하고 있다 하여 함부로 이를 활용해서는 결코 안 될 것으로 본다. 구체적으로 어떻게 활용하는 것이 좋은지에 대해선 사회(국가)에서 결정해나가야 한다. 사유재산의 활용방식에 관한 사회적 결정은 매우 중대한 문제다. 그 결정방식 여하에 따라 사유재산의 활용양태가 달라질 것이고 그 결과 자연환경에 미치는 영향 또한 좌우될 수 있기 때문이다.

내가 소유하고 있는 토지에다 맹독성 폐기물을 내다버리면 침출수나 공기는 다른 토지와 연결돼 있기에 주변에도 당연히 폐를 끼칠 수밖에 없다. 뿐만 아니라 소유자인 나는 그 사회 안의 다른 소유자와 연결돼 있기에 그 토지는 다른 소유자의 것이 될 수도 있고, 미래세대와의 관계에서 보면 확실히 그 토지는 타인 것이 될 수 있다. 토지, 석유, 지하수 등 모든 자원은 미래세대와 우리가 공동소유하고 있음을 깨닫는다면 소유자가 결코 함부로 써선 안 될 것이다. 이런 측면에서 소유권의 개념 규정 시 미래세대는 매우 중요한 고려 요소로 포함하는 것이 꼭 필요해 보인다.

끝으로 새로운 소유권 개념을 정립함에 있어서, 특히 토지 소유권에 한해선 보다 특별한 제한 조건을 부가할 필요성이 있다고 판단된다. 토지 가격의 급등으로 인한 경제 불안, 난개발로 인한 삼림지역의 파괴, 외국 자본에 의한 국내 토지 잠식 등의 사례에서 볼 수 있다시피 토지 문제는 사회·경제·환경적으로 우리에게 미치는 영향이 매우 크다. 뿐만 아니라 토지를 현재의 관행처럼 소유권자의 자의로 지목을 변경하여 마음대로 사용·수익·처분하도록 방치할 경우 자연 파괴 행위는 지속될 수밖에 없을 줄 안다.

토지는 다른 재화와는 그 성격이 여러 가지 측면에서 상이하다. 먼저 토지는 비이동성, 영속성, 유한성, 개별성, 연속성 등의 자연적 특수성을 지닌다. 비이동성이란 토지의 기본적 특수성으로서 인위적으로 그 위치를 바꾸지 못한다는 것이다. 영속성이란 다른 일반 소모품과는 달리 아무리 많이 사용하거나 시간이 경과해도 결코 소모되거나 마멸되지 않는다는 뜻이다. 유한성이란 토지는 타 재화와는 달리 원료·기술·노동의 결합으로 창출될 수 없으며 해외로부터의 수입도 불가능한 양적 한계를 지닌다는 것이다. 개별성이란 동일한 토지는 세상에 하나밖에 없는 개성을 가지므로 결코 다른 토지로 대체될 수 없다는 것이고, 연속성이란 토지는 연속적으로 연결되어 존재하므로 어느 토지에 특정 목적의 건물이 들어서면 인접한 토지는 반드시 그 영향을 받지 않을 수 없게 된다는 의미다.[40]

토지는 또한 ①불가결성과 용도의 다양성, ②병합·분할의 가능성, ③사회적·경제적·행정적 위치의 가변성 등의 인문적 특수성을 갖는다. 먼저 ①이란 토지는 인간의 삶에 불가결하며, 농·공·상업 용지, 주거, 공공용지 등 그 용도가 다양하고 어떤 용도로 일단 사용되게 되면 다른 형태로의 이용 변화가 어려운 특징을 지닌다는 의미다. ②란

---

40 박철곤, 「토지소유권의 내용과 제한의 이론적 기초」, 『비교법학』 제3집(2003), 5~8쪽 참조.

토지는 이용자의 의지에 따라 구획·분필되거나 다시 합필될 수도 있다는 뜻이다. ③이란 토지 가격이나 거래 등이 사회적 요인, 경제적 변화, 정부 정책 등으로 인해 위축·둔화·신장될 수 있다는 것인데, 이 중 가장 크게 영향을 미치는 것은 행정적 위치의 가변성이다. 행정적 위치에는 토지제도, 토지이용계획, 토지세제, 주택 정책, 토지가격규제 등이 있다.[41]

끝으로 토지는 ①상품성, ②독점성, ③계속 수익성 등의 경제적 특수성을 갖는다. 먼저 ①이란 토지는 매매의 대상이 된다는 것이고, ②는 토지란 공급의 한계와 대체불가능성에 따라 독점가격을 형성하게 된다는 의미다. ③이란 토지는 영속성의 특징을 가지므로 계속하여 수익을 올릴 수 있다는 뜻이다.[42]

위의 기술에서 알 수 있는 토지의 특성에서 추론할 수 있는 것은 토지는 전적으로 시장에만 맡길 수 없다는 점이다. 거듭 말하지만 토지는 인간의 주거 및 생산 활동의 기반인 반면 인위적으로 산출할 수 없고, 유한한 부존량으로 공급이 제한적이며, 대체 또한 불가능하기에 그것의 이용과 거래를 소유권자의 사익 추구 수단으로 내맡길 수만은 없다.[43] 물론 토지는 상품성의 특성을 지니고 있기에 토지 거래 자체를 불허할 수는 없을 줄 안다. 하지만 토지 거래의 허용은 어디까지나 이를 통하여 야기되는 사회적·경제적·환경적 문제가 야기되지 않는 범위 내에서 제한적으로 이루어질 필요가 있다.

칼 폴라니는 자본주의의 시장이 비록 경제·사회 발전에 중요한 역

41 위의 글, 8~9쪽 참조.
42 위의 글, 9~10쪽 참조.
43 이러한 주장에 대해 자유주의적 입장에서 토지소유권을 이해하는 자들은 반대의견을 피력한다. 이에 대해선 위의 글, 16~23쪽 참조.

할을 수행하긴 하지만 토지·노동·화폐만큼은 상품이 아니기에 엄격한 규제 하에 묶어두어야 한다고 주장하였다. 그에 따르면 토지는 단지 자연의 다른 이름일 뿐이며 인간이 생산할 수 있는 게 아니다. 노동이란 인간 활동의 다른 이름일 뿐이고, 인간 활동은 인간의 생명과 붙어 있는 것으로 이는 판매 목적으로 생산되지 않는다. 그리고 화폐는 그저 구매력의 징표일 뿐이며, 구매력이란 은행업이나 국가금융의 메커니즘에 의해 생겨나는 것이지 생산되는 것이 아니다. 이들 세 가지는 그 어떤 것도 판매를 위해 생산되는 게 아니므로 상품으로 묘사하는 것은 전적으로 허구가 된다. 따라서 만약에 이들을 규제하지 않으면 환경의 순환과정, 노동시장, 금융시장 등은 모두 '사탄의 맷돌'로 변해버릴 수 있다는 게 그의 주장이다.[44]

폴라니의 논리에 따른다면 토지는 결코 자유롭게 거래되는 다른 상품과 같이 취급돼선 안 된다. 그렇다고 그의 주장에 따라 지금 당장 토지 거래를 중단하기는 무리이므로 현재 우리에게 실현 가능한 방안은 토지

---

44 이러한 주장의 근거를 정리하면 이렇다. 폴라니에 따르면 인간과 자연환경의 운명이 순전히 시장 메커니즘 하나에 좌우된다면 결국 사회는 완전히 폐허가 되고 만다. 구매력의 양과 그 사용을 시장 메커니즘에 따라 결정하는 것도 똑같은 결과를 낳는다. 만약에 노동력이 다른 상품과 마찬가지로 취급된다면 노동력이라는 라벨을 달고 있는 '인간'이라는 육체적·심리적·도덕적 실체는 그 소유자가 마음대로 처리할 수 있는 대상이 돼버린다. 결과적으로 인간 상품은 악덕·인격 파탄·범죄·굶주림 등을 거치면서 격심한 사회적 혼란의 희생양이 될 수밖에 없게 된다. 자연은 또 그 구성 원소들로 환원돼버리고 주거지와 경관은 더럽혀진다. 강이 오염되고 식량과 원자재를 생산하는 능력도 파괴된다. 끝으로 구매력의 공급을 시장기구가 관리하게 되면 영리기업들은 주기적으로 파산할 수 있다. 원시사회가 홍수와 가뭄으로 인해 피해를 입었던 것처럼 화폐의 부족이나 과잉은 경기에 엄청난 재앙을 가져올 것이기 때문이다. 결국 토지시장·노동시장·화폐시장이 시장경제에 필수적이긴 하지만 인간과 자연 및 사회의 경제조직이 보호받지 못하면 그로 인한 결과를 어떤 사회도 견뎌내지 못할 것이라고 폴라니는 지적한다. 칼 폴라니, 『거대한 전환』, 홍기빈 옮김(서울: 길, 2009), 237~248쪽 참조.

소유권 개념을 수정해나가는 일이다. 토지소유권의 무한성·절대성이라는 근대적 소유권 개념의 잔재를 청산하고 자연환경을 우선적으로 고려하여 행사될 수 있는 새로운 소유권 개념을 정립해 나가야 한다.

4. 맺음말

우리나라에서 난개발의 문제가 제기되어온 것은 어제 오늘의 일이 아니다. 잊혀질만하다가도 특정 지역이 각종 요인에 의해 부동산 투자처로 부상하기만 하면 그곳이 어디건 간에 투기 세력이 몰려들고 그에 따른 난개발 광풍이 몰아치는 현상이 반복되고 있다. 이러한 난개발 광풍에 의해 초래되는 것은 우리 산하의 처절한 유린이다. 아무리 자연환경의 소중함을 강조한다 해도 구두선에 불과할 뿐 어떠한 우려나 걱정의 소리도 토지소유권자의 소유권 행사에는 아무 걸림돌이 되지 않는다. 뿌리 깊은 소유권 만능주의 사고방식을 제어하는 장치가 무력하기 때문이다.

토지는 인간 삶의 기반이자 국가 형성의 기반이 되기에 공공의 성격이 강하다. 그런 만큼 토지소유권의 행사에는 일정한 제약이 따를 수밖에 없다. 토지는 단순한 상품이 아니라 인간의 삶과 생산 활동을 위한 기본 요소이기에 그것이 농지이든, 택지이든 그 토지가 갖는 기능·위치·성격 등에 따라 가장 효율적으로 이용됨이 옳다. 그리고 마땅히 그렇게 될 수 있도록 적절한 규제가 가해져야 한다. 이러한 차원에서 우리 정부도 개발을 비롯한 토지문제를 해결코자 많은 법률을 제정하여 대처해왔으나 특별한 성과는 거두지 못하는 실정이다. 우리나라의 토지에 관한 법들이 아직도 근대적 자유주의 법원리에 바탕을 두고 있는 측면이 강하기 때문이다.

근대 소유권은 절대적이며 신성불가침한 권리로 여겨졌다. 개인주의·자유주의에 기초하고 있는 근대 소유권 개념에는 많은 사람들로 하여금 중세적 질곡, 이른바 봉건적 속박으로부터 벗어나게 하여 그들에게 더 많은 자유를 부여하려는 의도가 깔려 있었다. 실지로 소유권 절대의 원칙은 중세 질서를 허물고 근대자본주의 경제를 발전시키는 원동력으로 작용하기도 하였다.[45]

이러한 근대의 소유권 개념을 정립하는 데 기여를 한 중심인물로는 로크, 칸트, 헤겔을 꼽을 수 있다. 이들이 소유권을 정당화하는 방식에는 차이가 있지만 출발선은 거의 비슷했다. 이들 모두는 대지와 대지의 모든 산물은 원래 온 인류의 공유물이라는 전제에서 출발하고 있었다. 이 공유가 사적 소유권이라는 적극적 권리를 정립해주는 근거로 활용되고 있는 것이다.

그러나 애석하게도 왜 자연이 인류의 공유물인지에 대해선 이들이 특별한 언급을 하고 있지 않다. 당연한 전제로 활용되고 있을 뿐이다. 그 까닭을 필자는 근대라는 시대적 배경에서 찾아보았다. 그들이 활약했던 17·8세기는 근대적 사유, 이른바 인간중심주의적 사고가 지배적이었다. 이러한 인간중심주의적 사고, 그것도 인간 = 목적, 자연 = 수단이라는 강한 인간중심주의적 사고가 팽배해 있었고, 그것이 '모든 물건에 대한 인간의 절대적 취득권' 개념을 낳았다. 자유의지를 지닌

---

45 근대의 사적 소유권은 절대적 권한으로 인정되었던 만큼 공공의 복리와는 아무 관계가 없는 것으로 인식되었다. 그 결과 유산자와 무산자 간의 빈부격차로 인한 계급 투쟁이 확산되었고 사회적 불안 또한 심화됨에 따라 소유권 절대성에 대한 검토가 이뤄지기 시작하였다. 근대적 소유권의 고수냐 소유권에 대한 공익적 제한이냐를 두고 갈등하는 대립이 나타났던 것이다. 박철곤, 앞의 글, 4쪽 참조.

인격만이 소유 주체가 되며, 그 이외의 존재는 모두 소유 대상으로 인식되었다. 인간만이 '무한적', '절대적'인데 반해 그 이외의 모든 자연적 존재는 단순한 물건으로 간주되었던 것이다.

이와 같은 강한 인간중심주의에 기초하고 있는 근대 소유론이 19세기에 들어와 빈부격차 등의 사회적 갈등을 야기하였고 그에 따라 사적 소유권의 절대 원칙은 수정이 불가피해졌다. 그 결과 사적 소유권에 대한 일부 제한 규정이 가해져 오늘에 이르고 있으나 현대사회에서의 소유권 개념에도 여전히 강한 인간중심주의적 사고의 잔재가 남아 있다. 그것이 난개발이라는 무서운 독소로 나타나고 있는 것이다. 이에 소유권 개념은 새로이 수정해나갈 필요성이 있다고 판단된다.

그 새로운 소유권 개념에 포함해야 할 요소로는 강한 인간중심주의적 사고를 청산하고 약한 인간중심주의에 기초해야 한다는 점, 미래세대의 입장을 반영해야 한다는 점, 그리고 환경을 우선적으로 고려할 수 있는 구체적 제한 조치 등이 수반되어야 한다는 점 등을 들어보았다. 물론 이 세 가지 요소를 소유권 개념에 반영하기는 쉽지 않을 것이며, 설령 이들 조건을 반영한다 해도 난개발을 예방하고 자연을 제대로 지켜낼 수 있다고 보장할 수는 없을 것이다. 하지만 현재와 같은 방식의 소유권 개념의 문제를 지적하고 개선의 필요성을 주장하는 것은 보다 성숙한 소유권 개념을 형성해나가는 데 소중한 단초를 마련할 수 있다는 점에서 꼭 필요한 과정이라 판단된다.

환경문제와 소비

: '자발적 소박함(Voluntary Simplicity)'에 관한 철학적 논쟁

1. 머리말

지금 이 세계에는 어플루엔자(Affluenza)[1]라는 바이러스가 곳곳을 누비며 침투하고 있다. 선후진국 구분 없이 오늘을 사는 현대인들은 자기 의지와 무관하게 어플루엔자에 감염되어버렸고,[2] 또한 어플루엔자에

---

1 Affluent(풍부한)와 Influenza(유행성 독감)의 합성어다. 끊임없이 더 많은 것을 추구하고 소비하는 태도에서 비롯하는 전염성이 강한 사회적 질병(소비중독질환)을 의미한다. 풍요로워질수록 더 많은 것을 욕망하는 현대인의 탐욕이 만들어낸 질병으로 일명 '부자병'이라고도 불린다. 이 질병에 감염되면 채워지지 않는 욕구, 쇼핑 중독, 우울증, 성격장애(나만 챙기는 나르시시즘, 정체성 혼란 등), 과중한 업무, 빚, 낭비 등의 증상을 수반한다. 존 더 그라프·데이비드 왠·토머스 네일러, 『어플루엔자』, 박웅희 옮김(서울: 한숲, 2002), 20쪽; 올리버 제임스, 『어플루엔자』, 윤정숙 옮김(파주: 알마, 2009), 6쪽 참조.

2 한 연구에 따르면 전 세계 인구의 27%인 17억 명이 소비사회에 접어들어 있다. 그 중 약 2억 7,000만 명이 미국과 캐나다에, 3억 5,000만 명이 서유럽에, 1억 2,000만 명이 일본에 있다. 하지만 현재 전 세계 소비자의 거의 절반이 개도국에 살고 있는데, 2억 4,000만 명이 중국에, 1억 2,000만 명이 인도에 있다. 이들 수치는 세계화에 의해 소비사회를 확산시키는 데 필요한 기술과 자본이 제공되는 한편, 수많은 사람들에게 소비재를 접하게 함으로써 지난 20년 간 극적으로 증가한 결과라고 한다.

대한 면역체계의 고장으로 후천성 의지력 결핍증에라도 걸린 듯하다.

어플루엔자의 첫 번째 증상은 쇼핑에 매달리는 것으로 나타난다. 현대인들에겐 쇼핑몰이 공동체의 중심이 되다시피 하고 있다. 어른들은 물론 아이들도 응당 쇼핑센터를 지루할 때 가장 먼저 찾는 곳으로 꼽고 있을 정도다. 심지어 해외에서만 향유할 수 있는 서비스 상품이라 하더라도 그 소비를 마다하지 않는다. 교육·의료·레저·예술 등 해외에서의 서비스 쇼핑, 이른바 서비스 투어리즘마저 점차 사회 전반으로 확산되고 있는 중이다. 어플루엔자, 곧 고삐 풀린 소비주의야말로 우리 시대를 규정짓는 시대정신이요, 우리 시대를 바라보는 렌즈가 되고 있는 것이다.

물론 소비는 인간의 삶과 복리에 필수적이다. 우리는 생존을 위해 소비를 해야 하며, 더구나 극빈자들은 삶의 존엄성을 유지하기 위해 더 많은 소비를 해야 한다. 그러나 최근 수십 년 동안 부유한 엘리트와 중산층에게 소비는 필요의 충족 차원을 넘어 하나의 목표가 돼버렸다는 점이 문제다. 마치 전 세계가 전후 미국 소매업 분석가인 빅터 레보우(Victor Lebow)의 다음과 같은 충고에 따르고 있는 것처럼 보인다. "우리의 엄청난 생산 경제는… 소비를 생활양식으로 만들고, 재화의 구매와 사용을 종교적 의식으로까지 전환시키며, 소비를 통해 영적인 만족과 자아 만족을 추구하게 만들고 있다."[3] 이렇게 소비주의에 탐닉한 결과 나타난 놀라운 현상은 현재 소비재의 다양성이 생명 다양성을 능가하기에 이르렀다는 점이다. 역사상 처음으로 쇼핑몰과 슈퍼마켓의 진열대에

월드워치연구소, 『지구환경보고서 2004』, 오수길 외 옮김(서울: 도요새, 2004), 8쪽, 33쪽 참조.

3 위의 책, 9쪽.

들어찬 소비재가 지구상의 생물 종의 수를 넘어섰다는 것이다.[4]

    이와 같이 소비 그 자체가 목표가 되어버릴 만큼 무제한적인 소비 추구는 엄청난 비용을 지불케 해왔다. 오늘날의 소비는 막대한 양의 자원을 희생시킨 대가다. 지난 50년 동안 물 사용량은 세계적으로 3배, 화석연료 사용량은 5배 증가하였다. 시간이 갈수록 자원 이용의 효율성은 증가해왔고 고갈된 자원은 다른 자원으로 대체되어 왔지만 지난 반세기의 패턴은 뚜렷하다. 즉 소비가 지속적으로 증가한 만큼 오염이 늘고 자원이 감소되고 있으며, 그 비용은 생태계에서만이 아니라 인간, 특히 가장 가난한 사람들의 질병과 고통에서도 나타나고 있다는 것이다.

    문제는 이러한 사실이 엄연한 현실로 드러나고 있음에도 불구하고 현대인들은 아무런 문제도 없는 듯 소비의 유토피아 실현을 여전히 꿈꾸고 있다는 점이다. 가장 비근한 예를 하나 들어보자. 최근 기름 값이 고공행진을 지속하고 있다는 반갑지 않은 소식이 자주 들린다. 사상 최고 가격을 맴돌고 있는 국제 유가가 세계 경제를 위축시킬 것이라는 경고가 현실화되고 있는 것이다. 이러한 현실을 감안한 세계 각국은 그 대책에 많은 공을 들이고 있긴 하지만 고유가 위기를 극복할 뾰족한 대책이 없어 크게 고심하고 있다고 한다. 안타까운 것은 여러 가지 고유가 대책에 부심하고 있는 정부와는 달리 개개인의 의식은 여전히 절약보다 소비에 머물러 있다는 점이다. 유가 급등이 개개인의 절약의식에 어느 정도 영향을 주긴 하겠지만 그러나 그것은 일시적일 뿐이다. 이미 소비지상주의에 깊이 물든 현대인들은 유가 급등이 자신들의 생활양식을 근원적으로 전환시킬 만큼 큰 계기가 아닌 찻잔 속의 태풍 정도로밖에 간주하지 않는다.

---

4 그라프 외, 앞의 책, 152쪽 참조.

우리가 알아야 할 것은 현재 세계 경제에 타격을 줄 정도로 국제 유가가 치솟는 원인 또한 소비에 있다는 사실이다. 한 경제 전문가에 따르면 "현재의 고유가는 소비가 공급을 웃도는 구조적인 변화가 원인이기에 향후 지속될 가능성이 높다."[5] 그러기에 아무리 정부적 차원에서 다양한 에너지 절약 대책을 제시한다 하더라도 그것은 임시방편책일 수밖에 없으며, 따라서 그 효과 또한 크게 기대할 수 없다.

정부 주도의 에너지 절약 대책이 없는 것보다는 낫겠지만 이보다 더 중대하고 절실히 요청되는 것은 사회구성원 각자가 자발적으로 소박하고 검소하게 사는 방식을 택하는 것이라 본다. 이와 같은 삶의 방식이야말로 현재 직면한 에너지 위기 해소는 물론 한계상황에 이르고 있는 각종 환경문제의 개선, 그리고 더 나아가 내면적으로 풍요로운 삶을 성취하는 데도 소중한 단초를 마련할 수 있을 것으로 보기 때문이다.

그러나 '자발적 소박함'이 우리에게 여러 가지 장점을 줄 수 있다는 이러한 주장에 동의하는 사람들도 있는 반면 여기에 반대 의견을 펴는 이들도 만만치 않다. 이에 이 장에선 '자발적 소박함'의 의미와 이를 둘러싼 찬반 논쟁, 그리고 이를 위한 실천적 대안을 제시해보는 순으로 논의를 전개하고자 한다.

2. '자발적 소박함'의 개념

'자발적 소박함'이란 용어가 대중화되는 데는 듀안 엘진(Duane Elgine, 1943~)[6]의 공이 크다. 하지만 이 용어를 처음으로 쓴 사람은 마하트마

---

5 『매일경제』, 2005년 8월 18일자, A3면 참조.

간디의 신봉자인 리처드 그레그(Richard B. Gregg, 1885~1974)였다.[7] '자발적 소박함'에 대해 그레그는 다음과 같이 말하고 있다.

> '자발적 소박함'은 외적인 조건과 내적인 조건 모두를 필요로 한다. 즉 그것은 인생의 중요한 목표와 상관없는 지나치게 많은 재산이라든지 외적인 번잡함을 거부하는 것뿐만 아니라 목적의 단일함, 성실함, 내면의 정직함을 요구한다. 그것은 우리의 에너지와 욕망을 조절하고 정렬하는 것이며, 다른 방면에서 더 멋지고 풍부한 삶을 유지하기 위해 어떤 방면에서의 부분적인 속박을 받아들이는 것을 뜻한다. 그것은 어떤 목적을 위해 삶을 신중하게 조율하는 일이다.[8]

요컨대 '자발적 소박함'이란 필요 없는 곳에 주의를 분산시키는 것을 최소한으로 줄이고 목적 있는 삶을 추구하는 것이다. 외적인 화려함보다는 내적인 풍요를 더 우위에 두는 것이다. 그렇다고 삶의 내·외적 측면을 엄격히 구분 짓는 것은 아니고 양 측면을 유기적이고 의미 있는 전체로 통합하는 삶을 지향한다.

인류가 이와 같은 '자발적 소박함'을 실행해온 것은 아주 오래 전의

---

6 미국의 저명한 국제적 연사이자 저술가이다. 40년 이상 소박한 삶의 방식을 널리 알리며 인류의 영적 성장을 위한 연구를 해왔다. 그러한 연구 결과물 중의 하나가 *Voluntary Simplicity*인데, 이 책은 1981년에 초판이 나온 후, 1998년에 개정판, 2010년에 개정재판이 나왔다. 우리나라에선 초판과 개정재판이 번역 출간되었다. 듀안 엘진, 『소박한 삶의 철학』, 김승욱 옮김(서울: 바다, 1999); 두에인 엘진, 『단순한 삶』, 유자화 옮김(서울: 필로소픽, 2011) 참조.

7 '비폭력 저항의 실질적인 이론을 개발한 최초의 미국인'이자 마틴 루터 킹, 올더스 헉슬리 등의 사고에 영향을 끼친 미국의 사회철학자이다. 그는 *The Value of Voluntary Simplicity*(Wallingford, PA: Pendle Hill, 1936)라는 엣세이집에서 '자발적 소박함'이라는 용어를 처음으로 썼다. https://en.wikipedia.org/wiki/Richard_Gregg 참조.

8 듀안 엘진, 『소박한 삶의 철학』, 11~12쪽; 존 레인, 『언제나 소박하게』, 유은영 옮김(서울: 샨티, 2003), 18쪽에서 재인용.

일이었다. 불교, 그리스도교, 도교 창시자뿐만 아니라 그 추종자들 그
리고 스토아학파 역시 '자발적 소박함'을 거룩한 덕으로 추구하였다.
이들은 내면의 성취를 외적인 재산에서가 아니라 내적인 삶의 풍요로
움에서 찾고자 했던 것이다.

　이와 관련하여 소로는 『월든』에서 이렇게 말하고 있다. "중국, 인도,
페르시아 및 그리스의 옛 철학자들은 외적인 재산 면에서는 누구보다
도 가난했지만 내적으로는 누구보다도 부유했다…. 우리가 자발적 가
난이라고 부르는 유리한 고지에서 내려다보지 않고서는 누구도 인간
삶에 대한 공정하고도 현명한 관찰자가 될 수 없다."[9]

　이와 같이 오래 전에 많은 사람들에 의해 실행된 적이 있었던 '자발
적 소박함'이 오늘날에 와서 다시 자각되는 이유는 무엇인가? 그것은
무엇보다 우리를 서서히 옥죄고 있는 환경적 이유와 인격적 이유 때문
이라 본다.

　자본주의적 개발과 기술이 낳은 황폐한 결과가 자연과 후손에게 미
칠 영향을 진심으로 우려하지 않을 수 없다. 환경보호론자들에 따르면
지구상의 모든 생명체계가 쇠락해가고 있다. 온난화, 생물 다양성 파
괴, 오존층 파괴, 사막화, 물 부족 등의 제반 환경문제들이 인류의 미
래를 어둡게 하고 있다는 점을 그들은 누차 지적해왔다. 그러한 지적
에도 불구하고 환경문제가 개선되어가고 있다는 희소식은 듣기 어렵
다. 거기에는 여러 가지 이유가 있겠지만 우리의 생활양식 또한 한 원
인으로 작용해왔음을 부정할 수 없다.

　현대사회는 보통 소비사회로도 규정된다. 소비사회에서의 소비는 단
순히 물질적 소비 그 이상의 의미를 지닌다. 현대인들은 소비를 통해

---

9 헨리 데이빗 소로, 『월든』, 강승영 옮김(서울: 이레, 1994), 24쪽.

자신들의 개성이나 사회적 지위를 드러낼 수 있을 뿐만 아니라 자신들의 영적 만족이나 꿈마저 실현할 수 있다고 믿는다. 이러한 믿음 하에 현대인들은 '소비가 너희를 자유케 하리라'는 소비지상주의 삶의 방식을 체질화해온지 이미 오래다. 이러한 소비지상주의 생활방식은 결국 물질적 소비의 급증을 불러올 수밖에 없다. 그러나 이러한 삶의 방식은 더 이상 유지될 수 없음을 알아야 한다. 대량 생산, 대량 소비로 인한 과도한 자원 소모, 엄청난 양의 폐기물의 배출이 우리를 옥죄고 있기 때문이다.

'자발적 소박함'이 자각되는 또 한 가지 이유는 마음이 충만하고 영혼이 안정된 삶을 원하기 때문이다. 현대인들의 삶은 외적인 면에 너무 치우쳐 있다. 탐욕과 물질주의야말로 현대인들의 대표적인 사고방식에 속한다. 우리의 삶이 탐욕과 물질주의에 집중할수록 영혼은 황폐화되기 마련이다. 자발적으로 소박한 삶을 산다는 것은 끊임없는 소비주의의 강압에 규정되는 삶이 아니라 스스로 선택하는 삶을 살아가는 인간적 자유의 표현이다. 그것은 우리의 황폐해진 영혼을 치유하는 하나의 치료 수단이 될 수 있다.

우리가 유의해야 할 것은 '자발적 소박함'을 둘러싼 몇 가지 오해이다. 어떤 이들은 소박한 삶을 가난, 전원생활, 누추함과 동일시하는 경우가 있다.[10] 하지만 이는 명백한 오해임을 알아야 할 것이다.

먼저 소박함은 가난을 견뎌내는 것과는 다름을 이해해야 한다. 가난은 비자발적이며 심신을 지치게 하는 반면 소박함은 자율적이며 사람들에게 특별한 힘을 준다. 가난은 인간 정신을 피폐하게 하는 반면 의

---

10 K. S. Shrader-Frechette, "Voluntary Simplicity and the Duty to Limit Consumption," in K. S. Shrader-Frechette, ed., *Environmental Ethics*, 2nd ed.(Pacific Grove: Boxwood Press, 1991), pp.169~170; 듀안 엘진, 『소박한 삶의 철학』, 15~19쪽: 두에인 엘진, 『단순한 삶』, 30~33쪽 참조.

식적인 소박함은 인간 정신을 고양해준다. 가난은 무력감, 수동성, 절
망을 초래하지만 목적의식이 있는 소박함은 우리가 지고 있는 짐을 벗
겨내 더 가볍게 해준다.

소박함은 도시를 버리고 반드시 시골로 들어가 자연 속에서 살아야
하는 것을 의미하지도 않는다. 도시에서의 삶과 소박한 삶은 결코 양
립 불가하지 않기 때문이다.[11] 문제는 장소가 아니라 의식인 것이다.
어디에 살든 신중하고 계획적으로, 목적을 가지고 내면이 풍요로운 삶
의 방식을 고수하느냐의 여부가 중요한 것이다.[12]

소박한 삶은 누추한 생활을 옹호하고 미와 심미적 가치를 부정하는,
삶에 대한 원시적 접근으로 오해되는 수도 있다. 하지만 소박한 삶은
미를 부정하는 게 아니라 인공적이고 거추장스러운 것을 벗어버리고
심미적 감각이 자유롭게 발산하도록 도와준다. 소박함은 본질을 흐리
는 복잡한 것들을 제거하여 모든 것에 스며있는 혼을 드러내고자 하는
것이다.

소박한 삶은 또 그 기준을 수치로 측정할 수 있는 것도 아님을 알아
야 한다. 소박함은 각자의 마음가짐에 달려 있기에 그 절대적 기준을
제시하기가 곤란하다. 구태여 그 기준을 제시한다면 그것은 중용이라
할 수 있을 것이다. 가난과 부유함, 최소한주의와 최대한주의의 중간
길을 택한다는 의미다. 양보다는 질에 더 관심을 둠으로써 더욱 균형
잡히고 신중한 삶을 찾는 것이다. 그것은 편안하지만 호사스럽지 않은
삶, 소박하지만 쪼들리지 않는 삶, 단아하지만 따분하지 않는 삶을 유

---

11 Ibid., p.170 참조.

12 도시에서도 '소박한 삶'이 얼마든지 가능함을 말해주는 실천 수기들이 여럿 있다.
주디스 러바인, 『굿바이 쇼핑』, 곽미경 옮김(서울: 좋은생각사람들, 2010); 그레타
타우베르트, 『소비사회 탈출기』, 이기숙 옮김(서울: 아비요, 2014) 참조.

지하는 길이라 할 수 있다.

이상의 내용을 종합하건데 '자발적 소박함'이란 "끊임없는 소비주의의 강압에 규정되는 삶을 청산하고 가난과 부의 중용을 스스로 선택함으로써 내면의 풍요로움을 누리는 삶"이라고 정의내리고 싶다. 그것은 가난이나 인색, 단순한 자연 복귀가 아니라 삶의 균형을 통하여 우리에게 고갈된 정신적 풍요를 회복하는 삶의 방식이라고도 할 수 있다.

3. '자발적 소박함'에 관한 철학적 논쟁[13]

1) '자발적 소박함'을 지지하는 논거

'자발적 소박함'을 지지하는 사람들은 자발적인 소비 제한이야말로 ①세계적 규모의 환경문제를 개선케 해주고, ②여러 국민들 간의 공평성을 달성케 해주며, ③사람들로 하여금 심리적, 정신적 발전을 도모하는 데 도움이 될 수 있다고 주장해왔다. 여기서는 이들 세 가지 논거를 중심으로 논의를 전개하기로 한다.

(1) '자발적 소박함'은 환경문제를 개선하는 데 도움을 준다

현재의 소비 패턴은 지구공동체를 파국으로 몰고 갈 가능성이 크기 때문에 소비를 제한하는 것이 바람직하다는 신념은 『성장의 한계』에서 강력히 표명된 바 있다. 이 책의 저자들에 따르면 세계를 와해시키는 가장 중대한 다섯 가지 요인 가운데 네 가지가 높은 수준의 소비에 기인한다. 그 네 가지 요인이란 산업화, 오염, 식량생산 그리고 자원고갈

13 Shrader-Frechette, op. cit., pp.171~187 참조.

이다(다섯 번째 요인은 인구성장). 그들은 만일 세계 사람들 및 국가들이 지구 전체적인 평형상태로 이어지는 소비 패턴을 채택하지 않는다면, 100년 이내에 성장의 파국적 한계가 돌연히 지구를 덮치게 될 것이라고 주장한다.[14]

더불어 그들은 유한한 세계 안에서 성장의 한계에 우리 사회를 적응시켜 나가려면 두 가지 조치가 취해져야 한다고 말한다. 첫째는 인구의 기하급수적 증가와 1인당 평균 소비의 기하급수적 성장을 정지시키는 것이고, 그 다음에는 이를 기초로 가속화되고 있는 오염과 자원고갈을 억제하는 것이다.

그들은 만일 그러한 제한이 조속히 취해지지 않으면 우리 모두는 '공유지의 비극'에 이르게 될 것이라고도 경고한다. '공유지의 비극'이란 잘못된 이기심으로 인해 우리들 각자가 자신의 소유와 소비율의 규모를 확대하도록 이끄는 파국을 가리킨다. 이러한 행위의 결과로 모든 사람들이 손실을 입게 되는데 그것은 우리의 소비 패턴이 초래하는 결과가 '공유지'의 부양능력을 초과해버리기 때문이다. 이 비극이 의미하는 바는 지구의 유한한 부로부터 가능한 한 많은 것을 차지하려는 각 개인의 전략이 결국 모든 이에게 재앙으로 나타나기 때문에 사회적으로 무책임하다는 것이다.[15]

『성장의 한계』는 많은 사람들에게 영향을 주기도 했지만 경제학자들로부터 광범한 공격을 받기도 했다. 이 책에 대한 여러 가지 비판적 분석 가운데 눈여겨 볼만한 것은 패빗, 프리먼, 예호더 등이 공동으로

---

14 D. H. 메도우즈 외, 『인류의 위기』, 김승한 역(서울: 삼성미술문화재단, 1989), 23쪽 참조.

15 G. Hardin, "The Tragedy of the Commons," in L. P. Pojman, *Environmental Ethics*, 3rd. ed.(Belmont: Wadsworth, 2001), pp.311~317 참조.

지은 『미래에 대한 생각: '성장의 한계'에 대한 한 비판』이다.[16] 이 책의 공동저자들이 옳게 지적하고 있듯이 『성장의 한계』의 제결론이 옳다고만 볼 수는 없다. 왜냐하면 그 결론들은 많은 부분 미지의 매개변수들에 의거하고 있고, 또 이 매개변수들의 값을 정확하게 결정할 수 있는 방법이 없는 관계로 그 결론들은 추정되거나 또는 단순히 추측된 것으로 볼 수밖에 없기 때문이다.

하지만 슈레더-프레체트(Kristin Shrader-Frechette, 1944~)는 이와 같은 『성장의 한계』 비판자들의 주장과는 달리, 전체적인 관점에서 볼 때 『성장의 한계』 저자들의 주장이 더 진실에 가까우며 거기에는 두 가지 이유가 있다고 말한다.[17]

첫 번째 이유는 자원이 사용되고 있는 비율이라든가 오염의 한계에 이르는 것이 100년 이내에 일어날지의 여부는 별문제로 하더라도, 많은 자원이 유한하며 재생 불가능하다는 점만큼은 분명하다는 것이다. 때문에 만일 세계의 소비가 현 추세대로 지속된다면 마침내 『성장의 한계』 저자들의 예측이 사실로 판명될 수 있다고 그는 강조한다. 그리고 이러한 자신의 생각이 옳다면 자원고갈과 오염을 가능한 한 억제하는 것은 합당한 처사이며, 그것을 이뤄내는 하나의 방법이 소비와 생산을 제한하는 일이라는 것이다.

두 번째 이유는 장래에 새로운 기술이 개발되거나 새로운 자원이 거듭 발견될 수는 있겠지만 이것은 몇 가지 어려움에 의해 상쇄되고 만다는 것이다. 슈레더-프레체트는 기술이 자원고갈과 오염으로부터 우리를

16 K. L. Pavitt, C. Freeman, and M. Jahoda, eds., *Thinking about the Future: A Critique of "The Limits to Growth"*(London: Sussex University Press, 1973) 참조.

17 Shrader-Frechette, op. cit., p.172 참조.

구제할 수 있을지 확실히 알고 있는 이는 없으며, 기술이 그렇게 할 수 있을 것이라고 주장할 만한 근거 또한 없다고 보는 것이다. 그에 따르면 더구나 현재의 소비와 생산 패턴이 100년 이내에 환경위기로 이어질 것이라고 주장하는 점에선 『성장의 한계』 저자들이 설령 옳지 않다 하더라도 현재의 소비와 생산 수준은 정치적 위기로 이어질 수도 있다.

예를 들면 다수의 후진국들이 핵탄두를 건조하고 사용하는 능력을 지니게 될 때 정치적 파국이 찾아올 가능성이 있다. 그리고 부유한 국가들이 점점 더 많은 자원을 사용함에 따라 이들 국가에 비해 아주 적은 특권을 가지고 있는 국가들은 자신들보다 더 잘 사는 나라들에 대해 더욱더 적대적일 수 있다. 슈레더-프레체트는 후진국들의 공격적 태도로 인해 세계적 규모의 정치적 불안정이 초래될 가능성이 매우 높다고 보고 있는 것이다.

이와 같은 슈레더-프레체트의 견해가 옳다면, 높은 수준의 소비를 제한하는 것은 매우 유익하면서 바람직한 일이라 판단된다.

(2) '자발적 소박함'은 공평성을 달성하는 데 도움을 줄 수 있다

공평성을 유지하려면 부유국가들만 비재생자원의 대부분을 이용할 게 아니라 모든 국가들이 지구상의 자원을 이용할 수 있도록 해야 한다. 지구상의 자원을 공평하게 분배하는 것은 분배정의 실현의 한 조건이 되며, 이는 또한 현 시점에서의 공평성뿐만 아니라 미래의 공평성을 달성하는 데도 필요하다. 도너건(Alan Donagan, 1925~1991)이 기술했듯 "소유자들이 미래 세대에 대해 지고 있는 보존(preservation)의 의무를 위반해도 개의치 않는 소유권 형식에는 결함이 있다."[18]

---

18 Ibid., p.173에서 재인용.

굴렛(Denis Goulet, 1931~2006)은 만일 우리가 지구적 규모 차원에서 분배정의를 이루려면 최소한 다음과 같은 권리와 의무를 이행할 수 있어야 할 것이라고 말한다.[19]

①모든 사회의 모든 사람은 최소한도의 생활수준을 유지하는 데 필요한 자원을 손에 넣을 자격이 있다.

②가난한 나라들의 국민은 자국 영내의 자원에 대해서 우선적 권리를 갖는다.

③보다 많은 자원을 가진 국가들의 국민은 보다 적은 자원을 가진 국가들에 대해서 얼마간의 이용권을 인정할 의무가 있다.

④그리고 위의 ①, ②, ③ 조항에서 언급되고 있는 제권리는 한 국가 내부의 개인들 사이에서도 유효하다.

굴렛은 또한 우리의 소비 패턴을 보다 공평한 방향으로 이끌 수 있는 우선필수품의 이론을 제시한다.[20] 이 이론에 따르면 재화는 ①제1필요성을 갖는 필수품 ②고차원의 필수품 ③사치를 위한 필수품, 이 세 가지로 분류된다. ①에 들어가는 품목에는 식량, 의류, 주거가 있고, ②에 들어가는 재화는 ①보다 구분하기가 다소 어렵다.

굴렛에 따르면 ②에 속하는 재화는 사람들로 하여금 초월(transcendence)에 이르게 해주고, 창조하게 해주며, 자기 자신을 표현케 해주고, 자신들의 미래를 선택할 수 있도록 해준다. 이와 같은 재화야말로 '가장 인간적인' 필수품이라고 굴렛은 말한다. 이러한 재화들은 단순한 생존을 초월한 필수품이라 할 수 있다.

한편 사치를 위한 재화 역시 단순한 생존을 초월한 것이긴 하지만

---

19 Denis Goulet, *The Cruel Choice*(New York: Atheneum, 1971), pp.118~119 참조.
20 Ibid., p.245 참조.

고차원의 필수품만큼 자아실현을 이루는 데 필수적인 것은 아니다. 이런 종류의 재화는 인간의 생활이나 복리에 필수적이진 않기 때문에 여기에는 일부 사람들이 '낭비(waste)'라고 명명한 것들이 포함된다. 비록 사치를 위한 필수품을 충족시키는 것이 반드시 사람들을 타락시키지는 않는다 해도, 이런 종류의 재화는 그것이 투입되는 용도나 그것을 향유할 때의 정신에 따라 고상해질 수도 있고 천박해질 수도 있다.

위의 세 가지 가운데 개인과 사회 모두가 적어도 제1필요성을 갖는 필수품 정도는 무엇보다 먼저 충족시키는 것이 합리적일 것이다. 그러나 이마저도 실행되지 못하고 있는 게 현실이다.[21] 현재 수많은 정치적 제약으로 인해 모든 사람들이 최소한의 생활수준에 이를 수 있도록 하기 위한 공평한 자원 분배의 길이 막혀 있는 것이다.

그래서 슈마허(E. F. Schumacher, 1911~1977)는 현재의 자원 소비 패턴에 의해 지탱되고 있는 생활방식은 '영속성을 전혀 가질 수 없는' 것이라고 경고해왔다. 만일 선진국이 비재생자원을 계속적으로 고갈시킴으로써 자원을 공정하게 분배할 수 없게 되고, 그에 따라 보다 낮은 소비수준을 추구하지 못한다면 파괴의 길을 따르게 된다는 것이다. 더구나 그는 선진국의 소비 행위는 "자연에 대한 폭력 행위이며, 그것은 거의 불가피하게 인간 상호간의 폭력으로 이어질 것임이 틀림없다"고 말한다.[22]

"나의 삶이 다른 사람들이 궁핍해 있는 상황 속에서 영위되는 경우에는 언제나 …그들의 궁핍에 대해 내가 책임이 있든 없든 나는 도둑

---

21 1999년 세계 인구 5명당 2명꼴인 28억 명의 사람들이 UN과 세계은행에서 정한 최저 생계비인 하루 2달러 미만의 수입으로 살아가고 있고, 약 12만 명이 하루 1달러 미만의 소득으로 살아가는 '극단적인 빈곤(extreme poverty)'에 처해 있다. 이들을 포함한 전 세계 모든 가난한 사람들에게 소비라는 것은 기본적인 생계유지를 의미할 뿐이다. 월드워치연구소, 앞의 책, 32~33쪽 참조.
22 E. F. 슈마허, 『작은 것이 아름답다』, 김진욱 역(서울: 범우사, 1992), 65쪽 참조.

놈이 되고 만다"[23]라는 간디의 말이 다소 극단적으로 들리긴 하지만 소비사회에 속하는 사람들은 누구나 한 번쯤 되새겨볼 만한 표현이다. 가난한 국가의 시민이건 부유한 국가의 시민이건 지구상의 모든 국가의 사람들은 지구의 모든 자원을 이용할 수 있는 평등한 기회를 가질 권리가 있다는 점을 인정할 줄 아는 자세가 필요하다.

(3) '자발적 소박함'은 인격적 성장을 도모하는 데 도움이 된다

현대인들은 한 사람의 사람됨을 평가할 때 그가 소유한 재산에 기초하는 수가 많다. 그가 어떤 사람인가는 그가 얼마나 소유하고 있는가에 따라 평가되는 것이다. 이러한 사회적 풍토 속에서는 누구나 탐욕과 물질주의의 노예가 될 수밖에 없을 것이다.

'자발적 소박함', 자발적 금욕 생활은 이러한 사회적 풍토를 거부한다. '자발적 소박함'은 '현실(reality)'에 대한 정의를 돈과 경쟁에 기초하여 내리는 풍토로부터 우리를 벗어나게 해준다. 대신에 '자발적 소박함'은 우리로 하여금 우리 주변에 있는 것을 배우고 감상하고 사랑한다는 관점에서 '현실'을 정의하게 해준다. '자발적 소박함'의 라이프스타일은 우리가 보다 많은 물질적 재화를 축적하고 사용하는 것을 중심축으로 구축하는 라이프스타일에 비해 훨씬 더 즐겁고 매력적이며 그리고 윤리적일 수 있다.

강박관념에 사로잡힌 소비는 이 시대의 명령이 되어왔고, 많은 사람들은 자신들도 모르게 점점 더 많은 것을 갖고 싶어 하도록 조작당해 왔다. 그 결과 구매자 자신들보다도 오히려 광고와 과학기술이 소비수준을 지배하는 경우가 많아졌다. 사람은 소비하면 할수록 소비해야

---

23 Shrader-Frechette, op. cit., p.176에서 재인용.

할지 말아야 할지의 여부를 자유로이 선택하지 못할 가능성이 점점 더 높아진다.

높은 소비에 기초한 라이프스타일은 우리의 욕구기제를 사회적으로 조작하는 것과는 또 다른 방식으로 개인의 자유에 대한 제한을 조장할 수 있다. 즉 이러한 라이프스타일은 우리가 결핍이나 풍부함에 대해서 침착하게 맞설 수 없도록 만드는 인격적 상황으로 이끌 수 있다는 것이다.

만일 '좋은 삶'이 보다 많은 재화의 축적이라는 관점에서 정의된다면, 그리고 만일 인간의 동일성(identity)이 이 정의와 결부된다면, 우리는 덜 풍부한 상황이나 보다 낮은 소비 상황을 자유로이 누리지 못할 수도 있다. 진정 자유로운 사람은 만일 자신의 기본적인 필수품만 충족된다면 극히 하찮은 물질적 재화만 갖고 있더라도 평화와 행복을 발견할 수 있을 것이다. 중국 철학자 소옹(Shao Yung, 1011~1077, 중국 송나라 철학자 · 시인)이 말했듯 "정신은 그 통일성을 계속 유지하고 분열되지 않을 때 만물에 감응할 수 있다. 그러므로 뛰어난 사람의 정신은 공허하며(절대적으로 순수하고 평화스럽다) 혼란스럽지 않다."[24]

현대인들은 선택할 수 있는 재화가 외적으로 많다는 이유에서 재화의 생산과 소비 증가를 자유의 고양으로 간주한다. 반면에 '자발적 소박함'의 자유는 내면적 억제를 고양시키는 자유이다. 이 자유는 선택을 위해 보다 많은 재화를 제공하는 것을 목표 삼는 게 아니라 자기 앞에 있는 선택지의 수에 관계없이 현명한 선택을 보다 잘 할 수 있는 인격 양성을 목표 삼는다. 만일 어떤 사람이 외적으로 선택할 수 있는 것들을 많이 가지고 있으나 내적으로는 불필요한 욕망이나 자기 욕망

---

24 Ibid., p.179에서 재인용.

의 조작으로부터 자유로울 수 없다면, 그는 그 반대의 사람(선택할 수 있는 것들은 조금밖에 없으나 욕망 조작에 의한 소비, 그리고 강박적인 소비 욕구로부터 자유로운 사람)에 비해 덜 자유로운 것은 너무도 당연하다.

2) '자발적 소박함'을 반대하는 논거

'자발적 소박함'의 생활방식이 바람직하다는 것을 지지하는 환경적, 윤리적, 인격적 이유가 있음에도 불구하고 이에 반론을 펴는 사람들(이하 반대론자)의 입장도 만만찮다. 반대론자들이 반론을 펴는 근거는 ① 현행의 생산·소비 패턴에 의해 환경위기가 초래되는 일은 없을 것이라는 점, ② 소비 제한, '자발적 소박함'이 가난한 사람들을 도울 수 없다는 점, ③ '자발적 소박함'의 생활방식에는 몇 가지 개념상의 문제가 있다는 점, 이 세 가지이다. 이 근거들을 차례대로 검토해보기로 한다.

(1) '자발적 소박함'은 과연 환경문제를 개선하는 데 필요한가?

'자발적 소박함'의 반대론자들은 생태학적 파국의 절박함이라는 것이 이제까지 너무 과장되어왔다고 주장한다. 그들에 따르면, 이러한 과장을 함에 있어서 사람들은 '새로운 자원의 발견'이라든지 '새로운 기술'의 발달에 관해 잊어왔다.[25] 더욱이 반대론자들은 비록 우리가 과학기술의 발달에 의해 재생 불가능한 자원의 대체물을 발견하지 못한다 해도,

---

25 이러한 주장을 펴는 대표적인 사람이 코울(1917~2002, 미국의 인구통계학자)이다. 그는 전반적인 에너지 공급에 대해서는 아무런 문제가 없다고 본다. 만일 증식로 (breeding reactor)가 완성된다면 수세기에 걸쳐서 상승하고 있는 에너지 수요를 충족시키는 데 충분한 핵분열 물질을 얻을 수 있다는 것이다. 그는 또 핵융합이 실용화된다면 에너지 공급은 무한해진다고 주장한다. Ansley J. Coale, "An Economist's Review of Resource Exhaustion," in K. S. Shrader-Frechette, ed., *Environmental Ethics*, 2nd ed. (Pacific Grove: Boxwood Press, 1991), p.160 참조.

가격이 희소물질의 배급 수단으로써 작용하기 때문에 환경위기와 자원
고갈은 발생하지 않는다고 주장한다. 더 나아가 그들은, 가격이 위기에
처한 자원의 비축을 보호해주지 못할 것이라고 믿는 것, 그리고 비용
증가가 소비자에게 미치는 결과로써 소비가 줄지 않을 것이라고 믿는
것은 경제학적 시각에서 볼 때 너무 나이브하다고 말한다.[26]

반대론자들은 소비 제한을 지지하는 논거들이 미래의 과학기술 진
보라든가 수요에 대한 가격의 영향력을 무시하기 때문에 환경위기의
발생가능성을 과장하고 있다고 보는 것이다. 그들에 따르면 소비 제한
찬성론은 '감정에 호소하는 구절들'에 기초하고 있고, 그것을 지지하는
사람들은 "통계를 가지고 놀고 있다."[27] 이른바 반대론은 환경위기라는
것이 과장되어 있기 때문에 소비를 자발적으로 제한하는 것이 바람직
하다고 단언하는 데에는 어떠한 정당화 근거도 없다는 입장이다.

그러나 이 반대론은 몇 가지 윤리적 전제에 기초하고 있는데 이 전
제들이 반대론의 타당성을 잃게 만들고 있다. 여기서는 이들 전제 가
운데 두 가지를 문제 삼기로 한다.[28] 첫째는 미래의 과학기술 발전이
현행의 사용과 낭비 패턴의 결과로부터 후세대를 보호해줄 것이므로
비재생자원을 기하급수적 비율로 계속 쓰더라도 윤리적으로 아무런
지장이 없다는 것이다.

미래에 과학기술의 진보가 이루어지기는 하겠지만 이 개연성만으로
는 현재의 소비수준을 충분히 정당화하지 못한다. 이유는 위 전제가
나중에 되갚을 수 있을지 없을지 확실히 알지 못하는 경우에도 부채계

---

26 E. C. Pasour, "Austerity, Waste, and Need," in K. S. Shrader-Frechette, ed., *Environmental Ethics*, 2nd ed.(Pacific Grove: Boxwood Press, 1991), pp.153~164 참조.

27 Shrader-Frechette, op. cit., p.181 참조.

28 Ibid., pp.181~182 참조.

약을 하는 것이 윤리적으로 타당하다는 가정을 포함하고 있기 때문이다. 현재세대와 미래세대 간의 공평성을 위해선 미래세대에 대한 의무는 반드시 이행되어야 하며, 또한 그 필연적 귀결로서 지불이 가능하다고 확신할 수 없으면 부채계약이 이뤄져서는 안 된다. 만일 이 부채계약이 이뤄진다면 우리는 공평한 정의와 공평한 기회에 대한 미래세대의 권리를 침해하는 위험을 무릅쓰게 된다.

현행 소비수준이 환경위기로 이어지지는 않는다는 명제에 수반된 두 번째 문제는 가격이 자원고갈을 억제해줄 것이라는 사고와 연관돼 있다. 경제적 인센티브들이 희소한(그리고 그런 이유로 비싼) 재화의 급속한 사용 또는 낭비를 막아준다는 것이 사실이라 하더라도 자원 부족에 대한 이러한 '해결책'은 그 나름의 문제를 야기한다. 그러한 문제들 가운데 하나는 희소재화를 단지 구매자의 지불능력에만 기초해서 분배하는 것이 과연 공평한가 하는 것이다. 이러한 분배 방법은 분배정의의 원리를 위반할 것으로 간주된다. 만일 모든 사람들이 지구상의 부에 대한 동등한 권리를 가져야 하는 것이 마땅하다면, 이러한 권리를 행사할 수 있는 기회를 누가 갖느냐 하는 것이 경제적 우연에 의해 결정된다는 것은 공평하지 않기 때문이다. 따라서 반대론이 이와 같은 약점들을 지니고 있는 이상, '자발적 소박함'이 바람직하다는 주장을 반박하기에는 충분치 못하다고 할 수 있다.

(2) '자발적 소박함'은 과연 빈자들을 돕는 데 필요한가?

소비 제한은 바람직하지 않다는 주장을 위해 자주 거론되는 또 한 가지 이유는 소비 제한이 빈자들이나 미래세대에게 반드시 도움을 주는 것은 아니라는 점이다.[29] 이를 위해 반대론자들이 제시하는 첫 번째 근거는 '번영과 비재생자원의 소비 사이에는 수학적 관계'가 있다는 점이고, 두 번째 근거는 소비 속도를 늦추는 것은 대폭적인 실업의 증가라는 결과를 초래할 수도 있다는 점이다.

반대론자들이 반론을 펴는 세 번째 근거는, 공평성에 수반되는 현재의 어려움은 부자들에 의한 과소비와는 관련이 없고 오히려 재분배와 자원 이전의 문제이기 때문에 자발적 금욕생활을 실천하더라도 빈자들을 도와주지는 못한다는 것이다.

자발적 금욕생활이 빈자들을 돕는 데 이롭지 못하다는 반론의 네 번째 근거는 빈자들도 부자들이 소유하고 있는 것만큼이나 많은 것을 생산하고 소비할 권리를 갖기 때문에 소비 제한은 불공정하다는 것이다. 바꿔 말하면, 만일 어느 선진국의 한 국민이 소비 제한 찬성론을 편다면 그것은 구명 뗏목에 타고 있는 어떤 사람이 다른 생존자들이 남아 있음에도 불구하고 자신이 타고난 후에는 사다리를 철거해버려야 한다고 주장하는 것과 다소 비슷하다.

'자발적 소박함'에 대한 이들 네 가지 반론의 근거들을 순서대로 검토하고 이들이 과연 타당한지의 여부를 살펴보기로 한다.

반론의 첫 번째 근거는 '번영과 비재생자원의 이용 간에는 직접적 관계가 있기에 소비를 제한해서는 안 된다'는 것이었다. 그러나 만일 미샨(E. J. Mishan, 1917~2014)[30]과 같은 경제학자의 주장이 옳다고 한다면 번영과 물질적 재화의 소비 간에는 믿을 만한 관계를 전혀 찾아볼

---

29 Ibid., pp.182~185 참조.

30 경제성장을 비판하는 저술로 유명한 영국의 경제학자이다. 그 저술이란 『경제성장의 비용』(*The Costs of Economic Growth*)을 말하는데, 여기서 그는 "지속적 성장의 전제 조건은 지속적 불만이다", "산업화의 가시밭길은 결국 서브토피아(무계획적으로 건물이 들어서 도시의 면모를 손상시키는 도시 주변의 주택지)의 황무지만을 낳을 뿐이다"라고 주장하며 개도국의 무분별한 경제성장을 경고하였다. https://en.wikipedia.org/wiki/E.J.Mishan 참조.

수 없게 된다. 양자 간의 상호관계는 없다고 주장하는 미샨은 그 근거를 어디에서 구하고 있는지 이에 대해 살펴보도록 한다.

미샨이 제시하고 있는 첫 번째 근거는 실질 국민소득이 어느 기간 동안에 크게 상승한다 하더라도 빈자들은 다른 국민들에 비해 상대적으로 여전히 예전과 같은 입장에 그대로 남겨진다는 사실이다. 때문에 설령 소비에 의해 번영을 누릴 수 있다 해도 '절대적(hardcore)' 빈곤층은 공동체의 실질소득의 성장으로부터 직접적인 영향을 받지 않는다. 미샨에 따르면 '절대적' 빈곤층의 문제는 선택적 이익의 방법을 쓰는 직접적인 정부의 행동에 의해서만 개선될 수 있다.[31]

이와 같이 경제성장과 소비 증가가 언제나 한 나라의 빈자들에게 이익을 안겨다주지 않는 것과 마찬가지로, 그것들이 선진국으로 하여금 늘 후진국의 빈곤층을 도와주게 만드는 것도 아니라고 미샨은 주장한다. 그에 따르면 해외원조 규모라는 것이 속죄 헌금을 생각나게 할 뿐 사람들에게 깊은 감명을 주지 못한다. 해외 원조가 실질적으로 후진국을 도와줄 만큼 이루어지고 있는 게 아니라 생색내기에 그치고 있다는 이유에서 이런 말을 하고 있는 것이다. 따라서 미샨은 만일 해외원조 패턴이 근본적으로 바뀌지 않으면 세계의 빈자들의 곤경을 의미 있을 만큼 개선하는 결과는 가져오지 못할 것이라고 주장한다.[32] 이와 같은 주장에 따른다면 우리는 소비와 번영 사이에 어떠한 직접적 관계가 있다고 단정할 수 없게 된다.

반론의 두 번째 근거는, 자발적 금욕 생활은 실업률을 높일 수 있기

---

31 E. J. Mishan, 21 *Popular Economic Fallacies*(New York: Praeger, 1969), pp.232~237 참조.

32 Ibid., p.237 참조.

때문에 바람직하지 않다는 것이었다. 이 말을 역으로 표현하면 소비의
증가는 고용의 증가와 비례한다는 것이다. 그러나 슈레더-프레체트는
이와 입장을 달리하며, 지난 40년 동안 미국의 제조업 부문에서의 총
고용량이 이를 잘 설명해 준다고 말한다.[33] 그 동안 재화 생산업은 노
동자들을 보다 덜 사용함으로써 노동자 1인당 생산고를 증가시키도록
노력해왔다. 그 최종적 결과는 '생산성 지수란 사실은 자동화 지수',
즉 에너지가 일자리를 대신해온 정도를 알게 해주는 열쇠라는 것이다.

에너지 비율이 높은 반면 일자리 비율은 낮은 제조업계의 대표적인
예가 알루미늄 공업이다. 마찬가지로 농업에서도 에너지, 비료, 농약,
도구의 소비 증가에 의해 고용된 사람의 수는 꾸준히 감소해왔다. 고
용량이 높아지는 것은 반드시 재화의 보다 높은 소비의 결과가 아니라
오히려 서비스 경제 부문의 확대 결과였다. 이상에서 보듯 재화(예를
들면 에너지)의 소비가 늘면 일자리도 반드시 늘어난다고 볼 수는 없는
것이다.

반론의 세 번째 근거는 자발적 금욕생활이 빈자들을 도와주지는 못
한다는 것이었다. A라는 선진국에서 '포기된' 재화가 반드시 후진국 B
에 도움이 되는 것은 아니며, 한 나라 내부에서 부자들의 금욕생활 실
행이 그 자체로 빈자들의 궁핍을 완화시켜주지는 못한다는 주장은 과
연 타당한 것인가? '절대적' 빈자들의 복지는 거의 늘 궁극적으로는 정
치적 결정에 의존하고 있기 때문에 어느 정도까지는 타당하다고 볼 수
있을 것이다.

슈레더-프레체트에 따르면 '자발적 소박함'이 빈자들을 돕는 효과
적인 수단이 되려면 적어도 두 가지 조건이 충족돼야 한다.[34] 첫째는

---

33 Shrader-Frechette, op. cit., p.184 참조.

자원절약을 가치 있는 것으로 만들기 위해선 모든 또는 거의 모든 대
공업국가들이 저소비로 이행해야 한다는 것이고, 둘째는 '자원 이전을
위한 효과적인 기제'가 있어야 한다는 것이다.

선진국에서 소비를 감소시키는 것은 빈자들을 이롭게 하도록 부의
재분배를 위한 필요조건이긴 하지만 충분조건은 아니다. 그러나 만일
재분배가 달성되어야 할 하나의 선이라면 그것을 위한 필요조건(소비
제한)이 단순히 충분조건을 겸하지 않는다는 이유만으로 충족시키지
않는 것은 불합리하다.

반론의 네 번째 근거는 빈자들 역시 부자들만큼이나 소유, 소비할
권리를 가지고 있는데 자발적 소비 제한은 이를 침해하기 때문에 바람
직하지 못하다는 것이었다.

이 근거는 공평성을 강조하고 있기에 호소력이 있긴 하나 논점선취
의 오류를 범하고 있다.[35] A(예를 들면 부유국가)가 C(예를 들면 소비 제한
을 회피하는 것)를 할 기회를 가지고 있기 때문에, B(예를 들면 빈국) 또한
C를 할 기회를 갖는 것이 도덕적으로 바람직하다고 주장하는 것은 증
명하려 하고 있는 것(즉, C가 도덕적으로 바람직하다는 것)을 전제하는 셈
이 된다. 만일 C가 도덕적으로 바람직하지 않다면, A는 C를 할 수가
있었기 때문에 따라서 B 또한 C를 당연히 할 수 있어야 한다고 주장할
수는 없다.

예를 들어, 만일 C가 '정당하지 못한 살인에 개입'했다고 한다면 우
리는 A가 C를 할 수 있었기 때문에, 따라서 B 또한 C를 당연히 할 수
있어야만 한다고 주장하지 못할 것임이 분명하다. 그러나 만일 그렇게

34 Ibid., 참조.
35 Ibid., p.185 참조.

주장해도 된다고 한다면, A가 먼저 C를 했었다는 이유만으로 B는 C를 당연히 할 수 있어야 한다는 어떠한 논의도 C가 도덕적으로 바람직하다는 것을 전제하고 있다는 것은 분명하다. 이러한 전제 때문에 위 논법은 증명하려는 바로 그 명제를 전제하고 있고, 따라서 논리적으로 오류가 된다. 이러한 논리적 오류와 앞에서 제시한 논거들을 살펴볼 때, 무제한적 소비를 하는 것이 도덕적으로 바람직하지 못하다는 주장은 타당하며 설득력이 있음을 알 수 있다.

(3) '자발적 소박함'이 수반하고 있는 개념상의 문제

반대론자들은 소비를 제한한다는 사고에는 몇 가지 개념적 문제들이 수반되고 있다고 주장한다. 그들이 지적하는 가장 대표적인 것은 '무임승객'의 문제와 '충분한(enough)'이라는 용어에 대한 정의가 불가능하다는 점이다.

파서(E. C. Pasour, 1932~)는 자발적 소비 제한이라는 사고가 수반하고 있는 문제를 다음과 같이 지적한다. 즉 자발적 소비 제한은 '혜택받은 만큼의 대가를 요구할 수 없는 사람들에게 이익을 줄' 가능성이 있다는 것이다. 예를 들어 많은 사람들이 휘발유 소비를 제한함으로써 휘발유 가격을 하락시켰다고 하자. 그런데 X라는 사람은 휘발유 사용을 억제하기는커녕 오히려 과잉 소비를 했음에도 가격 하락의 혜택으로부터 배제되지 않는다. X는 가만히 있어도 혜택을 누리게 되는 것이다. 하지만 그에게 그 혜택에 대한 대가를 요구할 수는 없다. 즉 X는 '무임승객'이 되어 아무런 지불도 없이 이익을 얻게 되는 것이다.[36]

'무임승객'의 문제는 자발적으로 이루어지는 모든 집단 활동의 불행한

---

36 Pasour, op. cit., p.165 참조.

결과이지만, 이 문제로 인해 금욕생활을 실천하는 것이 도덕적으로 바람직하다는 주장이 부정되는 것은 아니다. 여기에는 몇 가지 이유가 있다.

첫째, 만일 '무임승객'의 문제에서 비롯되는 이러한 결과가 자유롭게 이루어진 집단행동에 반론을 펴는 근거가 된다면 할 만한 가치가 있는 많은 활동들이 다 부적절하다고 말해져야 할 것이다. 가령 빈자들이나 재난을 당한 사람들에게 베푸는 의연금의 경우를 생각해보자. 의연금을 베푸는 행위는 비록 혜택 받은 만큼의 대가를 요구할 수 없는 사람들에게 돌아가지만 우리가 행해야 할 선(善)임은 분명한 것이다.

둘째, 비록 '무임승객'의 문제가 '자발적 소박함'의 실행이 초래하는 원치 않는 결과라 하더라도, 자발적 선택에 의한 소비 제한이 바람직하다는 것을 부정할 만한 충분한 근거는 되지 못한다. 오히려 우리가 따라야 할 합리적 절차는 '자발적 소박함'의 실천으로부터 생길 수 있는 모든 긍정적·부정적 결과를 '자발적 소박함'의 불이행 시 생길 수 있는 모든 결과와 비교 고찰하는 것이다. 양자를 비교했을 때, 앞에서 살펴보았듯이 소비 제한을 소홀히 했을 때의 부정적 결과들(예를 들면 세계적 환경위기 초래, 공평성의 지속적 위반, 영혼의 불안정)이 소비 제한을 이행했을 때의 부정적 결과들(예를 들면 '무임승객'의 문제)보다도 더 중대하다는 사실을 알 수 있을 것이다.[37]

'자발적 소박함'이 수반하고 있는 또 하나의 개념적 문제는 '낭비', '필요', 그리고 '충분한' 등과 같은 용어들에 대한 정확한 정의가 어렵다는 점이다. 이런 이유로 반대론자들은 자발적으로 소비를 제한하는 것이 바람직하다는 주장은 불확실하다고 본다.

슈레더-프레체트에 따르면 비록 용어의 정의를 명확히 해두는 것은

---

37 Shrader-Frechette, op. cit., p.186 참조.

칭찬할 만한 일이지만 반대론자들의 주장에는 근본적인 문제가 있다. 즉 그것은 타당한 가치판단에는 어떠한 주관적 구성요소도 없어야 한다고 잘못 전제하고 있는 점이다.[38] 바꿔 말하면 반대론자들의 주장은 우리가 '낭비', '필요', '충분한' 등과 같은 용어들을 객관적으로 정의할 수 없는 이상, 어떠한 윤리적 선택도 할 수 없다는 점을 전제하고 있는 것이다.

예를 들면 "우리는 재화를 **낭비**할 것이 아니라 오히려 자신의 기본적인 **필요**를 충족시키기에 **충분한** 것만을 사용해야 한다"라고 말하는 것은 하나의 가치판단을 내리는 것이다. 그러나 이들 세 용어 각각은 각 개인에 따라 다소 다르게 정의될 수 있기 때문에 위 진술이 반드시 옳지 않다거나 완전히 모순된 것임을 의미하진 않는다. 가령 "선을 행하고 악을 피하라"는 가치판단의 경우를 생각해보자. 여기서도 '선'이라는 용어에 대해 의견의 일치가 이루어진 명확한 정의는 없다. 그렇다고 해서 이 명령이 이해될 수 없다거나 옳지 않은 것으로 간주되지는 않는다. '선'을 '쾌락'으로 또는 '행복'이나 '유용성'으로 정의할 수도 있을 것이다. 그러나 이러한 편차에도 불구하고 원래의 가치판단의 타당성에 대해 대부분의 사람들은 부정하지 않을 것이라 판단된다.

그리고 '충분한'이라는 말이 상대적인 용어라 하더라도 우리는 이 말의 의미를 이해할 수 있다고 본다. 예를 들면 "'충분한' 것을 갖는다는 것은 최소한 인간의 기본적인 생물학적 필요가 충분히 충족됨으로써, 인간이 자기 에너지의 일부를 생존 이상의 일에 쏟을 수 있다는 것"으로 이해할 수 있다. 물론 '충분한', '필요', '낭비'라는 용어들이 상대적인 용어이기에 전문가들이 객관적 용어로 정의할 수 없다는 점을 부정

---

38 Ibid., 참조.

하지는 않는다. 그러나 이런 점을 기초로 '자발적 소박함'을 거부하는 반대론자들은 더 중요한 사실, 즉 수많은 사람들이 '충분한' 식량, 의료, 주거 등을 결여하고 있다는 사실을 놓치고 있다. 만일 이 사실이 진실이라면 그리고 만일 우리가 분배정의를 이행함과 동시에 환경적 파국을 피해야 한다면, 소비를 제한하는 것, 즉 '자발적 소박함'을 실천하는 것은 매우 바람직한 일이라 판단된다.

4. 맺음말: '자발적 소박함'을 위한 실천적 제 대안

필자는 위 제3절에서 '자발적 소박함'을 지지하는 논증과 이에 반대하는 논증에 대해 살펴보았고, 더불어 반대 논증 각각에 대한 그 타당성 여부도 검토해보았다. 그 결과 반대 논증들이 전부 다 부당하고 따라서 참고할 만한 가치가 전혀 없는 것은 아니나, '자발적 소박함'을 지지하는 논증이 부당하다는 점을 밝혀내지는 못하고 있었다. 따라서 이제 필자가 해야 할 일은 '자발적 소박함'이 바람직하다는 전제 하에 그 실천적 대안을 구체적으로 제시해보는 것이다.

1) 개인적 차원의 대안

(1) 돈에 대한 사고방식의 전환

사실 자발적으로 소박하게 산다는 것은 그리 쉬운 일이 아니다. 이러한 생활방식의 실현을 위해선 그 동안 깊이 체질화되어버린 기존의 생활방식을 크게 수정해야 하기 때문이다. 그러나 생활방식의 전환은 하루아침에 이루어지지 않는다. 그렇다고 '자발적 소박함'의 생활방식을 위한 즉효약이 있을 것 같지도 않다. 따라서 소박한 삶의 방식을 위한 기초를 놓는 것은 기나긴 과정으로 봐야 한다. 그래서 필자는 이러한 생활방식의 실현을 위한 즉효약을 제시하기보다 이를 방해하는 장애물부터 걷어내는 것이 현실성이 있다고 본다.

필자가 보기에 '자발적 소박함'을 방해하는 여러 가지 장애물들 가운데 최악의 것은 '돈만 있으면 모든 것을, 심지어 행복마저 가질 수 있다'는 사고방식이다. 일찍이 많은 조사에서 부유한 국가에서는 돈과 행복이 일치하지 않는다는 사실이 누차 밝혀져왔다. 예를 들어 미국의 경우 1인당 평균 소득은 1957년과 2002년 사이에 두 배 이상 증가했지만 스스로 '매우 행복하다'고 여기는 사람들의 비율은 동일 기간 동안 거의 그대로였다고 한다.[39]

이와 같은 많은 반대 증거들이 있음에도 불구하고 현대인들은 여전히 돈이 우리를 행복으로 이끌어 주리라는 꿈을 꾼다. 돈에 대한 욕망으로 인해 현대인들은 일확천금이 떨어지기를 바라는 소망, 탐욕과 시샘, 중독 증세로 시달리고 있다. 그리고 돈을 위해 깨어 있는 삶의 대부분을 바친다. 자본주의적 인간이 한 평생 노력하여 이루고자 하는 유일한 목적은 "보다 많은 돈과 재화를 가지고 무덤 속으로 들어가는

---

[39] 삶의 만족과 돈의 관계는 빈국과 부국에서 상이하게 나타난다는 사실을 지적할 필요가 있을 것 같다. 가난한 사람들의 소득은 대개 기본적인 욕구를 충족하는 데 사용되기 때문에, 소득과 행복은 실제로 밀접한 관계를 보인다. 1990년과 2000년 사이에 65개가 넘는 국가들에서 삶의 만족도를 평가한 세계가치조사(World Values Survey)에 따르면, 소득과 행복은 1인당 평균 소득이 13,000달러(1995년 구매력 평가액)일 때까지는 상관관계가 있는 것으로 나타난 반면, 그 이상의 추가 소득은 당사자의 행복을 크게 증가시키지 않는 것으로 나타났다. 이는 한 나라가 개도국에서 선진국으로 나아갈 때 적어도 첫 단계에서는 사람들의 행복감이 증가할 수 있음을 말해준다. 그러나 그 단계를 넘어서게 되면 사람들은 높아진 생활수준과 보조를 맞추기 위해 욕망의 수준도 끌어올리게 된다. 결국 장기적으로는 부와 행복 간의 상관관계가 미약해지게 된다는 것이다. 월드워치연구소, 앞의 책, 214쪽 참조.

데 있다"[40]라는 막스 베버의 표현은 아주 적절해 보인다. 현대인들은 살기 위해서 돈을 버는 것이 아니라 돈을 벌기 위해 산다는 의미이다.

존 레인에 따르면 이러한 현대인의 삶의 근원적인 토대에는 세 가지 전제가 깔려 있다.[41]

성공이란 곧 물질적 성공이다.

물질적 성공과 번영이 곧 행복이다.

물질적 성공은 모든 인간의 목표이다.

이 세 가지 전제는 일찍이 서구 사회에서 뿌리를 내렸고 지금은 전 세계 모든 국가로 널리 확산되고 있다. 현대인들 대부분이 성공=물질 적 성공 = 행복 = 삶의 목표라는 등식 속에 살고 있기에 이에 대해 함부로 비난하지도 못한다. 이 등식을 향해 달리는 인간의 욕망은 이제 논쟁의 여지가 없다.

왜 이렇게 돈이 우리 삶의 전부인 양 여겨지게 되었는가? 그것은 이제 돈이 다른 모든 것의 판단 기준이 되어버렸기 때문이다. 이 판단 기준에 따르면 성공한 사람이란 곧 돈이 많은 사람을 뜻한다. 물론 현대사회에서 살아가기 위해선 돈이 반드시 필요하다. 그러나 얼마 안 되는 소수의 사람들이 엄청난 돈을 벌어들이고, 그 밖의 대다수 사람들이 그 소수의 사람들과 같아지기 위해 일확천금을 추구하는 것이 현실이 되어선 안 된다. 그렇다고 해서 고통과 절망·좌절을 강제하는 가난을 칭송하는 것은 아니다. 다만 여기서 강조하고 싶은 것은 가난과 부유함은 경제적인 문제이기도 하지만 문화적이고 정신적인 문제이기

---

40 막스 베버, 『프로테스탄티즘의 윤리와 자본주의 정신』, 박성수 옮김(서울: 문예출판사, 2000), 53~54쪽.

41 레인, 앞의 책, 77쪽 참조.

도 하다는 점이다. 가난과 부유함은 상대적인 용어이며 사회의 일반적인 선입견 속에서 판단되는 것이다.[42]

오랫동안 길들여져 온 성공 = 돈 = 행복이라는 우리의 신념은 우리의 삶의 가치를 왜곡하고, 우리의 영혼을 병들게 하는 잘못된 신념임을 깨달아야 한다. 그러한 인식 하에서만 우리는 물질의 부유함에서 정신의 부유함으로, 정신적 가난에서 정신적 풍요로 나아가려는 일관된 노력을 기울여 나갈 수 있을 것이다.

---

[42] 가난과 부유함에 대한 판단은 사회적 편견에 휘둘리지 말고 어디까지나 자율적으로 내리는 것이 중요하다고 본다. '돈이란 많으면 많을수록 좋다'라는 배금주의 풍토에서 벗어나야 한다는 의미다. 이를 강조하고자 만족곡선의 예를 들고자 한다. 만족곡선이란 우리가 만족을 느끼는 시점과 그에 소요되는 비용 사이의 관계를 그래프로 나타낸 것이다([그림 1] 참조). 이 그래프 상에서 아주 흥미로운 것은 그래프의 정점이다. 이 정점은 최고의 만족을 느끼는 지점으로 우리와 돈의 관계가 바뀌는 단초를 제공한다. 정점의 명칭은 '충분함'이다. 이는 우리가 생존을 하고 편안함을 느끼기에 충분할 뿐만 아니라 작은 사치도 누릴 수 있는 지점이다. 필요한 것은 다 갖춘 상태다. 이 지점에선 걱정이 없고 정직함과 자아 관찰이 가능해진다. 인생에서 돈이 가져다 줄 수 있는 온전한 기쁨을 누리고 감사할 줄 알게 되는 지점이기도 하다. 필요 없는 물건을 단지 갖고 싶다고 해서 사들이지도 않는다. 이와 같은 충분한 지점이 어딘지 판단할 수 있으면 만족곡선의 방향을 반대로 바꿀 수 있다. 그래서 자율적 판단이 중요한 것이다. 하지만 이 정점을 발견하지 못하면 어플루엔자의 노예가 될 수 있다. 충분함의 지점인 만족곡선의 정점을 지난 곳에는 바로 잡동사니가 있기 때문이다. 잡동사니란 뭐든 필요 이상으로 가지고 있는 것이다. 잡동사니를 사들이는 이유는 '많을수록 좋다'라는 생각, 외적 소유를 통해 내적 만족감을 찾으려는 물질주의에서 비롯한 질병 탓이다. 잡동사니 경지에서는 축소·절약·검소 등의 단어들이 결핍·부족·필요 등과 같은 의미로 들린다. 반면에 충분함의 경지는 광범위한 안정상태로, 각성·창의력·자유가 펼쳐지는 공간이다. 비키 로빈·조 도밍후에즈·모니크 틸포드, 『돈 사용설명서』, 김지현 옮김(서울: 도솔, 2011), 56~61쪽 참조.

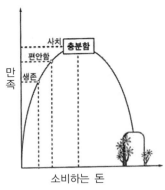

[그림 1] 만족곡선: 충분함

제9장 _ 환경문제와 소비 **301**

(2) 소비에 대한 사고방식의 전환

소박한 삶의 방식을 저해하는 또 하나의 심각한 장애물은 어플루엔자이다. 현대인들은 '좋은 삶이란 소비에 의존해 있다'는 사고의 굴레에 갇혀 있다.

거듭 말하지만 소비가 나쁜 것은 아니다. 우리의 생존을 위해서 소비는 불가피하다. 소비는 또 자본주의 체제에서 사회를 움직이는 핵심적 요소로 작용한다. 그러나 소비 그 자체가 목적일 때, 또는 정부 경제정책의 궁극적인 성공 여부를 측정하는 지표가 될 때 소비는 오히려 우리 삶의 질과 환경을 위협하게 된다. 실제로 소비는 자원을 고갈시키고, 위험한 오염 물질을 확산시키고, 지구 기후의 균형을 뒤흔들 만큼 환경을 위협하는 한 요인이 되고 있다.

이러한 상황을 개선시켜 나가려면 소비에 대한 인간의 욕망을 크게 줄여야 한다. 물론 소비에 대한 욕망을 줄인다는 것은 쉽지 않다. 우리가 조건화된 탓도 있지만 끊임없이 강화되고 있는 주류문화가 소비를 줄이고 좀 더 소박하게 살아가는 일을 어렵게 만들기 때문이다.

여기서 요청되는 것이 바로 소비에 대한 인식의 전환이다. 소비를 통한 소유양식에서 삶의 가치를 발견하는 태도로부터 벗어나야 한다. TV시청 다음으로 최고의 여가 활동이 되어버린 쇼핑에 대한 인식의 전환이 이루어져야 한다.

이를 위해서는 먼저 자본주의사회에서 전개되는 소비의 작동 구조를 파악할 줄 알아야 할 것이다.[43] 전통사회에서는 물품이 근본적으로 사용되기 위해 생산되었으며, 물론 상품 생산도 있었지만 그것은 다른 활동과의 관계에서 항상 주변적 의미만 지니고 있었다. 즉 사용하다

---

43 이진우, 『지상으로 내려온 철학』(서울: 푸른숲, 2004), 159~174쪽 참조.

남는 물품을 시장에서 다른 것과 교환할 정도였다. 그리고 전통사회에서의 소비는 인간의 기초적 욕구를 충족시키기 위해 물품을 사용하거나 소모하는 것을 의미했다.

반면에 산업자본주의사회에서의 생산은 사용가치가 아니라 상품 형식으로서의 교환가치를 목표로 이루어진다. 그리고 이 사회에서의 소비는 상품을 구매하는 행위를 의미한다. 사실 상품 구매의 궁극적인 목적이 사용에 있음에도 이러한 목적·수단의 관계가 자본주의의 발전과 더불어 전도된 것이다. 자본주의는 사용가치를 교환가치에 예속시킴으로써 가치의 위계질서를 전도시켜버렸다.

작금의 정보자본주의사회는 지식과 정보의 생산·유통·소비가 산업활동을 비롯한 다양한 사회적 활동에서 중심적 역할을 하는 사회다. 하지만 정보화는 자본투자와 이윤추구의 새로운 영역을 의미할 뿐 자본과 노동관계의 근본적 변화를 가져다주지는 못했다. 정보화는 종래의 산업사회를 본질적으로 변혁시킨 것이 아니라 오히려 산업사회의 특질을 극한화한 것에 불과하다는 것이다. 산업사회와 비교했을 때 달라진 점이 있다면 그것은 소비 측면일 것이다. 산업사회의 상품은 그것이 아무리 교환가치로 환원된다 하더라도 여전히 유용성의 성격을 지니고 있었던 반면, 정보사회의 상품은 그 유용성을 넘어 독자적 이미지를 산출하게 되었다. 산업사회에서의 상품이 교환가치로 변했듯 정보사회에서는 그 교환가치가 하나의 이미지로 변모한 것이다.

그래서 우리는 상품을 구매할 때 상품의 사용가치, 즉 유용성보다는 분위기와 이미지를 훨씬 더 중시한다. 현대의 소비자들은 자신이 구입하고 소비하는 상품의 이미지 속에 자기 자신을 투영하는 것이다.

또한 현대인들은 타인과 구별 짓는 기호로써 사물을 소비한다. 사회적으로 의미 있는 기호를 통해 우리 자신을 타인과 구별 짓기 위해 소비하는 것이다. 이러한 구별 짓기는 현대사회의 소비의 평등화 구조로 인해 초래된 결과다. 현대사회는 누구나 자신의 욕구를 충족시킬 수 있는 소비의 평등화 사회이다. 그러나 소비의 평등화는 또 다른 차별화의 충동을 자극한다. 소비의 평등화→차별화의 충동 구조가 되풀이되는 것이다. 때문에 현재의 풍요사회 이면은 끊임없이 새로운 욕구를 산출하는 심리적 궁핍화사회라 할 수 있다. 이러한 사회에 남는 것은 체제의 관점에서는 성장의 욕구요, 개인적 관점에서는 자기 자신에게 영원히 만족하지 못하는 소비의 자아뿐이다.

요컨대, 현대사회에서의 소비는 ①이미지를 산출하는 의미 작용이고, ②스스로를 타인과 구별 짓는 사회적 행위이며, ③끊임없는 욕구를 만들어낸다는 점에서 심리적 빈곤의 확대라 할 수 있다. 문제는 이러한 소비 양식 속에서는 결코 우리의 진정한 내면의 평화를 이루기가 어렵다는 점이다. 이 소비 양식은 우리가 아무리 많이 가졌어도 늘 불만을 느낄 수밖에 없는 더 높은 수준을 만들어내기 때문이다. 따라서 우리는 이러한 소비 구조를 주의 깊게 살피고 여기에 매몰되지 않으려는 자세가 필요하다. 더불어 우리는 자족할 줄 아는 마음을 지녀야 한다. 이러한 자세, 이러한 마음을 지닐 때 우리는 허황된 이미지를 좇으려는 소비로부터, 기준도 없는 무제한의 소비 욕구로부터 해방될 수 있으리라 믿는다.

2) 사회·국가적 차원의 대안

(1) 사회적 차원의 대안

자발적으로 소박하게 사는 삶의 방식은 개인적 차원의 노력만 가지고는 그 실현이 매우 어렵다. 앞서 논의한 돈과 소비에 대한 우리의 인식 전환 역시 다른 사람들의 지원이 있을 때 더욱 효과적이다. 돈과 소비에 대한 인식을 전환시키면서 자발적으로 소박하게 살고자 하는 사람이 나 혼자만이 아니라는 사실을 깨우치는 사회적 차원의 노력이 필요하다는 말이다.

이를 위해서 가장 절실하게 요청되는 것은 시민운동 차원에서의 접근이라고 본다. '소박한 삶을 위한 운동', '단순한 삶을 위한 운동', '가볍게 살기 운동' 등 그 명칭이야 어떻든 소박한 삶에 관심은 있으나 이를 실행에 옮기기 주저하는 사람들, 뜻은 있으나 그 방법을 제대로 모르는 사람들, 심지어 관심조차 없지만 어플루엔자로 인해 고통 받는 사람들, 이들에게 자발적으로 소박하게 살아갈 수 있는 의지와 용기를 심어줄 수 있는 다양한 차원의 시민운동이 필요하다.

(2) 국가적 차원의 대안

사회적 차원의 노력과 더불어 정부적 차원에서의 지원도 필요하다. 개인이나 지역사회가 소박한 삶을 실행에 옮기고 싶어도 사회시스템이 여전히 소비주의를 지향하고 있다면 그 실행은 매우 어려울 것이다. 더 많은 자가용을 갖게 하는 불편한 대중교통체계, 도시의 팽창을 가속화하는 토지 이용법, 재활용 건축 재료 사용을 방해하는 건축법규, 반환경적인 보조금제도 등과 같이 교통 시스템에서부터 법체계에 이르기까지 정부가 지원해야 할 대안들은 많다.

정부가 이행해야 할 일들 가운데 첫 번째로 지적하고 싶은 것은 입법 및 규제 권한을 활용하여 사람들의 소비 습관과 소비에 대한 사회적 가치를 변화시켜 나가는 일이다. 이를 위한 적절한 방안 중의 하나로 '생태적 세제 개혁'을 들 수 있다. 이는 환경위기를 조장하는 결과를

낳는 경제활동에 대해서는 높게 과세하고 환경친화적 경제활동에 대
해서는 세금을 줄여주는 제도를 말한다. 우리나라에서는 아주 미약한
수준에 있지만 많은 유럽 국가들에서는 반환경적인 보조금을 폐지하
고 환경오염세를 부과함으로써 청정 환경을 만들고 삶의 질을 높이는
데 많은 효과를 거두고 있다.[44]

정부가 이행해야 할 두 번째 대안은 공공서비스를 확대하는 것이다.
최근 수십 년 동안 많은 국가들에서는 사적 소비에 대해 우선순위를
부여하면서 공공서비스의 중요성은 무시해왔다. 하지만 공공투자 대
신에 사적 소비가 우선시되면 사회는 그에 따른 사회적 비용을 지불해
야 한다. 예를 들어 버스운수업을 민영화할 경우 이익이 나지 않는 버
스 노선은 사라지고 이익이 많이 나는 노선에만 버스 운행이 집중될
것이다. 이럴 경우 더 많은 사람들이 자가용을 소유하는 결과를 초래
하게 된다. 그리고 사람들이 자전거를 타고 싶어도 잘 타지 않는 이유
는 불안하기 때문이다. 안전한 자전거 이용을 위해 자전거 도로 정비
를 비롯한 친환경적 도시 설계 또한 필요하다.

소박한 삶을 지원하기 위한 정부의 마지막 대안은 교육이다. 학교교
육 및 사회교육을 통해 대중매체와 광고가 우리의 의식에 어떠한 영향
을 미치는지 이해시켜 나가야 한다. 더불어 현실과 과대광고를 구분하
는 방법, 끊임없이 소비의 미덕을 강조하는 광고의 부정적 영향을 교
정시켜 나가야 한다. 생각하며 소비하는 방법을 가르침으로써 어플루
엔자로부터 벗어날 수 있도록 해나가야 한다.

---

44 월드워치연구소, 앞의 책, 135~162쪽 참조.

제10장

환경문제와 쓰레기

: 제주도의 '재활용품 요일별 배출제'의 사례를 중심으로

1. 머리말

쓰레기는 언제나 인간 삶의 흔적으로서 그림자처럼 우리를 따라 다닌다. 그러기에 인류 역사는 곧 쓰레기의 역사와도 겹쳐 있다. 선사시대 사람들은 동굴 바닥에 오물을 버렸다가 공간이 비좁아지면 새로운 거처를 찾아 떠났다. 그 후 정착생활을 하게 된 인류는 오물을 땅에 묻거나 가축의 사료로 활용하면서 잔여물을 처리하는 수고를 자연에 맡겼다. 그러나 도시화가 진행되고 점점 덜 유기적으로 변해가는 잔여물 탓에 결국 자연스럽던 물질의 순환은 중단돼버렸다. 이제 잔여물은 쓰레기가 된 것이다.[1]

문제는 쓰레기가 문명화될수록 점점 더 불어만 간다는 사실이다. 문명화란 사회의 물질적·기술적 발전 수준이 세련되는 것을 의미한다. 이를 통해 인류의 삶은 높은 수준으로 격상되었지만 거기엔 반대급부가

---

[1] 카트린 드 실기, 『쓰레기, 문명의 그림자』, 이은진·조은미 옮김(서울: 따비, 2014), 22~23쪽 참조.

있었다. 쓰레기양의 증가이다. 점점 쌓여가던 쓰레기더미는 생산, 소비,
폐기의 순환 주기가 짧아지면서 기하급수적으로 증가해왔다. 물밀듯이
쏟아지는 쓰레기는 이제 이 시대 최대 현안 중의 하나로 부상하였다.

대한민국 역시 예외이지 않다. 목하 대한민국은 쓰레기 대란의 와중
에 있다. 전국에 쌓여 있는 쓰레기 규모는 120만 3,000톤에 이르며,
'불법투기 쓰레기' 야적장만 235곳이나 된다 한다.[2] 일명 '쓰레기 산'이라
불리는 쓰레기더미가 전국에 230여 개나 널려 있다는 얘기이다. 이러한
쓰레기더미는 급기야 세계적 뉴스거리가 되기도 했다. 2019년 3월 CNN
이 "한국의 플라스틱 문제는 엉망진창이다"라는 리포트 제목 하에 경북
의성의 쓰레기 산을 보도한 것이다. 국내의 쓰레기 문제가 외신까지
주목할 정도이니 이 문제가 얼마나 심각한지를 여실히 깨닫게 해주고도
남는다. 여전히 대한민국 곳곳에 산재하는 쓰레기 산은 일인당 132.7kg
(2015년 기준)이라는 세계 최대 수준의 플라스틱 사용량을 자랑하는 우리
나라 국민들이 자초한 결과라 할 수 있다.

최근 들어 국내 쓰레기 산 문제가 크게 부각된 것은 세계 최대 플라스
틱 폐기물 수입국이었던 중국이 수입 중단을 선언(2018. 1)하면서부터이
다. 이에 한국은 궁여지책으로 필리핀, 인도네시아 등 다른 동남아국가
에 쓰레기 수출을 시도하였다. 하지만 유독 재활용되지 않는 한국산 플
라스틱 폐기물은 동남아국가에서도 처치 곤란으로 취급되는 수가 많다.

2018년 7월과 10월, 두 차례에 걸쳐 필리핀으로 수출된 불법 쓰레기가
현지 시민단체에 의해 적발되는 일이 발생했다. 그 불법 쓰레기는 반송
처리되었고, 확인해본 바 그 진원지는 제주도임이 밝혀져 충격을 안겼
다. 이는 제주도가 늘 외쳐온 '청정과 공존'의 슬로건에도 위배됨은 물론

---

2 Ohmy News, 2019.7.2.

제주도민의 자존심에도 큰 상처를 입힌 사건이었다. '자원순환형 사회', '카본 프리 아일랜드' 등을 내세우며 국내의 다른 어떤 지자체보다 환경 정책면에선 앞서나가는 줄 알았으나 실상은 정반대였던 것이다.

제주도의 무책임한 폐기물 처리 방식을 보면서 드는 깊은 의심이 한 가지 있다. 그것은 제주도가 역점과제로 시행해오고 있는 '재활용품 요일별 배출제'[3] 관련 문제이다. 시행된 지 약 3주년을 맞는 '재활용품 요일별 배출제'는 그 동안 많은 불편을 감내하면서도 묵묵히 이행해온 시민들 덕에 어느 정도 안정세를 찾아가는 상황이다. 바로 이러한 상황에서 '쓰레기 불법 수출'의 당사자가 제주도라는 소식은 도민들을 아연실색케 할 뿐이었다. 도민들에겐 재활용품 분리 배출을 엄격히 이행하도록 요구하면서 정작 당사자인 제주도는 오히려 쓰레기 불법 수출을 방치했다는 사실이 도민들로 하여금 배신감을 느끼게 하기에 충분했던 것이다. 앞뒤가 다른 무책임한 행정의 결과라 하지 않을 수 없다. 이러한 제주도의 행위는 폐기물 관리 정책에 심각한 문제가 있음을 반영하는 결과라 판단된다. 이제 우리는 제주도의 폐기물 관리 정책의 문제를 진단하고 획기적인 개선방안을 모색해나가야 할 시점에 있다고 본다. 이러한 의도에서 이 장은 제주도의 '재활용품 요일별 배출제'의 공과를 분석하고 그 개선방안을 제시하는 데 목적을 두고자 한다.

---

3 '재활용품 요일별 배출제'란 재활용품을 품목별로 정해진 요일과 시간에, 품목별 지정 수거함에 배출할 수 있게 한 제도를 말한다. 플라스틱류는 월, 수, 금, 일요일에, 종이류는 화, 목, 토요일에, 불연성 쓰레기는 화, 토요일에, 캔·고철류와 가연성 쓰레기, 음식물 쓰레기는 매일 배출할 수 있게 되어 있다. 배출시간은 오후 3시부터 익일 새벽 4시까지인데, 음식물 쓰레기만큼은 RFID 종량기를 이용하여 24시간 배출이 가능하다.

2. '재활용품 요일별 배출제'의 시행 배경 및 과정

1) '재활용품 요일별 배출제'의 시행 배경

제주도의 요일별 배출제는 서귀포시보다 한 달 앞선 2016년 12월 1일부로 제주시에서 먼저 시작되었다. 당시 이 제도의 시행을 알리는 안내문을 보면 그 배경을 다음과 같이 말하고 있다.

> 인구와 관광객 증가로 인한 쓰레기 발생량 급증으로 처리시설 용량 한계점 초과 등 쓰레기 문제가 심각한 상태에 직면함에 따라 가정에서부터 쓰레기 발생량을 줄여나가기 위해 '쓰레기 요일별 배출제'를 시행하고 있습니다.[4]

> 요일별 배출제의 시행 전에는 봉개동 매립장이 포화상태로 청소차량이 매립장 진입을 위해 3시간 이상 대기하고, 1일평균 220톤 이상 반입되는 가연성 쓰레기는 130톤만 소각하고 나머지 90톤 정도는 고형연료화하여 보관하다가 1톤에 16만 5천 원씩 연간 50억씩 비용을 들여 육지부 소각장에 위탁하여 처리하고 있습니다. 음식물 쓰레기는 1일 처리용량 110톤을 초과하는 150톤이 반입되어 소멸화 및 퇴비화하고 있으나 처리과정에서 발생하는 악취로 지역주민의 민원이 끊이지 않고 있는 실정입니다. 요일별 배출제는 시민들이 쇼핑하여 물건을 구입하는 초기단계부터 시장바구니를 이용하여 종이박스, 비닐 등 포장지를 집으로 가져오지 않고, 일회용품을 사용하지 않는 지역사회 문화정착 등을 통해 근본적으로 쓰레기를 줄여나가기 위해 시행하고 있습니다.[5]

위 내용을 토대로 요일별 배출제의 시행 배경을 재정리해보면 아래와 같다.

---

4 제주시 생활환경과 새소식, 2016.11.24.
5 제주시 생활환경과 새소식, 2017.1.17.

첫째는 쓰레기양의 급증으로 인해 매립장이 포화상태에 이르렀다는
점이다. 현재 제주도에서 운영 중인 매립장은 총 9곳(회천, 서부, 동부,
색달, 남원, 표선, 성산, 우도, 추자도)이다. 이 중 우도와 추자도 매립장을
제외한 7곳의 매립장 실태를 조사한 결과에 따르면 7곳 모두가 포화상
태로 잔여 매립공간이 거의 없는 것으로 드러났다. 더구나 제주시에서
운영 중인 회천, 서부, 동부 매립장의 경우는 잔여 매립공간이 없음에도
계획된 매립량을 초과한 매립을 수행하고 있는 실정이다. 서귀포시 매
립장 4곳 역시 잔여 매립량이 얼마 남아 있지 않다. 색달 4%, 남원 8%,
표선 7%, 성산 3% 정도만 남아 있는 것으로 밝혀졌기 때문이다.[6]

둘째는 가연성 쓰레기의 급증으로 소각장이 포화상태에 이르렀고 이
는 두 가지 문제를 낳고 있다는 점이다.[7] 하나는 남아도는 가연성 쓰레기
를 고형연료화 하여 보관하다가 육지부 소각장에 위탁하여 처리하고
있는데 이에 따른 비용이 만만치 않은 것이다. 다른 하나는 소각으로
처리해야 할 쓰레기를 소각하지 못한 나머지 매립장으로 다시 보내져
매립장 포화에 일정 부분 악영향을 끼치고 있는 문제이다.

셋째는 제주도민의 시민의식 결여이다. 쓰레기종량제[8]가 도입(1995)

---

6 제주환경운동연합, 「2019 제주도 매립장 전수조사 결과 보고서: 제주도 매립장의
   현황과 과제」(2019.8.29), 1~2쪽 참조.
7 제주도에서 운영 중인 생활폐기물 처리 시설은 총 네 가지, 곧 ①매립장, ②소각장,
   ③재활용 선별장, ④음식물 폐기처리시설 등이 있다. 이 네 시설은 모두 폐기물
   발생량에 비해 처리 능력이 달리고 있는 상황이다. 특히 소각장 처리 능력은 당초
   270톤임에도 쓰레기 성상의 변화 등으로 인해 190여 톤밖에 소각하지 못함으로써
   쓰레기 처리에 어려움을 발생시키는 요인으로 작용하고 있다. 김은수, 「재활용품
   요일별 배출제 시행」, 『제주특별자치도』(2017, 통권 121호), 79쪽 참조.
8 쓰레기 배출량에 대해 배출자부담의 원칙을 적용하여 쓰레기 배출량에 따라 그 처
   리비용을 차등적으로 부과하는 제도로 정확한 정책명은 '쓰레기 수수료 종량제'이
   다. 종량제 적용 대상 폐기물은 일반 가정과 소규모 사업장에서 발생한 생활폐기물
   로 배출자는 규격봉투를 구입하여 이에 담아 배출해야 하며, 시행은 1995년 1월부터

된 지 20여년, 클린하우스제도[9]가 시행(2006)된 지 10여년이 지났으나 가장 기본적인 분리배출마저 제대로 이뤄지지 않음으로써 클린하우스가 오히려 도시 미관을 해치는 한 요인이 되어왔다. 종량제 봉투를 아예 사용하지 않거나 사용한다 해도 가연성 쓰레기·재활용 쓰레기·음식물 쓰레기를 분리하지 않고 혼합 배출한다든가, 무단투기행위 등이 만연하여 쓰레기 처리에 많은 문제를 낳아왔던 것이다.

위들 사례에서 보는 바와 같이 제주도의 쓰레기 문제가 심각해진 데는 나름의 원인이 있다. 그중 가장 많이 주목받는 것이 유입인구 및 관광객의 증가이다. 이를 확인하기 위해 먼저 유입인구의 추세부터 살펴보면 〈표 1〉과 같다.

〈표 1〉 연도별 인구 추이(단위 : 명, %)[10]

구분	인구			전년대비 증감			인구성장률		
	전체	한국인	외국인	전체	한국인	외국인	전체	한국인	외국인
2018	692,032	667,191	24,841	13,260	10,108	3,152	2.0	1.5	14.5
2017	678,772	657,083	21,689	17,582	15,486	2,096	2.7	2.4	10.7
2016	661,190	641,597	19,593	19,835	17,202	2,633	3.1	2.8	15.5
2015	641,355	624,395	16,960	19,805	17,049	2,756	3.2	2.8	19.4
2014	621,550	607,346	14,204	16,880	13,540	3,340	2.8	2.3	30.7
2013	604,670	593,806	10,864	12,221	10,093	2,128	2.1	1.7	24.4
2012	592,449	583,713	8,736	9,165	7,557	1,608	1.6	1.3	22.6
2011	583,284	576,156	7,128	6,097	4,901	1,196	1.1	0.9	20.2

이루어졌다.

9 클린하우스(Clean House)란 공원, 놀이터, 주차장 등 일정한 거점 수거지에 일반쓰레기, 재활용품, 음식물쓰레기 등 생활쓰레기 분리수거용기를 갖추어 자동 상차식 차량으로 수거, 처리하는 쓰레기 수거방식을 말한다. 재활용률 제고, 도시미관 개선, 행정비용 효율화 등을 위해 제주시가 2006년 전국에서 처음으로 도입한 제도이다.

10 제주특별자치도, 『2019 주요행정통계』(제주특별자치도 정책기획관, 2019), 5쪽 참조.

　제주도의 인구가 50만 5,000명으로 50만 시대를 돌파한 것이 1987년
이었고, 이 50만 명대를 꾸준히 유지해오다 60만 명 시대를 연 것이
2013년 8월이었다. 그 후 인구는 급증하여 2018년 현재 69만 2,032명
에 이르렀다. 여기서 눈여겨볼 만한 점은 50만 명에서 60만 명에 이르
는 데 소요된 기간이 26년이었던데 비해 60만 명에서 69만 명에 이르
는 데 소요된 기간은 5년 정도에 불과했다는 사실이다. 그야말로 급등
세라 하지 않을 수 없다. 물론 인구추이에서 보다시피 2015년을 기점
으로 매년 증가가 둔화되는 추세이긴 하나 전국적 수준에 비하면 여전
히 높은 추세를 보이고 있다.

　이어서 관광객 유입 추세에 대해서도 살펴보기로 한다(〈표 2〉 참조).

〈표 2〉 입도 관광객 수(단위 : 명, %)[11]

구분		2011년	2013년	2014년	2015년	2016년	2017년	2018년
관광객	계	8,740,976	10,851,265	12,273,917	13,664,395	15,852,980	14,753,236	14,313,961
	(증감률)	(15.3)	(12.0)	(13.1)	(11.3)	(16.0)	(−6.9)	(−3.0)
	내국인	7,695,339	8,517,417	8,945,601	11,040,135	12,249,959	13,522,632	13,089,129
	외국인	1,045,637	2,333,848	3,328,316	2,624,260	3,603,021	1,230,604	1,224,832

　〈표 2〉에서 보다시피 입도 관광객 수는 꾸준히 증가해오다 2016년에
사상 최초로 1,580여만 명을 돌파하면서 절정에 이르렀다. 이렇게 급
등세를 보이던 관광객 수가 2017년에는 마이너스로 돌아섰는데 이는
사드 여파로 중국인 관광객 수가 크게 줄어든 효과로 판단된다. 하지
만 여전히 관광객 수가 1,400만 명대를 유지하고 있는 사실에 주목할
필요가 있어 보인다.

---

11 위의 책, 80쪽 참조.

이처럼 유입인구 및 입도 관광객 수의 급등세는 쓰레기 발생량과 긴밀한 관계에 있음을 알 수 있다.

〈표 3〉 폐기물 발생량 현황(단위 : 톤/일)[12]

구분	생활폐기물			
	소계	재활용	소각	매립
2011년	764.7	410.0	198.1	156.6
2013년	984.2	516.2	273.4	194.6
2014년	976.2	547.1	179.3	249.8
2015년	1,162.3	657.2	226.5	278.6
2016년	1,305.3	697.3	304.6	303.4
2017년	1,312.1	748.0	319.4	244.7
2018년	1,311.4	769.5	332.2	209.7

주: 2018년도 자료는 잠정치임.

〈표 3〉에서 보다시피 생활 쓰레기 발생량이 꾸준히 증가해오다 일일 배출량이 1,300톤을 넘은 것이 2016년부터이다. 2016, 17, 18년 각각 1,300톤을 넘어설 정도로 사상 최대의 쓰레기가 배출되고 있는 것이다. 이상의 사실들에서 유입인구 및 관광객 수의 급등세가 과다 쓰레기 발생의 직접적 원인으로 작용했다고 보는 것은 타당한 판단으로 간주된다.

제주도의 쓰레기 발생량이 급등한 또 한 가지 원인으로는 도민들의 시민의식도 빼놓을 수 없으리라 본다. 그리고 이렇게 쓰레기에 대한 도민들의 의식수준이 문제가 되는 것은 기존의 클린하우스제도 운영상의 미비에서 오는 결과라고도 할 수 있다.

---

12 위의 책, 170쪽 참조.

기존의 클린하우스제도는 도민들의 편의를 도모한다는 차원에서 365일 24시간 생활폐기물을 배출하도록 하는 완전 자유배출제 방식이었다. 하지만 이 제도는 오히려 방만한 무단 투기 행위, 혼합 배출 행위 등은 물론이고 클린하우스 수거함의 세척·관리 등의 어려움도 초래하였다.[13] 또한 쓰레기는 수거함에 아무 때나, 아무렇게나 버려도 무방한 것으로 여기게 함으로써 쓰레기를 버리는 행위에 대한 아무런 반성적 의식도 낳지 못했다. 그 결과 매립장 포화, 소각장 용량 초과 현상 등을 초래하게 된 것이다.

2) '재활용품 요일별 배출제'의 시행 과정

제주는 2010년대 들어 유입인구 및 관광객의 급증으로 쓰레기 문제가 최대 현안으로 부상하였다. 클린하우스 넘침 현상, 해안 및 관광지를 비롯한 곳곳에 쓰레기 무단 투기 행위, 쓰레기 매립장 포화 등 여러 문제가 동시 다발적으로 발생함에 따라 이에 대한 대책이 시급한 상황이었다.

이에 따라 제주시는 2016년 8월 4일~10일까지 추천과 공모를 통해 각계각층의 시민들로 100인 모임을 18일 최종 구성하였다. 이 모임의 명칭은 '제주시 범시민 쓰레기 줄이기 실천과제 선정 100인 모임'이었고, 공식출범일은 8월 31일이었다.[14]

100인 모임은 소모임, 원탁회의, 공개토론회 등 여러 차례의 회의와 토론을 거쳐 10월 18일에 최종토론회를 마쳤고 10월 27일에는 기자회견을 열어 쓰레기 감축을 위한 최종 실천 아젠다를 발표하였다. 그 아

---

13 김은수, 앞의 글, 78쪽 참조.
14 제주의 소리, 2016.8.31.

젠다의 내용은 정책과제 12건, 행정 제안의제 5건, 실천과제 12건 등으로 구성돼 있었다.[15]

제주도는 이러한 100인 모임의 제안사항을 토대로 11월 9일 '제주특별자치도 폐기물 관리조례'를 개정하였고, '생활쓰레기 요일별 배출제와 배출시간 조정'을 발표하여[16] 제주시는 12월 1일부로, 서귀포시는 2017년 1월 1일부로 시범운영에 들어가도록 했다. 음식물 쓰레기를 제외하고는 요일당 제품군 한 가지씩 오후 6시에서 자정까지 배출할 수 있게 기존의 자유배출제를 요일별로 배출 가능한 쓰레기와 시간을 제한한 것이다.

시범 운영된 지 일주일 만에 야간업소와 급식소 등에서 영업시간에 맞지 않는 배출시간이라며 조정 요구가 빗발침에 따라 배출시간은 오후 3시부터 다음날 새벽 4시로 12월 9일부터 조정되었다. 시범 운영 이전부터 우려의 목소리가 제기되더니 시행 이후에는 전체 민원량의 80%가 넘을 만큼 관련 민원이 폭주하였던 것이다.[17] 급기야 이 정책에 불만을 품은 시민들이 '쓰레기 정책에 분노하는 사람들'이라는 모임을 구성하고 2017년 1월 6일 기자회견을 열어 이 제도의 즉각적인 중단을 촉구하였다. 이들의 회견 내용을 일부 소개하면 다음과 같다.[18]

> 요일별 배출제는 쓰레기를 줄이는 정책이 아니라 공무원들이 일본의 몇몇 정책을 그대로 베낀 것이다.

---

15 뉴시스, 2016.10.27.

16 당시 제주도의 보도자료(2016.11.2)에는 '홍보기간: 2016.10.24-11.30', '시범운영기간: 2016.12.1-12.31', '배출시간은 18:00-24:00'로 제시돼 있었다.

17 Ohmy News, 2016.12.23.

18 제주의 소리, 2017.1.6.

쓰레기 줄이기 100인 모임 위원회에서 의견수렴이 됐다 하는데 우린 들어본 적 없다. 의견수렴이 제대로 된 것이 아니다.

요일별 배출제로 집안이 쓰레기로 넘쳐나고 있다. 행정은 쓰레기 배출을 줄일 수 있는 방안을 모색하고 발생하는 쓰레기를 효과적으로 처리하는 방법을 찾아내야 한다.

행정이 제대로 된 시스템을 만들고 시민들의 협조를 구해야 한다. 낙후된 시스템을 손보지 않고 시민들만 닦달하는 상황이다. 시민 불편만 강요하는 요일별 배출제는 하루빨리 폐기돼야 한다.

이어서 이 시민 모임은 1월 13일, 이 날을 '제주시 쓰레기정책 시민 저항의 날'로 선포하고 제주시청 인근 분리수거함에 '쓰레기 산' 퍼포먼스를 벌이며 불만을 표출하기도 했다.[19] 제주도는 이러한 시민들의 많은 불만과 비판의 목소리에 대해 마냥 눈감고 있을 수만은 없었다. 이에 제주도는 부랴부랴 '생활쓰레기 요일별 배출제'의 개선방안을 마련하기 위해 급조된 토론회를 개최하였다. 2017년 2월 24일에는 제주시민 토론회, 27일에는 서귀포시 시민 토론회, 3월 2일에는 제주시에서 종합토론회를 열었던 것이다.[20] 세 차례에 걸친 토론회를 토대로 제주도는 '생활쓰레기 요일별 배출제'를 '재활용품 요일별 배출제'로 개선하여 3월 6일부터 시행한다고 밝혔다. 개선된 주 내용은 배출 요일이 주 1회(종이류, 캔·고철류, 병류, 비닐류, 불연성)와 주 2회(플라스틱, 스티로폼)였던 배출횟수를 종류별로 2~3회로 늘림으로써 주민들이 집안에 장기간 보관해야 하는 불편 해소에 중점을 두었다.[21]

19 Ohmy News, 2017.1.14.
20 제주의 소리, 2017.3.2.

이처럼 요일별 배출제는 시범 운영된 지 얼마 되지 않은 시점에 배출 시간대는 물론 명칭까지 바뀌는 우여곡절을 겪으면서 시행돼오다 시범운영기간(2016.12.1~2017.6.30)을 마무리하게 된다. 이 기간이 끝나면서 요일별 배출제는 2017년 7월 1일부터 본격적인 시행이 이루어졌다. 본격 시행이라는 말은 이 제도를 미준수할 시 법적 제재력이 발휘된다는 의미이다. 하지만 요일별 배출제가 시행됨과 동시에 곧장 과태료를 부과하기는 무리이므로 7월부터 9월까지 3개월간의 계도기간을 가졌다. 이 기간 동안은 안내와 홍보에 집중하고 동시에 위반 시에는 계고장 발부를 통해 준수를 권고하며 10월부터 과태료를 부과해나갔던 것이다.[22]

2017년 12월 20일, 제주도는 '재활용품 요일별 배출제 시행 1주년 토론회'를 열어 여러 파란중첩이 있었지만 도민사회에 안정적으로 정착하고 있다는 자체 평가를 내렸다. 꾸준히 증가하던 쓰레기양이 매립량과 소각량은 마이너스로 돌아섰고, 재활용품은 증가했다는 것이다.[23]

이러한 제주도의 발표와는 달리 여전히 한쪽에서는 이 제도에 대한 불만과 개선의 목소리가 꾸준히 제기되고 있었다. 이에 제주도는 도민들의 여론을 수렴하고 시민불편을 해소한다는 차원에서 다시금 요일별 배출제에 수정을 가했다. 2018년 4월 1일부터 대폭 손질된 요일별 배출제를 시행한다고 밝힌 것이다. 배출시간대는 그대로 유지하되 재활용품 중 병류, 스티로폼, 캔·고철류는 매일 배출, 플라스틱과 종이류는 격일제 배출로 바꾼 것이 개선안의 주 내용이었다.[24]

21 제주의 소리, 2017.3.6.
22 제주의 소리, 2017.6.29.
23 제주의 소리, 2017.12.20.
24 제주의 소리, 2018.3.22.

이렇게 바뀌어 시행돼오던 요일별 배출제는 2018년 6·13 지방선거의 쟁점으로 부상하기도 하였다. 일부 도지사후보는 이 제도의 전면 폐지를 주장하는가 하면, 모 후보는 이 제도야말로 '대도민 사기극'이라는 주장까지 폈다. '사기극'이라 주장하는 근거는 가연성과 불연성 쓰레기가 혼합된 채 소각됨으로써 시민들이 애쓰게 요일별로 분리 배출한 쓰레기가 정작 제대로 처리되지 못하고 있다는 사실에 있었다.[25] 하지만 현 도지사가 재선출되면서 요일별 배출제는 지속적으로 시행될 수 있었고, 2018년 12월 18일 '재활용품 요일별 배출제 시행 2주년 보고회'를 개최하였다. 이 보고회에 따르면 그 간의 생활쓰레기 처리 상황을 분석한 결과 매립량은 줄고 재활용품 수거량은 증가한 것으로 나타났다. 요일별 배출제의 시행 전과 후를 비교한 결과 폐기물 매립량은 22% 감소한 반면 재활용품 수거량은 14% 증가하였다는 것이다.[26]

하지만 이러한 제주도의 발표와는 달리 이 제도가 시행된 지 2년이 흘렀음에도 정착하기까지는 아직도 갈 길이 멀다는 지적이 여전하였다. '쓰레기 발생량은 반으로, 재활용품은 70% 이상' 끌어올린다는 목표를 내세웠으나 생활쓰레기 발생량은 지속적으로 늘고 있고, 재활용률은 소폭 느는데 그쳐 아직도 큰 효과는 거두지 못하고 있다는 것이다.[27]

3. '재활용품 요일별 배출제'의 공과

요일별 배출제를 둘러싼 평가는 극명하게 갈려 있다. 한쪽에선 '선

---

25 뉴스제주, 2018.6.1.

26 헤드라인 제주, 2018.12.18.

27 연합뉴스, 2018.12.1.

진화된 정책'[28]이라고 극찬하는가 하면, 다른 한쪽에선 '도민 불편만 가중시키고 효과는 미흡한 도민 사기 행정'[29]이라고 혹평하고 있기 때문이다. 전자는 대체로 요일별 배출제의 집행 주체인 제주도를 비롯한 관의 입장이고, 후자는 제주도정을 비판하는 일부 정치세력 및 일부 언론의 입장이라 할 수 있다.

먼저 요일별 배출제의 성과를 높이 평가하는 제주도의 입장부터 살펴보기로 한다.

제주도는 요일별 배출제 시행 1주년 토론회 및 2주년 보고회를 개최한 바 있다. 이 가운데 2017년 12월 20일에 있었던 1주년 토론회에서 발표된 주요 내용을 인용해본다.[30]

'재활용품 요일별 배출제'가 도입되자마자 집집마다 재활용 쓰레기가 쌓이면서 욕도 듣고 공격도 받고 정신없이 보냈지만, 1년이 지난 시점에서 돌이켜보면 제주시는 꾸준하게 증가하던 쓰레기양이 매립·소각 쓰레기는 마이너스로 돌아섰고, 재활용품은 증가했다. 도민들이 현명하게 참여해줘서 생활문화로 정착되는 중이다(당시 제주시장).

서귀포지역도 쓰레기 발생 증가율이 지난해에 비해 크게 줄었다. 특히 "재활용품 중 종이류의 발생량은 거의 없는 수준"이라며 외부에서 벤치마킹을 오시는 분들도 상당히 많은데, 자기네도 도입해야겠다고 이야기한다. 앞으로 재활용도움센터[31] 등을 추가로 설치해 나가겠다(당시 서귀

---

28 제주환경일보, 2018.6.3.
29 뉴스제주, 2018.6.1.
30 제주의 소리, 2017.12.20.
31 재활용품을 집안이나 업소에 보관하는 불편을 해소하기 위하여 배출 요일, 시간에 관계없이 수시로 배출할 수 있는 시설을 말한다. 이를 설치하게 된 이유는 현재 운영 중인 클린하우스의 악취·미관 저해 등으로 이설 민원 급증에 따른 문제점을 보완

포시장).

플라스틱이 재활용품으로 가장 많이 나오는데, 물이 담기는 용기, 음료수 패트, PVC 등은 잘 구분해서 배출되고 있지만, PP나 우유를 담았던 용기 등은 제대로 분리되지 않고 있다. 어떻게 분리해야하는지 시민들도 잘 모르고, 행정도 잘 모르고 있다(당시 생활쓰레기 배출실태 평가단장).

시민과의 협업이 가장 중요하다. 쓰레기 정책도 정확하게 시민들에게 전달할 필요가 있다. 왜 분리배출을 해야 하는지, 무얼 줄여야 하는지에 대해 명확하게 알려야 한다. 시민단체나 전문가 등이 아닌 일반 시민들이 이해할 수 있도록 정확하게 알릴 수 있는 행정이 이뤄져야 한다(당시 서귀포YMCA 사무총장).

이상의 발언 내용을 정리해보면 이러하다.

먼저 제주시와 서귀포시에서는 매립·소각 쓰레기는 줄었고 재활용품은 증가했다는 성과를 내세우기에 급급한 모습을 보여주고 있는 반면, 시민 입장에서는 꼼꼼한 분리 배출이 이뤄지지 않고 있고 시민과의 협업도 제대로 이뤄지지 않아 시민은 물론 행정도 잘 모르는 깜깜이 제도라는 견해를 보여주고 있다. 관에서는 요일별 배출제가 여러 우여곡절을 겪긴 했으나 도민사회에 안정적으로 정착돼가고 있다고 자평하고 있는 반면, 시민 입장에서는 여전히 개선 사항이 많이 요구되는 좌충우돌 제도라고 평가하고 있는 것이다.

이어서 2018년 12월 18일에 있었던 요일별 배출제 시행 2주년 보고

개선하고, 요일별 배출제의 불편함 해소와 주민들에게 재활용 요령을 교육, 홍보하는 장소로 활용하기 위해서이다. 재활용도움센터는 2019년 현재 제주시 31개소, 서귀포시 24개소 총 55개소가 운영 중에 있다.

회 발표 사항도 살펴보기로 한다.

제주도에 따르면 요일별 배출제의 시행으로 인해 시행 전보다 매립 쓰레기양이 감소하고 재활용품 수거량은 증가하는 등 여러 가지 긍정적 성과들이 나타났다. 가령 재활용품으로 생산되는 재생품의 품질도가 향상되었고, 클린하우스 내 생활쓰레기 '넘침 현상'도 사라지면서 환경미화원들의 작업 여건이 개선되었고 도시미관도 깨끗해졌다. 더불어 이 제도는 여러 지자체의 벤치마킹 대상이 되고 있기도 하다.[32]

위 내용을 보면 1주년 결과 보고 내용과 마찬가지로 관의 입장은 큰 차이가 없다. 매립 쓰레기양은 줄고 재활용품 수거량은 늘었다는 비슷한 발표를 반복하고 있는 것이다.

관의 입장만을 놓고 보면 요일별 배출제는 비교적 성공적인 제도라고 평가할 수 있을 것 같다. 이 제도의 애초 목표인 쓰레기 발생량은 절반으로 줄이고, 재활용품 수거량은 70% 이상 끌어올린다는 데는 한참 못 미치지만 매립량은 줄고 재활용률은 높아짐으로써 일단 목표에는 한 발짝 다가섰기 때문이다. 그렇다면 관의 주장처럼 요일별 배출제가 과연 성공적으로 순항하고 있는지, 아니면 여전히 문제가 많고 개선이 필요한 좌충우돌 정책인지 그 공과를 냉철하게 따져볼 필요가 있다. 이 제도의 공과에 대한 냉정한 평가야말로 이 제도의 성패에 직결되는 혜안을 발견하게 해줄 수 있기 때문이다.

먼저 요일별 배출제가 초래한 공로부터 살펴본다.

첫째는 클린하우스가 깨끗해졌다는 점을 들 수 있다. 이 제도의 시행 이전에는 요일과 시간에 관계없이 자유롭게 쓰레기를 배출하는 자유배출제 방식이었다. 이 방식은 클린하우스 넘침 현상을 초래함으로

---

32 제주도 환경보전국 보도자료, 2018.12.19.

써 도시미관을 저해함은 물론 분리수거함 세척이 제대로 이루어지지 않아 인근 주민에게 악취로 인한 피해를 끼쳐왔다. 하지만 요일별 배출제의 시행으로 이러한 현상은 크게 개선됐다는 것이 중론이며, 이는 높이 평가받을 만한 결과로 여겨진다.

둘째는 요일별 배출제로 인한 생활쓰레기 발생량의 변화이다. 제도 시행 이전(2016)과 시행 이후인 2018년 10월 말 시점을 비교해보면 소각 폐기물은 304.6톤/일에서 327.1톤/일로 22.5톤/일(7.4%) 증가했고, 매립량 폐기물은 303.4톤/일에서 234.7톤/일로 68.7톤/일(22.6%) 감소하였으며, 재활용품 수거량은 470.1톤/일에서 537.9톤/일로 67.8톤/일(14.4%) 증가하였다(〈표 4〉 참조). 매립량과 재활용품 수거량 면에서 제도 시행 이전과 이후의 변화가 달라진 점은 이 제도의 분명한 성과라고 평가할 수 있을 것이다.

〈표 4〉 생활폐기물 1일 발생량(단위 : 톤/일)[33]

구분	총량	생활계 [소각 + 매립] 폐기물			음식물	재활용
		합계	소각	매립		
2016년(시행 전)	1,305.3	608.0	304.6	303.4	227.2	470.1
2017년(시행 후)	1,311.0	564.1	319.4	244.7	229.0	517.9
2018년 10월말	1,310.9	561.8	327.1	234.7	211.2	537.9
'16년 대비 18년 증감'	증 0.4%	감 7.6%	증 7.4%	감 22.6%	감 7.0%	증 14.4%
'17년 대비 18년 증감'	-	감 0.4%	증 2.4%	감 4.1%	감 7.8%	증 3.9%

---

33 제주도 환경보전국 보도자료, 2018.12.19.

셋째는 요일별 배출제가 도민들로 하여금 쓰레기에 대한 반성적 성찰을 낳게 해주었다는 점을 들 수 있다. 자유배출제 방식 하에서는 쓰레기를 버리는 행위에 대해 별다른 고민과 성찰이 없었으나 요일별 배출제 시행 이후에는 자유롭게 배출하던 방식에 제동이 걸리면서 쓰레기를 버리는 행위에 대해 잠시나마 고민과 성찰을 해볼 수 있게 되었다. "예전에 무심코 버렸던 재활용품들을 물에 헹궈서 버리게 되고, 자녀들도 자연스럽게 그걸 배우는 것을 보면 일상적인 환경교육이 되고 있다"[34]라는 한 도민의 이야기처럼 무심코 버리던 방식에서 이제는 반성적 행위를 수반한 버리기 방식으로 바뀌어가고 있는 점도 긍정적 효과라고 여겨진다.

이어서 요일별 배출제의 과실에 대해서도 살펴보기로 한다.

첫째는 요일별 배출제가 쓰레기의 발생량을 줄이는 데는 전혀 기여하고 있지 못하다는 점이다. 제도 시행 이전인 2016년 1,305.3톤/일에서 시행 이후인 2017년 1,312.1톤/일, 2018년 1,311.4톤/일을 비교해보면 쓰레기 발생량은 오히려 약간 늘고 있는 추세를 보이고 있다.[35]

이는 제주도민을 상대로 한 설문조사에서도 그대로 드러나고 있다. 요일별 배출제에 의한 쓰레기 감소 효과를 묻는 질문에 '감소함' 32.6%, '보통' 28.5%, '감소 안 함' 38.9%의 반응을 보인 것만 보더라도 쓰레기 발생량을 줄이는 데는 기여하지 못했음을 확인할 수 있다.

둘째는 요일별 배출제의 당초 목표 중의 하나는 기존 50%대에 머문 재활용률을 70% 이상으로 끌어올리는 것이었으나 여전히 50%대를 벗어나지 못하고 있다는 점이다. 연도별 재활용률을 비교해보면 2014년

---

34 제주의 소리, 2017.12.20.

35 제주특별자치도, 『2019 주요행정통계』(제주특별자치도 정책기획관, 2019), 170쪽 참조.

56.0%, 2015년 56.5%, 2016년 53.4%, 2017년 56.7%, 2018년 8월 57.3%로 거의 답보상태에 머물러 있음을 알 수 있다. 제도가 시행된 최근 2년간만 따로 보더라도 3.9% 소폭 느는데 그친 수준이다.[36]

셋째는 요일별 배출제가 주민과의 충분한 협업을 결여한 제도라는 점이다. 어떤 제도이건 간에 지역주민 중심의 제도라면 그들의 의견을 토대로 삼는 것이 기본 전제여야 한다. 하지만 요일별 배출제는 이점을 충분히 고려하지 못함으로써 제도 시행 약 일주일 만에 배출 시간 변경과 같은 잦은 변경을 거쳐야 했고 주민들의 많은 반발까지 불러오게 하였다.

물론 쓰레기 대란에 직면한 상황에서 관에서는 문제 해결이 다급했고, 따라서 밀어붙이기식의 정책 추진이 불가피한 측면도 있었을 줄 안다. 또한 6개월간의 시범운영기간도 거쳤기에 시민과의 협업이 전혀 없었던 것도 아니라고 항변할지 모르겠다. 하지만 이 제도가 시행된 지 약 3년이 다 되어가지만 여전히 분리배출 자체부터 문제가 있고 재활용률 역시 지지부진한 상태에 있음을 볼 때 도민들과의 충분한 교감이 있었다고 보기는 어려울 것이다.

이상의 내용을 종합하면 요일별 배출제는 클린하우스 주변을 깨끗이 관리할 수 있도록 해줌으로써 도시미관 및 악취로 인한 민원을 개선하는 데 큰 효과를 거두었고 재활용률 상승에도 미약하나마 나름대로 기여를 했다고 볼 수 있다. 하지만 이 제도는 쓰레기 발생량은 절반으로 줄이고, 재활용률은 70% 이상 높인다는 당초 목표에는 한참 못 미치고 있다. 쓰레기 발생량은 오히려 약간 늘고 있고, 재활용률은 50%대 수준에서 맴돌고 있는 상황이기 때문이다. 따라서 이 제도는 시

---

36 연합뉴스, 2018.12.1.

행을 위해 투자한 비용과 노력에 비해 그 효과는 지지부진한, 따라서 앞으로도 지속적인 보완과 개선이 절대 필요한 미완의 제도라고 할 수 밖에 없다.[37]

4. 개선방안

제주도의 쓰레기 대란을 발생시킨 근본적 원인은 두 가지였다. 하나는 유입인구 및 관광객의 급증이었고, 다른 하나는 제주도민의 쓰레기 의식이었다. 문제 해결책은 원인을 치유하는 데 있는 만큼 쓰레기 대란을 해결하는 첫 번째 열쇠 역시 유입인구 및 관광객 수의 조절에 있다.

제주도에 살기 위해 이주해오는 유입인구는 막아서도 안 되고 막을 수도 없다. 하지만 관광객 수에 대한 조정은 가능하리라 본다. 현재 제주 인구 68여만 명에다 관광객 등 1일 거주 인구 약 14만 명 등 상시 거주 인구는 80여만 명에 이르고 있다. 앞으로도 이 상시 거주 인구수는 계속 늘어날 전망이다. 제주의 총 인구수는 2015년 약 64여만 명에서 매년 증가하여 2045년에는 2015년 대비 20만 명(34.2%)정도가 증가한 약 80만 명이 될 것으로 예측되고 있기 때문이다.[38] 따라서 관광객 수를 방치해선 안 되리라 본다. 이에 대해 대처하는 데 시급히 요청되는 것이 **환경총량제**이다. 환경총량제의 도입을 위해선 우선 제주의 환경자원

---

37 제주도민들은 '재활용품 요일별 배출제는 편리한 제도인가?'라는 설문에 대해 '편리해짐' 46.2%, '보통' 20.1%, '불편해짐' 33.7%의 반응을 보였다. 이 제도가 더욱 성공적인 제도로 거듭나려면 다수가 '편리해졌다'라는 반응을 보일 수 있도록 꾸준한 노력이 있어야 할 것으로 보인다. 제주특별자치도, 『2018 제주 사회조사 및 사회지표』, 568쪽.

38 위의 책, 11쪽 참조.

총량을 파악한 후에 그 총량이 상시 거주인구의 어느 정도까지 수용할수 있을지를 진단해야 한다. 곧 제주의 자연환경을 유지 보존할 수 있는한계를 설정해놓고 그 범위 내에서만 관광객을 수용하자는 것이다.

쓰레기 대란을 극복해나갈 수 있는 두 번째 대안은 **쓰레기에 대한도민의식 개선**이다. 제주도는 오래전부터 쓰레기 감량 정책을 펴왔고이 또한 상당부분 순기능을 맡아왔지만 도민들의 능동적 대처방안을이끌어내기엔 여전히 부족한 편이다. 에리히 프롬에 따르면 쓰레기 문제와 같은 환경 위기에서 빠져나오게 할 기술적 영약은 없다. 하지만그는 진정한 해결에 이르는 한 가지 방법이 있는 바 그것은 오로지 인간의 근본적 자세의 혁신적이고 조속한 변화에 있다고 보았다.[39] 도민의 근본적 의식과 자세를 바꿔나가는 데는 무엇보다 꾸준한 환경교육이 긴요하다고 판단된다.

이를 위한 구체적 실행방안으로 '**요일별 배출제 홍보대사**'를 활용한실천교육을 들고자 한다. 요일별 배출제가 시행된 지 약 3년이 다 돼가지만 아직도 분리 배출 자체부터 미진한 부분이 많다. 클린하우스의겉은 클린하지만 수거함 속은 여전히 클린하지 못한 무늬만의 클린하우스라 해도 과언이 아니다. 따라서 자원봉사자를 공모하여 '요일별배출제 홍보대사'로 선정하고 클린하우스별로 배치하여 올바른 분리배출 방법과 재활용의 유용성에 관한 홍보 및 교육 업무를 맡길 것을제안한다.

구체적 실행방안으로 두 번째는 **요일별 배출제 홍보 방법의 다양화**이다. 제주도 홈페이지를 보면 요일별 배출제를 홍보하는 자료들이 탑재돼 있음을 알 수 있다. 하지만 읍면지역 주민들의 경우엔 인터넷보

---

39 에리히 프롬, 『소유냐 존재냐』, 차경아 옮김(서울: 까치글방, 2006), 225~226쪽 참조.

다 플래카드 설치와 같은 눈에 잘 띄는 방식을 선호하고 있었다. 따라서 인터넷 이외에도 각 지역의 특성에 적합한 홍보방법들을 다양하게 활용했으면 한다. 가령 달력의 요일 표기란에 해당 배출 품목을 기록하고 그 밖의 빈 공간에는 필수적 정보를 담은 '요일별 배출제 달력'을 활용하는 것도 한 방법일 수 있을 것이다.

구체적 실행방안으로 세 번째는 **생활쓰레기를 활용한 문화제 행사**이다. 쓰레기와 문화제는 언뜻 생각하면 전혀 조합이 맞지 않는 것처럼 보일수도 있다. 원래 쓰레기 하면 더러운 이미지부터 떠오르는 것이 일반적이기 때문이다. 하지만 쓰레기에 대해 품었던 더러운 이미지를 쓰레기는 곧 자원이라는 이미지로 바꿔나갈 필요가 있다. 그러려면 쓰레기를 두고 반성적 성찰의 기회로 삼을 수 있는 기회가 제공돼야 할 줄 안다. 그러한 기회를 제공하는 데 쓰레기를 주제로 한 문화제 행사는 큰 의의가 있을 것으로 여겨진다.

실지로 2년 전 국립민속박물관은 프랑스 국립 유럽지중해문명박물관과 '쓰레기'라는 공통의 주제를 발굴하여 '쓰레기×사용설명서'(2017.07.19. ~10.31)(국립민속박물관, 2017)라는 특별전을 개최한 바 있다. 그 의도는 쓰레기 문제에 대한 공감대 형성과 더불어 개인적 실천방법을 고민해볼 수 있는 계기를 제공하기 위해서였다. 이와 같이 현 상황에 대한 문제의식을 공유하고, 문제 해결의 필요성을 공감하며, 각자의 행동 방향을 고민해보도록 하는 데 쓰레기를 활용한 다양한 문화제 행사를 발굴하는 것도 필요해 보인다.

구체적 실행방안으로 네 번째는 **체험 위주의 쓰레기 교육**이다. 분리배출의 배경과 이유를 알고 실행에 옮기는 것과 모르고 하는 행위는 차원이 다르다. 전자가 합리적·자율적이라면 후자는 맹목적·타율적이다. 합리적·자율적 행위야말로 일관적이면서 안정적인 태도를 담보

할 수 있다. 이를 위해선 이론적 교육보다 직접 보고 느끼는 현장체험 위주의 교육이 중요한 만큼 이에 대한 구체적 대안 마련이 시급해 보인다.[40] 교육 프로그램을 단계별로 구성하여 이를 이수할 때마다 포인트 누적을 통해 추후 적절한 보상 시스템을 고안하는 것도 한 방법일 수 있을 것이다.

쓰레기 대란을 넘어설 수 있는 세 번째 대안은 **생활쓰레기 정책의 다변화 모색**이다. 현재 행정당국은 요일별 배출제만 성공한다면 폐기물 정책 또한 성공할 수 있다고 믿는 분위기이다. 하지만 이는 오류이고 착각이다. 현행 요일별 배출제의 초점은 재활용률을 높이는 데 있다. 그런데 이 재활용은 폐기물 처리를 위한 하나의 대안에 불과하며 매립 이전의 마지막 방법일 뿐이다.

그래서 필자는 비 존슨의 쓰레기 제로를 목적으로 한 5R운동을 하나의 고려 사항으로 제안하고자 한다. 5R이란 ①필요하지 않은 것은 거절하기(Refuse) ②필요하며 거절할 수 없는 것은 줄이기(Reduce) ③소비하면서 거절하거나 줄일 수 없는 것은 재사용하기(Reuse) ④거절하거나 줄이거나 재사용할 수 없는 것은 재활용하기(Recycle) ⑤그러다 남은

---

40 이와 관련해서는 독일의 사례를 참고했으면 한다. 독일 환경교육의 주요 특징을 보면, 첫째는 환경교육기관 수와 운영주체가 매우 다양하다는 점이다. 독일에서 운영 중인 환경교육기관 수는 1,142개에 달하며 운영주체는 환경단체를 비롯하여 교육청, 국립공원, 학교, 교회, 유스호스텔 등 다양한 기관들이 참여하고 있다. 둘째, 환경교육은 대체로 초·중·고 학생들 중심으로 이뤄지는 수가 많지만 독일은 그렇지 않다는 점이다. 전체적으로 볼 때 환경교육의 60%만이 초·중·고 학교와 연계되어 있고 나머지 40%는 일반 성인들 대상으로 행해지고 있다. 셋째, 독일 환경교육의 가장 큰 특징은 직접 보고 느끼는 체험 중심으로 진행되고 있다는 점이다. 넷째, 환경교육을 다루는 과목의 범위가 매우 넓다는 점이다. 사회, 물리, 화학, 생물 등은 물론이고 종교학, 미술, 정치, 역사, 국어 등에서도 다루며, 교육 내용 자체에 심리적 요소를 가미하여 환경의식을 깨닫도록 하고 있는 점 또한 독특하다. 유정수, 『쓰레기로 보는 세상』(서울: 삼성경제연구소, 2006), 148~149쪽 참조.

것은 썩히기(Rot)이다. ①, ②단계는 쓰레기 발생을 막아주며, ③단계는 신중한 소비, ④, ⑤ 단계는 폐기물 처리를 다루고 있다.[41]

여기서도 보다시피 재활용은 5단계 중 한 단계, 그것도 네 번째 단계에 속하고 있다. 재활용 이전에 감량과 재사용이 우선시되어야 한다는 의미이다. 바꿔 말하면 감량과 재사용은 덜 중시하고 재활용에만 초점을 두는 정책은 쓰레기 문제 해결에 제한적일 수밖에 없다는 것이다.

이에 필자는 재활용에 초점을 두고 있는 요일별 배출제를 다음과 같이 다변화해나갈 것을 제안한다.

첫째는 일회용품 사용에 대한 엄격한 규제이다. 제주도의 생활쓰레기 재활용률을 보면 제도 시행 이전과 이후가 별반 차이 없이 50%대에 머물러 있다. 이러한 현상이 초래되고 있는 중요한 원인 중의 하나는 바로 일회용품 사용에 있다고 본다. 전문가에 따르면 재활용률이 아무리 높더라도 일회용품을 많이 쓰면 아무 소용이 없다.[42] 재활용률이 높다고 하여 자원순환형 사회가 만들어지는 것은 아니라는 의미이다. 자원순환형 사회로 가려면 무엇보다 일회용품 사용을 엄격하게 규제해나갈 필요가 있다.

두 번째는 재사용정책을 강화해야 한다는 점이다. 재사용이 왜 중요한지는 페트병의 재활용사례를 통해서도 쉽게 확인할 수 있다. 페트병은 페트병으로 재활용되기보다 커튼, 작업복, 포장용 끈, 인형 등으로 재활용되는 수가 훨씬 더 많다.[43] 재활용보다 재사용이 중요한 이유가 바로 여기에 있다. 페트병이 다른 소재로 만들어지면서 더 많은 비용

---

41 비 존슨, 『나는 쓰레기 없이 산다』, 박미영 옮김(서울: 청림Life, 2014), 30~32쪽 참조.
42 유정수, 앞의 책, 68쪽 참조.
43 위의 책, 같은 쪽 참조.

과 환경오염을 초래하기 때문이다.

일본 나고야시의 경우 페트병의 수집·보관에 드는 비용은 kg당 131엔인 반면, 생활쓰레기를 소각하는 데 드는 비용은 kg당 약 56엔이라고 한다.[44] 페트병을 수집·보관하는 데만도 소각에 비해 2배 이상 드는데 리사이클링 전체에 드는 비용은 그를 훨씬 더 상회하게 된다. 그래서 '리사이클링 빈곤'이라는 신조어까지 생겨난 것이다.[45] 지자체가 적극적인 재활용정책을 펴면 펼수록 재정적 부담이 늘고 그에 따라 가난해진다는 뜻이다. 따라서 쓰레기 정책의 우선순위를 재활용에 둘 것이 아니라 감량, 재사용, 재활용, 소각에 의한 에너지 회수 순으로 정해나갔으면 한다.

물론 현재의 재활용정책을 폐기하라는 말이 아니다. 다만 요일별 배출제를 마치 전가의 보검인 양 여김으로써 이것만 달성되면 된다는 안일한 의식을 지적하고 싶은 것이다. 재활용만이 능사가 돼버리면 심각한 부작용이 생길 수 있다. 소비자들은 플라스틱 용기를 재활용수거함에 넣는 것으로 자원낭비에 대한 죄책감, 책임감이 무뎌질 수 있기 때문이다. 재활용 대상이므로 맘껏 버리거나 생산하고 판매해도 무방하다는 생각을 심어주어 결국 쓰레기를 양산하는 대량소비의 책임을 피하는 출구가 될 위험이 있다.[46] 따라서 현행 정책 또한 나름의 장점을 지니고 있기에 이를 지속하는 가운데 감량 및 재사용정책 또한 병행 추진해나가는 것이 현명한 대책이라고 판단된다.

쓰레기 대란에 대처하는 마지막 방안은 **소유 지향의 사회로부터 존**

44 위의 책, 51쪽 참조.

45 위의 책, 같은 쪽 참조.

46 카트린 드 실기, 앞의 책, 259쪽 참조.

재 지향의 사회로 변화될 수 있도록 조용한 혁명을 이뤄나가자는 것이다. 현대인들 대다수는 점점 더 많이 소유하는 것을 지상목표로 삼는다. 이러한 사회에선 아무것도 소유하지 못한 이는 아무것도 아닌 존재로 여겨진다. 소유 지향은 돈, 명예, 권력에의 탐욕이 삶의 지배적인 주제가 되어버린 현대 자본주의사회 인간들의 전형적인 특징이라 할 수 있다. 이들은 소유를 위해 끊임없는 소비를 추구한다. 나=내가 가진 것=내가 소비하는 것이라는 등식에서 자신의 실체를 확인하기 때문이다. 그러기에 프롬은 소비야말로 현대 '잉여사회'에서 가장 중요한 소유형태라고 말한다.[47] 이처럼 현대사회는 소유를 겨냥하는 실존을 당연스레 여기는 곧 소유가 존재를 지배하는 사회가 돼버린 지 이미 오래이다. 이러한 사회에선 아무리 묘책을 고안해낸다 해도 쓰레기 감량은 원천적으로 불가능해진다.

따라서 우리가 지향해야 할 사회는 존재 지향의 사회이다. 소유 지향 사회에서의 인간은 자신이 가진 것에 의존하지만 존재 지향 사회에서의 인간은 자신이 존재한다는 것 그 자체에 의존한다. 이들은 자기 소유물의 노예가 되는 게 아니라 자기 존재에 대한 믿음과 관계에의 욕구, 관심, 사랑, 주변세계와의 연대감을 중시한다. 이들은 모든 형태의 소유를 기꺼이 포기하려 하며 베풀고 나눠가지는 데에서 우러나는 기쁨을 누리려 한다. 이들은 모든 생명체와 일체감을 느낌으로써 자연을 정복, 지배, 착취, 약탈, 파괴하려는 목표를 버리는 대신 자연을 이해하고 자연과 협동하려 노력한다.[48]

하지만 모든 형태의 소유를 포기하는 것은 현실적으로 무리이기에

---

47 프롬, 앞의 책, 47쪽 참조.
48 위의 책, 231~33쪽 참조.

필자는 그 대안으로 자발적 소박함을 권장하는 바이다. '자발적 소박함'
이란 끊임없는 소비주의의 강압에 규정되는 삶을 청산하고 가난과 부
의 중용을 스스로 선택함으로써 내면적 풍요로움을 누리는 삶을 가리
킨다.[49] 이를 위한 실천 지침으로 필자는 '**3덜·3더 운동**'을 제안하고자
한다. '3덜 운동'이란 '덜 사고, 덜 갖고, 덜 버리자'라는 것이고, '3더
운동'이란 '더 간소하고 소박하기, 더 나누고 공유하기, 더 윤리적으로
소비하기'를 가리킨다.

　가난도 악덕이지만 사치 또한 악덕이다. 가난은 비자발적이며 심신
을 피폐케 하는 반면 소박함은 자발적이며 특별한 힘을 준다. 사치는
필요 이상의 소비를 통해 자원을 소모하지만 소박함은 물적 소비보다
내면의 풍요를 더 추구한다. 제로 웨이스트를 위해선 가난과 사치의
중용인 간소하고 소박한 삶을 살아야 한다. '더 나눈다'는 것은 기부를
의미한다. 기부를 통한 무료 나눔 운동은 이미 존재하는 물건을 더 잘,
더 많이 이용함으로써 소비 증가를 막을 수 있다. '공유하기' 역시 물건
을 소유하는 게 아니라 같이 쓰는 것이기에 쓰레기 발생을 사전에 막
는 데 기여한다.

　'윤리적 소비'란 사회적 의무를 자각한 소비를 말한다. 민주사회에
서 사회를 바꾸는 가장 중요한 수단이 선거와 투표용지라면 자본주의
사회에서 사회를 바꾸는 수단은 소비와 지폐이다. 윤리적 소비는 개개
인의 착한 소비를 넘어 기업의 변화까지 요구하는 적극적 사회참여가
된다. 가령 푸드 마일리지와 탄소 배출량을 꼼꼼히 고려한 소비는 환
경보호에 더욱 긍정적으로 작용한다.

---

49 듀안 엘진, 『소박한 삶의 철학』, 김승욱 옮김(서울: 바다, 1999), 11~14쪽 참조.

5. 맺음말

이 장의 목적은 제주도의 '재활용품 요일별 배출제'의 공과를 살펴보고 그 개선방안을 제시하는 데 있다. 이 제도가 초래한 공과는 각각 세 가지로 정리할 수 있었다. 먼저 공로 측면부터 살펴보면 첫째는 클린하우스 주변이 깨끗해짐으로써 도시미관과 악취 문제를 개선해주었다는 점이다. 둘째는 매립량과 재활용품 수거량 면에서 제도 시행 이전과 이후가 달라졌다는 점이고, 셋째는 요일별 배출제가 도민들로 하여금 쓰레기에 대한 반성적 성찰을 하게 해주었다는 점이다.

이어서 요일별 배출제가 지닌 과실적 측면도 살펴본다. 첫째는 쓰레기의 발생량 자체를 줄이는 데는 전혀 기여하고 있지 못하다는 점이다. 둘째는 재활용률을 70% 이상 높인다는 당초 목표에 한참 못 미침으로써 기존의 50%대 수준에서 맴돌고 있다는 점이다. 셋째는 주민과의 협업을 결여함으로써 제도의 잦은 변경과 그에 따른 주민 불만을 초래하였다는 점이다. 이상의 공과를 토대로 요일별 배출제를 평가한다면 이 제도는 이점도 있으나 아직은 보완해야 할 부분이 많은 미완의 제도라고 할 수 있다.

이를 보완해 나가기 위한 방안으로 다음 사항들을 제언하고자 한다.

첫째, 제주의 자연환경을 유지 보존할 수 있는 한계를 설정해놓고 그 범위 내에서만 관광객을 수용하는 환경총량제를 시행한다.

둘째, 쓰레기에 대한 도민의식을 새롭게 변혁하고 개선해나간다. 이를 위한 구체적 교육방안으로 ①'요일별 배출제 홍보대사' 활용하기, ②'요일별 배출제 달력'과 같은 홍보 방법의 다양화, ③생활쓰레기를 활용한 다양한 문화제 행사 발굴하기, ④체험 위주의 쓰레기 교육 강화 등을 들고자 한다.

셋째, 쓰레기 정책의 우선순위를 재활용에만 둘 것이 아니라 감량 및 재사용정책 또한 비중 있게 다루는 방향으로 다변화한다.

끝으로 소유 지향의 사회에서 존재 지향의 사회로 옮겨갈 수 있도록 조용한 혁명을 이뤄나간다. 이를 위해 '3덜·3더 운동'을 펼쳐나간다.

◆ 제11장 ◆

생명윤리와 환경윤리의 비교 및 접점 찾기

1. 머리말

현대철학의 일반적 경향은 정밀한 분석과 규정이다. 모든 것을 철저히 분석하여 그 요소들을 정밀하게 규정하고 기술하는 것이 오늘날의 철학의 목표처럼 여겨지고 있다. 인식 작용에 있어서 필수적인 것은 분석만이 아니라 종합 역시 필요함에도 분석적 작업이 주도적 경향을 이루면서 종합적 작업은 경시되고 있다. 세부적인 것만을 정밀하게 규정하다보면 전체에 대한 통일적 전망은 당연히 그만큼 멀어져버린다. 그럼에도 현대철학자들은 이러한 잘못된 현실에 대하여 시정할 노력을 하지 않는다. 그들은 전체론적 인식을 비학문적이라고 보면서 애초부터 배제시켜버린다.

이러한 경향은 응용윤리학의 연구에서도 그대로 드러난다. 응용윤리학은 20세기 초반 영향력을 발휘했던 분석윤리학이 그 토대가 약화되면서 1960년대 후반 들어 대두하였다.[1] 1960년대 후반은 미국에서 인권운

---

1 응용윤리학은 메타윤리학이나 규범윤리학과는 현저한 대조를 이룬다. 요컨대 현대
   사회가 제기하는 긴급한 문제들(예를 들면 인간의 생사에 관한 의료기술의 적정한

동, 반전운동, 학생운동이 활발한 시기였다. 예를 들어 흑인민권운동은 인간답게 살 권리를 요구하였고, 여성해방운동은 임신중절에 대한 인식에 영향을 끼쳤으며, 환경운동은 환경의 가치에 대한 새로운 인식을 심어주었다. 그리고 흑인민권운동가들이 앞장섰던 베트남전 반전운동은 여러 가지 사회적 모순에 대한 저항 의지를 고취하였다.

이러한 시대적 변화에 더 이상 이론적인 문제만을 다룰 수 없게 된 철학자들은 현실적 문제에 대해서도 관심을 기울여야 했다. 즉 철학자들은 정의, 평등, 시민불복종, 인종차별, 환경보호 등의 대중적이고 실천적인 문제들을 시야에 넣지 않으면 안 되었다. 이리하여 전통적인 규범윤리학 대신 현실적인 구체적 문제에 관심을 집중하는 윤리학, 이른바 '응용윤리학', 또는 '실천윤리학'이 대두하게 된다.

응용윤리학의 핵심적 물음은 "구체적인 도덕문제를 어떻게 해결해 나갈 것인가?"이다. 응용윤리학은 단순히 도덕이론을 구체적 도덕문제에 적용하는 차원을 넘어서 구체적인 도덕문제에서 출발하여 도덕이론을 확립하고자 시도한다. 이와 같은 상향적 방식(bottom-up)을 통하여 응용윤리학은 새로운 윤리학을 열어가고 있는데, 여기에는 환경윤리, 생명윤리, 기업윤리 등의 분야가 포함된다.

이와 같이 환경윤리, 생명윤리 등은 현실적인 사회문제를 해결해나

사용방법, 지구환경문제에 대한 대처 등)에 대해 윤리학이 잘 단련하여 완성시켜온 도구를 이용, 가능한 한 정면에서 대응하려는 기도를 '응용윤리학'이라고 흔히 부른다. 이러한 용어 사용은 1980년대 중반부터 일반화되었으나 현실 문제에 대한 대응이라는 자세는 1960년대의 사회변동에 의해 촉진되어왔다. 1971년에 창간된 계간지 『철학과 공공문제(*Philosophy and Public Affairs*)』, 레이첼즈(J. Rachels)가 편집 출간한 『도덕의 제문제(*Moral Problems*)』가 이 분야의 선구적인 업적들로, 이들에 의해 응용윤리학은 서서히 확립되어간다. 川本隆史, 「應用倫理學の挑戰: 系譜, 方法, 現狀について」, 『理想』 no. 652(1993.11), 20~34쪽 참조.

가고자 하는 같은 의도에서 출발한 학문들이지만 현재는 그 거리가 아
주 먼 것처럼 느껴지는 학문이 되고 말았다. 환경윤리는 환경윤리대
로, 생명윤리는 생명윤리대로 각자의 길을 독립독행해왔기 때문이다.
이제 환경윤리와 생명윤리는 아주 다른 분야로 인식되어 이를 연구하
는 학자들 역시 상호 교류하는 경우를 찾아보기가 쉽지 않다. 양 학문
간에 긴밀한 학술적 교류를 펴나간다면 예상 밖의 연구 성과를 거둘
수 있을 텐데도 여전히 자신들의 길만을 걷고 있는 것이 현 상황이다.

그동안 응용윤리학 분야에서도 현대철학의 특징인 분석과 규정에
몰두해 왔다면 이제는 종합적 작업이 필요한 때가 왔다고 생각한다.
환경윤리와 생명윤리, 양자는 어떤 차이가 있는가? 만약에 양자 간의
차이가 있다면 구체적으로 어떤 면이 그러하며, 그 차이를 해소할 수
있는 방안은 없는가? 이 장은 이러한 문제의식에서 출발한다. 출발선
은 같으나 지금은 완전히 다른 분야처럼 느껴지는 양자의 관계를 비교
검토함으로써 양자 간의 접점을 찾아보고 이를 토대로 상호보완 가능
성을 모색하는 데 본 장의 목적을 두고자 한다.

2. 생명윤리와 환경윤리의 비교 고찰

Bioethics란 생명을 의미하는 bio와 윤리(학)를 의미하는 ethics의 합
성어다. 이 용어는 1970년 미국의 생화학자 포터(Van R. Potter, 1911~2001)
가 처음으로 사용하기 시작한 말로 그가 이 용어를 쓰게 된 계기는 인류
의 생존을 포함한 지구환경의 위기에 어떻게 대처해야 할지를 관심 범
위에 둔 생명 일반에 관한 윤리학적 문제 설정에서였다.[2] 곧 bioethics란
생명과학·의료기술의 급속한 발전에 대한 전통윤리의 무력함, 생명체

의 생존을 위협할 정도의 환경적 폐해 현상 등에 대한 자각에서 구상된 말이었다.

> 우리가 현재 직면하지 않으면 안 되는 것은 윤리학이 가장 넓은 의미의 생태학을 현실적으로 이해하는 것과 분리할 수 없다는 사실이다. 윤리적 가치는 생물학적 사실로부터 분리될 수 없다. 우리는 대지윤리, 야생동물윤리(wildlife ethic), 인구윤리, 소비윤리, 도시윤리, 국제윤리, 노인윤리 등을 필요로 한다. 이러한 윤리문제 모두는 가치와 더불어 생물학적 사실에 기초한 행동을 요구하고 있다. 이들 문제는 바이오에식스를 포함하고 있고, 전체 생태계의 생존이 가치체계의 테스트가 되고 있다.[3]

요컨대 우리가 현재 필요로 하고 있는 대지윤리, 인구윤리, 소비윤리 등은 생물학적 지식에 의거해야 하며, 이와 같이 윤리학과 생물학적 지식이 결합할 때 새로운 학문인 이른바 바이오에식스가 성립하게 되고, 이 학문은 전체 생태계의 유지 존속을 무엇보다 중시한다는 것이다. 이를 통해 알 수 있듯이 bioethics라는 용어는 생명윤리 한쪽만을 의미했던 게 아니라 생명윤리와 환경윤리 양자를 동시에 염두에 둔 표현이었던 것으로 판단된다.

그런데 오늘날 bioethics라는 말이 의료윤리로 바뀌어 사용되면서 환경을 다루는 관점은 사라지고 말았다. 그것은 이 말이 제창된 1970년대 당시 미국에서는 환경문제보다 심장 이식이나 임신중절과 같은 의료문제에 사회적 논의가 집중되었고 아직은 환경문제가 있긴 하더라도 일반

---

2 Van Rensselaer Potter, *Bioethics: Bridge to the Future*(Englewood Cliffs: Prentice-Hall, 1971), chapter 1 참조; K. Danner Clouser, "Bioethics," in Warren T. Reich, ed., *Encyclopedia of Bioethics*(New York: Free Press, 1978), p.118 참조.

3 Potter, op. cit., Introduction.

적으로 긴급한 문제가 아니었으며, 새로운 의료기술 앞에서 환자의 권리나 여성의 '성과 생식을 결정할 권리' 등이 더 중대한 문제로 인식되었기 때문이다.

그리고 의료윤리 문제는 의료산업과 의학이 그것을 지탱하는 체제로 존재하는데 비해, 환경을 문제 삼는 것은 현존하는 각 산업의 양태에 이의를 제기하는 반체제적 의미까지 담겨 있기 때문에 산업계로부터 연구비 등의 지원도 없어 대학과 연구기관에서 학문으로 인정되는 것이 늦어졌다.

이와 같이 환경윤리와 생명윤리는 그 출발점이 하나로 연결된 학문들이었지만 위와 같은 사정으로 양자는 구분되기 시작했고 점차 성격이 아주 다른 학문으로 전개되고 말았다. 그렇다면 양자는 구체적으로 어떻게 다른지 각각의 기본적 입장을 중심으로 비교 검토해보기로 한다.

먼저 환경윤리에 관해서부터 살펴보기로 한다.[4]

첫째, 환경윤리는 인간 이외의 존재에 대한 생존권의 인정을 주장한다. 단지 인간만이 아니라 자연물에도 최적의 생존권이 있으므로 함부로 그것을 부정해선 안 된다는 것이다. 인간에게만 생존권이 있고 자연물에는 생존권이 없다는 생각은 인간의 생존만을 수호해야 한다는 당위성을 인정해주고 결국은 자연 파괴가 정당화되어버린다. 그러므로 인간의 생존만이 중요하다고 해서는 안 된다는 입장을 취한다.

둘째, 환경윤리는 현세대는 미래세대의 생존과 행복에 대하여 책임을 져야 한다고 주장한다. 현세대가 진보라고 부르며 누리고 있는 문명은 모두 미래 사람들에게 계산서를 돌리는 방식으로 성립하는 것이

---

4 환경윤리학의 기본 입장에 대해선 김일방, 『환경윤리의 쟁점』(서울: 서광사, 2005), 93~97쪽 참조.

다. 현세대가 미래세대의 생존권을 빼앗고 있다면 이것은 더 말할 나
위 없는 범죄에 해당한다. 범죄이지만 그것을 판가름할 사람들이 아직
이 세상에 없다는 이유로 죄를 물을 수 없을 뿐이다. 죄를 물을 수 없
기 때문에 지구 자원의 약탈 행위가 계속되고 있는 것이다. 환경윤리
는 미래세대의 생존권을 고려하지 않고 유한한 자원을 물처럼 쓰고 있
는 문화의 기본적 구조를 바꾸지 않으면 안 된다는 일종의 혁명적 사
고방식을 지니고 있다.

셋째, 환경윤리는 결정의 기본 단위는 개인이 아니라 유일한 지구
생태계 그 자체로서 개인의 생존보다 지구 생태계의 존속을 더 우선해
야 한다고 주장한다. 결정의 기본 단위를 지구 생태계 전체에 둔다는
것은 개인주의의 원리를 송두리째 거부하는 매우 도전적인 원리이다.

지구는 열린 우주가 아니라 닫힌 세계이며, 이 세계에서는 이용 가
능한 물질과 에너지의 총량이 유한하다. 인류의 존속을 바란다면 우리
는 유한한 자원을 보존하고 지구 환경을 그 무엇보다 중시해야 한다.
이를 위해 우리는 지구라는 생태계와 그 안의 자원이 유한하다는 점을
우리의 모든 경제 활동에 반영해야 할 것이다. 환경윤리는 지구 전체
의 유한성이라는 전체주의적 관점에서 출발하고 있다.

이어서 생명윤리의 기본적 입장에 대하여 살펴보는데, 이에 대해선
생명윤리에서 전통적으로 사용되는 네 가지 윤리 판단 원칙을 중심으
로 고찰하기로 한다.[5]

---

5 이 네 가지 원칙은 비첨과 칠드레스가 그들의 공저인『생명의료윤리의 원리』에서
　제안한 생명윤리학의 한 방법론이다. 흔히 원칙주의라 불리는 이 방법은 전통적인
　하향적 접근법에 속하지만 그것을 좀 더 구체화한 것이다. 전통적 하향 접근법이
　하나의 궁극적 도덕이론을 내세우고 이로써 모든 생명의료윤리 문제를 해결하려고
　시도하는 반면에, 원칙주의는 네 원칙을 구체적인 의료윤리 문제에 적용하여 도덕
　적 해답을 찾아나가려 한다. Tom L. Beauchamp & James F. Childress, *Principles*

첫째는 자율성 존중의 원칙으로, 이에 따르면 모든 인간은 특정 환경과 상관없이 독립적이고 무조건적인 가치를 지니며 자신의 생명을 스스로 결정할 능력이 있다는 인간존중사상을 그 배경으로 하고 있다. 바꿔 말하면 한 사람의 자율적인 선택을 존중하고 자율적인 선택은 곧 개개인의 자유를 인정해야 함을 뜻하는 것이다.

둘째는 악행 금지 원칙으로, 이는 남에게 해악을 끼치지 말라는 가장 오래되고 기본적인 윤리 지침에 근거하는 것이다. 해악이란 개념은 넓게는 명예, 재산, 사생활, 자유 등의 훼손을 의미하지만 윤리학에서는 이보다 좁은 의미인 신체적, 심리적 이해관계의 훼손을 뜻한다. 즉 살인을 하지 말라, 남을 괴롭히지 말라, 남의 재화를 빼앗지 말라 등으로 구체화할 수 있다.

셋째는 선행의 원칙으로, 이는 타인의 자율성을 존중하고 타인에게 해악을 가하지 말 것을 요구하는 것이다. 타인에게 가능한 한 이득을 베풀려고 하는 모든 형태의 행동을 말한다. 배려 깊은 행위, 동정적인 행위, 친절한 행위, 사랑, 인술 등이 이에 포함된다.

넷째는 정의의 원칙으로, 이는 주로 분배와 관련된 것이다. 의료와 첨단 기술의 혜택은 정의롭게 분배되어야 하며, 여기서 정의롭다는 것은 각 사람들에게 정당한 몫을 돌려주는 것을 말한다. 그러나 정당한 몫이 얼마인가를 결정하는 것은 쉽지 않다. 가령 신장 이식 수술을 받기 원하는 환자들은 많은데 이식할 수 있는 신장은 하나밖에 없을 때 누구에게 주는 것이 정의로운가 하는 것은 매우 어려운 문제이다.

이상에서 살펴본 내용을 토대로 양 학문의 입장 차이를 정리해보면 다음과 같다.[6]

---

of Biomedical Ethics(New York: Oxford University Press, 1979), pp.56~198 참조.

　첫째, 생명윤리는 어디까지나 생존권을 인격체에 한정시키고 있는 반면 환경윤리는 생존권의 범위를 인간 이외의 존재에까지 확대시켜 논하고 있다. 위에서 살펴본 생명윤리의 네 원칙에서 논의되고 있는 생명이란 인간의 생명을 전제로 하고 있다면, 환경윤리는 기본적으로 인간 이외의 존재인 동물, 식물, 심지어 무생물에까지도 생존권이 부여되어야 한다는 입장이다.

　어디까지나 인간의 생명에 국한시켜 논의하고 있는 생명윤리에서의 생명이란 개념은 더 이상 확대될 여지가 없는가? 환경윤리에서는 인간의 생명 범위를 넘어서 인간 이외의 동식물에까지 생존권의 확대를 주장하고 있는데 과연 그러한 주장은 논리적 타당성을 확보할 수 있는가?

　둘째, 생명윤리의 기본 개념인 생명의 질(quality of life)**은 철저하게 현재라는 시간대에 위치하고 있다. 아프다든가 아프지 않다는 등의 현재적 감각이 가치 판단의 원점인 것이다. 반면에 환경윤리는 미래세대에 대한 책임을 윤리적 원리로 도입한다.**

　생명윤리에서는 정의의 원칙을 적용한다 하더라도 현재 생존하고 있는 사람들 사이에 적용하는 반면, 환경윤리에서는 현세대뿐만 아니라 미래세대들도 정의의 원칙에 포함시켜 적용하고자 한다. 생물종을 포함하여 지구상의 모든 자원이 유한한 이상 현세대가 자원을 다 소비해버리면 미래세대는 동일한 자원을 소비할 수 없게 된다. 즉 현세대와 미래세대는 자원 분배 문제를 놓고 이해가 대립하는 관계에 놓여 있다고 본다.

　생명과 환경 파괴의 시대에 정의의 원칙을 현세대에만 적용하는 것

6　가토 히사다케, 『환경윤리란 무엇인가』, 김일방 옮김(대구: 중문, 2001), 90~98쪽;
　　加藤尚武, 『倫理學で歷史を讀む』(東京: 淸流出版社, 1996), 131~134쪽 참조.

은 바람직한가? 정의의 원칙을 현세대의 범위를 넘어서 미래세대에까지 적용해야 한다면 그에 대한 논리적 정당성을 확보할 수 있는가?

셋째, 환경윤리에서는 지구 생태계의 존속이 개인의 생존에 우선하므로 일종의 생태계 전체주의 형태를 취하기 쉽다. 이에 반해 생명윤리에서는 개인의 자기결정이 반드시 이성적일 필요는 없으므로 치료 거부 행위와 같은 어리석은 행위일지라도 그것을 이행할 권리마저 개인에게 인정한다. 요컨대 생명윤리와 환경윤리의 대립은 개체주의와 전체주의의 현대판 대립이라 할 수 있다.

이 세 번째의 대립은 양 학문 간의 핵심적 입장 차이를 노정시키고 있기에 이에 관한 부연 설명을 요한다고 볼 수 있다. 먼저 이와 관련된 생명윤리의 원리를 정리하면 다음과 같다.

> 생명과 신체를 포함하여 자기 자신의 소유로 귀속되는 것은 타자에 대한 위해를 야기하지 않는 한, 설령 그 결정 내용이 이성적으로 보아 어리석은 행위로 간주되더라도 대응능력을 가진 성인의 자기 결정에 맡겨져야 한다. 자유주의란 '타자에 대한 위해를 낳지 않는 한 개인의 행동에 대해 법적 간섭을 해선 안 된다'고 주장한다. 요컨대 '타인에게 폐를 끼치지 않는 한 개인은 무엇을 해도 좋다'는 것이다.[7]

위 원리를 요약하면 '자기결정권'은 '이성적인 결정'에 우선한다는 것이다. 예를 들어 이성적인 판단으로는 수혈이 반드시 필요한 환자가 있다고 했을 때, 만일 그 환자가 종교상의 이유로 수혈을 거부한다면 자기결정이 우선한다. 따라서 자기결정권은 '우행권(愚行權, 어리석은 행위를 할 권리)'이라고도 할 수 있다. 그리고 이러한 자기결정권의 행사는

---

7 가토 히사다케, 앞의 책, 94~95쪽.

타자에 대한 위해를 낳지 않는다는 원칙에 따라야 하며, 자기결정권의
대상은 그 사람의 소유로 귀속되는 것(생명, 신체 등)은 다 포함된다.

이러한 주장에 따르면 인공 임신중절, 중증 장애아에 대한 소극적
안락사, 성인의 자기결정에 의한 안락사, 뇌사자로부터의 장기 적출
등이 정당화될 수 있다. 더 나아가 장기 매매, 대리모, 이용을 목적으로
한 태아 출산 등도 금지할 근거가 없게 된다. 기술적으로 가능한 행위를
무제한 자기결정에 맡겨버리면 한없이 위험한 문화를 창출하게 되고
그럼으로써 '미끄러운 경사길 논증'의 반발을 초래할 수도 있다.

반면에 환경윤리는 자유주의적 개인주의 원리[8]를 기초로 하고 있는
생명윤리와는 달리 지구 생태계의 존속을 더 우선시한다. '한 인간의
생명은 지구보다도 소중하다'라는 말이 있긴 하지만 현실적으로는 지
구보다도 개인을 중시할 수가 없다는 입장이다. 지구 환경문제가 심각
해짐에 따라 지구야말로 모든 생명의 원점이라는 사상이 반드시 우세
해질 것으로 환경윤리에서는 내다본다.

그렇게 되면 지구라는 닫힌 계(系)에서 플러스(+), 마이너스(-)의 평
가가 내려지게 된다. 즉 생태계는 유한한 공간이기 때문에 자원의 이용
(+)이란 매장물의 감소(-)를, 불필요한 물건의 폐기(+)란 공적 공간에
대한 불법 투기(-)를 의미한다는 식으로 그 평가가 이루어지는 것이다.[9]

---

8 현재 한국 사회에서 주도적 경향을 띠고 있는 생명윤리 접근방법 역시 자유주의적
  개인주의 방식이라 할 수 있다. 이러한 접근방법은 크게 두 가지 문제점을 가지고
  있는 것으로 지적받는다. 하나는 윤리 문제에 대해 잘못된 상대주의와 회의주의를
  만연시킨다는 점이고, 또 하나는 자유주의적 개인주의가 많은 생명윤리 이슈들을
  오직 개인 선택의 물음들만으로 환원함으로써 이 이슈들이 지닌 사회적 측면을 도
  외시하고 있다는 점이다. 이러한 결함이 있기에 일부 연구자들은 이러한 접근방법
  과는 다른 방식, 이른바 공동체주의적 접근방법을 모색할 필요가 있다고 주장한다.
  유수정·최경석, 「자율성과 공동체주의적 생명윤리」, 이화여대 생명의료법연구소
  편, 『현대 생명윤리의 쟁점들』(서울: 로도스, 2014), 18~20쪽 참조.

요컨대 생명윤리의 입장에서 보면 임신중절을 해야 할지 말아야 할지는 어디까지나 개인의 자기결정권에 맡겨야 하지만, 환경윤리의 관점에서 보면 유한한 지구 환경 자원 앞에서 중절을 강제하지 않으면 안 될 수도 있다. 환경윤리에서의 결정권의 기본 단위는 개인이 아니라 지구 생태계 그 자체이기 때문이다. 자유주의적 개인주의 방식의 자기결정의 원리와 지구전체주의 원리의 상충을 해결할 수 있는 방안은 무엇인가?

3. 생명윤리와 환경윤리의 접점 찾기

생명윤리와 환경윤리, 양 학문의 입장 차이를 세 가지로 살펴보았으나 이 중 핵심적인 쟁점은 두 가지라고 본다. 하나는 생존권의 인정문제, 곧 인간중심주의 대 탈인간중심주의 문제이고, 다른 하나는 개체주의와 전체주의의 대립 문제이다. 여기서는 이 두 쟁점을 중심으로 그 접점을 찾아보기로 한다.

1) 인간중심주의와 탈인간중심주의의 접점 찾기

생명윤리는 생명공학과 의학의 발달로 인간 생명마저 조작할 수 있는 길이 열리면서 야기되는 윤리적 물음을 연구 대상으로 한다. 곧 낙태 문제, 인간배아 연구 문제, 안락사나 연명의료결정 문제, 죽음의 기준과 관련된 문제, 보조생식술 문제, 장기이식 문제, 인간을 대상으로 하는 경험과학적 연구 문제, 줄기세포 연구, 유전자치료, 동물실험 문

---

9 가토 히사다케, 앞의 책, 98쪽 참조.

제 등을 다룬다.

그러니까 생명윤리에서 연구하고자 하는 생명이란 어디까지나 인간의 생명에 국한됨을 알 수 있다. 반면에 환경윤리는 산업기술의 발달과 문명화의 진전 과정에서 제기되어온 환경관련 윤리적 물음을 연구 대상으로 한다. 그러니까 환경윤리에서는 이제까지 자유재로 여겨져 왔던 공기나 물을 비롯해 자연 자원, 인간 이외의 생물(동식물), 게다가 자연 생태계 전체나 지구 그 자체까지도 윤리적 고려 대상으로 삼는다.

각 학문이 다루는 연구 대상을 보면 생명윤리는 인간중심주의 경향이 농후한 반면 환경윤리는 탈인간중심주의 경향이 강함을 알 수 있다. 생명윤리는 생명을 다루는 행위의 룰을 고찰하는데, 그 목적은 다름 아닌 인간의 행복한 삶에 두고 있기에 인간중심주의를 지향할 수밖에 없다.

반면에 환경윤리는 지구환경보호와 인류의 생존이라는 위급존망의 과제에 대처하려는 것으로, 그것이 요구하는 바는 한 마디로 '지구환경을 지켜라'는 것이다. 이를 위해 환경윤리는 윤리의 중심에 위치하고 있던 인간을 탈중심화한다. 환경윤리가 전통윤리학과 다른 점이 있다면 그것은 바로 탈인간중심적·반인간중심적 경향이라 할 수 있는데, 윤리에서의 인간의 지위를 탈중심화하는 정도에 따라 환경윤리는 또 여러 입장들로 분류된다.

그렇다면 '인간중심주의'라는 용어는 어떤 의미를 갖는가? 인간중심주의는 Anthropocentrism의 번역어에 해당한다. 인간을 의미하는 'Anthro'와 'center', 'ism'이 조합된 낱말로 문자 그대로 인간중심주의, 곧 인간이 세계의 중심이며 궁극적 목적이라고 보는 세계관을 뜻한다. 환경윤리의 신념인 탈인간중심주의는 인간중심주의가 환경 파괴의 원인으로 작용했음에 주목하면서 인간의 범위를 벗어나 인간 이외의 존재인 동물

· 식물 · 생태계에까지 내재적 가치를 인정하자는 입장이다. 이처럼 생명윤리와 환경윤리는 기본 신념 면에서 대립적 경향을 보이고 있는데 이제 양 입장을 수렴할 수 있는 접점을 찾아보기로 한다.

먼저 환경윤리의 신념인 탈인간중심적 관점, 특히 자연중심적 관점은 실천적 측면에서 한계에 봉착할 수밖에 없음을 지적하고자 한다. 자연환경의 오염이나 파괴가 우리 인간의 생존을 위협하고 있다지만, 그러한 오염이나 파괴는 자연 그 자체에서 유래한 것이 아니라 우리 인간의 생산과 소비 등의 다양한 활동 결과 야기된 것이다. 따라서 자연환경의 파괴나 훼손을 중단시키고 건강한 자연환경을 유지해나가야 할 책임은 우리 인간이 질 수밖에 없다. 환경윤리가 문제 삼는 것이 환경과 인간과의 관계라 해도 그것은 환경 그 자체와 인간과의 관계가 아니라 현재의 자연환경 안에서 인간이 어떻게 행동해야 하는가 하는 점이다. 환경윤리는 본질적으로 인간의 행동에 대해 고찰하는 것이기에 인간 중심의 입장에 설 수밖에 없는 것이다.[10]

가령 탈인간중심주의 주장에 따라 인간을 중심 무대에서 내려놓는 데 성공했다고 치자. 그럴 경우 파괴되거나 훼손된 자연은 누구의 책임이 되는가. 생태계 문제 안에서 인간이 추상되어버린다면 그러한 문제 자체부터 제기될 수 없을 것이며, 설령 제기된다 하더라도 아무런 의미도 없을 것이다.

그런데 여기서 우리가 유의해야 할 사항이 하나 있음을 지적하고자 한다. 그것은 환경문제에 대한 고찰이 인간중심주의를 벗어날 수 없다는 것을 자각한다 해도 이 인간중심주의가 전통적 인간중심주의와는 차원을 달리 해야 한다는 점이다. 환경문제를 해결해나가는 데 요구되

---

10 김일방, 앞의 책, 144~145쪽 참조.

는 인간중심주의는 전통적 인간중심주의의 한계를 극복해내는 새로운 형태의 인간중심주의여야 한다는 것이다.[11] 더불어 생명윤리의 신념인 인간중심주의 역시 전통적 인간중심주의 입장이기에 생명윤리와 환경윤리 양자의 접점을 찾아나가려면 전통적 인간중심주의의 수정은 불가피해진다.

그렇다면 전통적 인간중심주의가 지닌 한계란 무엇인가? 전통적 인간중심주의의 문제는 '인간에게만' 내재적 가치를 인정하고 인간 이외의 존재는 오로지 도구적 가치밖에 없다고 간주한다는 점이다. 나아가 전통적 인간중심주의는 '인간만의 독자적 가치'를 동물과 대비하여 부각시키려 한다. 이는 '인간과 동물은 근본적으로 다르다'라는 것이 의심의 여지가 없는 전제로서 누구나 공유하고 있다는 데서 유래한다. 인간과 동물이 다른 것은 당연하며 '동물과 달리 인간은 ～'이라 말해도 누구도 의문을 갖지 않았던 것이다.

하지만 현재는 상황이 많이 변했다. 최근의 동물관련 과학은 인간과 인간 이외의 동물, 특히 인간이 속하는 영장류, 그중에서도 오랑우탄, 침팬지, 고릴라, 보노보 등의 '대형 유인원'과 인간과의 유사성을 논증해주고 있다. 예전부터 인간에게만 속하는 것으로 여겨져 왔던 성질이 서서히 대형 유인원, 특히 그중에서도 인간과 가장 가까운 것으로 여겨지는 보노보에게서 발견되는 것으로 알려져 왔다.

그런 성질 중의 하나로 언어능력이 있다. 물론 문장을 쓰는 고도의 언어능력은 인간만의 것이겠지만 음성을 이용하여 개체 간 의사소통을 하는 능력은 인간 이외의 동물들도 구비하고 있다. 특히 보노보에

---

11 이성백, 「맑스주의와 생태론 패러다임의 전환」, 『진보평론』 제14호(2002 겨울), 216~
217쪽 참조.

게는 수화를 통한 인간과의 대화 실험이 계속돼왔으며, 또 많은 동물 학자들은 보노보와 인간과의 수화가 인간끼리의 수화와 동질적인 것임을 인정하였다.[12] 보노보에게는 어느 정도의 대화 능력이 있을 공산이 높다는 것인데, 이는 언어가 인간 고유의 것이라고 말할 수 없게 되었음을 의미한다.

또한 인간의 우월성을 인간은 동물의 '무리'와는 다른 수준 높은 '사회'를 구축한다는 고전적인 인간특수론을 근거로 말하기도 한다. 하지만 대형 유인원의 관찰에 의해 그들 역시 인간과 마찬가지로 서로를 염려해주는 개체 간 관계를 맺고 있음이 드러났다. 가령 고릴라는 인간 이상으로 섬세한 대인(고릴라 대 고릴라)관계 속에서 살아가고 있음이 최근 연구 결과 밝혀졌다.[13] 이 역시 '사회적 존재'인 것은 인간뿐이라고 말하기 어렵게 만드는 결과다.

이처럼 이제까지 인간을 동물로부터 구분하는 결정적 지표로 여겨져 온 '언어'와 '사회'라는 점에서 보더라도 이제는 인간의 고유성을 천진스럽게 주장할 수 없게 되고 있다. 이것이 의미하는 바는 인간은 본질적으로 동물과 구별되는 것과 같은 특별한 존재가 아니라 '인간도 동물'이라는 점이다. 동물인 인간이 동료인 다른 동물을 무시하고 혼자만이 이 지구의 중심인 것처럼 행동하는 것은 인간다움을 잃어버린

---

12 Roger S. Fouts and Deborah H. Fouts, "Chimpenzees' Use of Sign Language," in Paola Cavalieri and Peter Singer, eds., *The Great Ape Project*(New York: St. Martin's Press, 1993), pp.28~34 참조; 프랜스 드 왈·프란스 랜딩, 『보노보』, 김송정 옮김(서울: 새물결, 2003), 186~192쪽 참조; 데즈먼드 모리스·스티브 파커, 『또다른 인류 유인원』, 정옥희 옮김(서울: 시그마북스, 2011), 166~168쪽 참조.

13 Douglas Adams and Mark Carwardine, "Meeting a Gorilla," in Paola Cavalieri and Peter Singer, eds., *The Great Ape Project*(New York: St. Martin's Press, 1993), pp.19~23 참조; 마이클 브라이트, 『고릴라』, 이충호 옮김(서울: 다림, 2002), 30~33쪽 참조.

비윤리적 처사다. 전통적 인간중심주의 인간관은 인간을 오만하게 함으로써 인간에게서 인간다움을 박탈하고 있는 것이다.[14]

그러나 이렇게 말하면 곧바로 반론이 제기될 수 있다. 인간에게는 동물에게 없는 다양한 가치, 특히 인권이 있지 않느냐는 반론이다. 분명히 인간에겐 인권이 있다. 그렇다면 왜 인간에게는 권리가 있는 것일까? 이 물음은 제기되는 경우가 거의 없다. 인간에게 권리가 있다는 것은 너무나 당연한 일로 여겨지고 있기 때문이다. 하지만 그렇게 당연하다면 누구나 납득할 수 있는 답이 있을 줄 안다.

그것은 아마도 인간이라면 지니게 되는 특별한 성질이나 기능이 기준으로 작용할 것이다. 가령 인간은 언어능력과 같은 높은 수준의 지성을 갖춘 존재이기에 권리가 있다고 답변할 경우엔 언어가 인간 고유의 것이라 할 수 없으므로 설득력이 없다. 그러면 읽기 능력과 같은 더 높은 수준의 언어 능력을 들어보자. 그리되면 세상에 존재하는 읽을 줄 모르는 수많은 사람들이 권리를 갖지 못하는 결함이 있게 된다. 그렇다면 기준을 낮추어 '고통을 느끼는 존재'에게는 이유 없이 고통을 당하지 않을 권리가 있다고 해보자. 그리되면 식물이나 곤충들을 제외하곤 많은 동물들이 권리를 갖게 된다. 이와 같이 합리적인 인권의 근거를 찾으려 할 경우, 그 근거가 어떤 것이든 결국은 '인간에게 권리가 있는' 것과 동일한 이유로 '모종의 동물에게도 권리가 있다'라고 말하지 않을 수 없다.[15]

문제는 권리가 있는 존재와 없는 존재를 구분 짓는 경계선을 어디서 긋느냐 하는 것이다. 절대적인 경계선을 찾기가 결코 쉽지 않아 보인다.

---

14 田上孝一, 『本当にわかる倫理学』(東京: 日本実業出版社, 2010), 145쪽 참조.
15 위의 책, 148쪽 참조.

궁여지책을 낸다면 인간에게는 권리가 인정된다는 것을 자명한 진리로 놓고 이로부터 인간이 일반적으로 갖는 것으로 여겨지는 제 기능의 공유를 권리가 있는 존재의 조건으로 보자는 것이다. 가령 그 기능들로는 고통 감각, 시간 감각, 주위 세계와 능동적으로 의사소통하려는 것 등 다양한 목록을 들 수 있을 것이다. 이렇게 든 목록의 전부 또는 대부분을 지닐 경우 그 존재에게는 권리를 인정할 수 있다는 생각이다.

이상에서 살펴봤듯이 수정된 인간중심주의는 전통적 인간중심주의와 질적 차이를 갖는다.

첫째, 수정된 인간중심주의는 인간 = 목적, 인간 이외의 모든 존재 = 수단이라고 보는 절대적인 인간 우월적·전통적 인간 중심의 세계관을 벗어나 인간 역시 동물의 일종에 불과하다는 겸손한 자세를 고취한다.

전통적 인간중심주의가 '인간에게만' 내재적 가치를 인정하는 반면, 수정된 인간중심주의는 '인간에게' 내재적 가치를 인정하되 인간 이외의 존재도 그러한 가치를 가질 수 있음을 부정하지 않는다. 인간과 동물을 구분 짓는 결정적 지표로 여겨져 온 '언어'나 '사회' 등의 특징이 인간 이외의 다른 영장류에서도 찾아볼 수 있기에 인간만의 고유성을 주장하는 것은 이제 현실성이 없음을 자각하고 있는 것이다. 수정된 인간중심주의에 따르면 인간은 영장류의 일종으로 다른 영장류와 공통의 조상으로부터 진화한 동물종이며 우연적으로 이성의 힘에 의해 지구를 관리하고 있을 뿐이다.

둘째 인간만이 권리 소유자라는 전통적 사고에서 벗어나 권리 소유자의 범위를 확대하려고 시도한다. 권리가 있는 존재와 없는 존재의 경계를 긋는 절대적 기준을 제시하긴 어렵지만, 일단 인간은 권리를 갖는다는 대전제 하에 인간이 일반적으로 갖고 있는 것으로 여겨지는 제 기능을 나열하고 이 기능을 공유하고 있는 존재라면 권리 소유자로 간주하는 것이다.

　이러한 수정된 인간중심주의는 너무나 낭만적이어서 실천적 한계를 드러낼 수밖에 없는 탈인간중심주의의 한계도 극복할 수 있을 뿐만 아니라, 오로지 '인간에게만' 내재적 가치를 부여함으로써 인간 이외의 존재는 모두 도구적 존재로만 간주하는 전통적 인간중심주의의 한계 또한 극복할 수 있는 장점을 지닌다.

2) 개체주의(개체론)와 전체주의(전체론)의 접점 찾기

　생명윤리에서는 우행권일망정 한 개인이 스스로 결정했다면 그것을 이행할 수 있도록 허락하는 반면, 환경윤리에서는 한 개인의 자기결정권보다 지구생태계의 존속을 더 우선시한다. 한 개인의 결정이 아무리 중요하다 해도 그것이 지구생태계에 부정적 영향을 끼친다면 허락하지 않는다는 것이다. 전자가 개체주의적 입장을 따르고 있다면 후자는 전체주의적 입장을 따른다고 할 수 있다.

　윤리적 행위의 기본 단위는 '개인'이며 '자유로운 개인이 무엇을 해야 할지'를 묻는 것이 윤리학이다. 이러한 맥락에서 자유주의적 개인주의 방식의 자기결정의 원리로 모든 문제에 접근하는 것이 생명윤리다.

　반면에 환경윤리는 '인간'을 기준으로 보는 사고방식의 발본적 전환 없이는 작금의 환경문제를 해결해나갈 수 없다고 본다. 환경윤리는 윤리학 또한 전통적인 '인간 중심'의 사고에서 벗어나 '자연중심'의 사고로 옮겨가야 한다는 입장이다. 자연중심의 사고란 중심 논점을 예전과 같이 개인으로서의 인간에 두지 않고 인간을 포함한 '자연 전체'에 두는 사고를 말한다. 이때 인간은 어디까지나 자연이라는 '전체의 부분'이 되며 자연 위에서 군림하는 특별한 존재가 아니다.

더구나 전통윤리학은 가치의 근거를 '개개인'의 존재에서 구하며 개인에게 내재적 가치를 인정해왔다. 이에 반해 자연중심의 윤리학은 내재적 가치를 갖는 것은 개개의 인간이 아니라 인간을 포함한 '자연 전체'라고 본다. 인간이 자연에서 분리돼나간다면 몸통에서 떨어져나간 손발이 기능을 상실하듯 그 자체만으론 존립할 수 없다. 어디까지나 자연이라는 전체의 부분으로서만 존재할 수 있는 것이 인간이라 보는 것이다. 이처럼 '자연 전체를 가치의 기본 단위'로 간주하는 윤리학의 입장은 '전체론(holism)'이라 불린다.

반면에 전통윤리학은 '개별적 인간을 가치의 기본 단위'로 보며, 그 개개인을 '전체로 환원될 수 있는 개체'와 같은 존재로 파악한다. 자연중심의 전체론적 윤리 입장에서 보면 전통윤리학은 '요소 환원주의적인' 사고 안에 갇혀 있다. 때문에 환경이라는 전체의 부분에 불과한 인간을 과대평가하고 있다고 비판받는다. 인간을 과대평가하는 인간 중심적 윤리는 환경 파괴와 친화적이기에 환경을 보호하고 육성하고 조화로운 문명을 구축해 나가야 하는 이 시대에 어울리지 않는다는 것이 자연중심의 전체론적 윤리학의 문제 제기다.

그 대표적인 예로 레오폴드의 '대지윤리'를 들 수 있다. 대지윤리는 '공동체 개념의 확장'을 전제로 한다. 일반적으로 공동체라고 말하면 인간 공동체를 가리키지만 레오폴드는 인간을 과대평가한 결과의 '편견'으로 간주한다. 레오폴드에게서의 공동체란 인간뿐만 아니라 동식물을 포함한 환경 전체로서의 '대지'이다. 그리고 인간은 대지라는 전체의 특별한 지배자가 아니라 단순한 구성요소의 하나에 불과한 것으로 간주된다.[16] 레오폴드는 자연을 오로지 '도구적'으로 취급해온 전통

16 Aldo Leopold, "The Land Ethic," in Andrew Light and Holmes Rolston Ⅲ, eds.,

적 사고에서 벗어나 자연에서 내재적 가치를 발견하고자 했던 것이다.

이처럼 대지윤리는 '인간에게서의 가치'라는 전제를 가치판단의 기준
으로 삼는 것을 중단하고, 인간을 포함한 환경 전체를 가치판단의 기준
으로 여긴다. 그리고 선악의 기준을 인간에게서 구하지 않고 '생명공동
체(환경 전체)'에서 구한다. 생명공동체의 가치를 높이는 것은 선이고
해치는 것은 악이라는 새로운 규범적 판단 원칙을 제시한 것이다.[17]

오랜 기간 주목을 받지 못하던 레오폴드의 대지윤리를 새롭게 되살
리면서 더욱 발전시킨 이는 캘리코트였다. 그는 환경 내부의 개별 생
명체는 환경으로부터 분리되면 결코 존재할 수 없음을 더욱 강조하였
다. 인간을 포함한 개개의 생물은 어디까지나 그것이 속하는 '생명공
동체의 내부'에서 그때그때의 상황에 따라 가치가 상대적으로 오르내
리는 것으로 해석되었다. 예를 들면 어떤 환경에서 '희소한' 생물은 동
일한 환경 안에서 어디에나 널려 있거나 개체수가 너무 불어난 생물보
다 가치가 높다고 여겨진다. 개체수와 가치는 반비례한다는 것이다.[18]

그런데 여기서 문제가 되는 것은 인간의 가치다. 레오폴드는 생명공
동체의 조화를 해치는 것은 악으로 간주하여 그것을 적극적으로 배제
할 것을 주장하였다. 개체수가 너무 불어난 종은 환경 전체를 해치기
때문에 솎아내야 한다는 것이다. 그러나 그렇게 하면 맨 먼저 인간이
솎아내져야 한다. 인간이야말로 환경의 조화를 깨트리는 최대의 원흉
이기 때문이다. 이러한 사고는 자연중심의 윤리사상에서 자주 볼 수
있는 인간 혐오의 표현이다. 인간이 존재하지 않는 지구야말로 최고선

Environmental Ethics: An Anthology(Malden: Blackewll Publishing, 2003), p.39 참조.

17 Ibid., p.46 참조.

18 J. Baird Callicott, "Animal Liberation: A Triangular Affair," in Robert Elliot, *Environmental Ethics*(Oxford: Oxford University Press, 1995), p.46 참조.

이라는 억측이다. 레오폴드 자신은 대지윤리에 잠재돼 있는 '인간 혐오'에 직면하는 것을 피하고자 인간을 솎아내라고는 말하지 않았지만, 캘리코트는 이를 직접 발설하였다. 만약 어떤 생명공동체에 있어서 희소한 생물과 인간을 비교했을 때 인간이 희생되는 것은 어쩔 수 없다고 말했던 것이다. 이러한 사고방식 때문에 대지윤리는 자주 환경파시즘이라는 비난을 받아왔다.[19] '환경을 위해선 모든 것이 허용된다'라는 부당한 극단론이라는 지적이다.

그렇다면 환경파시즘이라는 비난으로부터 자유로우면서 개체론과 전체론을 조화시켜나가는 방안은 없는 것일까? 필자는 그 방안으로 내재적 가치를 부여하는 기준 설정을 들고자 한다. 내재적 가치 부여 기준을 두 가지 기준, 즉 포섭기준과 비교기준으로 나누어 적용하는 것이다. 포섭기준이란 어떤 존재가 내재적 가치를 갖는지를 결정하는 기준, 곧 도덕적 영역의 경계를 설정해주는 기준을 말하며, 비교기준이란 어떤 존재가 지닌 자연적 속성의 정도에 따라 내재적 가치를 차등적으로 부여해주는 기준을 말한다.[20]

필자는 여기서 포섭기준으로는 생명을 비교기준으로는 유정성을 삼고자 한다. 우리는 이제까지 비인간생명체들을 인간 삶의 수단으로만 다루어왔던 전통적 인간중심주의를 넘어서 그들도 인간과 더불어 공존해야 할 가치가 있는 존재로 수용해야 한다. 그것이 생태계 위기를 극복해나가는 하나의 길이 될 수 있기 때문이다. 그러나 생명이 있는 존재라 해서 모두 다 동등한 가치를 지닌 것으로 볼 수는 없다. 우리는

---

19 J. Baird Callicott, *In Defense of the Land Ethic*(Albany: State University of New York Press, 1989), p.92 참조.

20 김일방, 앞의 책, 150쪽 참조.

식물보다는 동물을, 하등동물보다는 고등동물을, 동물보다는 인간을 직관적으로 더 중시한다. 때문에 그 차등을 부여하기 위해 우리는 비교기준을 필요로 한다. 그 비교기준으로 물론 절대적이진 않지만 유정성을 삼는 이유는 유정성의 정도에 따라 동식물의 세계를 차등화할 수 있기 때문이다.

필자의 이러한 기준 설정에 대해 혹자는 의문을 제기할 수도 있을 것이다. 유정성의 정도에 따라 차등적이긴 하지만 유정적인 모든 생명체에 내재적 가치를 부여하게 되면 존재론적으로 동식물의 희생에 의존할 수밖에 없는 우리 인간의 삶은 어떻게 정당화할 수 있는가 하는 물음이다.

필자는 이러한 의문 사항을 해결하려면 위 두 가지 기준 적용을 좀 더 신축적으로 해야 한다고 본다. 그러니까 이 두 기준을 **동식물은 종에게, 인간을 비롯하여 인간과 유사한 고등 능력을 지닌 존재들은 개체에게** 적용하자는 것이다. 이렇게 할 경우 동식물의 종을 멸종으로 몰아가지 않는 한 우리가 특정 동식물을 식용으로 삼는 행위는 정당화된다.[21]

이러한 기준을 적용할 때 생명윤리는 자유주의적 개인주의 접근 방식에 대한 반성적 성찰이 불가피해진다. 남에게 폐를 끼치지 않는 한 개인은 무엇을 해도 된다는 사고에서 벗어나 인간 이외의 존재들도 심각하게 고려할 줄 아는 자세를 의식할 수 있어야 한다. 동물복제, 동물실험이 인간에게 현실적 유용성과 잠재적 유용성을 지닌다면 동물의 권리를 근거로 어떠한 동물복제, 동물실험도 반대할 수 없다는 생명윤리의 입장에 대해서도[22] 반성함으로써 기존의 동물실험 관행을 수정해

---

21 위의 책, 152쪽 참조.

22 김상득, 『생명의료윤리학』(서울: 철학과현실사, 2000), 106~107쪽 참조.

나가려는 의지 또한 고취해 나가야 한다. 우선적으로 인간과 유사한 능력을 지닌 것으로 판명된 영장류에 대한 실험은 중단돼야 하며,[23] 영장류 이외의 동물들 중에서도 실험 중단 대상에 포함되는 수를 늘려나가야 한다.[24]

그리고 이러한 기준에 따를 때 지구전체주의를 강조하는 환경윤리 또한 반성적 성찰이 불가피해진다. 지구 전체론적 환경윤리가 지니고 있는 가장 큰 결함은 인간을 혐오의 대상으로 간주한다는 점이다. 지구 전체의 조화를 파괴하는 대상은 어떤 존재건 혐오의 대상으로 여겨지는데 인간 존재가 그 조화를 가장 크게 해쳐왔기에 우선적으로 그 대상에 포함되는 것이다. 그러나 이러한 논리는 환경문제를 해결해나가기 위한 어떠한 노력도 무력화시켜버린다. 인간이 혐오 대상으로 간주되는 이상 인간이 해야 하는 일은 더 이상 존재할 수 없기 때문이다.

확실히 오늘날의 환경문제를 떠올리면 전통적 인간중심주의 사고는 멀리할 필요가 있다. 하지만 가치의 근거를 개인에게서 구하고, 인간에게 '내재적 가치'를 인정하는 것까지 부정하는 것은 무리다. 오히려 이 점을 인정하는 것을 전제로 하면서 인간과의 대비에 의해 가치나 권리의 범위를 인간 이외로 확장하는 편이 논의의 설득력을 높여줄 것으로 판단한다.

---

23 "A Declaration on Great Apes," in Paola Cavalieri and Peter Singer, eds., *The Great Ape Project*(New York: St. Martin's Press, 1993), pp.4~7 참조.

24 동물의 권리를 인정하자는 주장은 현재 현대윤리학자들 사이에선 하나의 주류적 견해로 성장해가고 있는 것으로 보인다. 물론 세부적 측면에선 차이가 있긴 하지만 톰 리건을 중심으로, 헤어, 싱어, 롤스, 노직, 레이첼스, 너스봄, 코스가드, 허스트하우스, 나딩스 등이 그러한 주장을 하는 부류에 포함된다. 伊勢田哲治, 『動物からの倫理学入門』(名古屋: 名古屋大学出版会, 2010), 320쪽 참조.

3) 생명윤리와 환경윤리의 상호보완 가능성

이상에서 살펴본 환경윤리와 생명윤리, 양 학문의 접점을 기초로 이제 양쪽이 상호보완할 수 있는 가능성을 모색해보고자 한다. 그 방안을 모색하려면 환경과 생명의 상관관계를 파악할 필요가 있다.

환경의 악화는 새로운 질병의 요인으로 작용하기도 한다. 가령 오존층 파괴로 인한 자외선 증가는 피부암 등의 증가를 초래할 위험이 있으며, 이미 다이옥신과 같은 환경호르몬의 유해성이 지적되었고 환경오염물질은 더욱 다양해지고 있다. 이로 인해 생긴 질병이나 장애에 대하여 의료는 그 치료를 위해 노력해야 한다.

이를 테면 다이옥신은 가정에서 배출하는 쓰레기나 산업폐기물의 소각으로 발생한다. 그것이 음식물이나 대기를 통해 체내로 들어가면 지방에 축적되어 발암성, 면역독성을 가진다고 한다. 일단 축적되면 체외로 배출되기 어려운 것이 특히 문제이다. 이것을 몸 밖으로 배출시키는 의료기술의 개발은 가능할 것이다. 그러나 다이옥신만이 문제라면 다행이지만 오염이 더욱 다양화하면 의료의 노력만으로는 역부족이다.

현재 의료계에서 발생한 문제도 환경문제와 관계되는 예가 적지 않다. 예컨대 에이즈나 에볼라열도 아프리카에서의 환경 변화에 기인한다고 한다. 또 에이즈의 경우 설령 감염되더라도 예전에는 국지적으로 그쳤지만 지금은 교통의 발달로 전 세계로 확산된다. 광우병 역시 육우 증산을 위해 원래 초식동물이었던 소에게 양의 뇌나 내장을 갈아 만든 동물사료를 먹임으로써 발생했다고 한다. 그렇다면 이것도 인구증가, 식량 증산이라고 하는 환경문제, 환경 변화와 관계된다.[25]

---

25 이마이 미치오, 『삶, 그리고 생명윤리』, 김일방·이승연 옮김(파주: 서광사, 2007), 202~207쪽 참조.

환경문제 가운데는 우리의 건강생활과 깊은 관계를 맺고 있음에도 불구하고 이미 의료 차원을 넘어선 것도 있다. 온난화와 그 결과가 그러한 예이다. 에너지의 대량 소비를 배경으로 이산화탄소 등의 가스가 증가하고 그것이 지구에서 온난화를 야기하고 있다. 이로 인해 자연 시스템이 붕괴되어 이상 기후, 삼림자원 고갈과 사막화, 해수면 상승과 같은 다양한 영향이 예상되었고, 이미 그 조짐이 나타나기 시작하였다. 우리의 삶의 방식, 문명의 진로 그 자체를 재검토해야 하는 상황이 전개되고 있는 것처럼 보일 정도다. 생명윤리는 그러한 문제를 무시할 수 없을 것이다. 하지만 학제적이라 하면서도 의료문제 중심으로 전개되어온 생명윤리는 그러한 난문에 대처할 방법을 갖고 있지 못하다.[26] 바로 여기서 요청되는 것이 환경윤리다.

생명윤리는, 이 말의 창시자 포터가 환경윤리학적인 것을 구상하고 있었다는 것은 예외로 치더라도 이와 관계되는 것만은 틀림없다. 양 학문은 건강한 인간 생활에 대한 관심을 커다란 기둥으로 하고 있다는 점에서 공통의 기반 위에 있기 때문이다.

인간의 생명과 건강을 기본적 주제로 하는 생명윤리에서도 인간이 살고 있는 자연적·사회적 환경은 의료기술의 현실적 양태 못지않게 중요하며 환경이라는 요인을 무시할 수 없으므로 포터의 초심으로 돌아가 생명윤리와 환경윤리를 통일적인 관점에서 파악할 필요가 있다고 생각한다. 그리고 이를 위해선 구체적인 노력이 수반되어야 할 줄 안다.

가령 환경철학회와 생명윤리학회 간의 공동 세미나 또는 공동 학술발표대회는 양 학문의 관계를 더욱 발전시켜 나가는 데 하나의 실마리를 제공할 수 있을 것이다. 학술대회 주제로는 "'자기결정권'을 둘러싼 환경

---

26 위의 책, 204쪽 참조.

윤리학과 생명윤리학 간의 논쟁", "'생명의 범위' 개념을 둘러싼 생명윤리학과 환경윤리학 간의 입장 차이", "환경윤리학과 생명윤리학, 각각의 입장에서 바라보는 '정의의 원칙'", "개인주의와 전체주의의 현대판 대립': 생명윤리학과 환경윤리학의 갈등" 등을 들 수 있지 않을까 한다. 막연히 사촌지간 정도로 여겨지면서도 사실은 멀게만 느껴지는 생명윤리와 환경윤리의 관계가 이러한 제반 노력이 뒤따를 때 상호보완을 통한 보다 생산적인 연구 성과를 얻어낼 수 있을 것으로 판단한다.

4. 맺음말

현대를 대표하는 윤리학인 생명윤리와 환경윤리는 동일한 시공간적 배경을 무대로 대두하였기에 사람들은 그 양측 관계를 막연히 사촌지간 정도로 파악하는 수가 많다. 하지만 양 학문은 여러 가지 측면에서 대조적이다.

생명윤리는 생명을 다루는 행위의 룰에 대해 고찰하는 반면, 환경윤리는 자연환경과 인간의 올바른 관계방식에 대해 고찰한다. 생명윤리에서 다뤄지는 생명이란 어디까지나 인간의 생명인 만큼 인간중심주의적 경향이 강한 반면, 환경윤리에서 다뤄지는 대상은 인간을 둘러싼 환경, 곧 동식물을 비롯한 자연환경인 만큼 탈인간중심주의적 경향이 강하다. 그리고 생명윤리는 현재라는 시간 안에서의 합의를 궁극적인 구속성의 근거로 간주하며, 개인에게 자기결정권이라는 형식으로 어떤 의미에서의 절대적 권한을 부여한다. 반면에 환경윤리학이 지향하는 것은 현재라는 시대의 합의에 미래세대에 대한 책임을 부과하며, 개인의 자기결정권을 부인해서라도 지구 전체의 이익을 지키려 한다.

필자는 생명윤리와 환경윤리 사이의 대립적 측면 가운데 두 가지 문제, 곧 인간중심주의 대 탈인간중심주의 문제와 개체주의 대 전체주의 문제에 관한 그 절충점을 찾아보았다. 그 결과 전자의 대립을 해소하기 위한 접점으로는 '수정된 인간중심주의'를 제안하였다.

생명윤리가 기초하고 있는 전통적 인간중심주의는 오로지 인간만을 도덕적 고려 대상으로 삼는다. 어떤 정책을 최종적으로 결정하는 데는 오직 인간의 이해관심만이 고려되는 것이다. 하지만 최근의 동물과학의 발견에 따르면 대형 유인원들은 인간과 상당한 정도로 유사한 특징을 갖고 있음이 드러났다. 이는 인간이 다른 동물보다 우월한 게 아니라 그저 동물의 한 종에 불과하다는 사실을 자각케 해주었고, 나아가 전통적 인간중심주의의 수정이 불가피함을 깨우쳐주었다.

환경윤리가 기초하고 있는 탈인간중심주의, 특히 자연중심주의의 경우는 인간 이외의 존재들, 심지어 자연생태계에마저 내재적 가치를 부여하자는 주장을 편다. 그러나 환경윤리란 어디까지나 현재의 자연환경 안에서 인간이 어떻게 행동해야 좋은지, 곧 인간이 행해야 할 행동방식을 강구하기에 인간이 중심적 위치에서 논의를 전개할 수밖에 없다. 이처럼 생명윤리의 토대인 전통적 인간중심주의도 환경윤리의 토대인 탈인간중심주의도 한계를 안고 있기에 수정된 인간중심주의를 그 대안으로 제시하였던 것이다.

생명윤리와 환경윤리 간의 두 번째 문제는 개체주의와 전체주의 간의 접점을 찾는 것이었다. 생명윤리에서는 자유주의적 개인주의 방식으로 생명문제에 접근하고자 하는 반면, 환경윤리에서는 지구전체주의 방식으로 환경문제에 접근하고자 한다. 이러한 개체론적 접근과 전체론적 접근의 대립적 관계를 해소하는 접점을 찾고자 필자는 내재적 가치를 부여하는 기준 설정 방식을 대안으로 제시하였다.

그 기준이란 포섭기준과 비교기준을 말하는데, 전자로는 생명을, 후자로는 유정성을 들었다. 생태계를 구성하는 모든 생명체를 도덕 공동체 안으로 끌어들여 그들에게 내재적 가치를 부여하되 생명체라고 하여 모두 다 동등한 가치를 지닌 것으로 볼 수는 없기에 유정성이라는 비교기준을 근거로 차등적으로 부여하였다.

이럴 경우 우려되는 것은, 물론 차등적으로 부여한다지만 유정성을 지닌 모든 존재에게는 내재적 가치를 부여하게 될 것이고, 그러면 동식물의 희생에 의존할 수밖에 없는 인간의 생존을 어떻게 정당화할 것인가 하는 문제에 봉착한다는 점이다. 이러한 상황으로부터 벗어나기 위해 필자는 두 가지 기준을 보다 융통성 있게 적용할 것을 권고하였다. 이른바 위 두 가지 기준을 동식물의 경우는 **종**을 상대로, 인간을 포함하여 인간과 유사한 고등 능력을 갖춘 존재들의 경우는 **개체**를 상대로 적용하자는 것이다. 이렇게 적용해나갈 때 개체론적 생명윤리와 전체론적 환경윤리, 양측 모두 기존의 관행과 사고에 대한 반성적 성찰을 토대로 상통할 수 있는 길이 열리게 될 것으로 보인다.

요컨대 '수정된 인간중심주의'와 '포섭기준과 비교기준의 융통성 있는 적용 방식'이라는 절충점을 기초로 양 학문이 상호보완하려는 노력을 기울여나간다면 더욱더 생산적인 연구 성과를 산출해낼 수 있을 것으로 판단된다.

참고문헌

| 제1장

김명식, 『환경, 생명, 심의민주주의』, 서울: 범양사, 2002.

맥클로스키, H. J., 『환경윤리와 환경정책』, 황경식·김상득 옮김, 서울: 법영사, 1995.

메도우즈, D. H. 외, 『인류의 위기』, 김승한 역, 서울: 삼성미술문화재단, 1989.

백종현, 『윤리 개념의 형성』, 서울: 철학과현실사, 2003.

벤담, 제러미, 『도덕과 입법의 원리 서설』, 고정식 옮김, 파주: 나남, 2011.

슈퇴릭히, H. J., 『세계철학사, 하권』, 임석진 역, 경북: 분도출판사, 1982.

안건훈, 「한국에서의 환경철학(1)」, 『환경철학』 제3집, 2004.

에머슨, 『자연』, 신문수 옮김, 서울: 문학과지성사, 1998.

요나스, H., 『책임의 원칙: 기술시대의 생태학적 윤리』, 이진우 옮김, 서울: 서광사, 1994.

조정옥, 『알기 쉬운 철학의 세계』, 서울: 철학과현실사, 2001.

채종오·박선경, 「한국의 탄소배출권거래제 시행 1년 후 현황과 개선방안」, 『한국기후변화학회지』 제7권 제1호, 2016.

칸트, I., 『실천이성비판』, 최재희 옮김, 서울: 박영사, 1997.

케니, 앤서니, 『근대철학』, 김성호 옮김, 파주: 서광사, 2014.

폰팅, 클라이브, 『녹색세계사 I』, 이진아 옮김, 서울: 심지, 1995.

하그로브, 유진, 『환경윤리학』, 김형철 옮김, 서울: 철학과현실사, 1994.

한국철학사상연구회, 『다시 쓰는 서양근대철학사』, 파주: 오월의봄, 2012.

加藤尙武, 『倫理學で歷史を讀む』, 東京: 淸流出版, 1996.

谷本光男, 『環境倫理のラディカリズム』, 京都: 世界思想社, 2003.

笠松幸一, K. A. シュプレンガルト 編, 『現代環境思想の展開』, 東京: 新泉社, 2004.

山內廣隆, 『環境の倫理學』, 東京: 丸善, 2003.

佐倉 統, 『現代思想としての環境問題』, 東京: 中央公論社, 1992.

Callicott, J. Baird and Frodman, Robert, ed., *Encyclopedia of Environmental Ethics and Philosophy 2*, Detroit: Macmillan Reference USA, 2009.

Allison, Lincoln, *Ecology and Utility*, Leicester: Leicester Univ. Press, 1991.

Curry, Patrick, *Ecological Ethics: An Introduction*, Malden: Polity Press, 2012.

de Vrind, Rob et al., *Environmental Ethics*, Sheffield: Greenleaf Publishing, 2012.

Keller, David R., ed., *Environmental Ethics: the Big Questions*, Malden: Blackwell Publishing, 2010.

Leopold, Aldo, "The Land Ethic," In A. Light and H. RolstonⅢ, ed., *Environmental Ethics: An Anthology*, Malden: Blackwell Publishing, 2003.

| 제2장

가토 히사다케, 『환경윤리란 무엇인가』, 김일방 옮김, 대구: 중문, 2001.

김일방, 『환경윤리의 쟁점』, 파주: 서광사, 2005.

나정원, 「환경위기시대의 새로운 정치 논리」, 『환경과 생명』 제19호, 1999.

노진철, 『환경과 사회』, 서울: 한울, 2001.

데자르댕, 조제프 R., 『환경윤리』, 김명식·김완구 옮김, 고양: 연암서가, 2017.

도일, 티모시·맥케이컨, 더그, 『환경정치학』, 이유진 옮김, 서울: 한울, 2002.

라이트, 로널드, 『진보의 함정』, 김해식 옮김, 서울: 이론과실천, 2006.

맥클로스키, H. J., 『환경윤리와 환경정책』, 황경식·김상득 옮김, 서울: 법영사, 1996.

바이츠체커, 에른스트 울리히 폰, 『환경의 세기』, 권정임·박진희 옮김, 서울: 생각의 나무, 1999.

변순용, 『책임의 윤리학』, 서울: 철학과 현실사, 2007.

소로우, 헨리 데이빗, 『월든』, 강승영 옮김, 서울: 이레, 1994.

스페스, 제임스 구스타브, 『아침의 붉은 하늘』, 김보영 옮김, 서울: 에코리브르, 2005.

안병옥, 「기상재해보다 무서운 오만」, 『경향신문』, 2011.7.29, 31면.

이정전, 「원가에도 못 미치는 전기요금, 올리는 게 옳다」, 『프레시안』, 2011.8.1.

_____, 『환경경제학 이해』 개정판, 서울: 박영사, 2011.

이진우, 『녹색사유와 에코토피아』, 서울: 문예출판사, 1998.

이필렬, 「과학기술과 환경문제」, 최병두 외, 『녹색전망』, 서울: 도요새, 2002.

테일러, 폴, 『윤리학의 기본원리』, 김영진 옮김, 파주: 서광사, 2008.

『경향신문』, 2011.7.30, 4면.

菊地惠善, 「環境倫理學の基本問題」, 加藤尙武・飯田亘之 編, 『應用倫理學硏究』, 東京: 千葉大學敎養部倫理學敎室, 1993.

Jamieson, Dale, *Ethics and the Environment: An Introduction*, New York: Cambridge Univ. Press, 2008.

Keller, David R., ed., *Environmental Ethics: The Big Questions*, Chichester: Blackwell Publishing, 2010.

Leopold, Aldo, "The Land Ethic: Conservation as a Moral Issue; Thinking Like a Mountain," In James P. Sterba, ed., *Earth Ethics*, 2nd ed., New Jersey: Prentice Hall, 2000.

Nash, Roderick Frazier, *The Rights of Nature*, Wisconsin: Univ. of Wisconsin Press, 1989.

Regan, Tom, "The Nature and Possibility of an Environmental Ethic," In Tom Regan, *All That Dwell Therein*, Berkeley and Los Angeles, CA: University of California Press, 1982.

| 제3장

김태길, 『윤리학』, 서울: 박영사, 1981.

브랜다 아몬드, 「권리」, 피터 싱어 편, 『규범윤리의 전통』, 김성한 외 옮김, 서울: 철학과현실사, 2005.

에머슨, 『자연』, 신문수 옮김, 서울: 문학과지성사, 1998.

제임스 레이첼즈, 『도덕철학의 기초』, 노혜련 외 역, 서울: 나눔의집, 2006.

Meyer-Abich, K. M., 「미래에 성립될 자연과 인간의 새로운 관계」, 『철학사상』 제1권, 서울대철학사상연구소, 1991.10, 211~224쪽.

高橋広次, 『環境倫理学入門: 生命と環境のあいだ』, 東京: 勁草書房, 2011.

Callicott, J. Baird, "Animal Liberation: A Triangular Affair," In Robert

Elliot, ed., *Environmental Ethics*, New York: Oxford University Press, 1995.

Devall, Bill & Sessions, George, *Deep Ecology*, Layton, Utah: Gibbs Smith Publisher, 2007.

Feinberg, Joel, "The Rights of Animals and Unborn Generations," In William T. Black stone, ed., *Philosophy & Environmental Crisis*, Athens, GA: University of Georgia Press, 1974.

Naess, Arne and George Sessions, "Platform Principles of the Deep Ecology Movement," In Alan Drengson & Yuichi Inoue, eds., *The Deep Ecology Movement*, Berkeley, CA: North Atlantic Books, 1995.

Naess, Arne, "The Shallow and the Deep, Long-Range Ecology Movement: A Summary," In Alan Drengson & Yuichi Inoue, eds., *The Deep Ecology Movement*, Berkeley, CA: North Atlantic Books, 1995.

Norton, Bryan G., *Why Preserve Natural Variety?*, Princeton, NJ: Princeton University Press, 1987.

Passmore, John, *Man's Responsibility for Nature*, 2nd ed., London: Duckworth, 1980.

Singer, Peter, "Animal Liberation," In *The New York Review of Books*, Section 20(1973 April), pp.17~21.

Sylvan(Routley), Richard, "Is There a Need for a New, an Environmental, Ethic?," In Michael E. Zimmerman, eds., *Environmental Philosophy*, Englewood Cliffs: Prentice Hall, 1993.

Taylor, Paul W., *Respect for Nature*, Princeton, NJ: Princeton University Press, 1986.

| 제4장

공우석, 『키워드로 보는 기후변화와 생태계』, 서울: 지오북, 2012.

김영환, 「IPCC 제5차 기후변화 평가보고서 주요내용 및 시사점」, 국립산림과학원, 『KFRI 국제산림정책토픽』 제9호, 2014.8.

김익중·한명식·권혁주, 「기후변화와 IPCC 제5차 평가보고서」, 『유신기술회보』 제20호, 2013), 98~111쪽.

김지영, 「IPCC 제5차 보고서를 통한 기후변화 현황과 전망」, 한국과학기술단
　　체총연합회, 『과학과 기술』 Vol. 535, 2013.

뉴턴사이언스, 『인류가 직면한 최대의 과제 지구온난화』, 서울: 뉴턴사이언스,
　　2015.

롬보르, 비외른, 『쿨 잇』, 김기응 옮김, 파주: 살림, 2009.

마셜, 조지, 『기후변화의 심리학』, 이은경 옮김, 서울: 갈마바람, 2018.

만, 마이클·톨스, 톰, 『누가 왜 기후변화를 부정하는가』, 정태영 옮김, 서울:
　　미래M&B, 2017.

박일수 외, 「IPCC 제5차 과학평가보고서 고찰」, 『한국대기환경학회지』 제30권
　　제2호, 2014.

박헌렬, 『지구온난화, 그 영향과 예방』, 서울: 우용, 2003.

스펜서, 로이 W., 『기후 커넥션』, 이순희 옮김, 서울: 비아북, 2008.

싱거, 프레드·에이버리, 데니스, 『지구온난화에 속지마라』, 김민정 옮김, 서
　　울: 동아시아, 2009.

안병옥, 「기후변화협상의 다음 전쟁터는 법정?」, 환경재단 엮음, 『2030 에코리
　　포트』, 서울: 환경재단 도요새, 2016, 38~45쪽.

양춘승, 「리우회의에서 파리총회까지 결정 내용과 쟁점들」, 『2030 에코리포트』,
　　서울: 환경재단 도요새, 2016, 118~125쪽.

위어트, 스펜서, 『지구온난화를 둘러싼 대논쟁』, 파주: 동녘사이언스, 2012.

유엔환경계획(UNEP) 한국위원회, 『교토의정서』, 서울: UNEP Press, 2002.

유영숙, 「전 지구적 화합 이끌어낸 세계사적 사건」, 환경재단 엮음, 『2030 에코
　　리포트』, 서울: 환경재단 도요새, 2016, 32~35쪽.

이토 키미노리·와타나베 타다시, 『지구온난화 주장의 거짓과 덫』, 나성은·공
　　영태 옮김, 서울: 북스힐, 2011.

조경엽, 「지구온난화 논쟁과 시사점」, 한국경제연구원 연구보고서, 2011.

Prothero, Donald, 「지구온난화에 대한 논쟁과 증거들」, 『Skeptic Korea』 Vol.
　　10, 2017.6.

한종훈 외, 『기후변화의 불편한 진실』, 서울: 쎄오미디어, 2012.

홀랜더, 잭 M., 『환경위기의 진실』, 박석순 옮김, 서울: 에코리브르, 2004.

藤倉良, 『エコ論争の眞贋』, 東京: 新潮社, 2011.

田上孝一, 『実践の環境倫理学』, 東京: 時潮社, 2006.

IPCC, The Fifth Assessment Report, *Climate Change 2014: Synthesis Report*,

Geneva: IPCC, 2014.

IPCC, The Third Assessment Report, *Climate Change 2001:The Scientific Basis*, Cambridge: Cambridge University Press, 2001.

Mann, Michael E., Raymond S. Bradley & Malcolm K. Hughes, "Global-scale temperature patterns and climate forcing over the past six centuries," In *Nature*, NO.392(April 1998), pp.779~787.

McIntyre, Stephen & Ross McKitrick, "Corrections to the Mann et. al.(1998) Proxy Data Base and Northern Hemispheric Average Temperature Series", In *Energy & Environment*, (Vol.14, No.6, November 2003), pp.751~771.

| 제5장

그랜트, 캐서린, 『동물권, 인간의 이기심은 어디까지인가?』, 황성원 옮김, 서울: 이후, 2012.

김명식, 「반성적 평형과 동물의 지위」, 『환경철학』 제7집, 2008, 195~223쪽.

김상득, 「서양철학의 눈으로 본 응용윤리학」, 『범한철학』 제29호, 2003, 5~34쪽.

싱어, 피터, 『동물해방』, 김성한 옮김, 고양: 인간사랑, 1999.

우에다 타모츠·기쿠모토 하루오, 『법률을 story telling한 법률산책』, 김현숙 옮김, 서울: 자유토론, 2009.

최봉철, 「법과 도덕의 비교」, 『성균관법학』 제19권 제2호, 2007.8, 599~612쪽.

최종고, 『법철학』, 서울: 박영사, 2002.

최 훈, 『동물을 위한 윤리학』, 고양: 사월의책, 2015.

허남결, 「서양윤리의 동물권리 논의와 불교 생명윤리의 입장」, 박상언 편, 『종교와 동물 그리고 윤리적 성찰』, 서울: 모시는사람들, 2014.

伊勢田哲治, 『動物からの倫理学入門』, 名古屋: 名古屋大学出版会, 2010.

Cavalieri, Paola and Singer, Peter, eds., *The Great Ape Project*, New York: St. Martin's Press, 1993.

Cavell, Stanley, et al., *Philosophy and Animal Life*, New York: Columbia University Press, 2008.

Cohen, Carl and Regan, Tom, *The Animal Rights Debate*, Lanham: Rowman & Littlefield Publishers, 2001.

Nash, Roderick, *The Rights of Nature*, Madison: The University of Wisconsin

Press, 1989.

Regan, Tom, *The Case for Animal Rights*, California: University of California Press, 2004.

Warren, Mary Anne, "Difficulties with the Strong Animal Rights Position," In Baird, Robert M. and Rosenbaum, Stuart E. eds., *Animal Experimentation*, New York: Prometheus Books, 1991.

| 제6장

고미송, 『채식주의를 넘어서』, 서울: 푸른사상, 2011.

김일방, 『환경윤리의 쟁점』, 파주: 서광사, 2005.

데자르뎅, J. R., 『환경윤리: 환경윤리의 이론과 쟁점』, 김명식 옮김, 서울: 자작나무, 1999.

리프킨, 제레미, 『육식의 종말』, 신현승 옮김, 서울: 시공사, 2007.

모비·박미연 외, 『고기, 먹을수록 죽는다』, 함규진 옮김, 서울: 현암사, 2011.

손금희·조여원, 「채식선호자와 육식선호자의 식사의 질 및 비타민 K 섭취 비교 연구」, 『한국영양학회지』 39(6).

시문스, 프레데릭 J., 『이 고기는 먹지 마라?』, 김병화 옮김, 서울: 돌베개, 2005.

싱어, 피터, 『동물해방』, 김성한 옮김, 고양: 인간사랑, 1999.

아이작스, 월터, 『스티브 잡스』, 안진환 옮김, 서울: 민음사, 2011.

윤방부, 「육식을 더 강조해야 할 때」, 한국식품공업협회, 『식품가공』 제98호, 1989.

조이, 멜라니, 『우리는 왜 개는 사랑하고 돼지는 먹고 소는 신을까』, 노순옥 옮김, 서울: 모멘토, 2011.

쯔루다 시즈카, 『베지테리언, 세상을 들다』, 손성애 옮김, 서울: 모색, 2004.

카제즈, 잔, 『동물에 대한 예의』, 윤은진 옮김, 서울: 책읽는수요일, 2011.

헤르조그, 할, 『우리가 먹고 사랑하고 혐오하는 동물들』, 김선영 옮김, 서울: 살림, 2011.

황병익, 「채식주의의 올바른 이해와 대책」, 한국종축개량협회, 『젖소개량』 제7권 제3호, 2002.3.

『한겨레신문』, 2012.1.28, 15면.

『한겨레신문』, 2012.2.11, 10면.

伊勢田哲治, 『動物からの倫理學入門』, 名古屋: 名古屋大學出版會, 2010.

田上孝一, 『實踐の環境倫理學』, 時潮社, 2006.

Callicott, J. Baird, "Animal Liberation: A Triangular Affair," In Robert Elliot, ed., *Environmental Ethics*, New York: Oxford University Press, 1995.

Lappe, Frances Moore, *Diet for a Small Planet*, New York: Ballantine Books, 1991.

_____, "Like Driving a Cadillac," In Kerry S. Walters and Lisa Portmess, ed., *Ethical Vegetarianism*, Albany: State University of New York Press, 1999.

Marcus, Erik, *Vegan: The New Ethics of Eating*, 2nd ed., Ithaca, NY: McBooks Press, 2001.

Regan, Tom, "The Moral Basis of Vegetarianism," In Kerry S. Walters and Lisa Portmess, ed., *Ethical Vegetarianism*, Albany: State University of New York Press, 1999.

Regan, Tom, "The Radical Egalitarian Case for Animal Rights," In Paul Pojman, ed., *Food Ethics*, Boston: Wadsworth, 2012.

_____, *The Case for Animal Rights*, Berkeley: University of California Press, 1983.

Singer, Peter, "All Animals Are Equal," In Kerry S. Walters and Lisa Portmess, ed., *Ethical Vegetarianism*, Albany: State University of New York Press, 1999.

Spencer, Colin, *Vegetarianism: A History*, New York: Four Walls Eight Windows, 2000.

Warren, Mary Anne, "A Critique of Regan's Animal Rights Theory," In Paul Pojman, ed., *Food Ethics*, Wadsworth, Boston 2012.

Wenz, Peter S., "An Ecological Argument for Vegetarianism," In Kerry S. Walters and Lisa Portmess, ed., *Ethical Vegetarianism*, Albany: State University of New York Press, 1999.

| 제7장

김운회, 『왜 자본주의는 고쳐 쓸 수 없는가』, 서울: 알렙, 2013.

닐, 조너선, 『기후변화와 자본주의』, 김종환 옮김, 서울: 책갈피, 2011.

둘리엔, 세바스티안·헤어, 한스외르그·켈러만, 크리스티안, 『자본주의 고쳐 쓰기』, 홍기빈 옮김, 서울: 한겨레출판, 2012.

리프킨, 제러미, 『한계비용 제로사회』, 안진환 옮김, 서울: 민음사, 2014.

링마, 에릭, 『자본주의 구하기』, 왕혜숙 옮김, 파주: 북앤피플, 2011.

마르크스·엥겔스, 『공산당선언』, 남상일 옮김, 서울: 백산서당, 1989.

브로델, 페르낭, 『물질문명과 자본주의 읽기』, 김홍식 옮김, 서울: 갈라파고스, 2012.

_____, 『물질문명과 자본주의 Ⅲ-2: 세계의 시간 下』, 주경철 옮김, 서울: 까치글방, 2008.

브로스위머, 프란츠, 『문명과 대량멸종의 역사』, 김승욱 옮김, 서울: 에코리브르, 2006.

서영표·영국적록연구그룹, 『사회주의, 녹색을 만나다』, 파주: 한울, 2010.

센, 아마티아, 『센코노믹스』, 원용찬 옮김, 서울: 갈라파고스, 2008.

알트파터, 엘마, 『자본주의의 종말』, 염정용 옮김, 파주: 동녘, 2007.

오제키 슈지 외, 『환경사상 키워드』, 김원식 옮김, 파주: 알마, 2007.

월, 데렉, 『그린 레프트』, 조유진 옮김, 서울: 이학사, 2013.

윤정로 외, 「특별좌담: 신문명의 도래를 전망한다」, 『철학과 현실』 104호, 2015 봄.

이성백, 「맑스주의와 생태론 패러다임의 전환」, 『진보평론』 제14호, 2002 겨울.

포스터, 존 벨라미, 『마르크스의 생태학』, 이범웅 옮김, 고양: 인간사랑, 2010.

_____, 『생태계의 파괴자 자본주의』, 추선영 옮김, 서울: 책갈피, 2007.

_____, 『생태혁명』, 박종일 역, 고양: 인간사랑, 2010.

포스터, 존 벨라미·맥도프, 프레드, 『환경주의자가 알아야 할 자본주의의 모든 것』, 황정규 옮김, 서울: 삼화, 2012.

폴라니, 칼, 『거대한 전환』, 홍기빈 옮김, 서울: 길, 2009.

한면희, 「산업자본주의 및 사회주의 자연 이념의 특성과 한계」, 한국환경철학회 편, 『환경철학의 이념』, 서울: 철학과현실사, 2003.

한용희, 『혁명론』, 서울: 일조각, 1993.

https://en.wikipedia.org/wiki/John_Bellamy_Foster
https://en.wikipedia.org/wiki/Monthly_Review

| 제8장

김상봉, 「칸트와 근원적 공유의 문제」, 『철학』 제11집, 2012.
김석순·정문성, 「도시환경관리와 토지소유권제한」, 『비교법학』 제3집, 2003.
김옥경, 「칸트와 헤겔의 법철학에서 자유와 소유」, 『칸트연구』 제9집, 2002.
김준수, 「칸트의 소유론에 대한 비판적 고찰」, 『사회와 철학』 제28호, 2014.
_____, 「헤겔의 소유론의 세 가지 구성 요소」, 『사회와 철학』 제30호, 2015.
나종석, 「헤겔의 소유이론과 그 몇 가지 문제에 대하여」, 『사회와 철학』 제11호, 2006.
_____, 『차이와 연대』, 서울: 길, 2007.
로크, 존, 『시민정부론』, 이극찬 옮김, 서울: 연세대출판부, 1988.
_____, 『통치론』, 강정인 외 옮김, 서울: 까치, 2007.
맥퍼슨, C.B., 『홉스와 로크의 사회철학』, 황경식 역저, 서울: 박영사, 2002.
박철곤, 「토지소유권의 내용과 제한의 이론적 기초」, 『비교법학』 제3집, 2003.
보머, 프랭클린, 『유럽 근현대지성사』, 조호연 옮김, 서울: 현대지성사, 1999.
칸트, 임마누엘, 『법이론』, 이충진 옮김, 서울: 이학사, 2013.
_____, 『윤리형이상학』, 백종현 옮김, 서울: 아카넷, 2012.
파이프스, 리처드, 『소유와 자유』, 서은경 옮김, 파주: 나남, 2008.
폴라니, 칼, 『거대한 전환』, 홍기빈 옮김, 서울: 길, 2009.
헤겔, 게오르그 빌헬름 프리드리히, 『법철학』, 임석진 옮김, 서울: 한길사, 2010.
Norton, Bryan G., *Why Preserve Natural Variety?*, Princeton, NJ: Princeton University Press, 1987.
『제주의 소리』, 2016.5.31.
『제주의 소리』, 2016.6.20.
『경향신문』, 2016.8.8.

▌제9장

그라프, 존 더·왠, 데이비드·네일러, 토머스, 『어플루엔자』, 박웅희 옮김, 서
　　울: 한숲, 2002.

러바인, 주디스, 『굿바이 쇼핑』, 곽미경 옮김, 서울: 좋은생각사람들, 2010.

레인, 존, 『언제나 소박하게』, 유은영 옮김, 서울: 샨티, 2003.

로빈, 비키·도밍후에즈, 조·틸포드, 모니크, 『돈 사용설명서』, 김지현 옮김,
　　서울: 도솔, 2011.

메도우즈, D.H. 외, 『인류의 위기』, 김승한 역, 서울: 삼성미술문화재단, 1989.

베버, 막스, 『프로테스탄티즘의 윤리와 자본주의 정신』, 박성수 옮김, 서울:
　　문예출판사, 2000.

소로, 헨리 데이빗, 『월든』, 강승영 옮김, 서울: 이레, 1994.

슈마허, E.F., 『작은 것이 아름답다』, 김진욱 역, 서울: 범우사, 1992.

엘진, 두에인, 『단순한 삶』, 유자화 옮김, 서울: 필로소픽, 2011.

엘진, 듀안, 『소박한 삶의 철학』, 김승욱 옮김, 서울: 바다, 1999.

월드워치연구소, 『지구환경보고서 2004』, 오수길 외 옮김, 서울: 도요새, 2004.

월먼, 제임스, 『과소유 증후군』, 황금진 옮김, 서울: 문학사상, 2015.

이진우, 『지상으로 내려온 철학』, 서울: 푸른숲, 2004.

제임스, 올리버, 『어플루엔자』, 윤정숙 옮김, 파주: 알마, 2009.

타우베르트, 그레타, 『소비사회 탈출기』, 이기숙 옮김, 서울: 아비요, 2014.

『매일경제』, 2005년 8월 18일자, A3면.

Coale, Ansley J., "An Economist's Review of Resource Exhaustion," In K.S.
　　Shrader- Frechette, ed., *Environmental Ethics*, 2nd ed., CA: Boxwood
　　Press, 1991.

Goulet, Denis, *The Cruel Choice*, New York: Atheneum, 1971.

Hardin, G., "The Tragedy of the Commons," In L.P. Pojman, *Environmental
　　Ethics*, 3rd. ed., CA: Wadsworth, 2001.

Mishan, E.J., *21 Popular Economic Fallacies*, New York: Praeger, 1969.

Pasour, E.C., "Austerity, Waste, and Need," In K.S. Shrader−Frechette, ed.,
　　Environmental Ethics, 2nd ed., CA: Boxwood Press, 1991.

Pavitt, K.L., Freeman, C., and Jahoda, M., eds., *Thinking about the Future:
　　A Critique of "The Limits to Growth"*, London: Sussex University Press,
　　1973.

Shrader-Frechette, K.S., "Voluntary Simplicity and the Duty to Limit Consumption," In K.S. Shrader-Frechette, ed., *Environmental Ethics*, 2nd ed., CA: Boxwood Press, 1991.

┃ 제10장

김은수, 「재활용품 요일별 배출제 시행」, 『제주특별자치도』 통권 121호, 2017, 73-97쪽.

김일방, 『환경문제와 윤리』, 제주: 제주대출판부, 2019.

드 실기, 카트린, 『쓰레기, 문명의 그림자』, 이은진·조은미 옮김, 서울: 따비, 2014.

박지희·김유진, 『윤리적 소비』, 서울: 메디치미디어, 2010.

스트레서, 수전, 『낭비와 욕망: 쓰레기의 사회사』, 김승진 옮김, 서울: 이후, 2010.

엘진, 듀안, 『소박한 삶의 철학』, 김승욱 옮김, 서울: 바다, 1999.

유정수, 『쓰레기로 보는 세상』, 서울: 삼성경제연구소, 2006.

제주도 환경보전국 보도자료, 「2019년 재활용도움센터 설치 운영 현황」 (2019. 8.7).

제주시 생활환경과 새소식, 「생활쓰레기 요일별 배출제 시범운영 안내」 (2016.11.24).

제주시 생활환경과 새소식, 「생활쓰레기 요일별 배출제 시범운영 안내」 (2017.1.17).

제주특별자치도, 『제주 인구변화』, 제주특별자치도, 2017.

제주특별자치도, 『2018 음식물류폐기물 발생 억제 성과보고서』, 제주특별자치도, 2019.

제주특별자치도, 『2018 제주 사회조사 및 사회지표』, 제주특별자치도, 2019.

제주특별자치도, 『2019 주요행정통계』, 제주특별자치도 정책기획관, 2019.

제주특별자치도, 『생활폐기물 관리 지자체 성과평가: 기초 평가 자료』, 제주특별자치도, 2019.

제주환경운동연합, 「2019 제주도 매립장 전수조사 결과 보고서: 제주도 매립장의 현황과 과제」(2019.8.29).

존슨, 비, 『나는 쓰레기 없이 산다』, 박미영 옮김, 서울: 청림Life, 2014.

페럴, 제프, 『도시의 쓰레기 탐색자』, 김영배 옮김, 서울: 시대의 창, 2013.

프롬, 에리히, 『소유냐 존재냐』, 차경아 옮김, 서울: 까치글방, 2006.

흄즈, 에드워드, 『102톤의 물음』, 박준식 옮김, 서울: 낮은산, 2013.

Ohmy News, 2016.12.23.

Ohmy News, 2017.1.14.

Ohmy News, 2019.7.2.

뉴스제주, 2018.6.1.

뉴시스, 2016.10.27.

연합뉴스, 2018.12.1.

제주의 소리, 2016.8.31.

제주의 소리, 2017.1.6.

제주의 소리, 2017.12.20.

제주의 소리, 2017.3.2.

제주의 소리, 2017.3.6.

제주의 소리, 2017.6.29.

제주의 소리, 2018.3.22.

헤드라인 제주, 2018.12.18.

| 제11장

가토 히사다케, 『환경윤리란 무엇인가』, 김일방 옮김, 대구: 중문, 2001.

김상득, 『생명의료윤리학』, 서울: 철학과현실사, 2000.

김일방, 『환경윤리의 쟁점』, 서울: 서광사, 2005.

유수정·최경석, 「자율성과 공동체주의적 생명윤리」, 이화여대 생명의료법연구
　　소 편, 『현대 생명윤리의 쟁점들』, 서울: 로도스, 2014.

이마이 미치오, 『삶, 그리고 생명윤리』, 김일방·이승연 옮김, 파주: 서광사,
　　2007.

이성백, 「맑스주의와 생태론 패러다임의 전환」, 『진보평론』 제14호, 2002 겨울.

드 왈, 프랜스·랜딩, 프랜스, 『보노보』, 김송정 옮김, 서울: 새물결, 2003.

모리스, 데즈먼드·파커, 스티브, 『또다른 인류 유인원』, 정옥희 옮김, 서울:
　　시그마북스, 2011.

브라이트, 마이클, 『고릴라』, 이충호 옮김, 서울: 다림, 2002.

싱어, 피터, 『생명윤리학 I』, 변순용 옮김, 고양: 인간사랑, 2006.

加藤尙武, 『倫理學で歷史を讀む』, 東京: 淸流出版社, 1996.

川本隆史, 「應用倫理學の挑戰: 系譜, 方法, 現狀について」, 『理想』 no.652, 1993.
　　11.

田上孝一, 『本当にわかる倫理学』, 東京: 日本実業出版社, 2010.

伊勢田哲治, 『動物からの倫理学入門』, 名古屋: 名古屋大学出版会, 2010.

"A Declaration on Great Apes," In Paola Cavalieri and Peter Singer, eds.,
　　The Great Ape Project, New York: St. Martin's Press, 1993.

Adams, Douglas, and Carwardine, Mark, "Meeting a Gorilla," In Paola
　　Cavalieri and Peter Singer, eds., *The Great Ape Project*, New York: St.
　　Martin's Press, 1993.

Beauchamp, Tom L. & Childress, James F., *Principles of Biomedical Ethics*,
　　New York: Oxford Univ. Press, 1979.

Callicott, J. Baird, "Animal Liberation: A Triangular Affair," In Robert
　　Elliot, ed., *Environmental Ethics*, Oxford: Oxford University Press, 1995.

　　＿＿＿＿＿＿＿＿, *In Defense of the Land Ethic*, Albany: State University
　　of New York Press, 1989.

Clouser, K. Danner, "Bioethics," In Warren T. Reich, ed., *Encyclopedia of
　　Bioethics*, New York: Free Press, 1978.

Fouts, Roger S., and Fouts, Deborah H., "Chimpenzees' Use of Sign Language,"
　　In Paola Cavalieri and Peter Singer, eds., *The Great Ape Project*, New
　　York: St. Martin's Press, 1993.

Leopold, Aldo, "The Land Ethic," In Andrew Light and Holmes Rolston Ⅲ,
　　eds., *Environ mental Ethics: An Anthology*, Malden: Blackwell Publishing,
　　2003.

Potter, Van Rensselaer, *Bioethics: Bridge to the Future*, Englewood Cliffs:
　　Prentice-Hall, 1971.

찾아보기

인명

ㄱ

ㄴ

ㄷ

ㄹ

김일방

경북대 사범대를 졸업하고 같은 대학 대학원에서 석사와 박사학위를 받았다. 제주대 강사, 한라대 겸임교수를 거쳐 현재는 제주대 사회교육과에 재직하고 있다. 옮긴 책으로는『환경윤리란 무엇인가』,『현대윤리에 관한 15가지 물음』(공역),『삶, 그리고 생명윤리』(공역),『모럴 아포리아』(공역) 등이 있고, 지은 책으로는『환경윤리의 쟁점』,『환경윤리의 실천』,『생태문화와 철학』(공저) 등이 있다. 논문으로는「한스 요나스의 맑스주의 비판에 관한 고찰」,「데카르트(René Descartes)의 자연관: 그 형성배경과 공과 그리고 그 대안」,「허먼 데일리(Herman Daly)의 생태경제사상: 그 형성배경을 중심으로」등이 있다.

[개정판]
환경문제와 윤리

2020년 9월 15일 개정판 1쇄 펴냄
2024년 4월 15일 개정판 2쇄 펴냄

지은이 김일방
펴낸이 김흥국
펴낸곳 보고사

책임편집 이순민
표지디자인 손정자

등록 1990년 12월 13일 제6-0429호
주소 경기도 파주시 회동길 337-15
전화 031-955-9797(대표)
팩스 02-922-6990
메일 bogosabooks@naver.com
http://www.bogosabooks.co.kr

ISBN 979-11-6587-083-6 93190
ⓒ 김일방, 2020

정가 20,000원